Kohle und Eisen im Weltkriege und in den Friedensschlüssen

von

FERDINAND FRIEDENSBURG

Mit 13 Karten im Text

MÜNCHEN UND BERLIN 1934
VERLAG VON R. OLDENBOURG

Druck von R. Oldenbourg, München.

VORWORT.

Wirtschaftliche Tatsachen, wirtschaftliche Erwägungen und wirtschaftliche Irrtümer haben einen wesentlichen Anteil an den Voraussetzungen des Weltkrieges. Sie haben auch seinen Verlauf entscheidend beeinflußt und eine große Zahl der Friedensbedingungen diktiert. Hierbei stand, ihrer überragenden Bedeutung für die heutige Welt entsprechend, die Wirtschaft der Kohle und des Eisens an erster Stelle.

Die Zusammenhänge sind vielfach noch wenig bekannt und von Legenden und Zweckbehauptungen verhüllt. An ihrer Klärung mitzuwirken, ist der Zweck der folgenden Arbeit. Sie soll feststellen, welche Rolle Kohle und Eisen in der Vorgeschichte und in den Geschehnissen des Weltkrieges selbst, aber auch in Versailles und bei den anderen Friedensversuchen gespielt haben, und dadurch mithelfen, das ungeheuere Schicksal der letzten dreißig Jahre zu begreifen und Lehren für die Zukunft daraus zu ziehen. Schon die nächste Zeit wird an der Saar die Entscheidung über eines der wichtigsten politischen und zugleich kohlenwirtschaftlichen Probleme für Deutschland und die übrige Welt bringen. Die Saarfrage in ihrer geschichtlichen Beziehung zu der Kohlen- und Eisenpolitik Europas zu behandeln, ist gegenwärtig besonders wichtig und wird eine der Hauptaufgaben der vorliegenden Schrift bilden.

Abgesehen von einigen recht allgemein gehaltenen und längst überholten amerikanischen Schriften, ist die Aufgabe, die sich der Verfasser stellt, bisher nur in verstreuten Bruchstücken in Angriff genommen worden. Durch Heranziehung möglichst vieler namentlich auch ausländischer Quellen und durch Reisebeobachtungen in den hauptsächlich in Frage kommenden Bergbaugebieten hat der Verfasser versucht, die Lücken zu schließen. Trotzdem wird das umfangreiche und überaus wichtige Gebiet noch mancher Forschung bedürfen, ehe alle Zusammenhänge mit abschließender Klarheit dargestellt werden können.

Berlin-Wannsee, im Sommer 1934.

DR. FERDINAND FRIEDENSBURG.

INHALT.

I. KAPITEL.

KOHLE UND EISEN IN WIRTSCHAFT UND POLITIK DER WELT.

Die moderne Zivilisation beruht auf der Verwendung von Kohle und Eisen. Das massenhafte und billige Angebot von Kohle und Eisen hat die technische Entwicklung der letzten hundertundfünfzig Jahre, hat insbesondere die Herrschaft der Maschine möglich gemacht. Von der landwirtschaftlichen Urerzeugung, die das mittels Kohle geschmiedete Eisen in hundertfältiger Form beim Pflügen, Säen, Jäten, Schneiden und Dreschen nicht entbehren kann und immer mehr auch Wärme, Kraft und Licht mittelbar oder unmittelbar aus der Kohle bezieht, bis zu den Waren des Radiohändlers, des Apothekers, des Juweliers, die unter hundertfacher Mitwirkung von Kohle und Eisen hergestellt werden, kennt der Mensch der Gegenwart keine Erzeugnisse, die nicht die Verwendung der beiden Grundstoffe zur entscheidenden Voraussetzung haben. Auch das Emporkommen neuer wichtiger technischer Stoffe, des Zements, des Kupfers, des Aluminiums, des Erdöls hat daran nichts geändert; sie bedürfen zu ihrer ersten Gewinnung und weiteren Verarbeitung ebenfalls immer wieder der Kohle und des Eisens und haben ihnen neue Arbeitsgebiete erschlossen. Zugleich hat gerade die jüngste Zeit der Kohle durch neue Verfahren frische, noch ganz unabsehbare Möglichkeiten geschenkt, bei deren Ausnutzung auch das Eisen seinen gebührenden Anteil erhält. Fast alle Zweige der chemischen Industrie gehen von der Kohle als alleinigem oder wesentlich mitwirkendem Rohstoff aus. Je rascher und mannigfaltiger die Technik des Maschinenalters fortschreitet, je mehr sich insbesondere das Verkehrswesen vervollkommnet, um so zwingender prägt sich die Abhängigkeit der Menschheit von Kohle und Eisen aus.

Technik und Verkehr wiederum bestimmen den Aufbau der modernen Wirtschaft und die Organisation der Millionenvölker, deren Wachstum durch die Entwicklung der Wirtschaft möglich gewesen ist. So werden Kohle und Eisen zu entscheidenden

Elementen der Politik. Den unauflöslichen Zusammenhang des heutigen Staatsaufbaus mit den nüchternen Gegebenheiten von Wirtschaft und Technik erkennt auch der leidenschaftlichste Vertreter einer idealistischen Staatsauffassung an. Ein allgemeines und lebendiges Nationalbewußtsein konnte sich in der einfachen Kultur des frühen Mittelalters nicht bilden und noch weniger zum Ausdruck kommen; die Entwicklung der großen Nationalstaaten setzte die modernen Hilfsmittel des Nachrichten- und Verkehrswesens voraus. Gerade die neuesten politischen Entwicklungstendenzen in Europa sind an die Möglichkeiten geknüpft, die durch Kraftwagen und Flugzeug, Radio, Film und Lautsprecher in den Beziehungen zwischen den großen Völkern und ihrer Führung entstanden sind. Zweifellos ist der umgestaltende Einfluß der modernen Technik, und damit von Kohle und Eisen, auf die politischen Beziehungen der Menschheit noch nicht abgeschlossen; allen Beharrungswiderständen und Rückschlägen zum Trotz wird es nur eine Frage verhältnismäßig kurzer Zeit sein, daß namentlich die Fortschritte des Nachrichten- und Verkehrswesens auch die Beziehungen der Völker untereinander, deren gegenseitige Abgrenzung früheren Jahrhunderten entstammt und jetzt ihren Sinn und die Möglichkeit der Behauptung verloren hat, auf eine veränderte Grundlage stellen werden.

Neben den unabsehbaren schöpferischen Kräften, die von der Verwendung von Kohle und Eisen ausgehen, steht freilich auch ihre Bedeutung für die Zerstörung. Seit der Mensch mühsam gelernt hat, aus dem Erz Eisen zu schmelzen und den schwammigen Block zur plumpen Waffe zu schmieden, bis zu der jüngsten Zeit, die auf das zerwühlte, öde Schlachtfeld die schwere Granate, das Gas und die Kampfmaschine sendet, hat jeder Fortschritt des technischen Könnens sofort auch dem Krieg gedient, oft sogar von ihm entscheidende Anregungen und Lehren empfangen. Immer mehr sind Mut und Kraft des einzelnen durch die mechanisierte Waffe ergänzt und verdrängt worden. Der heutige Krieg vollends ist ohne ungeheuren technischen und Materialeinsatz, daher ohne größten Aufwand namentlich von Kohle und Eisen nicht mehr zu führen.

Bei der Bedeutung der Wirtschaft im modernen Staatsleben und bei der Rolle, die der Krieg in der Vorstellungswelt der Völker und in den Maßnahmen der Staaten spielt, kann es nicht ausbleiben, daß Kohle und Eisen, von denen Wirtschaft und Krieg abhängen, auch in dem politischen Denken und Handeln der Welt einen gewichtigen Einfluß ausüben. Die heutige Weltwirtschaft und auch die Weltpolitik der letzten hundertfünfzig Jahre beruhen viel stärker auf Kohle und Eisen, werden auch viel stärker von Erwägungen bestimmt, die mit dem Vorkommen von Kohle und Eisen zusammenhängen, als das Schulbuch zu lehren pflegt. Die Abhängigkeit ist vor allem deshalb so ungeheuer wichtig, weil die natürlichen Vorkommen der beiden für die heutige Zivilisation so unentbehrlichen Grundstoffe ganz ungleichmäßig über die Erde verstreut sind. Verschwenderisch bedachten Staaten stehen andere gegenüber, die überhaupt keine Kohle und wenig oder gar kein praktisch verwertbares Eisen in ihrem Boden finden. Die ungleichartige wirtschaftliche und politische Macht der Staaten beruht zu einem wesentlichen Teile auf diesen Zufällen der Natur. Voraussichtlich werden sich diese Unterschiede noch immer schärfer ausprägen. In ihrer Kohlen- und Eisenwirtschaft vom Ausland abhängige Staaten werden künftig einen selbständigen Krieg gegen eine der Weltmächte nicht mehr führen können. Weltmacht in wirtschaftlicher oder militärischer Hinsicht ist nur ein Land, das Kohle und Eisen in genügender Menge selbst besitzt oder wenigstens im Falle von kriegerischen Verwicklungen sicher beziehen kann.

Die tatsächliche Bedeutung der Kohle- und Eisenvorkommen der einzelnen Länder ist freilich nicht leicht zu beurteilen. Zur richtigen Einschätzung bedarf es der Berücksichtigung zahlreicher geologischer, technischer und wirtschaftlicher Momente, die dem Nichtfachmann zum großen Teil verschlossen sind. Ein großes Kohlenfeld als Farbenfleck auf der Landkarte, ja selbst die Förderziffern und die Vorratsmengen der amtlichen Statistik geben nicht immer den wirklichen Wert wieder, den die Lagerstätte in der Weltwirtschaft und in der Weltpolitik besitzt. Für die Bewertung der Kohle sind nicht nur Ausdehnung, Zahl, Stärke, Regelmäßigkeit und Tiefe der Flöze wichtig, sondern auch der Wärmewert und der Gehalt an Asche und Wasser, vor allem aber die Verkokbarkeit. Noch schwieriger ist ein Urteil über den Wert von Eisenerzvorkommen. Neben der Größe, Reinheit und Regelmäßigkeit der Lagerstätte spielen hier verhältnismäßig kleine Beimengungen anderer Stoffe eine günstige oder schädliche Rolle. Da es sich um billige Massenstoffe handelt, die durch weiten Transport unverhältnismäßig verteuert werden, besitzt die Verkehrslage eine besonders große Bedeutung. Selbst um die größten und reichsten Vorkommen, sowohl von Kohle wie von Eisenerz, kümmert sich die Weltwirtschaft nicht, wenn sie in unerschlossenen, menschenleeren Gebieten, abseits von den großen Wegen des Weltverkehrs liegen. Die riesigen Kohlenlager, die Richthofen im Innern Chinas beobachtet hat und deren geschätzte Vorratsziffern immer wieder in den statistischen Handbüchern erscheinen, sind praktisch ebenso wertlos wie die reichen Eisenerzvorkommen im Innern der ehemaligen deutschen Kolonien Togo und Südwestafrika. Dagegen besitzen die Bergbauländer selbst, ja sogar die engeren Bergbaureviere einen entscheidenden Vorsprung; an sich bescheidene Vorkommen gewinnen größte weltwirtschaftliche und weltpolitische Bedeutung, wenn sie, wie etwa das Saarbecken, dichtbevölkerten und hochentwickelten, aber selbst kohlenarmen Ländern nahegerückt sind. Neue Verkehrswege, technische Fortschritte, politische Entwicklungen können im übrigen das Bild rasch verschieben. Erst das 1879 erfundene Thomasverfahren hat die angemessene Ausnutzung der riesigen Eisenerzlager Lothringens ermöglicht; das Streben nach Autarkie, nach Selbstversorgung aus dem eigenen Boden, hat in den letzten Jahren an vielen Stellen bisher wenig beachtete Lagerstätten bedeutungsvoll gemacht oder die Aufsuchung neuer Vorkommen ermutigt.

Immerhin ist dem bewußten Streben der Nationen in der Natur eine deutliche, oft schmerzlich empfundene Schranke gesetzt. Man kann zwar, Tatkraft und Geldmittel vorausgesetzt, die meisten Gewerbe überall künstlich aus dem Boden stampfen; Bergbau dagegen ist nun einmal an das Vorhandensein von Lagerstätten gebunden, die auch die kühnste Staats- und Wirtschaftsführung nicht herbeischaffen kann, wenn die Natur sie versagt hat. Geologie und Bergwirtschaft haben infolgedessen für die Entwicklung der großen Nationen eine viel ernstere Wichtigkeit, als ihnen gewöhnlich beigelegt zu werden pflegt. Bei der außerordentlichen Kompliziertheit aller Fragen, die der Beurteilung des Wertes von Kohle- und Erzlagern zugrunde zu legen sind, ist zwar die weitverbreitete Unkenntnis und Unsicherheit auf diesem Gebiete nicht verwunderlich. Auch Staatsmänner und Feldherren haben die politische und strategische Bedeutung von Kohle und Eisen nicht immer zutreffend eingeschätzt, zumal sich selbst der Fachmann oft genug von der späteren Entwicklung berichtigen lassen muß. Trotzdem wäre es dringend erwünscht, daß die öffentliche Meinung, vor allem aber auch Wissenschaft und Schule den geschichtlich bedeutungsvollen Zusammenhängen zwischen den Bodenschätzen und Politik und Wirtschaft größere Aufmerksamkeit als bisher zuwenden.

Wenn von Kohle und Eisen wie von einer natürlichen Gemeinschaft gesprochen wird, so ist nach ihrer allgemeinen Bedeutung für den Menschen und nach ihrer gegenseitigen technischen Abhängigkeit eine solche Zusammenfassung wohl berechtigt. Man darf daraus aber nicht etwa den Schluß ziehen, daß beide Grundstoffe in der Regel gemeinschaftlich vorkommen. Die Vergesellschaftung oder auch nur die Nachbarschaft von Kohleflözen und Eisenerzlagern ist durchaus selten, wie sich das aus der geologischen Unabhängigkeit beider von selbst versteht. In größerem Maße ist dieser Idealtraum der Wirtschaft überhaupt nur an einer Stelle der Erde, bei Birmingham in Alabama (U.S.A.), verwirklicht.

Die Bedeutung von Kohle und Eisen für Weltwirtschaft und Weltpolitik ist auch durchaus ungleich. Eisen ist in der Erde viel allgemeiner verbreitet als Kohle. Etwa 5% der Erdrinde sind metallisches Eisen; obgleich wirklich reiche Eisenerzmassen recht selten sind, findet sich doch Eisen in gewissen Mengen fast überall, so daß seine Gewinnung nur eine Frage der Kosten ist. Sollten sich die jetzt bekannten Eisenerzvorkommen im Laufe des 21. Jahrhunderts durch Abbau allmählich erschöpfen, so bedeutet das keine Gefahr. Eine geringe Erhöhung der Eisenpreise infolge der sich anbahnenden Verknappung würde eine große Zahl bisher unbeachteter Lagerstätten abbauwürdig machen. Abgesehen von der Frage der Wirtschaftlichkeit, deren Grenze außerdem ständigen Schwankungen unterliegt, steht also, wenn man die Erde als Ganzes übersieht, Eisen praktisch unbeschränkt zur Verfügung.

Ganz anders ist die Lage bei der Kohle, deren Vorräte zwar nach der Tiefe und in unerschlossenen Ländern wohl noch vermehrbar, aber im ganzen doch einigermaßen begrenzt sind und die deshalb bei fortschreitendem Verbrauch früher oder später erschöpft sein werden. Dabei wird viel mehr Kohle als Eisenerz gefördert; auf eine Tonne Eisenerz kommen neun Tonnen Kohlenförderung in der Welt. Zugleich besteht für das Eisen eine starke Abhängigkeit von der Kohle; ohne sie kann bisher das Erz nicht in größeren Mengen nutzbar gemacht werden, während die Kohle gewaltige Absatzmöglichkeiten auch außerhalb der Eisenindustrie besitzt. Die weitere Verarbeitung des aus dem Erz erschmolzenen Roheisens erfordert immer neue Kohlenmengen; man hat berechnet, daß auf ein Kilogramm Eisen, z. B. bis zum fertigen Einbau in eine Lokomotive, etwa das neunfache Gewicht an Steinkohle verbraucht sein muß. Endlich finden die Fertigfabrikate aus Eisen ihren wichtigsten Markt in den Industrien, die sich um den Standort des Kohlenbergbaus zu häufen pflegen. Aus allen diesen Gründen zieht man es in der Regel vor, das Erz nicht am Ort seiner Gewinnung aus der Erde mit Hilfe herangeschaffter Kohle zu verhütten, sondern das Erz zur Kohle gehen zu lassen; zugleich leuchtet es ein, daß der Besitz von Kohlenvorkommen viel wichtiger und wertvoller ist als der Besitz von Eisenerzlagerstätten. Die Eisenindustrien, insbesondere die Hochöfen und Stahlwerke, haben sich fast durchweg in den Gebieten der Kohleförderung selbst angesiedelt; das erforderliche Erz liefern die eisenreichen, aber kohlenarmen Bezirke und Länder, wo in der Regel eine bedeutendere eigene Eisenindustrie nicht zur Entfaltung kommt.

An wirtschaftlicher und politischer Macht müssen infolgedessen die Kohlenländer allen anderen, auch den Eisenländern überlegen sein. Im Kohlenbergbau leisten die drei Länder Ver. Staaten, England (ohne Kolonien) und Deutschland allein drei Viertel der gesamten Weltförderung; sie sind gleichzeitig die drei wichtigsten Industrieländer der Erde und, wenn man die vorübergehende Schwächung Deutschlands außer Betracht läßt, auch politisch die drei Weltmächte. Das auffällige Zurückbleiben, das die Mittelmeerländer an Weltgeltung und im Anteil an der Weltwirtschaft gegenüber den drei großen germanischen Staaten in den letzten 150 Jahren aufweisen, steht in unverkennbarem Zusammenhang mit ihrer Kohlenarmut, ebenso wie die stockende wirtschaftliche und kulturelle Entwicklung Südamerikas im Vergleich mit Nordamerika.

Die drei Kohlenweltmächte versorgen den größten Teil der Welt mit den Überschußmengen ihres Kohlenbergbaus und mit den Waren, deren Herstellung der billige Brennstoff und die von ihm abhängige hochentwickelte Technik ermöglicht. Hinter ihnen folgen mit sehr erheblichem Abstand Rußland, Frankreich und Polen, wobei Rußland sich selbst versorgt, und Frankreich schon sehr starken Einfuhrbedarf hat, während Polen mit seinem geringen Industrieverbrauch einen erheblichen Überschuß aus den neuerworbenen Kohlengebieten für die Ausfuhr zur Verfügung stellt.

In der Förderung von Eisenerz standen vor dem Kriege die Vereinigten Staaten, Deutschland und Frankreich an der Spitze, dichtauf gefolgt von Großbritannien. Die vier Länder deckten zusammen fast drei Viertel des Eisenerzbedarfs der Welt; der Rest wurde im wesentlichen von Spanien, Rußland, Schweden und Österreich-Ungarn bestritten. In den Nachkriegsjahren hat sich das Rangverhältnis völlig geändert. Durch den Verlust Lothringens und durch immer geringereAusnutzung der verbliebenen heimischen Lagerstätten ging Deutschlands Eisenerzbergbau sehr stark zurück; Frankreich erhielt die zweite Stelle und hat in den letzten Krisenjahren sogar die Vereinigten Staaten überflügelt. Dann folgen Rußland, Großbritannien, Schweden, Spanien und Luxemburg in wechselnder Reihenfolge. Läßt man die letzten Jahre mit ihren Ausnahmeerscheinungen beiseite, so stehen in Eisenerz den Hauptausfuhrländern Frankreich, Schweden und Spanien die zum größten Teil auf Einfuhr angewiesenen Länder Deutschland und Belgien, in geringerem Abhängigkeitsgrade Großbritannien und auch die Vereinigten Staaten gegenüber.

Von geringerer Bedeutung als die Förderziffern, zum mindesten für zeitgeschichtliche Betrachtungen, sind die Ziffern der unterirdischen Vorräte, so gern sie, namentlich im volkstümlichen Schrifttum, behandelt zu werden pflegen. Ob die Vorräte eines Landes in 200 oder 500 Jahren erschöpft sein werden, ist für die Wirtschaft und für die Politik nicht allzu wichtig, da beide ihre Berechnungen auch nicht annähernd auf so lange Zeiträume abstellen dürfen und abzustellen pflegen. Überdies sind alle Vorratsberechnungen mit sehr starken Vorbehalten aufzunehmen; denn für die spätere Entwicklung der technischen Bergbaumöglichkeiten, übrigens auch des Bedarfs, versagt jegliche Voraussicht. Für den Kriegsfall kommt die Inangriffnahme neuer Bergwerke, die bei Kohle und Eisen fast immer jahrelange unproduktive Arbeit voraussetzt, kaum je in Betracht, so daß die unterirdischen Vorräte nicht viel zu helfen vermögen. Man wird sich in der Regel mit den vorhandenen Fördereinrichtungen begnügen, deren Zahl und Leistungsfähigkeit in den meisten Fällen in einem entsprechenden Verhältnis zu der Größe der Vorkommen selbst steht.

Die statistische Lage der wichtigeren Länder wird in Zahlentafel I dargestellt, wobei außer dem letzten vollen Friedensjahr 1913 auch das Jahr 1929 als das bisher günstigste Wirtschaftsjahr nach dem Kriege berücksichtigt wird. Bei den Eisenerzen besitzen die Erzmengen je nach dem Prozentgehalt recht ungleichartigen Inhalt von metallischem Eisen; z. B. ist der Eisengehalt der schwedischen Erze durchschnittlich fast doppelt so hoch wie derjenige der französischen Erze. Von der Gegenüberstellung der durch die Friedensschlüsse veränderten Vorratsziffern ist wegen der Unzuverlässigkeit der Angaben abgesehen worden.

Vor dem Kriege bestand nur für die Vereinigten Staaten eine vollständige Selbstversorgung in Kohle und Eisenerz; die

Zahlentafel 1.

Kohle und Eisen in den wichtigsten Ländern in Mill. t.

	A. Kohle[1])					B. Eisenerz						
	1913			1929		1913				1929		
Land	Förderung	Überschuß Ausfuhr (+) Einfuhr (—)	Vorräte[5])	Förderung	Überschuß Ausfuhr (+) Einfuhr (—)	Förderung	Überschuß Ausfuhr (+) Einfuhr (—)	Vorräte[5])	Roheisenerzeugung	Förderung	Überschuß Ausfuhr (+) Einfuhr (—)	Roheisenerzeugung
Deutsches Reich[2])	277	+ 30	424 000	351	+ 33[3])	36	— 11	3 600	19	6	— 17[3])	15
Österr.-Ungarn	54	— 9	45 000	—	—	5	— 1	300	2	—	—	—
Großbritannien	292	+ 78	190 000	262	+ 66	16	— 8	1 300	10	14	— 6	8
Frankreich	41	— 22	18 000	55	— 26	22	+ 8	3 300	5	51	+ 15	10
Belgien[4])	23	— 4	11 000	27	— 11	0,2	— 6	gering	2	8	— 13	7
Italien	0,7	— 11	190	1	— 15	0,6	—	6	0,4	0,7	—	0,7
Rußland	38	— 8	60 000	40	—	9	+ 1	1 600	5	7	+ 1	4
Schweden	0,4	— 5	gering	0,4	— 7	7	+ 6	1 200	0,7	11	+ 11	0,5
Spanien	4	— 3	8 000	8	— 2	10	+ 9	700	0,4	7	+ 6	0,8
Verein. Staaten	517	+ 22	2 700 000	552	+ 19	63	— 1	4 300	31	77	— 2	43
Japan	21	+ 4	8 000	34	— 0,5	0,1	— 0,3	gering	0,1	0,1	— 2	1
Welt	1340		etwa 5 Billion.	1560					79			99

[1]) Stein- und Braunkohle in der Förderung und in den Vorräten zusammengezählt, in den Außenhandelsziffern dgl., unter Umrechnung auf Steinkohlenwert.

[2]) 1913: Altes Zollgebiet, also einschl. Luxemburg, 1925: Neues Reichsgebiet mit Saargebiet.

[3]) Ohne Saargebiet.

[4]) 1929: Einschließlich Luxemburg.

[5]) Die Angaben über die Vorräte gewähren nur ganz angenäherten Anhalt; fast jede Quelle nennt andere Ziffern.

kleinen Einfuhrmengen sind im Verhältnis zum Gesamtverbrauch bedeutungslos. Großbritannien kam Nordamerika im Grad der Unabhängigkeit am nächsten, da es neben seinem gewaltigen Kohlenüberschuß auch mehr als die Hälfte seiner in den letzten Jahrzehnten nur langsam gestiegenen Eisenerzeugung aus heimischen Erzen schmelzen konnte. Seine günstige Lage wird durch die Beherrschung des Weltmeeres verstärkt, die ihm die Zufuhr des notwendigen Mehrbedarfs an Erzen aus allen Ländern sichert. Dagegen ist die Lage der beiden nächstwichtigen Länder, Deutschland und Frankreich, vom Standpunkt der Kohle- und Eisenversorgung weniger befriedigend. Berücksichtigt man, daß die eingeführten Erze durchschnittlich fast doppelt so hohen Eisengehalt besaßen wie die im Lande gewonnenen, so hatte Deutschland vor dem Kriege schon mehr als ein Drittel des Eisenbedarfs seiner Hütten aus fremden Erzen zu decken. Für Frankreich bestand ein Kohlenfehlbetrag ebenfalls reichlich in der Höhe eines Drittels des Gesamtverbrauchs.

Bei den anderen Ländern war die gleichzeitige Versorgung mit Kohle und Eisen noch erheblich unsicherer als bei der Spitzengruppe. Sie waren in der Friedenswirtschaft von der Einfuhr abhängig und auch zur Führung eines längeren Krieges mit einer der Weltmächte völlig außerstande, sobald ihnen der Bezug der Rohstoffe gesperrt werden sollte.

II. KAPITEL.

KOHLE UND EISEN IN DER VORGESCHICHTE DES WELTKRIEGES UND IN DEN KRIEGSZIELEN.

1. DER WIRTSCHAFTSIMPERIALISMUS IM 20. JAHRHUNDERT UND DER DEUTSCH-ENGLISCHE WETTBEWERB IN KOHLE UND EISEN.

Seit dem Ende des 18. Jahrhunderts haben die neuen freiheitlichen Gedanken und die Fortschritte der Wissenschaft und der Technik in gewaltiger Wechselwirkung ein völlig neues Weltbild gestaltet. Das Zeitalter der Maschine und des Verkehrs bedeutete vor allem eine beispiellose Revolutionierung der Wirtschaft. Bis dahin hatte der Güteraustausch selbst innerhalb der einzelnen Länder recht bescheidene Mengen bewegt und sich überdies allenthalben an den engen Territorialgrenzen gestoßen, die das Mittelalter in großen Teilen Europas zurückgelassen hatte; der Welthandel beschränkte sich fast ausschließlich auf die Verteilung weniger besonders kostbarer Rohstoffe und Waren. Man lebte noch im wesentlichen von den Erzeugnissen, die aus dem eigenen Gebiet oder wenigstens aus der nächsten Umgebung stammten.

Mit dem Vordringen des Dampfes und später der Elektrizität war die Zeit des stillen, schmalen Binnenmarktes vorbei. Die Errichtung einer mechanischen Fabrik lohnte sich erst, wenn man von dort ein großes Gebiet zu versorgen hatte, und Eisenbahn und Dampfschiff gewährten jetzt die Möglichkeit, die Waren billig zu versenden und zugleich die nötigen Rohstoffmengen heranzubringen, die die nächste Umgebung ebenfalls nicht mehr zu liefern mochte. Um die Fabriken häuften sich neue Arbeiterstädte; ihre Bevölkerung lebte nicht mehr von der heimischen Scholle, sondern mußte von fernher versorgt werden. Damit fielen die Schranken fort, die bisher die natürliche Bevölkerungsvermehrung reguliert hatten; die Völker, die von der neuen Entwicklung erfaßt waren, wuchsen zu Kopfzahlen, wie sie die bisherige Geschichte der Menschheit noch nicht gekannt hatte, und stellten damit der Wirtschaft immer gewaltigere Versorgungsaufgaben.

Dem Wesen der Technik entsprechend, die diese Bewegung ermöglichte und immer weiter trieb, mußte die neue Zeit einen rasch wachsenden Bedarf an Kohle und Eisen entwickeln. Seit der vorletzten Jahrhundertwende steigerten Kohlenbergbau und Hochöfen ihre Leistung in einem beispiellosen Tempo. Die Bevölkerung Europas vergrößerte sich von 1800 bis 1913 auf das Zweieinhalbfache, die der Industrieländer England und Deutschland allein auf das Vier- bis Fünffache. Zugleich stieg aber in Europa die Kohlenförderung und die Roheisengewinnung auf etwa das Fünfzig- bis Sechszigfache. Die ungleichmäßige Verteilung der Lagerstätten wies hierbei den einzelnen Ländern ganz verschiedene Aufgaben und Möglichkeiten zu. Während bisher die Struktur der europäischen Völker eine einigermaßen verwandte gewesen war, begannen sich jetzt die Länder mit Bergbau, Industrie und Handel immer mehr von der großen Masse der Agrarländer abzuheben. Seit der Mitte des 18. Jahrhunderts führte England mit seiner besonders günstigen Verteilung der Kohle- und Eisenvorkommen, seiner unvergleichlichen Verkehrslage und seiner glücklichen innerpolitischen Geschichte in der industriellen Entwicklung der Welt. Über ein Jahrhundert lang, bis etwa 1870, war die jährliche Kohlen- und Eisenerzeugung des kleinen Insellandes für sich allein größer als die sämtlicher übrigen Länder zusammengenommen. Indem das englische Volk auch in seiner Wirtschaftspolitik entschlossen die Folgerungen aus der veränderten Weltlage zog und durch den Übergang zum Freihandel zwar seine Landwirtschaft großenteils opferte, aber sich aus den industriell zurückgebliebenen Ländern mit billigen Lebensmitteln versorgte, brachte es seine natürliche Überlegenheit voll zur Geltung und schuf sich politische Macht und Reichtum zu einer Zeit, als Deutschland noch um die Grundlagen seiner staatlichen und wirtschaftlichen Entwicklung ringen mußte.

Die gefahrvollen Spannungen, die die Veränderungen des wirtschaftlichen Weltbildes mit sich bringen sollten, waren bis dahin kaum fühlbar geworden. Rohstoffversorgung und Absatz der Massenwaren stellten zwar ganz neuartige Probleme des Kaufmanns dar; solange aber die modernen Verkehrsmittel immer neue Gebiete dem Welthandel erschlossen, wuchsen die Märkte zum Ein- und Verkauf kaum minder rasch als die Leistungsfähigkeit der jungen Industrien. Die Eisenbahnen verdichteten sich in den alten Kulturstaaten, dehnten sich rasch hinaus in die jungfräulichen Gebiete der Kontinente; die Dampferlinien umspannten den Erdkreis und fügten die entlegensten Küsten in den Weltverkehr ein. Zu Millionen strömten Engländer, Deutsche, Skandinavier, Iren über die Meere und schufen durch ihre Arbeit neue Gebiete der Rohstoffversorgung und des Warenabsatzes für die alte Heimat. Noch schien die Erde Raum für alle zu bieten. England, im Besitz der entscheidenden Schlüsselindustrien und der seit Trafalgar unbestrittenen Seeherrschaft, konnte glauben, seine wirtschaftliche Weltstellung für alle Zeiten gesichert zu haben. Das Kraftgefühl, das der immer wachsenden wirtschaftlichen und politischen Macht entsprang, wurde in England zur bewußten Anschauung des Imperialismus. Der Ausdehnungsdrang, die Sicherung der Rohstoffquellen und Absatzmärkte, entwickelte sich, da es sich um entscheidende Daseinsfragen der ganzen Nation handelte, aus einer kaufmännischen Zweckmäßigkeitsfrage zum politischen Anspruch, hinter dem die ganze Macht der öffentlichen Meinung und des Staates selbst stand.

Der imperialistische Gedanke mußte den stärksten Antrieb erhalten, sobald sich die ersten Anzeichen geltend machten, daß die englische Vormachtstellung in der Weltwirtschaft nicht unbestritten blieb. Das neue Kraftgefühl, das die Menschheit von den unerhörten Fortschritten der Technik und des Verkehrs empfing, konnte ja nicht auf das englische Volk beschränkt bleiben, zumal sich immer mehr herausstellte, daß auch Kohle und Eisenerz und die Fähigkeit, sie nutzbar zu machen, keineswegs ausschließlich den Engländern vorbehalten waren. Allmählich erwies sich auch, daß die Erde durchaus nicht unendlich groß war; nach dem ersten Rausch der scheinbar unabsehbaren Ausdehnung, die die neue Technik dem Welthandel verschafft hatte, war zu erkennen, daß sich gegenüber den idyllischen Zeiten, als sich im 17. und 18. Jahrhundert Engländer, Holländer und Franzosen um den Tauschhandel in der Neuen Welt stritten, zwar die Absatzmengen vervielfacht hatten, daß aber das Problem gerade wegen der vervielfachten Mengen eher schwieriger geworden war. Im letzten Viertel des 19. Jahrhunderts näherte sich die Möglichkeit der rein räumlichen Expansion von Wirtschaft und Politik ihrem Ende. Es galt nunmehr, die vorhandenen Märkte zu behaupten und auszubauen, statt neue zu erschließen; Preis, Qualität und geschickte Kundenbehandlung wurden immer wichtiger, und die englischen Herren der Welt sahen sich von wachsendem Wettbewerb bedrängt, dem die in langem, mühelosen Geldverdienen verwöhnt und lässig gewordenen Fabrikanten und Kaufleute vielfach keine rechte Gegenwehr zu leisten vermochten. Vor allem bereitete die Beschaffung der Rohstoffe Sorgen, auch in den Staaten, die wie die beiden angelsächsischen Weltreiche und Rußland über riesige Gebiete mit scheinbar unerschöpflichen Hilfsquellen verfügten. Das Streben nach dem Besitz von Rohstoffgebieten, namentlich Gebieten mit mineralischen Bodenschätzen, bildete einen besonders wichtigen und kennzeichnenden Bestandteil der imperialistischen Gedankenwelt in der zweiten Hälfte des 19. Jahrhunderts. Gold, Öl, Kupfer, Eisenerze, Kohlen übten, oft in erheblicher Überschätzung ihres tatsächlichen Wertes, einen fast magischen Zauber auf die politischen Vorstellungen der modernen Völker aus.

Einen grundlegenden Stoß erhielt die bisherige weltwirtschaftliche Machtverteilung vor allem durch den Abschluß des Deutsch-Französischen Krieges von 1870/71. Schon der amerikanische Bürgerkrieg (1861—65) sollte sich auf die Dauer als Ausgangspunkt für das Entstehen einer neuen wirtschaftlichen Weltmacht erweisen; aber die ihm folgende Kraftentfaltung war doch zunächst auf die Wiedergutmachung der überaus schweren Kriegsschäden und auf die Erschließung des weiten Westens gerichtet und machte sich zwar in erstaunlichen Produktionsziffern, aber bis weit in das 20. Jahrhundert hinein nicht in ernsthaftem Wettbewerb mit den europäischen Industrieländern geltend. Auch die wirtschaftlichen Folgen des Frankfurter Friedens und der vorausgegangenen Gründung des deutschen Kaiserreichs waren den Beteiligten und der ganzen Welt zunächst verborgen geblieben, kamen dann aber rasch genug den verwunderten und erschrockenen Nachbarn zum Bewußtsein. Die politische Einigung, die Angliederung eines wesentlichen Teils des großen lothringisch-luxemburgischen Erzgebiets, die Aufnahme von 4 Milliarden Goldmark Kriegsentschädigung und nicht zuletzt das Entstehen eines den Deutschen bisher so fremden politischen Kraftgefühls kamen zu den vorhandenen günstigen Voraussetzungen, dem Fleiß und dem technisch-wissenschaftlichen Können des Volkes und zu den jetzt erst in ihrer Ausdehnung und ihrem Wert richtig erkannten Kohlenlagern hinzu und rissen Deutschland im Laufe von zwei bis drei Jahrzehnten zum Rang einer der führenden Wirtschaftsmächte empor. Zögernd folgte das deutsche Denken den neugewonnenen politischen und wirtschaftlichen Größenordnungen; selbst Bismarck scheute sich, die vertrauten Bahnen der rein kontinentalen Politik zu verlassen. Das mit geistigen Spannungen schon so überladene Volk hörte den neuen Ruf nicht einheitlich und blieb in vielen Teilen bis über den Weltkrieg hinaus der engen Anschauungswelt seiner Territorialgeschichte treu. Aber Überseehandel und vor allem die Schwerindustrie der Kohle und des Eisens bildeten wie in anderen Ländern auch in Deutschland die Träger eines kraftvollen Imperialismus, und immer stärkere Kreise des akademischen Bürgertums griffen mit Begeisterung die Parolen der Weltgeltung, der Seemacht, der Kolonialpolitik, der wirtschaftlichen Expansion auf. Daß die an Zahl und Bedeutung mächtig anwachsende industrielle Arbeiterschaft den internationalen Gemeinschaftsgedanken vertrat, verschärfte die Uneinheitlichkeit und die Erregtheit in den Bekundungen der neuen Machtpolitik. Auch die imperialistischen Äußerungen Kaiser Wilhelms II., der an sich die Zeichen der Zeit richtig erkannte und ihnen häufigen Ausdruck verlieh, erschwerten es der Welt, namentlich England, die mächtig aufstrebende Wettbewerbsgefahr wohlwollend oder wenigstens gelassen zu betrachten.

Wie drohend die Gefahr in wirtschaftlicher Hinsicht war, konnte auf die Dauer auch dem englischen Volke, trotz seines alten, festen Überlegenheitsgefühls, nicht entgehen, zumal wenn es den Blick auf die bewährten Schlüsselindustrien Kohle und Eisen richtete. Welch einen Sturz hatte Englands wirtschaftliche Weltgeltung hier im Laufe weniger Jahrzehnte erlebt! Das Land, das noch zwischen 1860 und 1870 die Hälfte des Kohlen- und Eisenbedarfs der ganzen Erde gedeckt hatte, das noch 1890 doppelt soviel Maschinen ausführte als die nächstwichtigen Länder, Vereinigte Staaten, Deutschland und Frankreich, zusammengenommen, wurde nunmehr von einer Position nach der anderen aus der Führung verdrängt. Wohl konnten die absoluten Erzeugungs- und Ausfuhrziffern im allgemeinen noch fast überall gesteigert werden; aber die rasch fortschreitende Technik, namentlich in der Kohle- und Eisenindustrie, verlangte immer größere Leistungen, vor allem auch in Bezug auf die einzelnen Gruben-, Hochofen- oder Maschineneinheit, wenn die für den Wettbewerb in der Welt notwendige Kostenverringerung voll erreicht werden sollte, zwang also zu Produktionserhöhungen, mit denen die Absatzsteigerung in England nicht mehr Schritt halten wollte. Daß Erzeugung und Absatz bei den amerikanischen und deutschen Wettbewerbern viel rascher wuchsen, ermöglichte diesen eine ständige technische Vervollkommnung, die die Wettbewerbslage zuungunsten Englands weiter verschlechterte.

Der gefährliche Druck auf den Weltmarkt, ja sogar auf den eigenen heimischen Markt Englands, ging viel weniger von Amerika aus, das noch auf absehbare Zeit hauptsächlich mit sich selbst beschäftigt schien, als von der deutschen Industrie. Er wurde um so unangenehmer empfunden, als er vor allem die schwere Industrie der Kohle und des Eisens traf, auf denen hauptsächlich Englands wirtschaftliche Weltmachtstellung beruht hatte. „Ein Block aus Eisen, ruhend auf einem Block aus Kohle", war die volkstümliche Vorstellung der Welt von Englands Industrie ein Jahrhundert lang gewesen. Die Kohlenausfuhr bildete die wichtigste Grundlage für den englischen Außenhandel, da die nach allen Teilen der Welt gehenden Kohlenschiffe eine einzigartige Gelegenheit zu billiger Rückfracht gewährten. In Eisen und Stahl, namentlich in der weiteren Verwendung zum Bau von Maschinen, Lokomotiven, Schiffen, hatte Englands Überlegenheit als unüberwindlich gegolten. Vor 1900 traf man in Deutschland allenthalben auf englische Eisenwaren und Maschinen, deren Vorzüge fast sprichwörtlich waren. Sogar die deutschen Kriegsschiffe wurden noch in den siebziger Jahren auf englischen Werften erbaut und mit englischen Maschinen ausgerüstet. Zu einem guten Teil hatte die politische

Macht Englands auf dieser Überlegenheit seiner Kohlen- und Eisenindustrie beruht.

In der kurzen Spanne Zeit von 1890 bis 1913 ging der Vorsprung gegenüber Deutschland in der Schwerindustrie fast durchweg verloren; in zahlreichen ausschlaggebenden Stellungen hatte sich das Verhältnis während der 23 Jahre völlig umgekehrt.

Zahlentafel 2.

Wettbewerb in Kohle und Eisen zwischen Deutschland (DR) und Großbritannien (GB).

	DR			GB		
	1890	1913	Zunahme + Abnahme − in %	1890	1913	Zunahme + Abnahme − in %
Kohlenförderung in Mill. t	89	277	+ 210	185	292	+ 58
Anteil a. d. Weltförderung	17 %	21 %	—	36 %	22 %	—
Roheisenerzeugung in Mill. t	4,7	19,3	+ 310	8,0	10,4	+ 30
Anteil a. d. Welterzeugung	17 %	25 %	—	29%	13 %	—
Kohlenausfuhr in Mill. Mark	142	722	+ 408	380	1060	+ 180
Ausfuhr an Eisen u. Eisenwaren in Mill. Mark	251	1338	+ 432	749	1230	+ 64
dgl. aus DR nach GB in 1000 t	79	1208	+ 1430	—	—	—
dgl. aus GB nach DR in 1000 t	—	—	—	345	194	— 44
Ausfuhr an Maschinen aller Art insges. in Mill. Mark	66	761	+ 1050	320	757	+ 136
dgl. aus DR nach GB in Mill. Mark	2	45	+ 2150	—	—	—
dgl. aus GB nach DR in Mill. Mark	—	—	—	20	14	— 30

Unter Einrechnung seiner Braunkohlenförderung holte Deutschland die englische Kohlenproduktion 1913 beinahe ein; der französische Schriftsteller de Launay[1]) nannte es ein symbolisches Zeichen, daß der Weltkrieg in dem Jahre ausgebrochen sei, in dem die deutsche Kohlenförderung im Begriff gestanden habe, zum erstenmal die englische zu übertreffen. Noch war die englische Kohlenausfuhr der deutschen weit überlegen; aber der Abstand

[1]) L. de Launay, France-Allemagne, Problèmes miniers. Paris 1917, S. 166.

hatte sich doch erheblich verringert, und das alte Monopol an den Nordsee- und Ostseeküsten war wesentlich eingeschränkt worden. Viel schwerer wogen die Verluste der Eisenindustrie, wo namentlich die gegenseitige Versorgung ein völlig verändertes Bild angenommen hatte. Bezog Deutschland 1890 dem Gewicht nach 4½mal mehr Eisenwaren aus England als dieses aus Deutschland, so lieferte Deutschland 1913 an England das 6fache der entsprechenden Einfuhr von dort. Ähnlich war die Verschiebung in der Maschinenausfuhr; was man 1890 als märchenhaftes Wunder angesehen hätte, war 1913 erreicht: Deutschland stand in der Maschinenversorgung der Welt vor England an der Spitze aller Länder und schickte in das Land des einst turmhoch überlegenen Gegners dreimal mehr Maschinen, als es von dort empfing.

Die Gründe für diese wahrhaft sensationelle Entwicklung waren mannigfaltiger Art; nicht der geringste beruhte auf der verschiedenen Arbeitsintensität beider Völker. Gerade dieser Unterschied, der in England wohl empfunden wurde, verschärfte die Gereiztheit, die die Verdrängung aus so vielen wirtschaftlichen Machtpositionen ohnedies hervorrief. Eine natürliche Überlegenheit, die ja in den Bodenschätzen keineswegs bestand und in der Verkehrslage sogar umgekehrt vorhanden war, wäre noch allenfalls mit Gelassenheit hingenommen worden; die sich überall vordrängende Rührigkeit des Konkurrenten rief um so stärkere Eifersucht und Abneigung hervor.

Aber auch für Deutschland war die Stellung in der Weltwirtschaft keineswegs so günstig, wie der äußere Aufschwung vermuten lassen konnte. Sowohl die Rohstoffbasis wie das Marktgebiet, auf die Deutschland sich auf die Dauer verlassen konnte, waren reichlich schmal. Von den entscheidenden Rohstoffen stand eigentlich nur Kohle in unerschöpflicher Menge, hervorragender Qualität und zu ausreichend niedrigen Preisen zur Verfügung; schon die Eisenerzlagerstätten reichten für den jährlich weiter hinaufschnellenden Bedarf nicht aus, und Kupfer, Baumwolle, mineralische, tierische und pflanzliche Öle usw. mußten jährlich im Werte von Hunderten und Tausenden von Millionen Mark von Übersee herangebracht werden. Als man sich viel zu spät zum Erwerb eigener Kolonien entschloß, war die klassische Zeit der Kolonialpolitik mit den überall dem Zugriff offenstehenden reichen Ländern seit langer Zeit vorbei. Die Restgebiete, die Deutschland erhielt, sicherten weder die Versorgung in irgendeinem wichtigen Rohstoff, noch den Absatz wesentlicher Warenmengen. So baute Deutschland die

Flotte zur Sicherung der Seewege aus und suchte in den portugiesischen Kolonien Afrikas, in Vorderasien, in Marokko neue wirtschaftliche Arbeitsfelder, stieß aber überall auf das Mißtrauen und die Eifersucht der alten See- und Kolonialmächte England und Frankreich und vermehrte die vorhandenen Reibungen, ohne die bedenkliche kontinentale Beengtheit wirksam ausweiten zu können. Der riesenhafte technische Apparat, der sich namentlich auf der Grundlage der Ruhrkohle entwickelt hatte, mußte immer mehr in den vorhandenen Märkten auf Tod und Leben konkurrieren, um die ständig wachsende Produktion unterzubringen; der mit der Wirtschaftskraft mächtig aufstrebende neudeutsche Imperialismus konnte sich an den Ziffern der Statistik und den Rekorden der technischen Erfindungen berauschen, dem Expansionsdrang aber, der für diese politische Geisteshaltung in allen Ländern eigentümlich war, nur höchst unvollkommen Genüge verschaffen.

Fast scheint es ein Wunder, daß die gewaltigen Spannungen der letzten Jahrzehnte vor dem Weltkrieg nicht schon früher zur kriegerischen Entladung gekommen sind. Die Beschäftigung der öffentlichen Meinung mit den Gefahren und Aussichten eines Krieges, die auch in England etwa seit 1905 in wachsendem Maße festzustellen war, verdichtete sich nicht zum eigentlichen Kriegswillen, wenigstens wohl kaum in den maßgebenden englischen Kreisen, und noch viel weniger innerhalb des deutschen Volkes; aber sie war ein gefährlicher Zündstoff, wenn irgendwelche außenpolitische Konflikte eintraten. Der Flottenwettbewerb und die Gegensätze, die sich an ihn knüpften, waren nur der Ausdruck der viel wichtigeren Krisis, in der sich die industrielle Weltstellung Englands befand. Die berüchtigte Formulierung der Saturday Review vom September 1897, daß jeder Engländer über Nacht reicher würde, wenn Deutschland aus der Welt verschwände, entsprach volkstümlichen Vorstellungen, so oberflächlich sie gefaßt war und so wenig sie von den späteren Ereignissen bestätigt werden sollte.

Der Wettbewerb der Schwerindustrie beider Länder bildete stimmungsmäßig einen der wesentlichen Faktoren, aus denen der Weltkrieg möglich wurde, und insbesondere einen der Gründe für die rasche Zustimmung eines großen Teiles des englischen Volkes zum Entschluß seiner Regierung, in den Krieg einzutreten. Auch während des Krieges wurde die Haltung Englands gegenüber den französischen Kriegszielen und der französischen Nachkriegspolitik von ähnlichen Erwägungen beeinflußt. Man suchte nach jeder Möglichkeit zur Schwächung der deutschen Industriemacht, um den so lange lastenden Alpdruck von der englischen Wirtschaft zu nehmen. Man stimmte der Abtrennung des lothringischen Eisenerzgebietes vorbehaltlos zu, auch der Loslösung des Saarbeckens, und wollte in der Auferlegung der Reparationsverpflichtungen zunächst sogar eher noch weiter gehen als Frankreich. Erst als die oberschlesische Teilung und der Ruhrkrieg die Gefahr deutlich werden ließ, daß in Frankreich und seinen Verbündeten eine neue industrielle Weltmacht mit den unausbleiblichen imperialistischen Tendenzen entstand, begann die englische Politik eine neue Front einzunehmen. Der Wettbewerb in Kohle und Eisen, der an der einen Stelle glücklich vernichtet schien, sollte nicht an anderer Stelle mit verdoppelten Kräften neu entstehen.

2. DAS KOHLE- UND EISENPROBLEM ZWISCHEN DEUTSCHLAND UND FRANKREICH.

Allgemeine Lage und geschichtliche Entwicklung.

Deutschland bezog vor dem Kriege nahezu die Hälfte seines Eisenerzbedarfs, nach dem Eiseninhalt berechnet, aus dem Ausland und führte fast ein Viertel seiner Steinkohlenförderung aus, während Frankreich umgekehrt etwa zwei Fünftel seines Kohlenbedarfs im Auslande einkaufte, jedoch im gleichen Anteil Eisenerze über die Grenze schickte. Dies eigenartige Verhältnis wurde dadurch noch unterstrichen, daß sich die wichtigsten Kohlen- und Eisenerzlagerstätten beider Länder in der Nähe der zum großen Teil gemeinsamen Grenze und auch in geologischem Zusammenhang befanden. In Deutschland wurden 1913 fast drei Viertel und fast 80% der Eisenerze innerhalb einer 120 km breiten Zone an der Westgrenze gefördert; auf eine entsprechende Zone an der französischen Ostgrenze entfielen ebenfalls fast drei Viertel der geförderten Kohlen und über 90% der geförderten Eisenerze.

Die Grenzlage der Bergbaubezirke im Verein mit der Tatsache, daß jedes der beiden Länder in einem der wirtschaftlich und politisch so überragend wichtigen Rohstoffe vom Auslande, und sogar im gewissen Umfang gerade von dem Nachbarlande abhängig war, mußte naturgemäß auch die gegenseitigen politischen Beziehungen beeinflussen.

Die wirtschaftliche Abhängigkeit der beiden Länder war, der erheblichen Verschiedenheit der Bedeutung von Kohle und Eisen entsprechend, an sich keineswegs gleichwertig. Deutschlands Kohlenausfuhr hatte in den verschiedenen Formen einen Wert

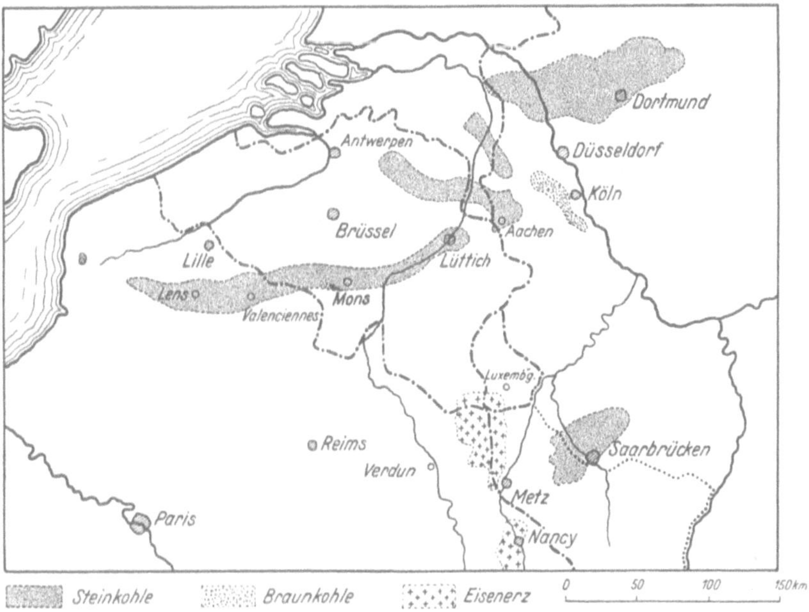

Kartenskizze 1. Kohle und Eisen an der deutschen Westgrenze.

von 722 Millionen, die Eisenerzeinfuhr einen solchen von 227 Millionen Mark; dagegen erbrachte die französische Eisenerzausfuhr nur 59 Millionen, während die Kohleneinfuhr 460 Millionen Mark kostete. Auch der gegenseitige Handel war entsprechend ungleich; Deutschland bezog aus Frankreich für 25 Millionen Mark Eisenerz und verkaufte dorthin für 118 Millionen Mark Kohlen, Koks und Briketts. Befand sich Deutschland hiernach anscheinend in der bei weitem überlegenen Stellung, so fühlte es sich dafür gerade wegen des riesenhaften Wachstums seiner Industrie um so ernster durch die unzureichende Erzausstattung seines engen Gebietes bedrängt. Der stärkere Zwang, für die Zukunft vorzusorgen, und die lebendigere Initiative der deutschen Unternehmer trieb sie in ganz anderem Maße dazu, sich durch geschäftliche Maßnahmen Anteile an den bergbaulichen Möglichkeiten anderer Länder, insbesondere Frankreichs, zu sichern, als dies in dem Nachbarlande mit seiner langsamen wirtschaftlichen Entwicklung der Fall war. Dort wiederum empfand man die fortschreitende Verschiebung der wirtschaftlichen Macht, die dazu immer erneut auf französisches

Gebiet übergriff, um so schmerzlicher, als man sich des politischen Gewichts dieses deutschen Kraftzuwachses wohl bewußt war. Seit dem Verlust Elsaß-Lothringens, und nicht ohne inneren Zusammenhang damit, war die französische Eisenindustrie, die seit dem Mittelalter der deutschen überlegen gewesen war, immer hoffnungsloser unter sie herabgesunken. Im gleichen Zeitmaße war die so lange kraftvoll bewahrte Hegemonie Frankreichs auf dem europäischen Kontinent eine Sache der Vergangenheit geworden. Der französische Imperialismus, der gerade auch in wirtschaftlicher Hinsicht sehr lebhaft entwickelt war, fand infolgedessen vielfach in Abneigung und Mißtrauen gegen den glücklichen Nachbarn seinen Ausdruck.

Das Kohle- und Eisenproblem hatte schon während des ganzen 19. Jahrhunderts in der beiderseitigen Geschichte eine bedeutungsvolle Rolle gespielt. Vor allem reizte das der französischen Grenze so nahegerückte Kohlenbecken an der Saar die Begehrlichkeit Frankreichs. Bereits Napoleon I. hatte der Förderung des Saarkohlenbergbaus, der sich von 1797 bis 1815 unter französischer Herrschaft befand, große Aufmerksamkeit zugewandt. In dem ersten Pariser Frieden 1814 gelang es der französischen Diplomatie, den Hauptteil des Saarbeckens zu bewahren; jedoch glichen die Verbündeten dies Versäumnis im zweiten Pariser Frieden 1815 aus, nicht zuletzt, weil weitblickende Industrielle aus dem Saargebiet selbst Hardenberg auf die große Bedeutung der Kohlenschätze hingewiesen und damit das leidenschaftliche Verlangen der Saarbevölkerung nach Vereinigung mit der deutschen Heimat unterstützt hatten. Frankreich hat diesen Verlust in den nächsten Jahrzehnten weniger verschmerzt als die anderen Rückabtretungen; die französische Industrie, damals noch viel stärker entwickelt als die deutsche, war, namentlich mit den Eisenhütten und den Salinen Lothringens, in erheblichem Umfange auf die Saarkohle angewiesen. Die Bemühungen Napoleons III. um Gebietserweiterungen an der Ostgrenze richteten sich zum großen Teil auf die Erwerbung des Bergbaureviers an der Saar; das Flüßchen sollte der „petit Rhin“ sein, wenn die weitergesteckten Ziele auf Erreichung der Grenze am großen Rhein einstweilen nicht verwirklicht werden konnten. Das sehr lebhafte Machtstreben, das auch das französische Volk in den sechziger Jahren des 19. Jahrhunderts auf politischem und wirtschaftlichem Gebiete neu erfüllte, fand in dem Wunsch nach Einverleibung des Saarlandes besonders starken Ausdruck. Eine französische Stimme aus dem Jahre 1861 (Opinion

Nationale vom November 1861) klingt, als wäre sie im Jahre 1919 geäußert:

> „Wir bedürfen des Kohlenbeckens von Saarbrücken, das dazu bestimmt ist, Lothringen, Elsaß und unsere nordöstlichen Departements mit Kohlen zu versorgen. Die wahre Friedenspolitik besteht darin, einer Nation nicht das zu verweigern, was ihr die Natur selbst bestimmt hat. Die Kohlengruben sind für uns dermaßen notwendig und wir haben ein so mächtiges Interesse daran, ihre Förderung zu möglichst geringem Preise in unsere Fabriken zu schaffen, daß ein Gesetz vom 20. Mai 1860 die Ausführung eines Kanals gestattet hat, der diese Gegend mittels des Rhein-Marne-Kanals mit dem Elsaß und der Champagne in Verbindung setzen soll.“

Zur Vorbereitung der politischen Angliederung wurde mehrfach der Ankauf der dem preußischen Staat gehörenden Gruben durch französisches Kapital, insbesondere durch das Pariser Haus Rothschild, erwogen. Sogar die Kaufsumme, 100 Millionen Thaler, nannte die Öffentlichkeit bereits. Um Napoleons Neutralität für die bevorstehende Auseinandersetzung Preußens mit Österreich nicht zu gefährden, hat Bismarck diese Treibereien nicht völlig zurückgewiesen, so daß in der Saarbrücker Bevölkerung jahrelang eine lebhafte Beunruhigung herrschte. Im Hinblick auf die Entwicklung nach dem Weltkrieg und namentlich auf die französische Behauptung, daß im Saarlande von alters her Sympathien für Frankreich beständen, ist die feierliche Erklärung bemerkenswert, die die zur Landtagswahl versammelten Wahlmänner der Kreise Saarbrücken, Ottweiler und St. Wendel an die französische Öffentlichkeit im Juni 1866 richteten:

> „Wir geloben hiermit mit Worten von Ehrenmännern vor Gott und den Menschen, daß wir, wenn uns ein widriges Geschick vorübergehend von unserem Vaterlande trennen sollte, mit der ganzen Zähigkeit und Ausdauer, deren der Deutsche fähig ist, an unserer Nationalität festhalten werden. Was das übrige Deutschland anbetrifft, so müßte es jedem ehrlichen Deutschen die Schamröte ins Gesicht treiben, anders zu denken, als daß der erste Entschluß des dem Frieden wiedergegebenen und wieder erstarkten deutschen Volkes der sein würde, von Frankreich zurückzuverlangen, was es etwa durch Benutzung unserer gegenwärtigen Wirren vorübergehend an deutscher Erde gewinnen könnte.“

Diese leidenschaftliche Gegnerschaft erleichterte es Bismarck, Napoleons Drängen endgültig abzuweisen; die daraus entstehende Enttäuschung und Mißstimmung in Frankreich war einer der Gründe, die zu der kriegerischen Auseinandersetzung 1870/71 führten.

Mit dem Frankfurter Frieden wurde die französische Grenze um 50 km von der Saarkohle, soweit sie damals erschlossen war, abgedrängt; gleichzeitig gingen die lothringischen Kohlenverbraucher zum größten Teil verloren, derentwegen man die Saarkohle hauptsächlich begehrt hatte. Dafür erhielt Deutschland an seiner neuen Grenze westlich der Mosel einen Streifen Landes, in dem seit einiger Zeit Eisenerze bekannt waren und auch in kleinem Umfange gefördert wurden. Zwar unterschätzte man die unterirdische Ausdehnung der Vorkommen und glaubte sie an den Talrand gebunden; auch stand der hohe Phosphorgehalt der Erze damals noch einer Verwendung zur Stahlerzeugung entgegen, so daß man nur Gußeisen daraus herzustellen vermochte. Aber die deutschen Geologen, insbesondere der damalige Direktor der Bergakademie in Berlin, Hauchecorne, wußten Bismarcks Interesse für die zukünftigen Entwicklungsmöglichkeiten des Reviers zu erregen. Bismarck setzte die Abtretung des allein als wertvoll angesehenen Oststreifens durch; ein Teil wurde noch zwischen dem Präliminärvertrag und dem endgültigen Friedensschluß gegen Gebietszugeständnisse in der Umgebung von Belfort eingetauscht.

Welchen Wert dieser unscheinbare Zuwachs besaß, haben aber auch die Sachverständigen damals noch nicht voraussehen können. Tatsächlich sind die Lager der „Minette“, wie das Erz örtlich genannt wurde, das größte zusammenhängende Eisenerzvorkommen der Erde; über 40% des gesamten in Europa aufgeschlossenen Eisenvorrats waren hier an den Grenzen der Länder Deutschland, Frankreich, Belgien und Luxemburg vereinigt[1]). Nachdem 1879 die Erfindung des Engländers Thomas die Stahlerzeugung aus phosphorhaltigen Erzen und in der Thomasschlacke sogar die Gewinnung eines wertvollen Düngemittels als Nebenerzeugnis ermöglicht hatte, nahmen Bergbau und Eisenindustrie in der Gegend zwischen Metz—Diedenhofen und der Grenze einen reißenden Aufschwung. 1913 entfielen auf das lothringische Eisenrevier drei Viertel der deutschen Eisenerzförderung und fast ein Viertel der deutschen Roheisenerzeugung.

---

[1]) Siehe Kartenskizze 6 S. 113.

Die Zeit nach dem Frankfurter Frieden offenbarte aber auch den geologischen Irrtum, der die westliche Erstreckung der Erzvorkommen für ganz beschränkt gehalten und infolgedessen die neue Grenze schon wenige Kilometer jenseits des Ausgehenden der Erzlager angesetzt hatte. In den achtziger Jahren wurde die Fortsetzung der Erzlager in Französisch-Lothringen näher erforscht, und bald stellte sich heraus, daß sich die Lager zwar nach Westen allmählich immer tiefer senkten, aber an Zahl und Mächtigkeit eher zunahmen. Vor allem stieg der Eisengehalt merklich höher. Im französisch gebliebenen Teil lag der Menge nach noch wesentlich mehr Erz als in Deutschland, der billigen Gewinnbarkeit und vor allem der Beschaffenheit nach aber der bei weitem wertvollere Teil des Gesamtvorkommens. Man unterschied drei Revierteile auf der französischen Seite, einen nördlichen, das Becken von Longwy, das mittlere Becken von Briey und einen kleinen abgesonderten Teil im Süden, das Becken von Nancy. Das Becken von Briey ist das bei weitem wichtigste, so daß man sich namentlich in Deutschland daran gewöhnte, das ganze französische Minettegebiet nach ihm zu benennen. 1913 entfielen auf diesen Revierteil reichlich vier Fünftel der gesamten Förderung von Französisch-Lothringen, und auch der Erzbeschaffenheit nach der bei weitem wertvollste Teil. Das Briey-Erz hat einen durchschnittlichen Eisengehalt von etwa 35% gegen kaum 30% in den übrigen Minettegebieten.

Zahlentafel 3.

Das lothringisch-luxemburgische Eisenerzrevier.

Gebietsverteilung 1913	Erzfläche in ha	Erzvorräte in Mill. t	Erzförderung 1890 in Mill. t	Erzförderung 1913 in Mill. t	Roheisenerzeugung 1913 in Mill. t
Deutsch-Lothringen	35680	1830	3,1	21,1	3,9
Luxemburg .	3670	270	3,1	7,3	2,5
Belgien . . .	400	0,5	—	—	—
Französisch-Lothringen	67610	3000	2,7	19,5	3,5
Gesamt . . .	107360	5100	8,9	47,9	9,9

So günstige Eigenschaften die Minette für den Verhüttungsprozeß aufweist, so verträgt sie infolge ihres verhältnismäßig niedrigen Eisengehaltes doch keine weiten Frachten; überdies liegen die Gruben den großen Wasserstraßen fern. Infolgedessen kann das Erz nur an Ort und Stelle, oder in nicht allzu großer Entfernung verhüttet werden. Da sich die französische Eisenindustrie infolge der unzureichenden Kohlenlagerstätten und infolge der geringeren Unternehmungslust nur langsam entwickelte, vermochten die französischen Hütten die rasch steigende Förderung nicht aufzunehmen. Die Förderung des Beckens von Briey mußte daher seit 1908 in wachsendem Maße ausgeführt werden. Während Luxemburg und Deutsch-Lothringen fast ausschließlich für den inneren Markt förderten, ging die französische Minette fast zur Hälfte ins Ausland, und zwar in die benachbarten Hütten Belgiens, Luxemburgs und Deutschlands. Die Unterbringung der großen Fördermengen des Briey-Beckens war nicht einfach und bereitete den Besitzern manche Sorge; vor dem Kriege wurde vielfach der Gedanke eines großen Nordostkanals erwogen, der eine Erzausfuhr nach England und zugleich eine billigere Heranbringung der nordfranzösischen und, soweit diese nicht reichte, auch der englischen Kohle ermöglichen sollte, um die Abhängigkeit vom deutschen Kohlenbergbau zu beseitigen. Das Problem des französischen Erzabsatzes wurde vor dem Weltkrieg besonders schwierig durch die Erschließung sehr bedeutender Eisenerzlagerstätten in Nordwestfrankreich, in der Normandie, der Bretagne und im Anjou, wo ebenfalls ein sehr erheblicher Erzvorrat nachgewiesen wurde[1]).

Das französische Kohlenproblem vor 1914.

Die fortschreitende Erschließung der gewaltigen Eisenerzvorkommen, deren Fördermengen immer mehr dem Auslande, und zwar vor allem auch Deutschland überlassen werden mußten, regten ständig neue Versuche an, die Kohlenversorgung Frankreichs aus heimischen Quellen zu verbessern. Die Bemühungen blieben im wesentlichen erfolglos. Einige neue Felderverleihungen am Rande des nordfranzösischen Kohlenbeckens bedeuteten keinen erheblichen Zuwachs von Vorräten und Fördermöglichkeiten. Bemerkenswerter waren die Ergebnisse der Untersuchungen in der Fortsetzung des Saarkohlenbeckens nach Südwesten. Schon vor 1871 waren mit großem Eifer die Saarflöze an der saar-lothringischen Grenze verfolgt und in reicher Lagerung auf der lothringischen Seite aufgefunden worden. Aber es lag wie ein Fluch über den französischen Kohlebestrebungen. Fast genau an der Grenze von 1815 hörten die verkokbaren Fettkohlen auf, die allein für die Hochöfen in Betracht

[1]) F. Friedensburg, Der Eisenerzbergbau in Nordwestfrankreich. Berg- und Hüttenmännische Zeitschrift Glückauf 1916, S. 877.

kommen; ebenfalls fast genau mit der Grenze legte sich auf das Kohlengebirge, das an der Saar offen zutage trat und eine leichte, billige Aufschließung gestattete, eine nach Westen immer stärker werdende Schicht jüngerer Gesteine, die stark Wasser führten und infolgedessen das Niederbringen der Schächte gefahrvoll, schwierig und kostspielig machten. Überdies fielen die frisch begonnenen Bergbauversuche mit dem Frankfurter Frieden an Deutschland. Dort gelangten sie unter dem wirtschaftlich viel zweckmäßigeren deutschen Bergrecht zu einer Förderung von 3½ Millionen t vor dem Kriege, ohne jedoch für die Gesamtkohlenversorgung des Gebiets wesentliche Bedeutung zu erlangen.

Um die Jahrhundertwende setzte neue Schürftätigkeit im französisch gebliebenen Teil Lothringens ein; sie war geologisch erfolgreich, so daß zunächst ein Sturm nationaler Begeisterung entstand und zur Vervielfachung der kostspieligen Bohrtätigkeit Veranlassung gab. Eine Reihe von Bohrungen, namentlich zwischen Pont-à-Mousson und der deutschen Grenze, wurden fündig. Aber die Kohle lag in großer Tiefe; selbst an den günstigsten Stellen hätten die Schächte mindestens 7—800 m, großenteils durch wasserführendes Gebirge, abgeteuft werden müssen. Überdies handelte es sich durchweg nur um die wenig gesuchte, weil nicht verkokbare Flammkohle, und endlich mußte zur Vorsicht warnen, daß etwa die Hälfte der Bohrungen keine Kohle angetroffen hatte, man also mit Störungen des Kohlengebirges rechnen mußte. Da sich auch der französische Staat in zwölfjährigen Überlegungen nicht zur Erteilung von Konzessionen entschließen konnte — das Recht der Bergbaufreiheit, wonach der Finder einen rechtlichen Anspruch auf Erteilung des Abbaurechtes besitzt und dem der deutsche Bergbau zum erheblichen Teil seine glänzende Entwicklung verdankt, bestand in Frankreich nicht — so blieben die Funde bis zum Weltkriege ohne wirtschaftliche Auswertung. Nach 1918 hat die Grenzverlegung das französische Interesse an diesen Zukunftsvorräten wesentlich verringert.

Jedenfalls blieb der französischen Eisenindustrie vor dem Kriege nichts anderes übrig, als den Brennstoffbedarf zum großen Teil im Auslande zu decken. 1913 kamen von der in Französisch-Lothringen verbrauchten Kohle drei Viertel, an Koks 55% aus Deutschland; der größere Teil der deutschen Lieferungen namentlich an Koks entstammte dem Ruhrgebiet. Die Abhängigkeit machte sich u. a. darin empfindlich fühlbar, daß die französischen Hütten die Zuschläge des Kohlensyndikats zu zahlen hatten, die wegen des Hüttenzechenprivilegs den meisten der deutschen Wettbewerber erspart blieben. Auch wurde von deutscher Seite der Absatz von Koks an Stelle der Kohle begünstigt, um Deutschland die wichtige und einträgliche Gewinnung der Nebenerzeugnisse der Kokereien vorzubehalten. Zwar waren die 1906 und 1907 von dem konservativen Abgeordneten Graf Kanitz im Reichstage und im preußischen Landtage eingebrachten Anträge auf Einführung eines Kohlenausfuhrzolles ohne Erfolg geblieben; sie unterstrichen aber das Gefühl der Abhängigkeit bei den ausländischen Verbrauchern deutscher Kohle und bildeten ein Warnungszeichen.

Besonders unzufrieden war man in Frankreich mit der fiskalischen Verwaltung des Saarbergbaus. Man warf ihr vor, die Entwicklung der Förderung künstlich zurückzuhalten, um die Preise hochzutreiben; sie führe den Bergbau à la française, erklärt in ironischer Selbsterkenntnis ein französischer Schriftsteller, der sich mit dem deutsch-französischen Kohle-Eisen-Problem während des Krieges besonders eingehend befaßt hat[1]). Zu diesem Zwecke unterlasse Deutschland auch die bereits im Frankfurter Frieden vorgesehene Kanalisierung von Saar und Mosel, die dem lothringischen Eisenerzrevier eine billigere Kohlenversorgung gesichert hätte. Des letzten Vorwurfs bemächtigte sich sogar die politische Propaganda gegen Ende des Weltkrieges, um zu beweisen, daß Deutschland das Saargebiet absichtlich vernachlässigt habe. Er ist freilich völlig unberechtigt; die kanalisierte Mosel hätte die billigere und bessere Ruhrkohle bis in das Herz des Saarkohlenabsatzes hineingezogen und dem Saarbergbau dadurch zweifellos im wesentlichen Nachteile gebracht. Auch die behutsame Wirtschaftspolitik des preußischen Bergfiskus, die an sich nicht zu bestreiten war, entsprang durchaus richtigen Erwägungen. Eine Verdoppelung der Saarkohlenförderung, wie sie die Franzosen als erwünscht und möglich bezeichnen, hätte zwar Lothringen reichlichere und billigere Kohlen zur Verfügung gestellt, übrigens auch der Saarindustrie, die sich ebenso über den Staatsbergbau beschwerte. Eine solche Entwicklung hätte aber, von der Frage der Rentabilität ganz abgesehen, die beschränkten unterirdischen Vorräte viel rascher erschöpft, als für die Ruhrkohle zu befürchten war, und wäre überdies nur durch Heranziehung großer Massen fremder Arbeiter zu erreichen gewesen. Daß die preußische Bergbaupolitik an der Saar den bodenständigen und

[1]) Fernand Engerand: Le Fer sur une Frontière, la Politique métallurgique de l'Etat allemand. Paris 1919, S. 183.

deutschen Charakter der Bevölkerung und die gesunde Siedlungsweise in dem oft umkämpften Grenzlande gewahrt hat, kann nur Anerkennung verdienen. Umgekehrt waren die Klagen der französischen Wirtschaft, wenn auch die französische Verwaltung nach dem Kriege keine anderen Wege als die preußische zu gehen vermochte, von ihrem Standpunkt aus gefühlsmäßig begreiflich; sie wurden besonders verschärft, als der Saarfiskus in Zeiten der Kohlenknappheit, namentlich während des großen Streiks der Ruhrbergleute im Jahre 1905, seine inländischen Abnehmer zuungunsten der ausländischen bevorzugte.

Die Mißstimmung der französischen Industrie äußerte sich in einer allmählichen Abkehr von der Saarkohle; nach dem praktischen Mißerfolge der französischen Kohlensuche 1900 bis 1905 wandte sich nunmehr französisches Kapital dem deutschen Steinkohlenbergbau zu. Die Gebrüder De Wendel, die in Lothringen auf beiden Seiten der Grenze Eisenerzbergbau und -verhüttung betrieben und die bedeutendsten Industriellen Lothringens waren, besaßen schon seit Jahrzehnten auch die wichtigste lothringische Steinkohlengrube Kl.-Rosseln unmittelbar an der Grenze des Saargebiets. Im Jahre 1904 begannen sie mit der Anlage eines Bergwerkes bei Hamm in Westfalen, um sich in der Beschaffung von Hüttenkoks unabhängig zu machen und sich von der Syndikatsumlage zu befreien. Handelte es sich bei den Gebrüder De Wendel noch bis 1918 um eine gemischte deutsch-französische Firma, so wurde ein zweites Steinkohlenbergwerk im Rheinisch-Westfälischen Industriebezirk, die Zeche Friedrich Heinrich bei Lintfort im Kreis Mörs am Niederrhein, im Jahre 1906 von einer fast rein französischen Finanzgruppe angelegt, die von der Société de Crédit Commercial gebildet wurde. Die Cie. des Forges et Aciéries de la Marine et d'Homécourt, die in Französisch-Lothringen Eisenerzbergbau und Eisen- und Stahlwerke neben zahlreichen verwandten Anlagen an anderen Stellen in Frankreich betrieb, erwarb kurz vor dem Kriege eine maßgebende Beteiligung an einer Steinkohlengrube des Aachener Bezirks, der Zeche Carolus Magnus, unmittelbar an der holländischen Grenze; die Grube kam aber erst nach dem Kriege in Förderung. Sowohl bei Friedrich Heinrich wie bei Carolus Magnus sollte Fettkohle mit vorzüglichen Verkokungseigenschaften den Hauptteil der Förderung bilden. Auch an einer neugegründeten deutsch-lothringischen Steinkohlengrube, der Internationalen Bergwerks A.-G. bzw. ihrem Tochterunternehmen, der Gewerkschaft Metz bei St. Avold, war französisches Bankenkapital (Banque de l'Union Parisienne und Sauer-Thalmann & Cie.), das seinerseits Interessen an der französisch-lothringischen Eisenindustrie besaß, zur Hälfte beteiligt. Die für die Hochöfen wichtige Kokskohle konnte jedoch hier nicht erwartet werden; in Betrieb ist das Bergwerk bisher nicht gekommen. Besonders bemerkenswert und in gewissem Sinne vorbildlich für eine deutsch-französische Zusammenarbeit auf dem Gebiet von Kohle und Eisen war ein Abkommen, das die deutsch-saarländische Familienfirma Gebr. Röchling mit der Soc. des Aciéries de Longwy 1907 abschloß. Hiernach wurde Longwy mit Kapital am Ausbau der ebenfalls im Aachener Bezirk gelegenen Steinkohlengrube Karl Alexander, Röchling am Ausbau der im Briey-Bezirk gelegenen Minettegrube Valleroy beteiligt und ein Kohlen-Erz-Austausch zu Selbstkostenpreisen vereinbart.

Die französischen Beteiligungen am deutschen Steinkohlenbergbau bedeuteten zwar nur eine Wiederaufnahme der starken Tätigkeit französischen Kapitals in der ersten Entwicklung des Ruhrbergbaus, dreißig bis vierzig Jahre früher, aber sie waren bei der inzwischen eingetretenen Zurückhaltung Frankreichs gegenüber wirtschaftlicher Tätigkeit in Deutschland doch ein Beweis für das erhebliche Interesse, das an der Versorgung mit deutschen Steinkohlen bestand. Eine unmittelbare politische Bedeutung hat die französische Abhängigkeit von der deutschen Kohle nicht gehabt, zumal die deutsche Regierung und die deutsche Industrie die Ausfuhr mit Wohlwollen betrachteten. Auch den Kapitalbeteiligungen wurden keinerlei Schwierigkeiten in den Weg gelegt.

Die Kohle in den französischen Kriegszielen.

Das französische Kohlenproblem kommt zwar als eine unmittelbare Kriegsursache nicht in Betracht. Fraglos war aber die Kohlenversorgung vom Standpunkt des die Welt überall durchdringenden und gerade auch in Frankreich lebhaft entwickelten Wirtschaftsimperialismus durchaus unbefriedigend; in dem hauptsächlich gefühlsmäßigen Streben des französischen Volkes nach Wiedergutmachung des 1871 erlittenen Schadens spielten derartige Erwägungen unbewußt in erheblichem Maße mit. Bei dem Wunsche nach Wiedergewinnung Elsaß-Lothringens kam es dem französischen Volke sicherlich viel weniger auf die Rückgliederung des von fremdsprachigen Leuten jenseits der Vogesen bewohnten Landstrichs an als auf die gewaltigen wirtschaftlichen Werte, die Deutschland dort nutzbar machte, und auf die alte Vormachtstellung in Europa, die angesichts der wirtschaftlichen Überlegenheit Deutschlands auf friedlichem Wege nicht mehr erreichbar schien.

Wie stark das Kohlenproblem im stillen die Beziehungen zu Deutschland beherrschte, ließ sich während des Krieges erkennen, als die Erörterung der Kriegsziele in der französischen Öffentlichkeit freigegeben wurde und gerade hier ein außerordentlich umfangreiches Schrifttum hervorrief. Wie man auch immer Frankreichs Anteil am Ausbruch des Krieges einschätzen will, das Ziel stand dem französischen Volke in brutaler Deutlichkeit vor Augen und wurde auch mit brutaler Deutlichkeit ausgesprochen, sobald der Krieg einmal begonnen hatte. Man wünschte, Deutschland niederzuwerfen, einmal wieder für lange Zeit im Osten der Überlegene zu sein, „Sicherheit“ durch Lähmung und Verstümmelung des einzigen großen Grenznachbarn zu schaffen, in Fortsetzung der Überlieferung Ludwigs XIV. und der beiden Napoleone die französischen Vorposten an den Rhein vorzuschieben und damit die Vorherrschaft in Europa, zum mindesten auf dem Festlande, erneut zu begründen.

Die ersten Kriegszielbekundungen der amtlichen Stellen, von denen man weiß, waren dieser allgemeinen Natur. Der russische Botschafter in Paris, Iswolski, gab am 14. Oktober 1914 dem Außenminister Sasonow die französische Auffassung wieder, wie sie ihm von Delcassé eröffnet worden war:

> „ferner sei es das Hauptziel Frankreichs — und darin seien alle drei verbündeten Mächte vollkommen solidarisch — die Vernichtung des Deutschen Reiches und die möglichste Schwächung der militärischen und politischen Macht Preußens. Dabei bat Delcassé, wobei er sich auf die Verhandlungen bezog, die 1913 in Petersburg stattgefunden haben, eindringlich Ihre Aufmerksamkeit darauf zu lenken, daß die Forderungen und Wünsche Frankreichs die gleichen geblieben seien, mit Ausnahme des unumgänglichen Wunsches, die politische und wirtschaftliche Macht Deutschlands zu vernichten.“

Dem alles beherrschenden Vernichtungswillen wurden die zu Frankreichs Vorteil für erforderlich gehaltenen Sonderziele ein- und untergeordnet. Als das Comité des Forges, der in der Kriegs- und Nachkriegspolitik Frankreichs sehr mächtige Verband der französischen Eisenindustriellen, im Februar 1917 in einer Denkschrift[1]) an die Regierung die Rückgliederung Lothringens und des Saargebiets aus wirtschaftlichen Gründen forderte, führte es als besonderen Trumpf noch an, daß diese Abtretung die deutsche Schwerindustrie schwächen und eine tiefgehende Zerrüttung ihrer Organisation hervorrufen werde. Gleichzeitig wurde das linke Rheinufer zur strategischen Sicherung und zur Verringerung des französischen Kohlenfehlbetrags durch Angliederung des Kohlenreviers von Krefeld und der Braunkohlen bei Köln gefordert. Dadurch werde Frankreich eines der größten Industrieländer der Erde werden. Allerdings wies das Comité des Forges auch auf gewisse Gefahren hin, die die Angliederung so bedeutender Industriegebiete für das bestehende Gleichgewicht in der französischen Wirtschaft haben könnte. Wenn sich das Comité über diese Bedenken hinwegsetzte, so geschah es aus der richtigen Erkenntnis, daß gerade die Schwerindustrie auch einen unverhältnismäßigen Produktionszuwachs rasch regeln und vertragen kann, wenn die allgemeine politische und wirtschaftliche Macht des Landes einen wesentlichen Aufschwung erfährt.

Die Denkschrift des Comité des Forges vom Februar 1917 enthält jedenfalls alle Gründe, die in reichen Abwandlungen zahllose Bücher, Artikel und Vorträge von 1915 bis 1918 für eine imperialistische französische Ostpolitik immer wieder aufzählten. Erstaunlich viele Veröffentlichungen beschäftigten sich mit dem Plan, Deutschlands Macht durch Fortnahme der Lothringer Eisenerze zu verringern und diejenige Frankreichs durch Erwerbung der linksrheinischen Kohlenschätze, namentlich der Saar, zu verstärken. Beachtung verdienen hierbei weniger die zahllosen rein politisch und gefühlsmäßig gehaltenen Artikel und Aufrufe, die seit Anfang 1915 mit der Forderung nach dem linken Rheinufer die französische Presse erfüllten[2]), als die ernsthaft gemeinten Bücher, die mit technischen und wirtschaftlichen Gründen die Notwendigkeit und Zweckmäßigkeit namentlich der Saarangliederung mehr oder weniger sachlich zu begründen suchten[3]). Der

[1]) Auszugsweise wiedergegeben bei Rayko Djermanowitsch, Le Traité de Versailles et les Matières premières mit Vorwort von Paul-Boncour, Paris 1927, S. 54 f.

[2]) Einen lehrreichen Querschnitt gibt Max Beer in L'Entente annexioniste, Bern 1917, Kapitel IX, S. 229 ff.

[3]) a) Maurice Alfassa, L'Après-Guerre, le Fer et le Charbon français, une des Causes profondes de la Guerre et une des Conditions essentielles de la Victoire de la France et de la Paix durable. Paris 1916, insbes. S. 50 ff.

b) Ed. Driault, Le Fer de Lorraine et la Paix. Paris 1917, bes. S. 16 ff.

Nachweis der unbefriedigenden Lage der französischen Kohlenversorgung konnte in jenen Jahren, als alle Franzosen in den Wintermonaten bitter die Kohlennot spürten, auf besonders williges Verständnis in der öffentlichen Meinung Frankreichs rechnen. Die Aussichten, den Fehlbetrag aus dem Saarbecken zu decken, wurden aber zum Teil in recht oberflächlichem Optimismus beurteilt. Das Kernproblem der französischen Kohlensorgen bildete die Koksfrage, die durch die beabsichtigte Angliederung der deutsch-lothringischen Hochofenwerke nur noch dringlicher werden mußte. Daß aber der Saarbergbau den erforderlichen Koks weder nach der Menge noch nach der Beschaffenheit liefern konnte, mußte auch den französischen Fachleuten bekannt sein. Manche Schreiber versuchten sich ernstlich einzureden, daß die schlechte Eignung des Saarkoks auf bewußte und gewollte technische Vernachlässigung durch die preußische Verwaltung zurückzuführen sei, die dem Ruhrkoks keinen Wettbewerb bereiten wollte. Erst gegen Ende des Krieges begann man die Aussichten der Bedarfsdeckung aus den Saargruben weniger hoffnungsfreudig zu beurteilen, und jetzt setzten die Bestrebungen ein, von Deutschland auch noch Kohlenlieferungen in Natur aus dem Ruhrbezirk zu erhalten. In den letzten Kriegsmonaten drängt sich mit den veränderten militärischen Aussichten auch schon wiederholt der Gedanke vor, das Ruhrgebiet in der einen oder anderen Form für die französischen Interessen nutzbar zu machen.

Jedenfalls hat die Kohlenfrage in den französischen Kriegszielen eine sehr bedeutende Rolle gespielt. Es handelte sich nicht nur um unverantwortliche Meinungsäußerungen; bei der Strenge der französischen Zensur darf man auch ohne weiteres annehmen, daß die lebhafte öffentliche Erörterung der französischen Regierung

---

c) Fernand Engerand, L'Allemagne et le Fer, les Frontières lorraines et la Force allemande. Paris 1916, S. 14 ff. u. S. 217 ff.

d) Ders., Ce que l'Allemagne voulait, ce que la France aura. Le Minerai de Briey — la Houille de la Sarre. Paris 1916.

e) Ders., Le Fer sur une Frontière, la Politiqe métallurgique de l'Etat allemand. Paris 1919, S. 209 ff.

f) Louis Férasson, La Question du Fer. Paris 1918, S. 114.

g) L. de Launay, France-Allemagne, Problèmes miniers. Paris 1917, S. 178 ff.

h) R. Muller, Le Charbon, nos Besoins et certains Moyens d'y satisfaire. Paris 1917.

i) Hon. Paulin, Le Fer et le Charbon, Conditions de la Paix future. Paris 1919.

k) Léon Polier, Les Forces de la France d'hier et de demain. Paris 1915.

durchaus willkommen war, wenn sie nicht überhaupt teilweise die Anregung dazu geliefert hat. Tatsächlich hat ja die französische Regierung durch Kabinettsbeschluß vom Anfang Januar 1917 unter dem Vorsitz Briands die Forderung nach dem Saargebiet und dem linken Rheinufer amtlich festgelegt. In seiner Instruktion an Cambon, den französischen Botschafter in London, führte Briand daraufhin aus, daß Frankreich Elsaß-Lothringen nicht, wie es durch den Vertrag von 1815 verstümmelt worden sei, sondern in den Grenzen vor 1790 zurückzuerhalten wünsche. Frankreich werde dadurch das geographische und das Bergwerksbecken der Saar erwerben, dessen Besitz für die französische Industrie wesentlich sei.

Vor allem wurde die Rückgabe Elsaß-Lothringens und die Erwerbung des Saargebiets unter ausdrücklicher Hervorhebung der bergwirtschaftlichen Bedeutung in dem förmlichen Abkommen vereinbart, das im Februar 1917 zwischen der französischen und der zaristischen Regierung abgeschlossen wurde. Gegen das französische Zugeständnis, daß Rußland volle Freiheit in der Festsetzung der russischen Westgrenze erhalten würde, sicherte Rußland die volle Unterstützung der französischen Kriegsziele in folgender Form zu:

> „1. Elsaß-Lothringen wird an Frankreich zurückgegeben.
> 2. Die Grenzen werden mindestens bis zum Umfang des früheren Herzogtums Lothringen erweitert und nach dem Ermessen der französischen Regierung festgestellt werden, so daß sie den strategischen Bedürfnissen entsprechen und das gesamte lothringische Eisenerzgebiet und das gesamte Kohlenrevier des Saartales einschließen. . ."

Keines der kriegführenden Länder hat seine Forderungen für den Kriegsabschluß so rechtzeitig und so klar aufgestellt und die Verwirklichung so sorgfältig und umsichtig vorbereitet wie Frankreich. Regierung und Volk waren sich in den entscheidenden Kohlen- und Eisenfragen völlig einig. Kein Widerspruch der englischen Regierung, die die französischen Wünsche sogar in der Regierungserklärung im Unterhaus am 19. Dezember 1917 als abenteuerlich ablehnte, auch später kein Bedenken wegen der Ideologie Wilsons hielten Frankreich davon ab, geradlinig auf die Durchsetzung auch der wirtschaftsimperialistischen Ziele hinzuarbeiten. Die abschließende Krönung dieses Vorbereitungswerks stellte die dreibändige Denkschrift dar, die eine Anzahl hervorragender Sachverständiger im Auftrage der Regierung für die bevorstehenden Friedensverhandlungen ausgearbeitet hat. Die Denkschrift, die fast genau zum Zeitpunkt des Waffenstillstands fertig wurde, beschäftigt sich besonders eingehend mit den bergwirtschaftlichen Fragen an der französischen Ostgrenze und sucht Frankreichs Forderungen auf diesem Gebiet in erschöpfender Zusammenstellung aller denkbaren Argumente zu unterstützen[1]).

Das deutsche Eisenerzproblem vor 1914.

Deutschland hatte zwar im Frankfurter Frieden einen erheblichen Teil des großen lothringischen Eisenerzvorkommens erhalten; durch die Zollunion mit Luxemburg war auch noch der kleine Nordstreifen der Minettelager mit dem deutschen Wirtschaftsgebiet vereinigt. Aber ganz abgesehen davon, daß durch den Irrtum der Geologen gerade der beste Teil bei Frankreich geblieben war, entwickelte sich die Eisenhüttenindustrie auf Grund der reichen Kohlenschätze viel rascher, als die Förderung des gesamten deutschen Eisenerzbergbaus gesteigert werden konnte. An sich war Deutschland auch ohne den Minettebezirk nicht allzu arm an Eisenerz. Die Vorkommen im Siegerland und im Lahn- und Dillbezirk hatten eine blühende Eisenindustrie versorgt, längst, ehe eine größere Eisenproduktion in Lothringen begonnen hatte; daneben gab es bedeutende Vorkommen, namentlich am Nordrande des Harzes und in Süddeutschland, die wegen ihrer weiten Entfernung zu den Kohlenrevieren oder wegen der ungünstigen Zusammensetzung der Erze noch nicht zur vollen Leistungsfähigkeit entwickelt waren. Aber der Bedarf der rheinisch-westfälischen Hütten an massenhaften hochprozentigen Erzen konnte in Deutschland nicht entfernt befriedigt werden. Stammte 1871 noch fast das gesamte in Deutschland verhüttete Eisen aus dem heimischen Boden, so betrug der Anteil der deutschen Erze an der gesamten deutschen Eisenerzeugung 1890 noch etwa drei Viertel, 1913 aber nur wenig mehr als die Hälfte. Schon dieser Zustand vermochte Sorgen zu verursachen; stieg aber die Eisenerzeugung auch nur annähernd im bisherigen Zeitmaß weiter — in den letzten 10 Jahren vor dem Kriege hatte sie sich verdoppelt! — so war eine Erschöpfung der damals aufgeschlossenen deutschen Erzvorkommen innerhalb weniger Jahrzehnte und eine völlige Abhängigkeit vom Auslande vorauszusehen.

[1]) Travaux du Comité d'Études pour la Conférence de la Paix. Paris 1919, 3 Bde.

Zunächst freilich war der Zustand in wirtschaftlicher Hinsicht nicht ungünstig. Der Bergbau auf den großen Eisenerzlagerstätten in Schweden, in Nordspanien, daneben in Neufundland, Tunis und Algerien, in Brasilien, Norwegen und Südrußland konnte im wesentlichen nur betrieben werden, wenn Deutschland und England die Erze kauften. Der englische Wettbewerb war infolge der langsamen Entwicklung der dortigen Eisenindustrie nicht drängend. Die reichen, hochprozentigen, meist unweit des Meeres gelegenen Vorkommen blieben also in der Hauptsache auf Deutschland angewiesen. Denselben Weg gingen die Briey-Erze, sobald die Förderung die bescheidene Aufnahmemöglichkeiten der französischen Hochöfen überstieg. Sie bildeten in Rheinland-Westfalen im Vergleich zu den Magneteisenerzen Lapplands und dem Rubio-Erz aus Bilbao ein recht eisenarmes Erz und waren mit kaum geringeren Frachtkosten belastet als jene. So dankten sie es nur ihren niedrigen Preisen und den verhältnismäßig günstigen hüttentechnischen Eigenschaften, daß sie überhaupt ihre Käufer fanden; von irgendeinem beherrschenden Einfluß auf dem deutschen Markt war keine Rede. Von den 17½ Millionen t Erz, die Rheinland-Westfalen vor dem Kriege jährlich verhüttete, entfielen etwa 4½ auf die Minette und hiervon nur 1 Million t auf Briey-Erz. Die rheinisch-westfälischen Hütten befanden sich in der kaufmännisch besonders günstigen Lage, von allen Seiten zu den vorteilhaftesten Preisen einkaufen und die nötigen Mengen hauptsächlich über Rotterdam auf dem Rhein heranbringen zu können. Rheinland-Westfalen lieferte rund die Hälfte der deutschen Eisenerzeugung; die übrigen Hüttenreviere Lothringen-Luxemburg einschließlich des Saargebiets, Siegerland und Mitteldeutschland versorgten sich in der Hauptsache aus den eigenen Erzvorkommen, und nur Oberschlesien mußte zur Ergänzung der erschöpften kleinen Erzlagerstätten ausländisches Erz von weit her mit teurer Fracht beziehen.

So vorteilhaft diese Lage zunächst schien, so war die Zukunft doch nicht ohne Schatten. Die spanischen Vorkommen, die auch den Hauptteil des englischen Erzfehlbetrags deckten, gingen der baldigen Erschöpfung entgegen. Die berühmten schwedischen Erzberge hatten größere, aber auch nicht unerschöpfliche Reserven, und seit Anfang des Jahrhunderts machten sich in Schweden Bestrebungen geltend, in dem Abbau und der Ausfuhr, namentlich der reichsten Erze, hauszuhalten, um nicht die Preise auf dem Weltmarkt zu drücken und um den einträglichen Bergbau auf möglichst lange Zeit zu strecken. Auch gab man die Hoffnung nicht auf, daß es womöglich der Technik gelingen werde, das Erz in Schweden selbst zu verarbeiten, und wollte wenigstens die besten Qualitäten für diesen Zweck reservieren. Wenn aber die spanischen und schwedischen Lagerstätten früher oder später einmal nicht mehr im vollen Umfange lieferten, so war bei ständig steigendem Bedarf eine Verknappung auf dem Erzmarkt und ein empfindliches Anziehen der Preise unvermeidbar. Zwar erschien auch dann eine eigentliche Erznot ausgeschlossen, da die übrigen Länder einspringen konnten; jedoch würde es sich wahrscheinlich um niedrigerprozentige und teurere Lieferungen handeln und die Wettbewerbslage Rheinland-Westfalens gegenüber den angelsächsischen Eisenhütten, aber auch gegenüber Lothringen-Luxemburg verschlechtert werden. Überdies mahnten die in allen Ländern wahrnehmbaren imperialistischen Abschließungsbestrebungen zur Vorsicht. Die Stellung einer riesigen Industrie, die in dem Bezug eines unentbehrlichen Rohstoffes so stark auf die Einfuhr angewiesen war, mochte noch 1900 und 1913 ungefährdet erscheinen; aber der weitschauende Wirtschaftler hatte zu bedenken, wie er den unersättlichen Bedarf der Hochöfen auch noch 1930, 1940 und 1950 befriedigen konnte.

Die Sicherung der zukünftigen Erzversorgung begann etwa seit Anfang des 20. Jahrhunderts die deutsche Eisenindustrie ernster zu beschäftigen. Die nächstliegende und wichtigste Maßnahme bestand in der Erwerbung deutsch-lothringischer Erzfelder und in der Anlage von Tochterwerken an Ort und Stelle. Man sprach zeitweilig geradezu von einer „Abwanderung" der westdeutschen Industrie nach Lothringen, wo auch im Gegensatz zum engbesiedelten Ruhrgebiet Raum genug für großzügige Werksplanungen zur Verfügung stand. Der Staat suchte einem allzu großen Ausmaß dieser Entwicklung entgegenzuwirken, schon um des strategischen Nachteils willen, dem eine so wichtige Industrie unmittelbar an der Grenze unterlag. Besondere Tarifverbilligungen für die Erzfracht Lothringen-Westfalen unter Aufrechterhaltung höherer Tarife für die umgekehrte Koksfracht gewährten den rheinisch-westfälischen Hütten einen gewissen Vorsprung. Auch die mehrfach wiederholte Ablehnung der Saar-Mosel-Kanalisierung durch die Regierung wirkte im gleichen Sinne. Gleichzeitig wurde ein günstiger Ausgleich der Frachtleistungen der Eisenbahn erstrebt. Die sorgfältige Berechnung der Tarife sollte vor allem Leerfrachten verhindern, so daß in dem Austausch von Koks und Erz ein Gleichgewichtszustand eintrat. Da der Verkehr Ruhr-Lothringen dem Gewicht nach den stärksten Warenaustausch zwischen zwei Gebieten Europas darstellte, handelte es sich um sehr beträchtliche Verkehrsbelange. Ihr Ausgleich ist den Eisenbahnverwaltungen vor dem Kriege in beachtenswertem Maße gelungen. Von den 48 Millionen t Minetteförderung im Jahre 1913 wurden rund zwei Drittel an Ort und Stelle mit herangefahrener Kohle verhüttet, ein Drittel nach auswärts verfrachtet. Das entsprach umgefähr dem theoretisch günstigsten Frachtverhältnis.

Die deutsch-lothringische Eisenindustrie war 1913 zum größeren Teil ein riesiges Zweigunternehmen der alt-deutschen Hütten. Im Erzbergbau gehört den großen Werken in Rheinland-Westfalen und an der Saar mehr als die Hälfte des gesamten Erzareals mit einem ebenso hohen Anteil an der Förderung; von den 12 Hochöfenwerken waren 7 Tochterwerke von rheinisch-westfälischen und 2 Tochterwerke von Saar-Hütten. Auch an der luxemburgischen Eisenindustrie waren die westdeutschen Werke vielfach beteiligt; für die Erzlieferung kamen die dortigen Minettelager aber weniger in Betracht, da sie nur geringe Zukunftsvorräte besaßen und da der luxemburgische Staat durch die sog. Verhüttungsklausel bei der Verleihung der jüngeren Bergwerksgerechtsame die Verhüttung der gewonnenen Erze im Lande selbst vorbehalten hatte. Vor allem lieferten Lothringen-Luxemburg Roheisen und Rohstahl zur Weiterverarbeitung an Ruhr und Saar; bezeichnender Weise entfielen auf Lothringen-Luxemburg von der deutschen Roheisenerzeugung 33%, von der Stahl- und Walzwerkserzeugung aber nur 18%.

So günstig für die betreffenden Gesellschaften die organisatorische Verknüpfung zwischen Rheinland-Westfalen, Saar und Deutsch-Lothringen-Luxemburg war und so wichtige Vorteile sie auch im allgemeinen volkswirtschaftlichen Interesse bot, so konnte sie doch nach den tatsächlichen Erzvorräten eine nennenswerte Sicherheit für die zukünftige Erzversorgung der westdeutschen Hütten nicht gewähren. Umso lebhafter richteten sich die Blicke der deutschen Unternehmer auf die Fortsetzung der Lagerstätten jenseits der französischen Grenze. Nach dem Stande der Förderziffern von 1913 reichten die Erzvorräte in Luxemburg noch 37 Jahre, in Deutsch-Lothringen noch 87 Jahre, in Französisch-Lothringen dagegen noch über 150 Jahre, und hier standen auch viel größere Mengen zum freien Verkauf zur Verfügung. Der um durchschnittlich fast 20% höhere Eisengehalt der Briey-Erze machte auch ihre Verfrachtung nach Rheinland-Westfalen trotz der etwas größeren Entfernung lohnender. Die französischen Bergwerksbesitzer entwickelten aber, ihrer überlieferten Betriebspolitik getreu, die Förderung nur langsam, nahmen hingegen hohe Preise und erzielten unverhältnismäßige Gewinne; die durchschnittlichen Selbstkosten im Briey-Becken wurden vor dem Kriege auf 2,85 fr. je Tonne geschätzt, während der Verkaufspreis etwa 5,50 fr. ab Grube betrug. Infolgedessen lag es für die ausländischen Erzverbraucher nahe, selbst Erzfelder zu erwerben und eigenes Erz zu fördern. Den ersten Vorstoß unternahm Thyssen (Gewerkschaft Deutscher Kaiser) im Jahre 1902 mit der Erwerbung der Grubengerechtsame Batilly und Jouaville; später gewann er maßgebenden Einfluß auf Bouligny durch Vermittlung einer belgischen Gesellschaft. 1904 kaufte die große Gelsenkirchener Bergwerks A.-G. die Aktienmehrheit der Gesellschaft St. Pierremont und 1910 als einzige deutsche Firma auch eine Beteiligung an einem Hüttenwerk in Französisch-Lothringen, der Gesellschaft Aubrives-Villerupt, die ihrerseits im Besitz mehrerer weiterer wertvoller Erzfelder war. Die Aktiengesellschaft Phönix folgte 1906 mit dem Erwerb von Jarny, an dem sich auch Haspe und Hoesch beteiligten, und die deutsch-lothringische Hüttengesellschaft Aumetz-Friede mit dem Erwerb von Murville.

Im Jahre 1908 hörte der unmittelbare Ankauf von französischen Gruben in Lothringen durch deutsche Hütten auf und wurde durch den Austausch von Beteiligungen und Lieferungsverträgen ersetzt. Die Vorgänge sind, teilweise infolge Einschaltung dritter Gesellschaften, recht verwickelter und undurchsichtiger Natur, auch nicht durchweg voll bekannt; manche können allerdings als Muster für einen verständigen Ausgleich der Bedürfnisse, Abhängigkeiten und Interessen in beiden Ländern dienen. Hierzu gehört vor allem die Interessengemeinschaft Röchling-Longwy; sie sicherte der ganz auf Minette-Verbrauch angewiesenen deutschen Hütte im Saargebiet neben ihrem Besitz der Gerechtsame Pulventeux im Longwy-Becken billiges, kalkreiches Briey-Erz und der Longwy-Hütte Koks und Fettkohle aus dem Aachener Bezirk. In ähnlicher Weise übernahm die Arbed (Burbacher Hütte), an der neben deutschem wiederum belgisches und luxemburgisches Kapital beteiligt war, gemeinsam mit einer anderen Longwy-Hütte die Gerechtsamen Errouville und Bellevue. Die Deutsch-Luxemburgische Bergwerks A.-G. beteiligte sich an Moutiers und Serrouville. An einigen Erzfeldern waren mehrere deutsche Hütten zugleich beteiligt, so an Sancy durch Zwischenschaltung einer neutralen Handelsfirma. Von Conflans erwarben die Dillinger Hüttenwerke ein Drittel der Anteile. Infolge der Verschachtelung und der ganz verschiedenartigen Mehrheitsverhältnisse läßt sich der Umfang des deutschen Besitzes und Einflusses in Französisch-Lothringen nicht genau angeben; etwa ein Sechstel bis ein Zehntel des gesamten Erzvorrats befand sich jedenfalls unter deutscher Verfügungsmacht. Ein Teil dieser Gerechtsame stand bei Kriegsausbruch aber noch nicht im Bergbaubetriebe, sondern bildete Zukunftsreserven. Im übrigen sicherten sich die Hütten die nötigen Erzmengen vielfach auch nur durch langfristige Lieferungsverträge.

Noch sehr viel stärker war der deutsche Einfluß in den nordwestfranzösischen Erzbezirken, die teilweise durch die deutschen Unternehmer überhaupt erst aufgeschlossen worden sind. Das Erz lag dort viel günstiger zum Meere, konnte also auf dem Wasserwege zu den rheinisch-westfälischen Hütten gelangen; eine eigene französische Hüttenindustrie gab es dort auch überhaupt nicht, so daß der fremde Käufer viel freiere Hand hatte. Als erster ergriff auch hier August Thyssen die Initiative; im Jahre 1907 erwarb er die eigenartige Magneteisenerzlagerstätte Dielette, die unmittelbar am Strande im Dept. Manche liegt, ferner Soumont und Perrières, etwa 20 km südwestlich des Hafens Caen. Ihm folgte 1907/1908 ein Konsortium, das sich aus den Firmen Phoenix, Dt. Luxemburg und Hoesch gebildet hatte, mit der Erwerbung der Gerechtsame St. André, Bully und Maltot ganz in der Nähe von Caen, ferner Krupp, der 1909 Larchamp, die Gutehoffnungshütte, die 1911 80% der Anteile an Barbery, Estrées-la-Campagne und Urville, und der holländische Erzhändler De Poorter, der 1907—1911 durch Zwischenschaltung einer französischen Firma, aber unter Beteiligung von Thyssen, Krupp und Stinnes, die Bergwerksfelder Jurcques, Ondefontaine, Bourberouge und Mortain erwarb, um das Erz über Rotterdam an die deutschen Hütten zu liefern. Von den 20 verliehenen Gerechtsamen in dem neuen Erzrevier der Normandie sollen vor dem Kriege nur zwei in ausschließlich französischem Besitz gewesen sein; unter Einrechnung der hauptsächlich für Deutschland tätigen holländischen Handelsfirma kann man schätzen, daß etwa drei Viertel der normannischen Eisenerzfelder unter deutschem maßgebendem Einfluß gestanden haben. 1914 war erst ein Teil von ihnen im Betrieb.

Thyssens Pläne und Maßnahmen gingen noch weiter; um den Vorteil der Rückfracht durch den Austausch von Erz und Koks auszunutzen und etwaigen zukünftigen Ausfuhrschwierigkeiten für das französische Erz vorzubeugen, gründete er 1912 gemeinsam mit französischen Firmen ein großes Hochofenwerk bei Caen. Es sollte die erforderlichen Erze aus den Thyssen gehörigen Gruben Soumont und Perrières und die Kohlen aus den Thyssenschen Zechen am Niederrhein beziehen und die nicht selbst verbrauchten Erze zu Selbstkosten an den Niederrhein abgeben. Die großzügig geplante Anlage, an der Thyssen ursprünglich mit der Mehrheit, später mit 40% beteiligt war, wurde sofort in Angriff genommen; sie kam 1917 während des Krieges zum ersten Betrieb, freilich ohne daß das Verdienst der deutschen Unternehmungslust noch irgendwie vergolten wurde.

Das starke Vordringen des deutschen Kapitals in der französischen Eisenwirtschaft erregte die öffentliche Meinung Frankreichs zeitweilig in erheblichem Maße. Die Zeitungen und die Kammer haben sich mehrfach mit dieser Entwicklung in scharf kritischem Sinne beschäftigt. In zunehmendem Maße trug die amtliche Verwaltungspraxis der Mißstimmung Rechnung. Da das französische Berggesetz die Verleihung von Bergbaurechten in das freie Ermessen der Behörden stellte, konnte dem nationalistischen Drängen Rechnung getragen werden; die unmittelbare Erteilung an Deutsche war schon von jeher erschwert und kam seit 1908 überhaupt nicht mehr in Frage. Große praktische Bedeutung hatte dies zunächst nicht, da die französischen Erzgebiete schon fast völlig von Verleihungen überdeckt waren. Um auch die mittelbare Erwerbung von Bergwerkseigentum zu erschweren, nahm die Kammer 1911 auf Antrag von Albert Thomas ein Gesetz an, das den Besitzwechsel an Bergbaurechten der staatlichen Genehmigung unterwarf. Da sich die meisten Gerechtsame im Besitz von Gesellschaften befanden, blieb allerdings der Ausweg des Erwerbs von Anteilen und Mehrheiten; er wurde in erheblichem Umfange ausgenutzt und konnte ebensowenig versperrt werden wie die Zwischenschaltung von französischen Mittelsmännern, wenn der Staat nicht die Grundsätze des Wirtschaftsaufbaus völlig aufheben wollte. Soweit die deutschen Beteiligungen offenkundig waren, wurden ihnen freilich vielfach recht erhebliche Schwierigkeiten bei jeder sich bietenden Gelegenheit bereitet, so bei der Genehmigung von Straßen- und Bahnbauten u. dgl. Um überhaupt ungestört arbeiten zu können, suchten die deutschen Firmen freiwillig, wie im Falle Thyssens in der Normandie, ihre Mehrheitsrechte in französische Hand überzuführen oder jedenfalls die Verwaltungsstellen rein französisch zu besetzen.

Einer allzu schroffen Beschränkung der deutschen Tätigkeit in der französischen Eisenwirtschaft stand, abgesehen von den angedeuteten förmlichen Schwierigkeiten und abgesehen von der Rücksicht auf die allerdings sehr viel geringeren französischen Intesessen im deutschen Kohlenbergbau, vor allem die Tatsache entgegen, daß man des deutschen Abnehmers für die französischen Erze bedurfte und daß auch für den Besitz an Gruben weder in Frankreich selbst noch im übrigen Auslande ausreichendes Interesse bestand. Verschiedentlich wurde versucht, mit englischen Hütten Erzhandelsbeziehungen aufzunehmen. Aber die Minette kam frachtlich für England nicht in Betracht und im allgemeinen waren die englischen Ingenieure, die gern an überlieferten Betriebsverfahren und an alten Kunden festhalten, wenig geneigt, ihren kaum mehr wachsenden Erzbedarf aus neuen, unerprobten Bezugsquellen zu decken. Die Aufnahmefähigkeit Belgiens war begrenzt, und die französische Industrie teils wegen ihrer Abhängigkeit von der ausländischen Kohle, teils aus grundsätzlicher Einstellung nicht zu raschem Ausbau neuer Werke geneigt. So wäre der Bergbau in Französisch-Lothringen wesentlich weniger und derjenige in der Normandie womöglich überhaupt kaum entwickelt worden, wenn nicht der östliche Nachbar überall zum Zugreifen, Kaufen, Bauen, Austauschen bereit gewesen wäre.

Der Marokkostreit.

Der Zustand, wie er vor dem Kriege herrschte, war, im allgemeinen betrachtet, sicherlich für beide Länder vorteilhaft, aber zweifellos diente er dazu, der Abneigung und dem Mißtrauen, die ohnedies in Frankreich gegenüber Deutschland bestanden, ständig neue Nahrung zuzuführen, gerade weil man sich gegenüber der vordrängenden und überlegenen Tatkraft machtlos fühlte. Zu irgendwelchen Konflikten ist es jedoch bis zum Kriege nicht gekommen, mit Ausnahme des Marokkostreites, in dem das deutsche Eisenerzproblem eine erhebliche Rolle gespielt hat. Das deutsche Interesse an Marokko war zunächst im wesentlichen wirtschaftlicher Natur. Deutschland, das bei der Aufteilung der überseeischen Länder zu spät gekommen war, mußte es als eine Lebensfrage ansehen, daß nicht die wenigen im 20. Jahrhundert noch freien Rohstoffgebiete unter die ausschließliche Herrschaft anderer Großmächte gelangten. Als sich daher Frankreich 1904 durch den Vertrag mit Großbritannien einseitige Vorrechte in Marokko gesichert hatte, versuchte die deutsche Politik durch den Kaiserbesuch in

Tanger ihren Wunsch nach politischer Unabhängigkeit des Landes und zum mindesten ihren Anspruch auf Gleichberechtigung geltend zu machen. Nach ernster Kriegsgefahr gewährte die Algeciras-Konferenz Deutschland 1906 das Verlangte der Form nach, und es schien sich sogar zeitweilig auf einigen wirtschaftlichen Gebieten ein deutsch-französisches Zusammenarbeiten anzubahnen. Insbesondere gründeten Industrielle beider Länder im Jahre 1907 gemeinsam eine Bergwerksgesellschaft, die Union des Mines Marocaines, die die als sehr bedeutend vermuteten Eisenerzvorkommen des Landes ausbeuten sollten. An ihr war auch die Firma Krupp beteiligt; in ihrem Auftrage bereiste Direktor Mühlon das Land, mußte aber feststellen, daß die in Paris vielleicht ehrlich und gut gemeinten Pläne von Zusammenarbeit vielfach an der Praxis der in Marokko tätigen militärischen und politischen Stellen Frankreichs scheiterten. Frankreich wollte sich auf die Dauer nicht mit der unklaren Stellung begnügen, die ihm das Algeciras-Abkommen gewährte, während Deutschland die unaufhaltsame Ausbreitung der französischen Macht im Wege der „friedlichen Durchdringung" nicht hinnehmen konnte. Durch einen Konflikt auf bergwirtschaftlichem Gebiet wurde die Lage besonders verwickelt. Der Sultan Mulay Hafid, der sich ständig bemühte, Deutschland gegen seinen Bedränger Frankreich auszuspielen und sich hierfür besonders des deutschen Interesses an den marokkanischen Eisenerzen bediente, gewährte den Gebr. Mannesmann, die in Marokko Betätigung suchten, eine sehr weitreichende, aber in ihrer rechtlichen Grundlage angefochtene Bergbaukonzession, die teilweise im Widerspruch zu den früheren Rechten der Union des Mines Marocaines stand. Infolgedessen konnte die deutsche Regierung sich der Belange der Gebr. Mannesmann nicht mit der Tatkraft annehmen, wie diese sie als Pioniere deutscher Tätigkeit über See beanspruchten und wie es vor allen Dingen die von den Gebr. Mannesmann lebhaft beeinflußte öffentliche Meinung in Deutschland erwartete. In dem sich entwickelnden Zeitungskrieg spielte die Frage der deutschen Eisenerzversorgung eine sehr bedeutende Rolle. Um die deutschen Ansprüche gegenüber Frankreich zu vertreten und die Regierung zu einer möglichst scharfen und starren Haltung zu veranlassen, ließ die alldeutsch beeinflußte Presse geradezu das Gespenst einer bevorstehenden Eisenerznot und damit einer Erschütterung der deutschen Wirtschaftsmacht auftauchen. Zweifellos lagen dieser Auffassung schwere Übertreibungen zugrunde. Die Erzversorgung gab, zum mindesten für die nächsten Jahrzehnte, keinen Anlaß zu panikartigen Befürchtungen. Sachlich hätte gerade unter dem Gesichtspunkt der Erzversorgung eine vernünftige deutsch-französiche Zusammenarbeit hundertfach größere Möglichkeiten und Sicherheiten gewährt als das vorteilhafteste Abkommen über Marokko mit seinen propagandistisch erheblich überbewerteten Erzlagerstätten. Aber so sehr die Haltung eines großen Teils der deutschen Öffentlichkeit in der Marokkofrage Kritik verdient, so darf man sich doch nicht vor der Tatsache verschließen, daß hier begreifliche und berechtigte Sorgen des mächtigen, auf engem Raum zusammengedrängten Volkes zum Ausbruch kamen, das den zunehmenden Wirtschaftsimperialismus der anderen Völker auf die Dauer nicht mehr ertragen konnte.

Die deutsche Regierung meldete ihre Rechte an Marokko durch Entsendung des Kanonenboots „Panther" nach Agadir an und setzte im November 1911 das zweite Marokkoabkommen durch, das die wirtschaftliche Gleichberechtigung erneut bekräftigte und Deutschland für die Aufgabe seiner politischen Gleichberechtigung mit einem großen Gebiet am Kongo entschädigte. Auch gelang es nunmehr, die Bergwerksinteressen der Union des Mines Marocaines und der Gebr. Mannesmann zu gemeinschaftlicher Arbeit zu vereinigen und hierbei den deutschen Hütten einen gebührenden Anteil an der erhofften Erzförderung zu sichern. In politischer Hinsicht blieb aber eine ernste Empfindlichkeit zwischen Deutschland und Frankreich zurück, die auch die bergwirtschaftliche Zusammenarbeit erschwerte; in Deutschland selbst war zum erstenmal das für die neueste Geschichte der meisten Länder bezeichnende Zusammenspiel wirtschaftlicher Interessen und nationalen Machtwillens bewußt und deutlich zum Ausdruck gekommen und hatte eine Spannung zwischen der vorsichtigen und abwägenden Reichsleitung und den vorwärtsdrängenden Kräften des Volkes hinterlassen. Die Unzufriedenheit in der öffentlichen Meinung, die auf so starken tatsächlichen Voraussetzungen wie der Sorge um die deutsche Rohstoffversorgung beruhte, hat die Möglichkeit einer ausgleichenden und friedlichen Politik der deutschen Regierung in den nächsten Jahren wesentlich verengert und auch noch im Kriege selbst viel zu den innerpolitischen Gegensätzen beigetragen.

Das Eisenerz in den deutschen Kriegszielen.

Unter den gegebenen Umständen war es nicht zu verwundern, daß der Wunsch, der deutschen Eisenindustrie Erzvorkommen auch politisch zu sichern, sofort greifbare Form annahm, sobald der Krieg die Möglichkeit von Grenzberichtigungen nahezurücken schien. Die im Kriege oft wiederholte Behauptung der Gegner, Deutschland habe bewußt den Krieg herbeigeführt, um die Eisenerzvorkommen in Ostfrankreich zu erobern, ist zweifellos völlig abwegig. Daß Kaiser Wilhelm II. und Bethmann-Hollweg solche Gedankengänge völlig fernlagen, bewies allein schon ihre durchaus friedliche und dem Wirtschaftsimperialismus ausgesprochen abgeneigte Marokko-Politik. Die maßgebenden deutschen Kreise kannten die eisenwirtschaftliche Lage zu gut, als daß sie sich etwa ihretwegen zu Abenteuern hätten bewegen lassen. Aber auch sonst bietet das mannigfaltige und zum Teil recht leidenschaftliche Schrifttum, das sich vor 1914 mit den Möglichkeiten und Gefahren eines bevorstehenden Krieges beschäftigte, keinen Anhaltspunkt für die Anklage. Wenn die Ententepropaganda die starke Betonung, mit der die deutschen Wünsche auf das Becken von Briey während des Krieges vorgetragen wurden, als Beweis für eine entsprechende Vorkriegspolitik ansieht, so könnte mit noch viel größerem Recht behauptet werden, Frankreich habe den Krieg herbeigeführt, um das Saarbecken zu erobern. Tatsächlich bildet das deutsche Schrifttum, das sich im Kriege mit der Erwerbung des Briey-Gebiets beschäftigt, nur einen Bruchteil der französischen Veröffentlichungen über die Notwendigkeit der Saar-Angliederung.

Die Eroberungswünsche der deutschen Wirtschaft sind am meisten durch eine zunächst als vertraulich bezeichnete, aber bald darauf im Ausland veröffentlichte Denkschrift bekannt geworden, die die sechs großen Verbände, Bund der Landwirte, Deutscher Bauernbund, Verband Christlicher Deutscher Bauernvereine, Zentralverband Deutscher Industrieller, Bund der Industriellen und Reichsbund Deutscher Mittelstandsverbände, am 20. Mai 1915 der Reichsregierung vorgelegt haben. Sie verlangte Angliederungen in umfassender Form an allen deutschen Grenzen und wurde besonders dringlich und ausführlich bei der Forderung nach dem Erzgebiet von Briey. Die Bedeutung der Minettelager für die deutsche Kriegsführung wurde mit den Worten betont, daß der Krieg so gut wie verloren sei, wenn die Minettegewinnung gestört werden sollte. Deshalb müßten auch die Festungen Longwy und Verdun, von denen aus die Erzbergwerke mit weittragenden Geschützen beschossen werden könnten und ohne die das Eisenerzgebiet jedenfalls in einem zukünftigen Krieg nicht würde behauptet werden können, mit dem gesamten Minettevorkommen in den deutschen Besitz übergeführt werden. In ähnlicher Weise bezeichnete man sogar die Angliederung der belgischen und französischen Kohlenreviere unter besonderer Hervorhebung der kriegswirtschaftlichen Bedeutung der Kohle als notwendig. Die Denkschrift ist für die wenig durchdachte Art bezeichnend, mit der manche Teile des deutschen Volkes in der Kriegszeit, meist auf Grund der jeweiligen Kampfstellungen der deutschen Truppen, Eroberungsziele aufstellten und sie mit scheinbar fachmännischen Erwägungen begründeten. Allein schon die kohlenwirtschaftlichen Ausführungen lassen die Schwäche der ganzen Beweisführung erkennen, da ja Belgien und Nordfrankreich im ganzen Kohlenbedarfs- und nicht Kohlenüberschußgebiete waren, dafür aber als besonders dichtbesiedelte Gegenden gerade das schwerste kriegswirtschaftliche Problem Deutschlands, die Ernährungsfrage, noch ungünstiger gestaltet hätten. Dieser Teil der Eroberungswünsche ist daher auch in der sonstigen deutschen Kriegszielerörterung ganz zurückgetreten; um so eingehender haben sich bis Anfang 1918 immer wieder Wirtschaftsverbände und einzelne Fachmänner, von dem politischen Schrifttum ganz abgesehen, für die Angliederung des Briey-Beckens ausgesprochen. Die tatsächlich begründeten Befürchtungen für die zukünftige deutsche Eisenerzversorgung wurden eingehend und sachlich in einer „Denkschrift des Vereins Deutscher Eisen- und Stahlindustrieller und des Vereins Deutscher Eisenhüttenleute“ zusammengestellt, die im Dezember 1917 streng vertraulich verbreitet wurde. Sie gibt ein Gutachten der Sachverständigen Beyschlag und Krusch über die Lebensdauer der deutschen Erzvorräte wieder und verbreitet sich, der begreiflichen Denkweise jener Jahre gemäß, ebenfalls vor allem über die Gefahren der Versorgung in einem neuen Kriege. Ohne Französisch-Lothringen sei das deutsche Volk in einem solchen Fall dem Untergang geweiht, glaubt sie abschließend voraussagen zu müssen.

Zweifellos waren derartige Gedankengänge im deutschen Volke damals weiterverbreitet und haben auch, schon weil sie die rechtzeitige Beendigung des Krieges gefühlsmäßig unmöglich machten, einen sehr ernsten Einfluß auf die Gesamtentwicklung ausgeübt. Die Veröffentlichungen gelangten aber auch an die Gegenseite, wurden dort verbreitet und haben, ebenso wie umgekehrt die Vernichtungspläne der Entente in Deutschland, erheblich zur Steigerung des Kriegs- und Durchhaltewillens beigetragen. Das galt besonders von der Sechsverbände-Denkschrift vom 20. Mai 1915. Trotzdem wäre es geschichtlich falsch, diese deutschen Kriegszielpläne mit den Absichten der Entente, insbesondere Frankreichs, auf die gleiche Stufe zu stellen. Während dort nicht nur die als selbstverständlich, als gar nicht anrechnungsfähig bezeichnete Rückgliederung Elsaß-Lothringens, sondern auch die gewaltsame Erwerbung des Saargebiets, die Abtrennung des linken Rheinufers und die Vernichtung der politischen und wirtschaftlichen Macht Deutschlands mehrfach amtlich als Ziel der Regierungspolitik erklärt und in Abkommen mit den anderen Staaten amtlich festgelegt worden sind, ist auf deutscher Seite niemals eine entsprechende Stellungnahme der Regierung erfolgt. Zwar haben sich die amtlichen Stellen mehrfach mit der Briey-Frage beschäftigt; Bethmann-Hollweg hat schon im August und September 1914 die Angelegenheit von der wirtschaftlichen und technischen Seite prüfen und eine gewisse Neigung für eine bescheidene Grenzberichtigung an dieser Stelle erkennen lassen. Eine abschließende Festlegung ist aber unterblieben, so allgemein man damals im deutschen Volke Gebietserweiterungen für den Friedensschluß als selbstverständlich erwartete. Bei den Beratungen der politischen und militärischen Leiter, die aus Anlaß der verschiedenen Friedenserörterungen Ende 1916 und Anfang 1917 stattfanden, hat die Oberste Heeresleitung, insbesondere Ludendorff, Angliederungen im Westen, vor allem an der lothringischen Grenze, als militärisch notwendig bezeichnet und diese Auffassung auch noch weiterhin vertreten. Die politisch allein verantwortliche Reichsregierung hat sich aber ebensowenig wie der Kaiser entschließen können, diese Forderung endgültig zu der ihrigen zu machen. Die amtliche Auffassung ist aus dem Schreiben zu ersehen, das Reichskanzler Michaelis am 17. August 1917 an den österreichischen Minister des Auswärtigen, Grafen Czernin, zur Frage der Kriegsziele gerichtet hat und worin es bezüglich des Eisenerzreviers wörtlich heißt[1]):

> „Deutschland ist bereit, die besetzten französischen Gebiete zu räumen, muß es sich aber vorbehalten, durch die Friedensverhandlungen das Gebiet von Longwy und Briey wirtschaftlich für sich nutzbar zu machen, wenn auch nicht durch direkte Einverleibung, so doch durch rechtliche Sicherung der Nutzung.“

Bei einem nicht zu ungünstigen Kriegsausgang hätte eine vernünftige Regelung des Kohle-Erz-Austausches übrigens durchaus nahegelegen und wäre wohl sicherlich auch durchzusetzen gewesen. Vergleicht man also dieses Schreiben mit den französisch-russischen Abmachungen des gleichen Jahres, ebenfalls zur Kriegszielfrage,

[1]) Graf O. Czernin, Im Weltkriege. Berlin-Wien 1919, S. 216 f.

so wird der ganze Abstand zwischen der Kriegspolitik der beiden Parteien deutlich. Dabei ist auch in Betracht zu ziehen, daß Deutschland das für Angliederungen in Frage kommende Gebiet seit drei Jahren fest in der Hand hatte, während Frankreich sich den von ihm begehrten Zielen noch mit keinem Schritt genähert hatte. Der Unterschied mußte sich natürlich in der gesamten Kriegspolitik ausprägen. Während Frankreich gar nicht daran denken konnte, seine Wünsche auch gerade nach den deutschen Kohlengebieten ohne eine völlige militärische Niederwerfung Deutschlands zu verwirklichen und deshalb jeden Gedanken eines frühzeitigen Verständigungsfriedens von vornherein ablehnte, blieben die von Michaelis gekennzeichneten deutschen Pläne durchaus im Rahmen eines solchen Friedens ausführbar.

In den sonstigen Kriegszielen haben die Fragen der Kohle- und Eisenversorgung keine Rolle gespielt. Für das zweitwichtigste deutsche Kohlenrevier, Oberschlesien, dessen Eisenhütten Erz aus weiten Entfernungen beziehen müssen, hätte es nahegelegen, durch Angliederung der benachbarten Kreise Kongreßpolens, wo sich zwar nicht sehr wertvolle, aber ausgedehnte Eisenerzlager finden, die Erzversorgung in gewissem Umfange zu verbessern. Die heikle Frage der Zukunft Polens überwog aber derartige wirtschaftliche Interessen. Eine an Staatssekretär v. Kühlmann gerichtete Denkschrift des Oberschlesischen Berg- und Hüttenmännischen Vereins sprach sich daher in der Kriegszielfrage am 15. Dezember 1917 zu allen Gebietserweiterungsmöglichkeiten mit großer Zurückhaltung aus, auch zu dem noch besonders dringlichen Problem einer besseren strategischen Sicherung der der Grenze unmittelbar benachbarten großen Werke. Um so größeren Wert legte sie in richtiger Einsicht auf die Sicherung des großen russischen Marktes für den zukünftigen Absatz ihrer Erzeugnisse. Mit Ausnahme gelegentlicher Ausführungen in der Fachpresse hat sich im übrigen die deutsche Öffentlichkeit mit dieser Frage nicht beschäftigt.

3. KOHLE UND EISEN IN DER KRIEGSPOLITIK DER NICHT UNMITTELBAR BETEILIGTEN STAATEN.

Italiens Abhängigkeit von der englischen Kohle.

Für die Deckung seines Kohlenbedarfs ist Italien seit jeher fast völlig auf die Zufuhr aus dem Auslande angewiesen. Das Land selbst verfügt nur über recht bescheidene Kohlevorkommen, die überdies auch noch einen geringwertigen Brennstoff liefern. Es handelt sich fast ausschließlich um Braunkohle, die sich an verschiedenen Stellen, jedoch nirgends in größeren Mengen findet. Das bedeutendste Vorkommen liegt bei Arezzo in der Provinz Florenz. Ferner gibt es Pechkohle in Sardinien und etwas Anthrazit am Alpenrande. Die gesamte Förderung betrug im Jahre 1913 700000 t Braunkohle und 1000 t Anthrazit, in Steinkohle umgerechnet kaum 200000 t. Nicht viel besser ist die Versorgung mit Eisenerz, doch war dieser Nachteil angesichts der Kohlenarmut von geringerer Bedeutung.

Der Bedarf an Kohle ist in dem wenig industrialisierten Land mit seinem günstigen Klima naturgemäß niedrig, aber doch nicht einfach zu vernachlässigen. Norditalien kann im Winter Hausbrandkohle nicht entbehren, zumal es an Wäldern mangelt. Vor allem aber bleibt für die Eisenbahnen, für die Schiffahrt und für eine Reihe unentbehrlicher Industrien ein erheblicher Bedarf. Infolgedessen führte Italien unter Zusammenrechnung von Kohle und Koks in den letzten Vorkriegsjahren rund 11,5 Millionen t ein; hiervon stammten allein fast 10 Millionen t aus England und 1,2 Millionen aus Deutschland. Die Lieferung aus Frankreich, Belgien und Österreich-Ungarn war ganz gering; eine leichte Steigerung hatte die amerikanische Einfuhr in den letzten Vorkriegsjahren erfahren, betrug aber immer noch kaum ein Fünftel der deutschen.

Die völlige Abhängigkeit von der ausländischen Kohle machte Italiens Stellung in einem europäischen Kriege, der seine bisherigen Lieferanten einbezog, äußerst schwierig. Nach der geographischen Lage überwog in der Einfuhr der Seetransport durchaus; die gesamten englischen und sogar zwei Drittel der deutschen Zufuhren erfolgten auf dem Seewege. Eine ausreichende anderweitige Belieferung war nicht möglich. Von den auf dem Landwege erreichbaren Ländern hatte allein Deutschland einen Kohlenausfuhrüberschuß; aber selbst wenn dieser auch im Kriege einem neuen Markt hätte voll zur Verfügung gestellt werden können — was auf die Dauer zweifellos nicht der Fall war —, so fehlte es durchaus an der Möglichkeit, die in Frage kommenden Mengen mit den durch den Krieg bereits überbeanspruchten Bahntransportmitteln zusätzlich zu befördern. Schon die Umleitung der bisher von Deutschland auf dem Seewege verfrachteten 800000 t auf die Gotthardbahn erwies sich als undurchführbar. In den 5 Kriegsmonaten August bis Dezember 1914 konnte nicht einmal die bisherige Bahnversendung aufrechterhalten werden. Allerdings gelang es in den ersten 5 Monaten des Jahres 1915, also bis zum Kriegseintritt Italiens, die

Lieferungen zu steigern, wozu politische Erwägungen ebenso beigetragen haben wie die Verkehrserleichterung, die die neueröffnete Lötschbergbahn für den deutsch-italienischen Kohlentransport brachte. Aber da nicht einmal die bisherige Einfuhr aus Deutschland voll erreicht wurde, konnte von einer Übernahme der neunmal größeren englischen Lieferungen durch den deutschen Bergbau keine Rede sein.

Die Deckung des italienischen Kohlenbedarfs etwa aus einem neutralen Lande oder womöglich vermittels neutraler Schiffe aus Deutschland zu versuchen, war ausgeschlossen, da Kohle sehr bald von den Kriegführenden als Konterbande erklärt worden ist, also einem kriegführenden Italien wider den Willen eines die Seeherrschaft ausübenden Gegners nicht hätte zugeführt werden können. Mengenmäßig wäre auch nur der amerikanische Bergbau allenfalls imstande gewesen, die bisherigen Lieferungen Englands zu übernehmen; doch stand der sehr erhebliche Schiffraum, der zur überseeischen Verfrachtung so großer Mengen erforderlich gewesen wäre, nicht zur Verfügung. Diese Möglichkeit hätte also auch für den Fall versagt, daß beide Länder neutral blieben.

Die Verhältnisse sind auch in Deutschland in den Monaten vor der italienischen Entscheidung klar erkannt worden. Schon am 22. August 1914 veröffentlichte der deutsche Sachverständige Jüngst in der größten deutschen bergbaulichen Fachzeitschrift einen Aufsatz, in dem er mit bemerkenswerter Offenheit die völlige politische Abhängigkeit Italiens von der englischen Kohlenversorgung feststellte[1]). Er schreibt:

> „Danach würde sich Italien, wenn es in dem jetzigen Krieg an die Seite seiner Bundesgenossen treten würde, alsbald von einer Kohlennot bedroht sehen, die nicht nur sein gesamtes Wirtschaftsleben lahm legen, sondern bei dem alsdann wesentlich gesteigerten Kohlenbedarf seiner Kriegsmarine wahrscheinlich seine Handlungsfähigkeit zur See in Frage stellen würde."

In einer Fußnote weist Jüngst darauf hin, daß Italien auch als neutrales Land schwer unter Kohlenmangel zu leiden haben werde. In einer Veröffentlichung aus dem nächsten Jahre[2]) weist Jüngst die Bestätigung der von ihm 12 Monate vorher vorausgesagten

---

[1]) Dr. Ernst Jüngst-Essen, Italiens Kohlenversorgung und seine Stellung im jetzigen Kriege. Berg- und Hüttenmännische Zeitschrift Glückauf 1914, S. 1325.

[2]) Dr. Ernst Jüngst-Essen, Italiens Kohlenversorgung im Kriege. Berg- und Hüttenmännische Zeitschrift Glückauf 1915, S. 813.

Schwierigkeiten der italienischen Kohlenversorgung an Hand der Statistik für die inzwischen vergangene Zeit nach; er spricht Italien förmlich den Rang einer Großmacht ab, da es infolge seiner Abhängigkeit vom Ausland in dem wichtigsten Rohstoff die Freiheit der Entschließung in politischen Fragen entbehre.

Das tatsächliche Verhalten Italiens bei Ausbruch des Weltkriegs trug dieser Zwangslage Rechnung. Abgesehen von allen Bündnisverpflichtungen, allen gefühlsmäßigen Zu- und Abneigungen, allen Ausdehnungswünschen in Südtirol, auf dem Balkan und in Nordafrika, die Italiens Entscheidung ausschlaggebend beeinflußt haben mögen, durfte es an eine Kriegsbeteiligung im Rahmen des Dreibundes nicht mehr denken, sobald es feststand, daß es England in diesem Falle als Gegner haben würde. Sogar der dreibundfreundliche Staatsmann Giolitti hat damals ausgesprochen, daß Italien niemals gegen England kämpfen könne.

Nach allem, was nachträglich über Italiens Haltung und Maßnahmen während jener Zeit bekannt geworden ist, darf man vermuten, daß das Land auch ohne die Sorgen um die Kohlenzufuhr früher oder später an die Seite der Entente getreten wäre. Aber der entgegengesetzte Weg war ihm mit Rücksicht auf die Kohlenversorgung von vornherein versperrt, und diese den Fachleuten bekannte Tatsache ist offenbar nicht mit ausreichender Deutlichkeit den amtlichen Stellen bewußt gewesen. Die mangelhafte Beachtung der für einen modernen Krieg so bedeutungsvollen wirtschaftlichen Fragen, die für die Kriegsvorbereitung und die anfängliche Kriegsführung aller Staaten bezeichnend ist, hat sich auch in der Einschätzung der italienischen Bündnisfähigkeit offenbart. Ein Wirksamwerden des Dreibundes für einen Krieg, an dem England als Gegner teilnahm, hätte niemals die Grundlage politischer Erwägungen in Berlin oder Wien bilden dürfen. Ebenso falsch waren offenbar die Hoffnungen der deutschen Diplomatie — im Gegensatz zur österreichischen, die die Lage wesentlich richtiger beurteilte — Italien durch irgendwelche Zugeständnisse zum Anschluß an die Verbündeten oder auch nur zur dauernden Neutralität bewegen zu können. Zu einer anderen Politik als der schließlich verfolgten war Italien zu keinem Zeitpunkt imstande. Seine Kriegserklärung an Österreich erfolgte am 23. Mai 1915; einige Tage vorher hatte England durch Notverordnung die Ausfuhr von Kohle an Neutrale verboten.

Ebenso unfrei wie in der Entscheidung der Kriegsbeteiligung war Italien in seinen Entschließungen zur Frage eines vorzeitigen

Friedens. Es hätte sich nicht von seinen neuen Verbündeten lösen können, selbst wenn es gewollt hätte oder selbst wenn es durch den Kriegsablauf dahin gedrängt worden wäre. Eine Offensive gegen Italien, die, rein militärisch betrachtet, die besten Erfolgsaussichten zu bieten schien, konnte daher den Mittelmächten das entscheidende Endziel, den Sonderfrieden, niemals versprechen. Unter ausdrücklicher Bezugnahme auf Italiens Abhängigkeit von der englischen Kohle lehnte infolgedessen Falkenhayn am 16. Dezember 1915 den österreichischen Vorschlag einer großen Offensive in die lombardische Tiefebene ab; er nennt Italien hierbei infolge jener Abhängigkeit den „Sklaven" der Entente, gegen den auch ein äußerlich siegreicher Feldzug keinerlei entscheidende Wirkung haben könne[1]).

Der Schantung-Bergbau und Japan.

In einer ähnlich schwierigen Lage wie Italien im Kriegsfalle befand und befindet sich Japan. Das dicht bevölkerte Land, das sich nach seinem Eintritt in die Weltwirtschaft und in die Weltpolitik in raschem industriellem Aufschwung befand, besaß in seinem Boden mit Ausnahme von Kupfer keinen der wichtigeren mineralischen Rohstoffe in ausreichender Menge und Beschaffenheit. Zwar findet sich an mehreren Stellen Kohle in ansehnlichen Lagern; es handelt sich aber um eine ziemlich junge Kohle von geringem Brennwert und überdies mit viel Asche, die schon für Kesselfeuerungen wenig geeignet ist und für metallurgische Zwecke, insbesondere für den Hochofen überhaupt nicht in Betracht kommt. Auch die Marine verwendet sie nur sehr ungern. Immerhin war die Förderung ziemlich beträchtlich; angesichts der Kohlenarmut aller Küstenländer des Stillen Ozeans wurden vor dem Krieg sogar erhebliche Mengen ausgeführt bzw. als Bunkerkohle verbraucht.

Durch den Mangel an guter Kokskohle war das Entstehen einer bodenständigen Eisenindustrie sehr erschwert; vor allem fehlte es hierfür auch völlig an Eisenerzlagerstätten. Eigentliche Eisenerze wurden vor dem Kriege überhaupt nicht gefördert; da das engbesiedelte Land überall bekannt und wirtschaftlich erschlossen war, konnte und kann man auch mit der Auffindung größerer Vorkommen nicht mehr rechnen. Die eigene Roheisenerzeugung Japans war unter diesen Umständen ganz bescheiden; mit 57000 t betrug sie im Jahre 1913 nur etwa 0,3% der deutschen und spielte

---

[1]) Erich v. Falkenhayn, Die Oberste Heeresleitung 1914—1916. Berlin 1920, S. 167 f.

auch für die Deckung des japanischen Eisenbedarfs überhaupt keine Rolle. Ebenso geringfügig war die Stahlerzeugung. Japan war daher in Eisen und Stahl im wesentlichen auf die ausländische Einfuhr angewiesen. Die erste Stelle unter den Lieferanten hatte 1913 Deutschland erobert mit knappem Vorsprung vor England; in weiterem Abstande folgten Belgien, die Ver. Staaten und Britisch-Indien. Im übrigen wurde selbst die kleine japanische Eigenerzeugung mit Hilfe ausländischer Erze erzielt, die aus Korea und China bezogen wurden.

Diese völlige Abhängigkeit in den entscheidend wichtigen Rohstoffen mußte jeden japanischen Staatsmann mit ständiger Sorge erfüllen. Wohl noch stärker als die Politik der europäischen Großmächte ist Japans Stellung in der Weltpolitik von den Gedanken des wirtschaftlichen und gebietsmäßigen Imperialismus bestimmt. Infolgedessen sicherte sich Japan die ungehinderte Versorgung über das Meer durch ein Bündnis mit der stärksten Seemacht Großbritannien und trieb im übrigen eine planmäßige, kraftvolle Ausdehnungspolitik auf dem benachbarten asiatischen Festlande unter dem doppelten Gesichtspunkt, Siedlungsland für den wachsenden Bevölkerungsüberschuß und Produktionsgebiete für die Rohstoffversorgung zu erwerben. In der Rohstofffrage stand der Wunsch nach dem Besitz von Kohle- und namentlich von Eisenerzlagerstätten voran. Der Krieg mit China (1894—95), in dem Korea und Formosa erobert wurden, und der Russisch-Japanische Krieg (1904—05), der Sachalin und die Südmandschurei einbrachte, waren folgerichtige Etappen dieser fast lebensnotwendigen Entwicklung. Beide Erfolge, so wichtig sie für die japanische Auswanderung und den japanischen Handel im allgemeinen waren, erwarben aber keine Kohlen- oder Eisenerzreviere, die eine fühlbare Erleichterung der gespannten Versorgungslage hätten verschaffen können. Die koreanischen Eisenerzvorkommen sind klein und nicht reich an Metall, und die mandschurischen Kohlen, die in dem Becken von Fushun östlich Mukden früher von den Russen, nach 1905 von den Japanern gefördert wurden, für die Eisenverhüttung nicht geeignet und überdies durch den 400 km langen Bahntransport bis zum Hafen Dalny (Dairen) unverhältnismäßig verteuert. Die Beschaffenheit der Kohle von Sachalin und Formosa ist ebenfalls guter europäischer oder nordamerikanischer nicht gleichwertig; bis zum Weltkrieg hatte sich ein nennenswerter Bergbau dort nicht entwickelt.

Dagegen finden sich in dem riesenhaften Gebiet Chinas Lagerstätten an Kohle und Eisenerz, die zwar fast durchweg ungünstig zu den großen Wasserstraßen liegen und auch sonst vielfach überschätzt werden, die aber doch großenteils wertvoller als alle japanischen Vorkommen sind. Daher zogen sie ständig die Aufmerksamkeit der japanischen Industriellen und Staatsmänner auf sich. Ein für die bergwirtschaftlichen Verhältnisse Ostasiens besonders wertvolles Bergbaugebiet war in der Provinz Schantung im Hinterlande des ehemaligen kleinen deutschen Schutzgebietes Tsingtau von der deutschen Schantung-Eisenbahn- und Bergbaugesellschaft entwickelt worden. Bei der Pachtung des Kiautschaugebietes im Jahre 1898 hatte China Deutschland das Recht eingeräumt, eine Bahn nach Tsinanfu, der Hauptstadt von Schantung, zu bauen und in einem je 17 km breiten Streifen beiderseits der Bahn Bergbau zu betreiben. Die Bahn- und Bergbaurechte übte die genannte Gesellschaft aus. Sie erschloß im Großbetriebe das bereits von den Chinesen in kleinen Gräbereien ausgebeutete Weihsien-Kohlenfeld,

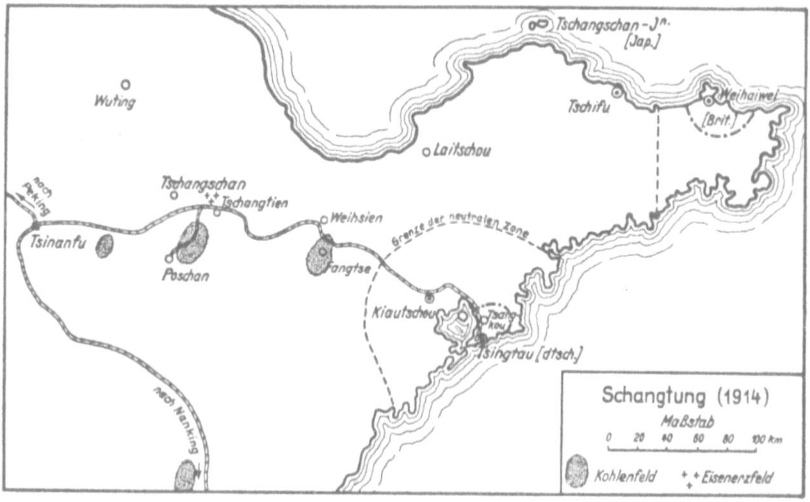

Kartenskizze 2.

das an der Strecke Tsingtau—Tsinanfu, etwa 190 km Bahnstrecke vom Hafen entfernt liegt; die bei Fangtse geförderte, etwas geringwertige Kohle konnte nur für den Hausbrand im Schutzgebiet und in der Provinz Schantung abgesetzt werden. Dagegen führt das 140 km weiter westlich an einer kurzen Stichbahn gelegene Poschan-Kohlenfeld vorzügliche und billig gewinnbare Kohle, die sowohl zur Verkokung wie zur Kesselfeuerung den besten englischen und westfälischen Sorten gleichkommt. Die erst 1905 begonnene Förderung wurde rasch gesteigert; u. a. deckte das deutsche Kreuzergeschwader in Ostasien hier seinen Bunkerbedarf. Die von der Schantunggesellschaft gebauten modernen Bergwerksanlagen förderten 1913 in beiden Feldern zusammen etwa 600000 t, sollten aber die Leistung in den nächsten Jahren erheblich steigern. In Schantung liegt, ganz abgesehen von der weit überlegenen Qualität, erheblich mehr Kohle als in ganz Japan.

Die deutschen Abbaurechte in Schantung besaßen aber noch besonderen Wert wegen der Nachbarschaft eines recht guten Eisenerzvorkommens. Etwa zwischen dem Weihsien- und dem Poschan-Kohlenfelde am Tieschan-Berge in der Nähe der Station Tschangtien an der Schantungbahn war ein mächtiges und etwa 2 km langes Eisenerzlager nachgewiesen. Es enthielt in einem auf 70 Millionen t geschätzten Vorrat 60prozentige Magnet- und Roteisenerze von ausgezeichneter Reinheit und unter günstigen Lagerungsverhältnissen. Weitere kleinere Vorkommen lagen benachbart. Der Grubenbetrieb sollte hier noch im Jahre 1914 einsetzen. Die Gesellschaft wollte das Erz teilweise als solches verkaufen und knüpfte mit der japanischen Industrie Verhandlungen an, die bereits zu einem Probeauftrag der Muroran-Stahlwerke in Hokkaido führten. Die kaiserlichen Eisenwerke in Yawata zeigten ebenfalls lebhaftes Interesse. In der Hauptsache sollte das Tieschan-Erz aber in einer eigenen Hochofenanlage mit Poschan-Koks verhüttet werden. Die Gesellschaft hatte lange mit der chinesischen Regierung wegen Errichtung eines Hüttenwerks verhandelt, das mit deutschem und chinesischem Kapital in unmittelbarer Nähe des Kohlen- und Erzvorkommens selbst entstehen sollte. Da aber die Chinesen bei einer rein nominellen Kapitalbeteiligung volles Mitbestimmungsrecht verlangten, auch im Innern Schantungs die Sicherheit weniger gewährleistet schien und die zollpolitische Lage im Schutzgebiet selbst erheblich günstiger war, entschloß man sich zum Bau eines rein deutschen Werks an der Kiautschau-Bucht bei Tsangkou, 18 km von Tsingtau entfernt. Es sollten zwei Hochöfen von je 130 bis 150 t Tagesleistung, eine Kokerei mit Nebenproduktengewinnung, ein Martinstahlwerk und ein Stabeisenwalzwerk mit einem Kostenaufwand von 10 Millionen Mark errichtet werden. Eine erhebliche Erweiterung war von vornherein vorgesehen. Der zur Verhüttung notwendige Kalk stand reichlich an der Bahnstrecke zur Verfügung. Nur Manganerz mußte aus fremder Hand — Britisch-Indien —

bezogen werden. Man wollte vor allem den Eisenbedarf der Provinz Schantung decken und rechnete im übrigen mit lebhafter Ausfuhr nach Japan. Da die sehr billigen chinesischen Arbeiter sich unter deutscher Leitung als durchaus leistungsfähig und geeignet erwiesen hatten, durfte die Hütte trotz der 300 km weiten Anfuhr von Kohle und Erz mit einer günstigen Entwicklung rechnen. Der Baubeginn war für den Herbst 1914 und die Inbetriebsetzung für Ende 1916 vorgesehen.

Der deutsche Bahn- und Grubenbesitz stellte ein überaus begehrenswertes Objekt gerade für den japanischen Ausdehnungsdrang dar und der europäische Krieg bot eine einzigartige Gelegenheit zur Verwirklichung. Die sonstigen Beziehungen zu Deutschland waren nicht ungünstig und hätten einen Krieg niemals gerechtfertigt, zumal Deutschland — im Gegensatz zu England, Rußland und Amerika — machtpolitisch in Ostasien nicht die geringste Gefahr für Japan bildete. Auch hatte Tsingtau als Flottenstützpunkt für Japan wenig Bedeutung, das am Gelben Meer mit den koreanischen Häfen und mit Port-Arthur und Dalny ausreichend vertreten war. Ebensowenig kam das dichtbesiedelte Schantung für Japan als Einwanderungsgebiet in Betracht. Der Bruch mit Deutschland zwecks Erwerbung von Tsingtau hätte sich unter diesen Gesichtspunkten für die japanische Politik zweifellos nicht gelohnt. Dagegen mußte es Japan — abgesehen von der Prestigefrage, die in der Verdrängung einer europäischen Großmacht aus Ostasien lag — sehr darauf ankommen, die Nachfolgeschaft Deutschlands in den wirtschaftlichen Rechten in Schantung anzutreten. Hier waren wirkliche Lebensinteressen Japans berührt. Daß der vereinigte chinesisch-amerikanische Wiederstand Japan später um die Früchte seiner Eroberungspolitik bringen würde, sah es allerdings nicht voraus, als es am 15. August 1914 von Deutschland die Räumung des Schutzgebietes und die Abtretung aller Rechte in Schantung unter Kriegsdrohung verlangte.

Die Haltung der Neutralen.

Da es neben den drei Weltkohlenmächten Deutschland, England und den Vereinigten Staaten keine Länder gab, die in der Versorgung mit Kohle und Eisen völlig unabhängig waren, mußte die Frage der Weiterbelieferung mit den unentbehrlichen Rohstoffen die Politik auch sämtlicher ursprünglich neutralen Länder auf das nachhaltigste beeinflussen. Namentlich nach dem Eintritt der Ver. Staaten in den Krieg im April 1917 gab es keine nennenswerten frei verfügbaren Mengen auf dem Welt-Kohlen- und Eisenmarkte mehr. Im Hinblick auf die außerordentlich große Bedeutung von Kohle und Eisen für die Kriegführung und im Hinblick auf die überall einsetzende Knappheit sahen sich die kriegführenden Produktionsländer im Laufe des Krieges genötigt, die Abgabe für nicht kriegswirtschaftlich notwendige Zwecke, insbesondere an Neutrale, einzuschränken und sie nur noch gegen wichtige wirtschaftliche oder politische Gegenleistungen zuzulassen. Besonders die englische Kohle hat in dieser Hinsicht eine sehr bedeutsame Rolle gespielt. Unter den mannigfaltigen Druckmitteln, deren sich die Entente still und unauffällig, aber um so zwingender bedient hat, um allmählich fast sämtliche Länder der Erde, auch die an dem Konflikt ursprünglich ganz unbeteiligten, zur Kriegserklärung an Deutschland zu bewegen, hat die Kohlenbelieferung sicherlich an erster Stelle gestanden. Wohin Deutschland infolge der Blockade nicht gelangen konnte, befanden sich die Länder völlig in der Hand Englands; die unzureichend ausgestatteten Länder, wie Portugal, Griechenland, Brasilien, mußten früher oder später dem unentrinnbaren Druck erliegen.

Daß die skandinavischen Länder, ferner Holland und die Schweiz ihre Neutralität aufrechterhalten konnten, war großenteils nur auf Grund der Belieferung mit Kohle und Eisen möglich, die Deutschland auf dem Landwege oder über die Ostsee zu bewerkstelligen vermochte. Hier hat sich umgekehrt die deutsche Kohle als wertvolles wirtschaftliches Kampfmittel erwiesen. Die Möglichkeit dieser Länder, von beiden Seiten her Rohstoffe usw. zu beziehen, verlieh ihnen eine größere Unabhängigkeit, als ihnen ihre eigentliche militärische Machtstellung allein gewährleistet hätte. Die stillen, aber mächtigen Einflüsse der Kohlen- und Eisenlieferungen lassen sich noch bis in die Nachkriegszeit hinein feststellen; es kann keinem Zweifel unterliegen, daß die kleinen Nachbarländer Deutschlands, selbst wenn es ihnen gelungen wäre, ihre Neutralität der Form nach aufrechtzuerhalten, sich ohne diese Gegenwirkung dem Drängen der Entente auf Beteiligung an dem Wirtschaftsboykott Deutschlands nicht hätten entziehen können.

Eine besondere Stellung nahm Spanien ein, dessen betont selbständige neutrale Politik der Entente während der ganzen Kriegsdauer besonders unbequem und unerwünscht war. Spanien war aber das einzige europäische Land, das eine gewisse wirtschaftliche Unabhängigkeit besaß und das sich deshalb, im Gegensatz zu seinen Nachbarn Italien und Portugal, für den wirtschaftlichen

Druck Englands, Frankreichs und später der Ver. Staaten unzugänglich zeigen konnte. Die spanischen Kohlenvorkommen sind nicht allzu erheblich; in dem wenig industrialisierten und klimatisch begünstigten Lande deckten sie aber schon in der Vorkriegszeit mit einer Förderung von 4,3 Millionen t fast drei Fünftel des Verbrauchs. Im Kriege gelang es, die Förderung bis auf 7,2 Millionen t zu steigern, so daß es nicht einmal nötig wurde, den Verbrauch stark zu beschränken, um auf die Einfuhr englischer Kohle fast ganz verzichten zu können. Da die Kohle keinen guten Hüttenkoks abgibt, entwickelte sich zwar die spanische Eisenindustrie im Kriege ebensowenig wie vorher, so daß ein erheblicher Einfuhrbedarf an Eisen und Stahl verblieb. England und Frankreich waren aber noch viel stärker auf die Ausfuhr des vorzüglichen spanischen Eisenerzes angewiesen und deckten daraus einen wesentlichen Teil ihres kriegswirtschaftlichen Bedarfs. Infolgedessen erfreute sich Spanien einer Freiheit auch in seiner Wirtschaftspolitik, wie kaum irgendein anderes Land der Erde während des Krieges.

III. KAPITEL.

KOHLE UND EISEN IM VERLAUF DES WELTKRIEGES.

1. DIE KRÄFTE DER KRIEGFÜHRENDEN IN KOHLE UND EISEN.

Erzeugung.

Den beiden Mächten Deutschland und Österreich-Ungarn standen zu Beginn des Weltkrieges Frankreich, England, Rußland, Belgien und die kleinen Staaten Serbien und Montenegro gegenüber. Die beiden letztgenannten waren bergwirtschaftlich und industriell ohne Bedeutung. Japan hat sich an den Entscheidungen auf den europäischen Schlachtfeldern nicht beteiligt, kann also für den vorliegenden Vergleich außer Betracht bleiben. Betrachtet man die Kräfte der beiden Parteien, statt wie üblich in Bevölkerungszahlen, Gebietsflächen und Rüstungen, in ihrer Leistungsfähigkeit in Kohle und Eisen, ausgedrückt in den Erzeugungsziffern des letzten Friedensjahrs, so ist die Ungleichheit, die in fast allen sonstigen Beziehungen bestand, in erheblichem Maße verringert. Einer

Kohlenförderleistung von 331 Millionen t bei den Mittelmächten steht eine solche von 394 Millionen t bei der Entente gegenüber; die fast 20 proz. Mehrleistung bei der Entente wird allerdings durch den Umstand vermehrt, daß ihre Förderung fast ausschließlich in hochwertiger Steinkohle bestand, während von der Förderleistung der Mittelmächte fast 40% auf Braunkohle entfielen, deren Wert im Durchschnitt der deutschen und der böhmischen Sorten nicht nur dem Preise nach, sondern auch für den industriellen Gebrauch im Durchschnitt nur mit etwa $^2/_5$ des Steinkohlenwertes eingesetzt werden kann[1]). Das Übergewicht der Entente verstärkt sich dadurch auf etwa rund 40%, bleibt aber immer noch sehr weit hinter dem Vorsprung zurück, den sie auf allen übrigen Gebieten besaß. Außerdem war die Ausfuhr Deutschlands an Kohle aller Art, abgesehen von dem gegenseitigen Austausch mit Österreich-Ungarn, vorwiegend den nunmehr feindlichen Ländern zugute gekommen, wurde also jetzt für anderweitigen Verbrauch frei, während die Hauptempfangsländer der englischen Kohle im Kriege erst recht versorgt werden mußten.

Erheblich günstiger für die Mittelmächte war das Kräfteverhältnis in der Leistungsfähigkeit an Eisen und Stahl. Die Förderzahlen an Eisenerz sind für einen Vergleich belanglos, da beide Mächtegruppen hierin von vornherein wie in Friedenszeiten von den neutralen Ländern, namentlich von Schweden und Spanien, mitversorgt wurden. In der Hochofenleistung, also in der Roheisenerzeugung, standen sich auf beiden Seiten je 22 Millionen t gegenüber; Luxemburg wird hierbei nach seiner bisherigen wirtschaftlichen Zugehörigkeit und nach den tatsächlichen militärischen Verhältnissen den Mittelmächten zugerechnet. Auf dem Gebiet der Stahlerzeugung hatten die Mittelmächte sogar eine merkliche Überlegenheit, 21 gegen 19 Millionen t. Auch in Eisen und Stahl war für die kriegswirtschaftliche Versorgung der Mittelmächte der Umstand günstig, daß die sehr erhebliche deutsche Ausfuhr an Eisen und Stahl aller Art zum größten Teil fortfiel, während die englische im wesentlichen beibehalten werden mußte.

Im ganzen war also in Kohle und Eisen von vornherein kein Übergewicht bei der Entente zu verzeichnen. Durch den anfänglichen Kriegsverlauf verstärkte sich die Stellung der Mittelmächte noch sehr erheblich. Die raschen deutschen Offensiven auf beiden Kriegsschauplätzen brachten die in ungünstiger strategischer

[1]) Die deutsche Braunkohle pflegt der Steinkohle mit $^2/_9$ ihres Gewichtes gleichgestellt zu werden, die böhmische mit $^2/_3$.

Grenzlage befindlichen Kohlen- und Eisenreviere in Südwestpolen, Belgien und im Nordosten Frankreichs fast vollständig in deutschen Besitz. In Polen fielen damit ein Viertel der russischen Steinkohlenförderung und ein Zwölftel der Roheisenerzeugung, in Belgien die gesamte Kohlen- und Eisenindustrie, in Frankreich etwa die Hälfte der Kohlenförderung und nicht weniger als zwei Drittel der Roheisen- und Stahlerzeugung in deutsche Hand. Allerdings blieb die Industrie in den eroberten Gebieten nicht in vollem Betriebe und erreichte auch späterhin unter der fremden Besatzung nicht entfernt ihre volle Leistung. Aber für den Kampf der wirtschaftlichen Kräfte war die Entziehung der Produktion bei der Entente von größter Bedeutung. Auch wenn man den Zuwachs bei den Mittelmächten nur mit den halben Friedensziffern einsetzt, so hatte sich sechs Wochen nach Kriegsbeginn das Kräfteverhältnis in Kohle und Eisen wesentlich verschoben.

Durch den Hinzutritt der kohle- und eisenwirtschaftlich unbedeutenderen Verbündeten, Türkei und Bulgarien bei den Mittelmächten, Italien, Portugal und Rumänien bei der Entente, trat keine Veränderung in den Verhältnisziffern ein. Ebenso darf man annehmen, daß die die Produktion hemmenden Umstände, die sich aus dem Kriegszustande ergaben, auf beiden Seiten einigermaßen gleich wirksam waren. In den ersten Kriegsjahren war also auf Seiten der Mittelmächte ein sehr erhebliches Übergewicht in den Kohle- und Eisenkräften eingetreten; es war an sich durchaus geeignet, die gewaltige Überlegenheit der Entente an sonstigen Hilfsquellen zu einem wesentlichen Teile aufzuwiegen. Bei der Bedeutung von Kohle und Eisen für die Kriegführung hätte dies Übergewicht sogar womöglich von entscheidender Bedeutung sein können, wenn es nicht in immer stärkerem Umfange durch die Lieferungen der Ver. Staaten ausgeglichen und allmählich sogar

Zahlentafel 4.

Kohlen- und Eisengewinnung der Kriegführenden in Mill. t der Friedensleistung.

Mittelmächte = Mm, Entente = E.

	1. August 1914		15. Sept. 1914		6. April 1917	
	Mm	E	Mm	E	Mm	E
Kohlenförderung .	331	394	355	346	355	831
Roheisenerzeugung	22	22	25	16	25	43
Stahlerzeugung . .	21	19	24	13	24	41

umgekehrt worden wäre. Spätestens mit dem offenen Kriegseintritt der Ver. Staaten am 6. April 1917 kann man die volle industrielle Leistungsfähigkeit Nordamerikas derjenigen der Entente hinzufügen. Dagegen fiel für die Entente Rußland völlig aus. Jedenfalls war gegen Ende des Krieges das Kräfteverhältnis der Mittelmächte zur Entente infolge der gewaltigen Produktion der Ver. Staaten in Kohle und Eisen wiederum ein völlig anderes geworden.

Die ziffernmäßige Gegenüberstellung der beiderseitigen Kräfte in Kohle und Eisen vermag naturgemäß nur eine Annäherung zu bieten; die Fortlassung der geringen Leistungsfähigkeit Japans und der britischen Dominien und die Einsetzung der Leistung der eroberten Gebiete mit der Hälfte der Friedensproduktion entspricht nur ungefähr den tatsächlichen Verhältnissen; ebenso leuchtet es ein, daß der unmittelbare Wert einer Tonne Kohlenförderung in Frankreich oder im Ruhrgebiet für die Kriegswirtschaft mehrfach höher war als der einer Tonne der amerikanischen Kohlenförderung. Schließlich gewährt zwar die Zugrundelegung der Ziffern von 1913 eine brauchbare Vergleichsmöglichkeit auch für die 4½ Kriegsjahre, zumal der Bau neuer Förderanlagen oder neuer Hochöfen zuviel Zeit und zuviel zunächst unproduktive Arbeit erforderte, als daß sie von den Kriegführenden hätte in Angriff genommen werden können. Jedoch wirkten die Kriegsverhältnisse auf die Kohle- und Eisenwirtschaft der einzelnen Länder nicht gleichmäßig ein, insbesondere waren die Ver. Staaten, auch infolge ihres späten Kriegseintritts, sehr viel besser als die europäischen Länder in der Lage, die Vorkriegsproduktion zu erreichen und womöglich zu steigern. Ihre verhältnismäßige Überbewertung in der zahlenmäßigen Gegenüberstellung findet in diesem Umstande einen gewissen Ausgleich. Legt man die tatsächlich erreichte Produktion zugrunde, so war das Verhältnis im letzten vollen Kriegsjahre 1917 in Millionen Tonnen:

Zahlentafel 5.

Kohlen- und Eisengewinnung der Kriegführenden im Jahre 1917.

	Mittelmächte	Entente
Kohlenförderung .	340	851
Roheisenerzeugung	15	50
Stahlerzeugung . .	16	58

Tatsächlich waren in allen kriegführenden Ländern im Laufe der Zeit von August 1914 bis November 1918 wesentliche Veränderungen in der Leistung ihrer Kohlen- und Eisenwirtschaft eingetreten. Die Einziehung der Arbeiter zu den Truppen, das Stocken der ausländischen Rohstoffeinfuhr oder wenigstens Verminderungen und Verschiebungen darin, die Verengerung der Absatzmöglichkeiten, namentlich nach dem Auslande, und sehr ernste Transportschwierigkeiten, die in allen kriegführenden Ländern sofort mit der Mobilmachung einsetzten und naturgemäß vor allem Bergbau und Schwerindustrie mit ihren Massengütern trafen, machten es zunächst völlig unmöglich, die Friedenserzeugung ungestört aufrechtzuerhalten. Den stärksten Einfluß übte die Arbeiterfrage aus. Die Zahl der im deutschen Steinkohlenbergbau beschäftigten Personen sank im ersten Kriegsjahre von 654000 auf 479000, also um 27%; in England, wo die günstigeren Lagerungsverhältnisse allerdings eine vorübergehende Ersparnis an Arbeitern erleichterten, erreichte der Rückgang sogar über 50%.

Der Ausfall wurde, als der Kohlenbedarf dazu zwang, erst allmählich durch Freigabe von Bergleuten aus der Front, durch Einstellung von Kriegsgefangenen, durch Heranziehung von Arbeitern aus kriegswirtschaftlich weniger wertvollen Betrieben und durch Beschäftigung von Frauen und Jugendlichen in den Anlagen über Tage ergänzt. Bei der Inangriffnahme des Hindenburgprogramms in der deutschen Kriegsindustrie Mitte 1916 wurden 50000 Bergleute aus dem Heere an ihre alten Arbeitsplätze entlassen. Ende 1915 arbeiteten im Ruhrbergbau 34000 Kriegsgefangene, bis August 1918 hatten sie die Zahl 73670 erreicht und damit 16,43% der Gesamtbelegschaft. Prozentual noch sehr viel höher war die Kriegsgefangenenzahl im Braunkohlenbergbau, der die Beschäftigung von Ungelernten erleichterte; hier war zuletzt durchschnittlich mehr als die Hälfte der Belegschaften aus Kriegsgefangenen zusammengesetzt. Der Nationalität nach waren es im Ruhrbergbau 46,3% Russen, 37,3% Franzosen und je etwa 5% Engländer, Belgier und Italiener. Auch freiwillig angeworbene Arbeiter aus dem besetzten Gebiet füllten die Belegschaften auf. Ebenso waren in dem französischen Kohlenbergbau kriegsgefangene Deutsche — zeitweilig über 20000 — tätig.

Die fremden Arbeiter bedeuteten freilich keinen vollgültigen Ersatz; ihre Leistung war erheblich geringer als die des Durchschnitts der angestammten Arbeiter. Aber auch deren Leistung sank allgemein, da gerade die jüngeren und kräftigeren Jahrgänge an der Front standen. In Deutschland machte sich allmählich auch die Unterernährung sehr nachteilig geltend und konnte auch durch Zuteilung von Schwer- und Schwerstarbeiterzulagen nur unvollkommen gebessert werden; die infolge der schlechten Ernährung immer mehr um sich greifende Unsitte der Hamsterfahrten verursachte Feierschichten und damit Förderausfälle, die nicht selten mehr als einen vollen Tag in der Woche ausmachten. Infolgedessen blieb die Förderung trotz größter Anstrengungen und obwohl die Kopfzahl der Belegschaft schließlich um rund 10% gegenüber der Friedensziffer gestiegen war, im Jahre 1917 um rund 15% gegenüber 1913 zurück. Zeitweilig, namentlich in den ersten und in den letzten Kriegswochen, kam auch die Erregung des Kriegserlebnisses in einem auffälligen Rückgang der Arbeitsleistung zum Ausdruck.

In allen Ländern beklagte man ferner eine wesentliche Verschlechterung der Kohlenqualität. Der hastige Betrieb zwang zur großzügigsten Arbeitsweise; was nicht unmittelbar zur Steigerung der Mengenleistung notwendig erschien, wurde unterlassen. Vor allem ließ die Sorgfalt im Abbau nach. Der Aschegehalt der geförderten Kohlen stieg allgemein auf das Doppelte und Dreifache, so daß die ohnedies überlasteten Eisenbahnen sich über die Menge des nutzlos gefahrenen Gesteins beschwerten. Ebenso versagte allmählich die früher in den meisten Bergbaurevieren geübte sorgfältige Sortierung; der Verbraucher mußte froh sein, daß er überhaupt „Kohle" erhielt; wenn aber die gewünschten gewaschenen Nußkohlen etwa in der Form staub- und aschereicher Förderkohle eintrafen, so bedeutete dies für seinen Betrieb sehr bedenkliche Erschwerungen.

Eine weitere ernste Beeinträchtigung der bergbaulichen Leistung brachte auch die Krisis des Transportwesens mit sich, die der Krieg infolge der Inanspruchnahme von Material und Personal und infolge der Verschlechterung fast aller Betriebseinrichtungen durch unzureichende Reparaturen u. dgl. in allen Ländern hervorrief. Gerade die Bewegung der großen Fördermassen des Kohlen- und Eisenerzbergbaus bedarf einer pünktlichen und gleichmäßigen Regelung der Abfuhr, wenn hohe Leistungen erzielt werden sollen. Ein solcher ordnungsmäßiger Zustand war während der Kriegsjahre nirgends und zu keiner Zeit zu verzeichnen. Die Verfrachtungsschwierigkeiten zwangen immer wieder, die geförderten Massen zunächst auf die Halden zu stürzen, so daß die spätere Verladung kostbare Arbeitskräfte in Anspruch nahm; vielfach blieb sogar in den Zeiten drängendster Kohlennot nichts anderes übrig, als Feierschichten einzulegen, weil einfach keine Möglichkeit mehr zur

Verladung bestand. Naturgemäß blieb die Kohlen- und Eisenwirtschaft aller Länder auch von den sonstigen Schwierigkeiten nicht verschont, die der Krieg durch Verknappung der Hilfsstoffe, Vernachlässigung der Ausbesserungsarbeiten und der Ersatzbeschaffungen und durch die Verwirrung der Absatzverhältnisse im Gefolge hatte.

Die zahlreichen nachteiligen Einflüsse der Kriegszeit konnten freilich in allen Ländern durch energische Betriebsmaßnahmen zum großen Teil vorübergehend ausgeglichen werden. Der Bergbau vereinigte die Betriebsarbeit auf die tatsächliche Kohlen- und Erzförderung und stellte die uneinträglichen Vorbereitungsmaßnahmen der Aus- und Vorrichtung und die Ausbesserungen möglichst zurück. Man sah sich sogar genötigt, die weniger günstigen Abbauorte und Flöze aufzugeben und sich immer mehr auf die reichsten und am leichtesten gewinnbaren Lagerstättenteile zu beschränken. Der damit eingeleitete „Raubbau“ stand mit den üblichen Betriebsgrundsätzen der Friedenszeit nicht im Einklange und hat auch schon während des Krieges zu empfindlichen Rückschlägen geführt, da die zeitweilig vernachlässigten Arbeiten später mit um so stärkeren Ansprüchen nachgeholt werden mußten. Vor allem ist die schwere Kohlenkrisis, die die ersten Nachkriegsjahre kennzeichnete, auf diesen Umstand zurückzuführen. Aber im Krieg blieb kein anderer Ausweg; mehrfach griffen sogar die militärischen Stellen ein, um den Bergbau zu dem an und für sich unwirtschaftlichen und im weiteren Verlauf schädlichen Verfahren zu zwingen. Die betrieblichen Maßnahmen wurden ergänzt durch eine überaus scharfe Anspannung der Arbeitskraft der Bergleute. In Frankreich wurde die Schichtzeit auf 9 Stunden heraufgesetzt. In England suchte man durch leidenschaftliche Propaganda den Arbeitswillen und damit die Leistung zu steigern. In Deutschland wurden, soweit die Verladungsverhältnisse es zuließen, Überschichten verfahren; angespornt durch die vaterländische Verpflichtung und im Hinblick auf die hohen Zulagen, die für diesen Fall ausgesetzt waren, brachten viele Bergleute an mehreren Tagen in der Woche zwei Achtstunden-Schichten hintereinander in der Grube zu. Auch in Frankreich mit seiner besonders drückenden Kohlennot gaben die Belegschaften, die zum Teil unter deutschem Artilleriefeuer untergebracht waren und die Gruben nur unter Lebensgefahr aufsuchen und verlassen konnten, hervorragende Beweise ihres Arbeitswillens.

Den vereinigten Anstrengungen der Unternehmer und der Arbeiter gelang es überall in bemerkenswertem Umfange, der sich auftürmenden Schwierigkeiten Herr zu werden und die Leistung einigermaßen aufrechtzuerhalten. Am erfolgreichsten war darin Deutschland, wo die Durchschnittsleistung des Bergmanns im Steinkohlenbergbau am Ende des Krieges nur um 4% — gegen 11% in England und 22% in Frankreich — verringert war.

Zahlentafel 6.

Die Kohlenförderung der wichtigsten Länder 1913—1919 in Mill. t.

	1913	1914	1915	1916	1917	1918	1919
Deutsches Reich:							
Steinkohlen	190	161	147	159	168	161	117
Braunkohlen	87	84	88	94	96	101	94
Österreich-Ungarn:							
Steinkohlen	18	17	17	19	20	—	—
Braunkohlen	36	32	30	31	28	—	—
Großbritannien	292	270	257	260	252	231	233
Frankreich	41	—	—	—	—	—	—
Unbesetztes Gebiet	22,3	27,5	19,5	21	29	26	22
Belgien	23	17	14	17	15	14	18
Italien	0,7	0,8	1,0	1,3	1,7	2,2	1,2
Rußland	38	32	31	34	31	12	8
Vereinigte Staaten	517	466	482	535	591	615	503

Im Eisenerzbergbau war die Lage während des Krieges erheblich weniger angespannt als bei der Kohle. Zwar waren im allgemeinen die gleichen ungünstigen Umstände wirksam. Aber zwei wichtige Erzländer, Spanien und Schweden, blieben neutral und konnten ihre Förderung und ihre Ausfuhr, die von Spanien in der Hauptsache nach England, von Schweden in der Hauptsache nach Deutschland ging, im wesentlichen aufrechterhalten.

Zahlentafel 7.

Eisenerzförderung, Roheisen- und Stahlgewinnung der wichtigsten Länder 1913—1919 in Mill. t.

	1913	1914	1915	1916	1917	1918	1919
a) Eisenerzförderung:							
Deutsches Reich (Zollgebiet von 1913)	36	26	24	28	27	22	—
Großbritannien	16	15	14	14	15	15	12
Frankreich (unbes. Gebiet)	22	11	0,6	1,7	2	2	2
Rußland	7	—	—	—	—	—	—
Schweden	7,5	7	7	7	6	7	5
Spanien	10	7	6	6	5,5	5	5
Vereinigte Staaten	63	42	56	76	76	71	62

	1913	1914	1915	1916	1917	1918	1919
b) Roheisengewinnung:							
Deutsches Reich (Zollgebiet von 1913)	19	14	12	13	13	12	—
Österreich-Ungarn	2	2	2	2	—	—	—
Großbritannien	10	9	9	9	9	9	8
Frankreich (unbes. Gebiet)	5	3	0,6	1	1	1	1
Rußland	5	4	4	4	3	0,5	0,1
Vereinigte Staaten	31	24	30	40	39	40	32
c) Rohstahlgewinnung:							
Deutsches Reich (Zollgebiet von 1913)	17	14	12	14	14	12	—
Österreich-Ungarn	3	2	3	3	3	2	—
Großbritannien	8	8	9	9	10	10	8
Frankreich (unbes. Gebiet)	5	3	1	2	2	2	2
Rußland	4	4	4	4	3	0,4	0,2
Vereinigte Staaten	32	24	33	43	46	45	35

In der größeren Widerstandsfähigkeit, die die Stahlerzeugung aller Länder gegenüber der Roheisenerzeugung während des Krieges aufwies, spiegelt sich der wichtige Umstand wider, daß Stahl nicht nur aus Roheisen, sondern auch durch Nutzbarmachung des Alteisens, des sog. Schrotts, hergestellt werden kann. Hierin liegt auch ein weiterer erheblicher Vorzug der Eisenindustrie gegenüber dem Kohlenbergbau für Kriegszeiten. Kohle wird bei der Verwendung unwiederbringlich vernichtet, während Eisen, abgesehen von den nicht sehr erheblichen Verlusten durch Rostverwitterung, auch im verarbeiteten Zustande mehr oder weniger unvergänglich erhalten bleibt. Man kann auf das in früheren Jahren hergestellte Eisen, soweit es im Lande geblieben ist, in Notzeiten immer wieder zurückgreifen. Ein hochindustrialisiertes Land wie Deutschland besitzt überhaupt große Mengen von Abfallstoffen, namentlich in Eisen, die nur gesammelt zu werden brauchen. Im übrigen konnten in den späteren Kriegsjahren sehr erhebliche Schrottmassen durch Abbruch entbehrlicher Anlagen in Deutschland selbst und in den besetzten Gebieten für die Stahlerzeugung freigemacht werden. Insofern verfügt die Eisenwirtschaft eines jeden Landes, selbst ohne Eisenerzgruben und ohne Hochöfen, über Vorräte an Rohstoffen, die in den Stahlwerken nutzbar gemacht werden können. Frankreich, dessen Eisenwirtschaft durch den Verlust der Erz- und Hochofenreviere in Nordostfrankreich auf das schwerste getroffen war, baute zum Ersatz im unbesetzten Landesinnern ausschließlich Stahlgewinnungsanlagen, und zwar hauptsächlich die zur Schrottverarbeitung geeigneten Siemens-Martin-Öfen, deren Stahl auch gerade für die Geschoßherstellung dient.

Vorräte.

Das Vorhandensein von Vorräten spielte in der Kohlen- und Eisenwirtschaft der kriegführenden Länder keine nennenswerte Rolle. Angesichts der langen Kriegsdauer mit dem ganz unerwartet umfangreichen Materialverbrauch waren die auf den Werken vorhandenen Kohlenhalden und Erz- und Eisen- und Stahlvorräte ohne jede Bedeutung. Die in Deutschland lagernden Eisenerzvorräte reichten für den Bedarf von 2 bis 3 Monaten aus; etwa für die gleiche Dauer mögen die größeren Industriewerke mit Kohlenlagern versehen gewesen sein. Selbst wenn der Charakter des Kriegs vorausgesehen worden wäre, läßt sich die Schaffung einigermaßen ins Gewicht fallender Vorräte in der Kohlen- und Eisenwirtschaft mit den Riesenmengen, um die es sich hier handelt, schwer vorstellen. Abgesehen von der Festlegung der gewaltigen Kapitalsummen, die hierzu erforderlich wären, böte auch die Raumfrage gewisse Schwierigkeiten. Kohlenvorräte unterliegen überdies einer langsamen Verschlechterung der Beschaffenheit infolge des Lagerns und einer bei manchen Sorten recht erheblichen Selbstentzündungsgefahr. Trotzdem liegt es für kohlenarme Länder nahe, sich rechtzeitig Vorräte anzulegen; Italien etwa würde erst dann eine einigermaßen selbständige Kriegspolitik treiben können, wenn es sich entschlösse, mindestens den Einfuhrbedarf eines Jahres an geeigneten Stellen im Lande zu stapeln.

Daß vor dem Kriege in einem der beteiligten Länder besondere Rohstoffvorräte zur Vorbereitung angehäuft worden wären, ist nicht bekannt geworden und ist auch in hohem Maße unwahrscheinlich. Vor allem ist die gelegentlich im Entente-Schrifttum verbreitete Behauptung völlig unrichtig, Deutschland habe in den letzten Monaten vor dem Kriegsausbruch noch kriegswirtschaftlich notwendige Rohstoffe weit über den bisherigen normalen Bedarf eingeführt und damit auf das deutlichste seine Absicht bewiesen, zu einem von ihm gewollten Zeitpunkt einen Angriffskrieg zu beginnen. Der Vorwurf würde zwar, selbst wenn er sachlich begründet wäre, nur das früher allgemein verbreitete Unverständnis für die wirtschaftlichen Aufgaben der Kriegsführung andeuten. Die Anschaffung notwendiger Rohstoffe ist für den Kriegsfall nicht weniger notwendig als die Aufstellung von Truppeneinheiten und der Bau von Kriegsschiffen, die man in allen Ländern als selbstverständliche und allgemein übliche und zulässige Vorbereitungen anzusehen pflegt. Hätte Deutschland im Winter 1913/14 eine gewisse Menge Salpeter, Kupfer, Blei, Nickel, Gummi u. a. auf Lager genommen, so wäre das nicht anders zu beurteilen gewesen als die Tatsache, daß Frankreich im August 1913 die dreijährige Dienstzeit einführte, England Anfang 1914 eine Gruppe neuer Linienschiffe auf Stapel legte und die Duma in Rußland im April 1914 die Kosten für eine neue starke Heeresvermehrung bewilligte. Tatsächlich muß man jedoch den verantwortlichen Stellen in Deutschland viel eher einen ernsten Vorwurf daraus machen, daß sie zwar im Sommer 1913 die Wehrvorlage durchbrachten, aber die angeführten wirtschaftlichen Vorbereitungen unterließen.

Der Nachweis, daß Deutschland tatsächlich derartige Maßnahmen getroffen habe, wird von einigen amerikanischen Fachschriftstellern zur Stützung der Versailler Kriegsschuldbehauptung allen Ernstes versucht[1]). Die von ihnen angeführten Ziffern stellen aber ein so schlimmes Beispiel des Jonglierens mit der Statistik dar, daß es schwer wird, die Darstellung ernst zu nehmen. Das Buch von Smith ist noch aus der Seelenverfassung und aus der begrenzten Sachkenntnis erklärlich, die unmittelbar nach dem Kriege allgemein herrschten. Das im übrigen recht anregende und sachlich wertvolle Buch von Leith hätte es aber vermeiden sollen, gerade die nordamerikanische Ausfuhr an Nickel, Messing, Schwefel, Graphit und Glimmer nach Deutschland als irgendwie bedeutsam für Deutschlands Wirtschaftspolitik anzugeben. Der nordamerikanische Anteil in Deutschlands Einfuhr an diesen Stoffen ist nämlich fast durchweg ganz bedeutungslos. Als Beispiel sei die Einfuhr von Graphit herausgegriffen; Graphit ist als Rohstoff für die Herstellung feuerfester Tiegel in der Stahlindustrie wichtig und besitzt daher eine gewisse kriegswirtschaftliche Bedeutung. Deutschland führte im Jahre 1913 37000 t dieses Rohstoffes ein, davon etwa 475 t aus den Ver. Staaten. Der Anteil der Ver. Staaten betrug also wenig mehr als 1%; er durfte sich, wie Leith mit Eifer nachweist, 1914 verdoppeln, ohne daß diese Bewegung für sich auch nur den leisesten Rückschluß gestattet. Im übrigen läßt Leith die Frage der Wiederausfuhr außer Betracht, die im deutschen Außenhandel als Veredelungsverkehr gerade bei Rohmetallen u. dgl. einen so großen Raum einnimmt, und gibt ferner Ziffern,

[1]) George Otis Smith, The Strategy of Minerals, New York-London 1919, S. 310 f., und C. K. Leith, World Minerals and World Politics, New York 1931, S. 142 ff.

die mit den Angaben der amtlichen Statistiken Deutschlands und der anderen Länder nicht im Einklang stehen.

Nur in einem Falle bezieht sich Leith auf die deutsche Statistik selbst, hinsichtlich der Einfuhr von Manganerzen, die ebenfalls für die Stahlindustrie unentbehrlich sind und an denen es bei den Mittelmächten im Verlauf des Krieges tatsächlich gemangelt hat. Hier hat Deutschland eingeführt:

1911	420700 t	im Halbjahr durchschnittlich	210000 t
1912	523100 t	„ „ „	262000 t
1913	680400 t	„ „ „	340000 t
1914	—	im ersten Halbjahr	392000 t

Die in dem allgemeinen Aufschwung der deutschen Eisenindustrie begründete Steigerung der Manganerzeinfuhr betrug also im ersten Halbjahr 1914 gegenüber dem Durchschnitt des Vorjahres 15%, während die Steigerung in den beiden vorangegangenen Jahren 25 und 30% betragen hatte. Genau das Gegenteil der Leithschen Schlußfolgerungen wäre also festzustellen, nämlich daß die bisherige Entwicklung gerade 1914 nachzulassen begann.

Tatsächlich hat Deutschland seine wirtschaftliche Kriegsrüstung durchaus vernachlässigt. Man erkennt dies namentlich, wenn man, unter Berücksichtigung der Wiederausfuhr und unter Zusammenfassung des Außenhandels in den Roherzen und in den Rohmetallen, die deutsche Bedarfsdeckung in Blei und Nickel ziffernmäßig prüft. also in denjenigen Metallen, die bei den unklaren Vorstellungen über den Kriegsrohstoffbedarf am ehesten hätten beachtet werden können und die in Deutschland nur in unzureichenden Mengen gefunden wurden. In Blei war die Einfuhr, umgerechnet in Metall, im ersten Halbjahr 1914 nur um 3½% höher als im ersten Halbjahr 1913, und in Nickel, dem in Deutschland besonders unzureichend vertretenen, zugleich aber für Stahlhärtungszwecke in der Rüstungsindustrie unentbehrlichen Metall, im ersten Halbjahr 1914 sogar geringer als in dem gleichen Zeitraum des Vorjahres. Das gleiche gilt übrigens auch für Eisenerz und für die ebenfalls als Stahlhärtungsmittel kriegswirtschaftlich wichtigen Chrom- und Wolframerze. Hätte man in Deutschland in irgendeinem Rohstoff eine Voreindeckung im Hinblick auf einen kommenden Krieg für notwendig gehalten, so wären diese Erze und Metalle in erster Linie in Frage gekommen, viel eher als die von Leith willkürlich herangezogenen Beispiele, für die im übrigen die von ihm angeführten statistischen Ziffern auch keinerlei Anhaltspunkte für seine Beweisführung ergeben. Soweit man überhaupt den deutschen Außenhandel des ersten Halbjahres 1914 bei der Prüfung der Behauptung von Deutschlands Kriegsschuld heranziehen will, kann man nur feststellen, daß es den Krieg insofern *nicht* vorbereitet hat. Leider stehen keine Statistiken zur Verfügung, um die recht interessante Frage zu prüfen, inwieweit etwa Rußland im ersten Halbjahr 1914 Voreindeckungen in kriegswirtschaftlich wichtigen Rohstoffen und Waren vorgenommen hat.

Verbrauch.

Die Erkenntnis von der Bedeutung des kriegswirtschaftlichen Problems trat mit dem Umschwung der Kriegslage im Herbst—Winter 1914/15 ein, als der Bewegungskrieg auf beiden Fronten zum Stillstand gekommen war und die Wichtigkeit des Materials, namentlich der Munitionsmassen, für die nunmehrigen Kriegshandlungen offenbar wurde. In den raschen Entscheidungen des Bewegungskrieges war der Munitionsverbrauch schon weit höher gestiegen, als nach allen früheren Kriegserfahrungen angenommen worden war, aber er hatte doch noch mit den Beständen und aus den Fabriken gedeckt werden können, die vorher für diesen Zweck vorgesehen worden waren. Nach 6 bis 8 Wochen waren diese Vorräte bei allen Armeen einigermaßen aufgebraucht, ohne daß die Möglichkeit sofortiger ausreichender Auffüllung bestand. Nur wenige weitblickende Köpfe, wie in Deutschland Rathenau, in England Kitchener, begannen schon im August 1914 die Folgerungen aus dem gänzlich veränderten Charakter des Krieges zu ziehen. Allmählich mußte aber jedermann erkennen, daß die vervielfachte Zahl der unter den Fahnen stehenden Soldaten, die unabsehbare Kriegsdauer und der ungeheure Munitionsbedarf, der zur Brechung der an allen Fronten entstehenden starren Befestigungen notwendig wurde, eine völlige Umkehrung allen gewohnten kriegswirtschaftlichen Denkens mit sich brachten. Die Geldbeschaffung, die bis in die erste Kriegszeit hinein die ernsteste Sorge der Staatsmänner gebildet und die auch die Wissenschaft für den Fall eines längeren Krieges für völlig unlösbar gehalten hatte, konnte der moderne allmächtige Staat in allen Ländern fast mühelos aus dem in langen Friedensjahren angesammelten Wohlstand der Völker regeln. Umgekehrt erwies sich der Materialbedarf, die Beschaffung der Ausrüstung und Bewaffnung und insbesondere der hierzu erforderlichen Rohstoffe, den die Generalstäbe ebenso wie die Nationalökonomie vorher vernachlässigt hatten, als ein Problem von überragender Bedeutung und Schwere.

Jeder Tag des Weltkrieges hat im Durchschnitt mehr Stahl und Eisen verbraucht, als der ganze Krieg von 1870/71 in seiner sechsmonatigen Dauer. Bei Sedan waren auf französischer Seite im ganzen 30000 Artilleriegeschosse abgefeuert worden. Dagegen wurden 1918 von der französischen Artillerie im Tagesdurchschnitt, also unter Einrechnung der verhältnismäßig ruhigen Zeiten, 250000 Schuß mit dem Kaliber 75 mm und 50000 Schuß mit dem Kaliber 155 mm abgegeben; nach dem Geschoßgewicht unter Einrechnung der noch schwereren Kaliber entsprach das Artilleriefeuer etwa 700000 Schuß der Artillerie von 1870, also dem 23-fachen dessen, was damals an dem einmaligen Höhepunkt des Krieges abgefeuert worden ist. Monatlich verbrauchte die französische Artillerie im Jahre 1918 also 9 Millionen Artilleriegeschosse. Während des Weltkrieges hat die französische Feldartillerie insgesamt 200 Millionen Schuß mit dem 75-mm-Kaliber abgefeuert; unter Hinzufügung der schweren Kaliber und unter Umrechnung dem Geschoßgewicht nach kommt man auf eine Gesamtschußzahl von 600 bis 700 Millionen in dem Kaliber 75 mm. Die englische und, am Schluß des Krieges, die amerikanische Artillerie waren noch viel verschwenderischer mit Munition ausgestattet. Dagegen war der russische Munitionsverbrauch sehr viel geringer.

Die deutsche Munitionsleistung war zweifellos die großartigste. In den beiden letzten Kriegsjahren betrug die monatliche Herstellung an Artilleriemunition 11 Millionen Geschosse, also noch erheblich mehr als der französische Verbrauch, der schätzungsweise bis zu drei Fünfteln aus Amerika gedeckt wurde. Da aber Deutschland einen großen Teil des Munitionsbedarfs seiner Verbündeten zu befriedigen hatte und außerdem nicht nur an der französischen, sondern zugleich auch an vielen anderen Fronten kämpfte, ist ohne weiteres ersichtlich, daß der Entente auf jeden Kilometer der Westfront mindestens das Doppelte an Artilleriemunition zur Verfügung stand. Dazu kam, daß der Mangel an Kupfer, Nickel und anderen in der Munitionsherstellung wichtigen Stoffen die deutsche Fabrikation in großem Umfange zur Verwendung von Ersatzmitteln zwang; so glänzend sich hierbei die technische Erfindungsgabe offenbarte, so wurde dadurch doch die durchschnittliche Qualität der deutschen Munition gegenüber der gegnerischen herabgedrückt. Außer Artilleriegeschossen stellte die deutsche Industrie nach Durchführung des Hindenburgprogramms monatlich 180 bis 200 Millionen Schuß Infanteriemunition, 7 Millionen Handgranaten und 1¾ Millionen Wurfminen her.

Der Materialverbrauch des Krieges beschränkte sich freilich keineswegs auf die Munition. Deutschland war im August 1914 mit rund 5000 Feldgeschützen und 1260 leichten Feldhaubitzen in den Krieg gezogen. Am Schluß des Weltkrieges verfügte es über rund 19000 Geschütze an der Front. Während des Krieges war aber eine vollständige Umbewaffnung der Artillerie erfolgt, und außerdem brachte der Krieg, abgesehen von den eigentlichen Schlachtverlusten, eine so starke Abnutzung des Geschützmaterials mit sich, daß im Durchschnitt jedes Geschütz mehrere Male während des Krieges ersetzt werden mußte. Allein vor Verdun ist jedes der dort eingesetzten deutschen Geschütze im Durchschnitt einmal ersetzt worden. Die riesige Geschützbeute, die von deutscher Seite namentlich gegenüber Rußland gemacht wurde, kam nur als vorübergehende Aushilfe in Betracht, da die Verschiedenheit des Munitionskalibers und des Richtwerks allzu große Schwierigkeiten mit sich brachte. Allmählich wurden sämtliche Beutegeschütze verschrottet oder völlig umgearbeitet. Jedenfalls mußte die deutsche Eisenindustrie ungeheure Anstrengungen machen, um den Bedarf an neuen Geschützen zu befriedigen. Die monatliche Herstellung an Feldkanonen betrug im August 1914 nur 15 Stück, außer einigen schweren Geschützen; sie stieg Ende 1914 auf 100 Feldkanonen und erreichte im Juni 1918 die Höchstziffer von 2498 Feldgeschützen. Dazu kamen monatlich 4—500 schwerere Geschütze, 4300 Minenwerfer, 250000 Gewehre, 14400 Maschinengewehre, 250000 Stahlhelme usw. Auf Grund des Waffenstillstandes und Friedensvertrages wurden u. a. 60000 Geschütze und Rohre, 6 Millionen Gewehre und Karabiner, 40 Millionen Artillerie- und 490 Millionen Handwaffengeschosse teils abgeliefert teils zerstört. Außerdem verbrauchte die Front gewaltige Mengen an Stacheldraht, eisernen Befestigungspfählen, Wellblech, Baueisen, Zement u. dgl. Allein im Jahre 1917, in dem die großen Reservestellungen ausgebaut wurden, betrug der Zementbedarf der deutschen Front 1860000 t, mehr als ein Viertel der gesamten deutschen Friedenserzeugung an Zement. Zur Herstellung dieser Mengen waren etwa 400000 t Steinkohlen erforderlich. An Stacheldraht wurden bis zu 180000 t monatlich angefordert, jedoch nur bis zu 60000 t geliefert. Der Bau der „Siegfriedstellung“ von Oktober 1916 bis März 1917 verschlang u. a. 175000 t Zement, 42000 t Baueisen und 3 Millionen eiserne Hindernispfähle.

Die Herstellung von Munition, Waffen und Material bedeutete im wesentlichen eine Inanspruchnahme der Hauptrohstoffe Eisen und Kohle. Die Artilleriegeschosse, die Geschütze, die Hauptteile des Gewehrs und der anderen Waffen bestanden aus Stahl, dessen Erzeugung wiederum den Verbrauch von Kohle und Eisen voraussetzte. Um den ersten stürmischen Mehrbedarf an Granaten zu befriedigen, war in Deutschland schon im Frieden die zeitweilige Herstellung aus grauem Eisenguß vorbereitet worden und fand bis in das Jahr 1915 hinein statt; ebenso wurden vorübergehend Geschosse aus Thomasstahl gegossen. Allmählich konnte aber die Herstellung aus gezogenem und gepreßtem Siemens-Martin-Stahl, der allein die notwendigen Eigenschaften aufweist, so gesteigert werden, daß die nicht vollwertigen Ersatzstoffe nicht mehr notwendig waren. Der gesamte Stahlbedarf für die Kriegsindustrie betrug in Deutschland während der letzten beiden Kriegsjahre fast 1 Million t monatlich, davon allein für Munitionszwecke 150000 t. Bei einer monatlichen Stahlproduktion von durchschnittlich 1,2 Millionen t konnten infolgedessen nur ganz geringe Mengen für den sonstigen Verbrauch übrigbleiben. Insbesondere mußte die Ausfuhr allmählich auf das Mindestmaß zurückgeschraubt werden, das durch die Rücksicht auf die Bedürfnisse der Verbündeten und auf die Kompensationslieferungen der Neutralen geboten war. Für den Kohlenverbrauch spielte der sehr beträchtliche Bedarf der Sprengstoffindustrie eine besonders große Rolle. Vor dem Kriege hatte Deutschland, wie die anderen Militärstaaten, als Antriebsmittel der Infanterie- und Artilleriegeschosse ein rauchloses Pulver aus Schießbaumwolle verwendet; die beiden wichtigen Rohstoffe hierfür, Baumwolle und Salpeter, wurden aber aus Übersee bezogen und standen zu Anfang des Krieges nur in ganz unzureichenden Vorräten etwa für einen halbjährigen Verbrauch zur Verfügung. Baumwolle, die bis zum Kriegseintritt Italiens noch über Genua aus den Ver. Staaten bezogen wurde, konnte mit günstigem Erfolg durch Holzzellulose ersetzt werden. Noch viel bedeutsamer war aber der Ersatz des natürlichen Salpeters durch künstliche Erzeugnisse. Wäre es den deutschen Gelehrten Ostwald, Haber, Bosch, Frank und Caro nicht noch in den letzten Jahren vor dem Kriege gelungen, die Herstellung von Stickstoffverbindungen im großen auf synthetischem Wege durchzuführen, und hätte nicht Rathenau schon im August 1914 die rechtzeitige Bewirtschaftung der Rohstoffe bei Falkenhayn angeregt und bei ihm volles Verständnis gefunden, so hätte der Krieg schon nach wenigen Monaten mit dem Zusammenbruch der Mittelmächte infolge Munitionsmangels geendet. Voraussetzung für die Erfolge der chemischen Industrie war freilich die Lieferung ausreichender Mengen an Brennstoff zur Erzeugung der Wärme und des elektrischen Stroms, die die synthetische Stickstoffherstellung erforderten. In den verschiedenen Fabrikationsstufen war immer wieder die Mitwirkung der Kohle erforderlich, so daß die verbrauchte Kohlenmenge schließlich das Vielfache des Gewichts der Hilfsstoffe ausmachte. Letzten Endes stellten die Sprengstoffe nur eine Zusammenballung der im Fabrikationsprozeß aufgewendeten Kohlenenergien dar. Das neue Riesenwerk, das die Badische Anilin- und Sodafabrik zur Stickstoffgewinnung bei Leuna im Bezirk Merseburg während des Krieges erbaute, wurde unmittelbar neben die großen Braunkohlenvorkommen des Geisel-Tales gestellt. Die Bayerischen Stickstoffwerke errichteten neue Anlagen bei Piesteritz unweit Wittenberg neben Braunkohlen-Tagebauen und bei Chorzow auf der Grundlage der oberschlesischen Kohle. So konnte die Erzeugung von synthetischem Stickstoff, die 1913 500000 t betragen hatte, bis 1918 auf 2 Millionen t gesteigert werden.

Besonders wichtig waren die Nebenerzeugnisse der Steinkohlenverkokung; sie mußten der Landwirtschaft das nach dem Fortfall des Chilesalpeters doppelt notwendige schwefelsaure Ammoniak, das Benzol für die Speisung der Kraftwagen- und ersatzweise auch der Flugzeugmotoren, Teeröle für die Feuerung der Marine und vor allem Toluol für die Herstellung hochbrisanter Sprengstoffe liefern, da das zur Dynamitherstellung erforderliche Glyzerin aus tierischen Fetten gewonnen wurde und daher für die Ernährung schwer entbehrlich war. Die Koksherstellung stieg daher im Laufe des Krieges etwas an, während die Steinkohlenförderung in den Jahren 1916—1918 durchschnittlich um 15% unter der Friedensleistung blieb.

In den anderen Ländern war die Abhängigkeit der Kriegsindustrie von der Kohlen- und Eisenwirtschaft dieselbe wie in Deutschland, nur daß in den Ententeländern statt des synthetischen Salpeters in der Hauptsache der natürliche Salpeter aus Chile verwendet und infolgedessen an Kohle für die künstliche Fabrikation gespart werden konnte. Dafür bereitete dort die Überwindung der ungeheuren See- und Landentfernungen für den Transport von Waffen, Munition und Material die größten Schwierigkeiten und kostete auf diesem Wege riesige Mengen an Brennstoff, doch auch an Eisen für die Herstellung und den Ersatz der Transportmittel. Bei der Transportkrisis, die in allen Ländern herrschte, war es in der Tat keine Kleinigkeit, die in England, den Ost- und

Mittelstaaten Nordamerikas und in Japan hergestellte Munition über Murmansk oder Wladiwostok an die galizische Front und nach Armenien, oder über den Atlantischen Ozean zum Isonzo, an die Dardanellen und an die Front in Frankreich zu befördern. Die über die inneren Linien verfügenden Mittelmächte waren in dieser Hinsicht erheblich begünstigt, so schwer auch für sie die im weiteren Kriegsverlauf immer mehr nach Osten ausgedehnten Transportwege zu überwinden waren und so stark auch hier die Transportmittel Kohle und Eisen in Anspruch nahmen. Gegen Ende des Krieges standen jedenfalls die Eisenindustrie und der Kohlenbergbau Europas vollständig im Dienste des Krieges. Die fast 50proz. Steigerung der Stahlerzeugung in den Ver. Staaten gegenüber der Friedensleistung erfolgte ebenfalls ausschließlich zugunsten der Kriegsindustrie. Das ungeheure Übergewicht, das die amerikanische Stahlerzeugung der Entente gegenüber den Mittelmächten gab, kam zum größten Teil der Ausstattung der Ententeheere zugute.

Um den Schwierigkeiten zu begegnen, denen infolge der Produktions- und Handelshemmungen während des Krieges die Versorgung mit Kohle und Eisen in allen Ländern unterlag, mußte mangels größerer Vorräte vor allem der kriegswirtschaftlich entbehrliche **Verbrauch eingeschränkt** werden. Sehr erhebliche Ersparnisse traten von selbst ein; die Einstellung oder Beschränkung zahlreicher Gewerbe, denen der Kriegszustand die Arbeiter oder den Kredit oder den Absatz entzogen hatte, machten gleich zu Beginn des Krieges große Mengen von Kohle und Eisen frei, so daß nicht nur die anfänglich noch bescheidenen Kriegsbedürfnisse gedeckt, sondern sogar überall infolge des Absatzmangels die Erzeugungsziffern gesenkt wurden. Der Krieg traf die Weltwirtschaft auf dem Gipfel einer Hochkonjunktur, die gerade in der Schwerindustrie die Produktion zu bisher unerreichten Leistungen emporgetrieben hatte. In diesem Zustande wirkte der Kriegsausbruch als tief einschneidende Unterbrechung, zerriß die internationalen Absatz- und Kreditverhältnisse, lähmte die Unternehmungslust und drückte infolgedessen die gewerbliche Erzeugung herunter. Sehr bezeichnender Weise war das erste Empfinden der amerikanischen Finanzleute, die später so außerordentlich am Kriege verdienen sollten, das der scharfen Verärgerung über die Störung, die der seit fünf Jahren anhaltende Aufschwung erlitt. Die Absatzstockung bestärkte den allgemeinen Irrtum, der auf Grund der Annahme eines kurzen Feldzugs ohnedies die wirtschaftlichen Aufgaben des Krieges verkannte und vernachlässigte. Ein sehr wesentlicher Teil der natürlichen Verbrauchsbeschränkungen hielt sogar während der ganzen Kriegsdauer an. Das Baugewerbe, namentlich der Wohnungsbau, und damit einer der wichtigsten Verbraucher von Kohle und Eisen, kam fast völlig zum Stillstand; für die Industrieen der Luxusgewerbe galt das gleiche, und die Ausfuhr schrumpfte stark zusammen. So brachte das erste volle Kriegsjahr 1915 eine scharfe Senkung der Erzeugungsziffern auch in Kohle und Eisen. Als allmählich der kriegswirtschaftliche Bedarf nicht nur die freigesetzte Produktionsleistung in Anspruch nahm, sondern teilweise sogar weit darüber hinaus stieg, mußte aber auch der zusammengeschrumpfte nichtmilitärische Verbrauch noch weiter verringert werden. In allen kriegführenden Ländern sah sich der Staat gezwungen, mit immer tiefer und weiter greifenden Maßnahmen den Verbrauch der unentbehrlichen Waren, insbesondere auch von Kohle und Eisen, einzuschränken. Namentlich in Kohle gab es gegen Ende des Krieges überhaupt keinen Teil der Welt, in dem nicht durch rücksichtslose Sparmaßnahmen eine sehr empfindliche Beschränkung des nicht dem Kriege unmittelbar oder mittelbar dienenden Verbrauchs erfolgte. Je nach dem Stande der Kohlenversorgung des betreffenden Landes wichen die Einzelheiten der Regelung voneinander ab; als Ganzes war die Kohlennot im Herbst 1918, wenn auch nicht in ihren Wirkungen so verhängnisvoll wie die Lebensmittelnot in Deutschland und Österreich, doch kaum minder schwer und jedenfalls viel allgemeiner verbreitet.

2. KOHLE UND EISEN IN DEN KRIEGSSCHAUPLÄTZEN.

Oberschlesien und Südwest-Polen.

Unmittelbar an der russisch-polnischen Grenze liegt das oberschlesische Kohlenrevier, das zweitwichtigste Steinkohlengebiet Deutschlands. Es lieferte 1913 fast ein Viertel der deutschen Steinkohlenförderung und mußte im Kriege, teilweise zum Ersatz der die Küstengebiete beliefernden englischen Kohle, ganz Ostdeutschland versorgen. Besonders bedeutsam war das gleichzeitige Vorkommen von sehr reichen Zink- und Bleierzlagerstätten, die vier Fünftel der deutschen Zink- und reichlich ein Drittel der deutschen Bleierzeugung lieferten und daher im Kriege für die Mittelmächte von allergrößter Wichtigkeit waren. Die auf den reichen Kohlenlagern beruhende Eisenindustrie arbeitete zwar überwiegend mit eingeführten ausländischen Erzen, besaß aber in ihren Verfeinerungsbetrieben ebenfalls eine erhebliche kriegswirtschaftliche Bedeutung[1]).

Unmittelbar angrenzend, jenseits des kleinen Flüßchens Przemsa, in dem rechten Winkel, den die preußische und die galizische Grenze am Oberlauf der Weichsel bilden, war der Ostrand des oberschlesischen Steinkohlenbeckens und die Fortsetzung der oberschlesischen Blei- und Zinkerz- und Eisenerzvorkommen in Russisch-Polen durch einige Bergwerke, namentlich mit französischem Kapital, aufgeschlossen; das Nebeneinander von Kohle und Eisenerz hatte auch einige Hochofen- und Stahlwerke entstehen lassen. Durch sehr erhebliche Schutzzölle und das riesige Hinterland waren Bergbau und Hüttenindustrie gegenüber dem technisch erheblich überlegenen oberschlesischen Wettbewerb begünstigt; einige oberschlesische Firmen hatten deshalb Tochterwerke auf der anderen Seite der Grenze errichtet. So hatte sich hier eines der wichtigsten russischen Kohlen- und Eisenreviere, das Revier von Dombrowa, entwickelt.

Auch in den angrenzenden Streifen von Galizien und Mähren erstreckt sich das oberschlesische Kohlenbecken; mit Ausnahme der Umgebung von Mährisch-Ostrau, die von den Kriegsschauplätzen durch Oberschlesien selbst getrennt wird, besaß der Bergbau hier aber keine erhebliche Bedeutung.

Die kohlen- und eisenwirtschaftliche Bedeutung von Oberschlesien und Südwestpolen geht aus der folgenden Zahlenaufstellung hervor, wobei zum Vergleich die Gesamtziffern für das europäische Rußland beigefügt werden:

Zahlentafel 8.

Die Montanindustrie Oberschlesiens und Südwestpolens.

Erzeugung 1913 in 1000 t

	Dombrowa-Revier	Europ. Rußland (ohne Polen)	Oberschlesien
Steinkohle	6830	26000	43801
Eisenerz	294	7000	105
Roheisen	392	4200	995

Die Entwicklung der weiterverarbeitenden Industrie war im Dombrowa-Gebiet von der russischen Regierung vor dem Kriege bewußt zurückgehalten worden, da das strategisch überaus un-

[1]) Wegen weiterer Angaben über Oberschlesien s. S. 273 ff.

günstig gelegene Revier im Kriegsfalle auf das äußerste gefährdet war. Tatsächlich erfolgte der russische Aufmarsch im August 1914 wegen der doppelten Flankierung, der Westpolen von Galizien und von Ostpreußen her ausgesetzt war, östlich der mittleren Weichsel, mehr als 200 km von dem Revier entfernt.

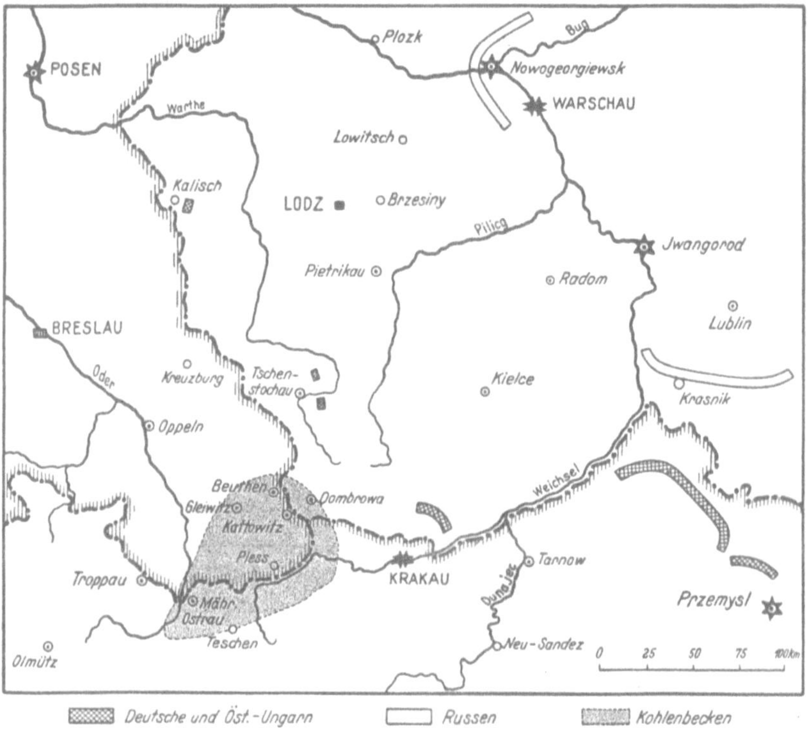

Kartenskizze 3. Der Aufmarsch in Südpolen Anfang August 1914.

Dagegen bildete die Sicherung Oberschlesiens gegen einen russischen Einmarsch den Gegenstand besonderer Sorge des deutschen Generalstabes, sowohl vor dem Kriege als auch vor allem im Kriege selbst. In den Jahren 1912/13 wurde aus Anlaß der großen Herresverstärkung sogar eine Befestigung der oberschlesischen Grenze in breiter Front erwogen, um das Gebiet mit den schwachen für den Osten vorgesehenen Kräften halten zu können. Der Plan wurde aber der hohen Kosten wegen — angeblich hätte er eine Milliarde Mark erfordert — aufgegeben; auch hätte die Errichtung einer Verteidigungslinie in dem engbesiedelten und teilweise sich unmittelbar bis zur Grenze erstreckenden Gruben- und Hüttenrevier sicherlich sehr erhebliche technische Schwierigkeiten geboten und wäre wohl überhaupt mit ausreichendem Erfolge gar nicht möglich gewesen. So blieb der Schutz den Truppen selbst überlassen und wurde in den ersten Kriegsmonaten kraftvoll durchgeführt, so sehr sich auch die deutsche Herresleitung im allgemeinen gezwungen sah, die Ostgrenze zugunsten der im Westen erstrebten Entscheidung zu schwächen. Als Deckung des oberschlesischen Industriegebiets und zugleich zur Unterstützung der österreichischen Offensive an der oberen Weichsel marschierte Anfang August 1914 in Oberschlesien das aus Landwehrformationen gebildete Korps Woyrsch auf. Es rückte zur besseren Erfüllung seiner Aufgabe rasch nach Südwestpolen ein, wo schon die aktiven Deckungstruppen am 2. Mobilmachungstage (3. August 1914) fast widerstandslos die wichtigen Industriegrenzorte Kalisch, Bendzin und Dombrowa besetzt hatten[1]).

Als Vorfeld Oberschlesiens spielte Südwestpolen auch in den wechselreichen Feldzügen der nächsten Monate für die Erwägungen der deutschen Heeresleitungen eine erhebliche Rolle; den strategischen Absichten des Großfürsten Nikolai Nikolajewitsch, der Anfang November 1914 drei Armeen gegen Ober- und Mittelschlesien ansetzte, mag weniger die Rückeroberung des Dombrowa-Gebiets als die Besetzung des ungleich wertvolleren oberschlesischen Industriegebiets vorgeschwebt haben. Auf deutscher Seite mußte nach dem Rückzug von Warschau-Iwangorod Ende Oktober 1914 ernstlich mit der Gefahr der Preisgabe gerechnet werden. Der Tragweite dieser Gefahr war sich der „Oberbefehlshaber Ost" — Hindenburg und Ludendorff — durchaus bewußt. Zwei große Stellungen wurden in aller Eile zwischen der Pilica und der schle-

[1]) Gothein („Warum verloren wir den Krieg?" Stuttgart-Berlin 1920, S. 85) meint, die deutsche Heeresleitung habe das oberschlesische Industrierevier dem feindlichen Einfall preisgeben wollen und man habe Schlesien tatsächlich im Kriegsanfang in „unglaublicher Weise" von Truppen entblößt. Die Auffassung steht schon im Widerspruch mit Gotheins späterer Angabe, daß es ihm selbst, wenn auch mit Mühe und Not, gelungen sei, eine stärkere Besatzung des Industriereviers durchzusetzen, vor allem aber steht sie im Widerspruch mit den offenbaren Tatsachen. Gegen leichtere Vorstöße der russischen Grenzschutzformationen reichte das Landwehrkorps Woyrsch mehrfach aus, so daß es sogar seinerseits offensiv vorgehen konnte. Mit einem Aufmarsch größerer russischer Kräfte in dem südwestpolnischen Sack brauchte aber nicht gerechnet zu werden, ehe nicht die österreichische Flankenstellung in Galizien gebrochen war.

sischen Grenze ausgebaut, um den Feind, dessen Vormarsch schon durch weitgehende Zerstörungen aufgehalten war, vor dem Industriegebiet zum Stehen zu bringen. Für den Fall, daß die Vorfeldsicherungen durchbrochen wurden, sollte zum mindesten verhindert werden, daß Rußland die gewaltigen bergbaulichen und industriellen Möglichkeiten für sich nutzbar machte. Infolgedessen wurden auf polnischem Gebiet die bei der anfänglichen russischen Räumung in den ersten Augusttagen durchgeführten Teilzerstörungen nunmehr von den deutschen Truppen vervollständigt und schweren Herzens auch die Außerbetriebsetzung der oberschlesischen Werke vorbereitet. Nach Beratung mit den zuständigen preußischen Bergbehörden sollte wenigstens eine Unbrauchbarmachung auf 2—3 Monate durch Zerstörung der Fördereinrichtungen und Grubenbahnen erfolgen; die am 13. und 14. November eingeleiteten Maßnahmen konnten aber vor der Ausführung aufgehalten werden, da inzwischen die neue deutsche Offensive aus Westpreußen gegen Lodz eine Erleichterung der überaus gespannten Lage gebracht hatte.

Die Hindenburgschen Feldzüge in Polen im Oktober und November hatten jedenfalls den Gesamterfolg, daß nicht nur Oberschlesien, sondern auch das polnische Bergbaurevier ohne weitere Kampfhandlungen in deutscher Hand blieben. Die deutschen Siege im Frühjahr 1915 brachten Oberschlesien und Westpolen endgültig aus dem Bereich der Kriegsereignisse.

Bergbau und Hüttenindustrie des Dombrowa-Reviers standen also bis zum Kriegsende in deutscher Verwaltung; sie wurde vom Generalgouvernement Warschau ausgeübt. Seit dem Spätsommer 1915 war die regelrechte Bewirtschaftung organisiert. Die Steinkohlen- und Erzgruben waren wieder im Betriebe, während die Hütten und Verarbeitungsbetriebe zum größeren Teil stillgelegt blieben. Der Steinkohlenbergbau erreichte im Jahre 1916 fast 80% der Friedensförderung; auch der Eisenerzbergbau kam gut in Gang und lieferte während der Kriegsjahre insgesamt 460000 t an die oberschlesischen Hochöfen[1]). Die Kohle blieb vollständig im Lande und diente zur Versorgung Gesamtpolens, mußte freilich, wie in Friedenszeiten, durch Einfuhr aus Oberschlesien noch ergänzt werden.

Für die deutsche Kriegswirtschaft hat das Revier von Dombrowa keine erhebliche Bedeutung erlangt; auch die in größeren

[1]) Wolfgang v. Kries, „Die wirtschaftliche Ausnutzung des Generalgouvernements Warschau". Preuß. Jahrbücher 1934, S. 221 ff.

Mengen gewonnenen Zinkerze gehörten zu denjenigen Rohstoffen, an denen es in Deutschland am wenigsten mangelte. Dagegen kam der Sicherung Oberschlesiens die allergrößte Bedeutung für die deutsche Kriegsführung zu.

Noch wichtiger für den Verlauf des Krieges war aber der wirtschaftliche Nachteil, den Rußland durch den Verlust des Reviers erlitt. Der Ausfall von 26% der Kohlenförderung und 8½% der Roheisenerzeugung war viel ernster, als das Ziffernverhältnis erkennen läßt. Ganz Nord- und Westrußland, wo die wichtigsten Kriegsindustriebetriebe lagen, war auf die polnische und auf die eingeführte englische und deutsche Kohle angewiesen und verlor alle diese Versorgungsgrundlagen mit einem Schlage. Das reiche Kohlenbecken am Donez lag aber in der Luftlinie über 1500 km entfernt, vermochte also schon wegen der in Rußland besonders großen Transportnöte den Ausfall nicht zu übernehmen. In der gespannten Lage, in der sich Rußlands Versorgung mit Waffen und Munition während des Krieges befand, bedeutete auch der Verlust der Hochöfen in Südwestpolen eine erhebliche Schwächung. Zu der trostlosen kriegswirtschaftlichen Lage, in der sich Rußland während des Jahres 1917 befand und die auf den weiteren Verlauf des Krieges einen so starken Einfluß ausübte, hat also vor allem auch die frühzeitige Eroberung und die dauernde Behauptung des südwestpolnischen Kohlen- und Eisenreviers durch die deutschen Truppen wesentlich beigetragen.

Belgien[1]).

In der Wirtschaft des kleinen Landes Belgien nimmt die Kohlen- und Eisenindustrie einen hervorragenden Platz ein; sie tritt auch im Landschaftsbilde, namentlich im Maastal, recht auffallend hervor. Anfang 1914 wurden 125 Steinkohlengruben mit 145000 Bergleuten betrieben; die Förderung von 23 Millionen t reichte aber für den Bedarf des hochindustrialisierten Landes nicht ganz aus, so daß ein Zuschußbedarf von 4 Millionen t bestand, in dessen Befriedigung sich England mit rund $^1/_3$ und Deutschland mit rund $^2/_3$ teilten. Der Reichtum an guter Kokskohle hatte trotz fast völligen Fehlens von Eisenerzlagerstätten eine bedeutende Eisenindustrie entstehen lassen; sie erzeugte in 54 Hochöfen 2½ Millionen t Roheisen jährlich und verarbeitete sie zu Stahl und Fertigfabrikaten, die zu einem erheblichen Teil in das Ausland gingen. Das Eisenerz kam in der Hauptsache aus Französisch-Lothringen.

[1]) Vgl. Kartenskizze 1 S. 25.

Die Kriegsereignisse, die im Spätsommer und Herbst 1914 durch den deutschen Einmarsch in rascher Folge Belgien überzogen, haben, von vereinzelten Beschädigungen und Requisitionen abgesehen, der Industrie keinen äußeren Nachteil zugefügt. Eigentliche Kriegshandlungen blieben Belgien während der 4½ Jahre erspart, mit Ausnahme des kleinen Abschnitts bei Ypern, der aber weder Bergbau noch größere Industrie besaß. Allerdings blieben anfänglich nur wenige Gruben und Hochöfen im Betriebe, da die Zufuhr der Rohstoffe und die Abfuhr der Erzeugnisse vorübergehend völlig stockte. Die Schächte kamen aber bald wieder in Förderung, schon um den dringenden örtlichen Bedarf zu befriedigen. Die nach Le Havre geflüchtete belgische Regierung ließ die Kohlenindustriellen ausdrücklich wissen, daß sie gegen den Fortbetrieb des Bergbaus und auch gegen die Abgabe der nicht örtlich verbrauchten Mengen an die deutschen Behörden nichts einzuwenden habe, weil das Land mit Brennstoff versorgt werden müsse. Auf deutscher Seite nahm man dieselbe Haltung ein, schon um die Massen der unbeschäftigten Bergarbeiterschaft wieder in Tätigkeit und Broterwerb zu bringen; allmählich stellte sich auch die große Bedeutung des Kohlenbergbaus für die Kriegswirtschaft heraus, so daß von deutscher Seite alles für eine regelmäßige und möglichst hohe Förderung getan wurde. Im Interesse der Aufrechterhaltung der Förderung blieb der Kohlenbergbau sogar fast völlig von den Materialbeschlagnahmungen verschont, die im gesamten Bereich der Mittelmächte, vor allem in den besetzten Gebieten, eine so scharfe Beeinträchtigung der Betriebsführung mit sich brachten. Infolgedessen war der Kohlenbergbau derjenige Wirtschaftszweig Belgiens, der mit am wenigsten unter den Kriegseinflüssen zu leiden hatte. Die in Lüttich, Mons und Charleroi errichteten deutschen Militärbergverwaltungen übten nur eine lose Aufsicht aus. Die Unternehmer waren in den inneren Dispositionen des Betriebes kaum behindert; dagegen wurde die Verteilung der geförderten Kohle sorgfältig von der deutschen Verwaltung organisiert, um die verschiedenen Bedürfnisse gleichmäßig und gerecht befriedigen zu können. Da eine einheitliche Verkaufsorganisation im belgischen Steinkohlenbergbau bisher fehlte, wurde im Zwangswege eine „Kohlenzentrale" geschaffen, die den Hauptteil des Absatzes übernahm und weiterleitete.

Die Förderung der belgischen Steinkohlengruben hielt sich in den Jahren 1915 bis 1918 auf 60—75% der Friedensleistung. Da die deutsche und die englische Einfuhr fast völlig fortfielen, entstand zeitweilig trotz Ruhens eines großen Teiles der Industrie ein gewisser Kohlenmangel, der zu weiteren Fabrikstillegungen zwang. Für die Verwendung der geförderten Kohle wurde, soweit sie nicht die Zechen selbst verbrauchten, ein Verteilungsschlüssel aufgestellt. Er hat im Laufe der Jahre mehrfach gewechselt; im allgemeinen beließ er die Hälfte bis zu zwei Dritteln dem örtlichen Verbrauch in Haushalt und Industrie; der Rest wurde für die militärisch betriebenen Eisenbahnen, für den sonstigen Truppenverbrauch und für die Ausfuhr in Anspruch genommen. Der auf deutsche Veranlassung an das neutrale Ausland verkaufte Teil mag zur Stärkung des politischen Einflusses der Mittelmächte und zum Eintausch von Kompensationswaren beigetragen haben; da er kaum den zehnten Teil der gleichzeitigen deutschen Kohlenabgaben an das neutrale Ausland erreichte, ist die große Bedeutung, die der belgischen Kohlenausfuhr vielfach in der Kriegsliteratur beigelegt wird, sachlich nicht begründet. Die Übertreibung geht zurück auf die Annexionsdenkschrift der sechs großen deutschen Wirtschaftsverbände vom 20. Mai 1915, die die Forderung nach Angliederung Belgiens u. a. mit der unzutreffenden Zweckbehauptung stützte, die belgischen Kohlen hätten es Deutschland „ermöglicht", die neutralen Länder nicht ganz in die Abhängigkeit Englands geraten zu lassen. Auch für die deutsche Kriegswirtschaft war die belgische Förderung nicht wesentlich; immerhin war es schon ein erwünschter Vorteil, daß das Land einschließlich des Eisenbahnverkehrs und des örtlichen Truppenbedarfs ohne Inanspruchnahme des deutschen Bergbaus versorgt werden konnte.

Bei dem Rückzug der Deutschen aus Westbelgien im Herbst 1918 sind zwar die preisgegebenen Förderanlagen durch Entfernen einiger Maschinenteile auf einige Zeit betriebsunfähig gemacht worden; weitergehende Zerstörungen, die teilweise bereits vorbereitet waren, wurden aber unterlassen.

Wesentlich nachteiliger als die Entwicklung des belgischen Kohlenbergbaus während des Krieges war diejenige der Eisenindustrie. Die Erzversorgung der Hochöfen kam überhaupt nicht in Gang; ebensowenig ließen sich die abgerissenen Auslandsverbindungen für den Absatz wieder anknüpfen. Dazu traten Konflikte mit den Besatzungsbehörden. Die staatliche Kanonenfabrik in Lüttich wurde beschlagnahmt; das große Eisenwerk von Cockerill bei Seraing wurde geschlossen und der Maschinenpark nach Deutschland verbracht, weil sich die Firma weigerte, Wiederherstellungsarbeiten an den Befestigungswerken von Antwerpen auszuführen. Immerhin blieb der größte Teil der Werke ohne äußere Beeinträchtigung, bis im Sommer 1916 die den Kriegserfolg gefährdende Materialnot Deutschland dazu zwang, im Hindenburg-Programm alle irgend zur Verfügung stehenden Hilfsquellen rücksichtslos auszunutzen. Die Beschlagnahme von Material und Maschinen in den Fabriken und die Verschickung der beschäftigungslosen belgischen Arbeiter nach Deutschland traf auch die Eisenindustrie schwer. Kriegswirtschaftlich hat diese Industrie jedenfalls keinerlei Bedeutung erlangt.

Nordfrankreich.

Kriegsereignisse.

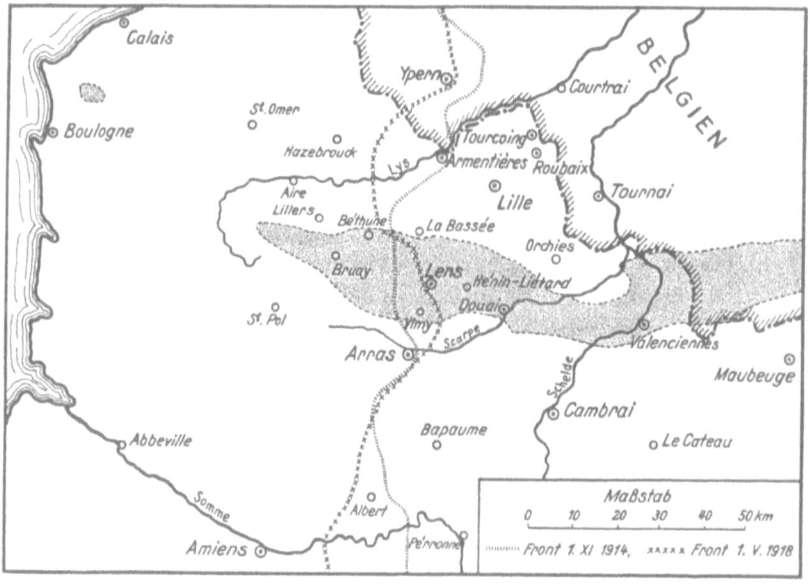

Kartenskizze 4. Das nordfranzösische Kohlenrevier.

Ein besonders hartes Schicksal bereitete der Kriegsverlauf dem Steinkohlenrevier in den Departements Nord und Pas-de-Calais zwischen der belgischen Grenze und der Kanalküste. Es ist der einzige Fall, wo sich die furchtbare Zerstörungskraft der modernen Materialschlachten inmitten eines dichtbesiedelten, von emsiger Arbeit erfüllten Industriegebiets entfaltete. Die Schachtanlagen, um deren Besitz über Tage und sogar hunderte von Metern unter der Erde gekämpft wurde, waren nicht nur taktische Stützpunkte von unmittelbarem Gefechtswert, sondern zugleich auch strategische Kampfziele von unschätzbarer kriegswirtschaftlicher Bedeutung. Das Ringen der beiden Gegner war daher in diesem Abschnitt besonders hartnäckig und blutig. Die Kriegshandlungen besitzen ein einzigartiges Interesse unter dem Gesichtspunkt der Bergbau- und der Kriegstechnik, aber auch für die bedeutungsvollen Beziehungen zwischen der Bergwirtschaft und dem modernen Materialkrieg. Durch die Rolle, die die zerstörten Gruben bei dem Zustandekommen des Friedensvertrages, insbesondere bei der Begründung des Saarstatuts einnahmen, haben die Ereignisse auch noch weit in die Nachkriegspolitik hinein fortgewirkt.

Das nordfranzösische Steinkohlenbecken, das in geologischer Hinsicht eine Fortsetzung der belgischen Kohlenlager darstellt, zieht sich in einem 10—20 km breiten und 90 km langen ost-westlich gerichteten Streifen von Valenciennes bis in die Gegend von Boulogne. Es lieferte vor dem Kriege zwei Drittel der Gesamtförderung und etwa die Hälfte des Gesamtverbrauchs von Frankreich. Die andere Hälfte des Verbrauchs stammte aus kleinen, verstreuten Revieren in Mittel- und Südfrankreich und aus der Einfuhr. Der Bergbau in Nordfrankreich besaß also für das Land sehr erhebliche Bedeutung. In der Nachbarschaft der Schachtanlagen hatte sich ein namhafter Teil der französischen Eisen- und Textilindustrie angesiedelt. Die unterirdischen Vorräte sind aber verhältnismäßig gering. Nach französischer Eigenart sind die Bergwerke aus kleinen Anfängen schrittweise entwickelt worden, so daß der Betrieb, auch bei den großen Gesellschaften, auf zahlreiche Einzelschachtanlagen zersplittert ist, die aber zum wesentlichen Teil, auch durch die Konzessionsgrenzen hindurch, in unterirdischer Verbindung miteinander stehen. Die technische Ausrüstung war, wenn auch den großen Ruhrzechen nicht vergleichbar, im allgemeinen auf bemerkenswerter Höhe; im Durchschnitt sind die Schächte 3—400 m tief. Glänzend war die Rentabilität des Bergbaus. Die im Vergleich mit deutschen Verhältnissen sehr niedrigen Kapitalanlagen verzinsten sich sehr hoch; allerdings standen Selbstkosten und Preise nicht unerheblich über dem deutschen und dem englischen Durchschnitt, so daß ein Wettbewerb nur auf kurze Frachtentfernungen möglich war. Insgesamt arbeiteten in den Bergwerken über und unter Tage bei Kriegsbeginn 125000 Menschen, darunter zahlreiche Ausländer.

Zu Beginn des Weltkrieges fand die erste Besetzung des Reviers nur für kurze Zeit durch den rechten Flügel der 1. deutschen Armee (Kluck) statt, der auf seinem eiligen Marsch durch Belgien auf Paris zu am 24. und 25. August 1914 den Ostteil des Kohlenbeckens durchzog. Zu größeren Kampfhandlungen kam es hierbei ebensowenig wie zu dauernden Besetzungen der Werke. Erst nach der Verfestigung der Fronten und bei dem Wettlauf zur Kanalküste wurden unter erheblichen Kämpfen die östlichen zwei Drittel des Grubenreviers in der ersten Oktoberwoche 1914, diesmal endgültig, von den deutschen Truppen besetzt. Die Front durchquerte den wichtigsten Teil des Beckens; sie betrat die Bergwerkszone im Süden hart nördlich Arras bei den Höhen von Notre Dame de Lorette und Vimy, verlief zwischen den großen Grubenorten Béthune und Lens durch die Anlagen der bedeutendsten Gesellschaften (Liévin, Lens und Béthune) und ging im Norden bei La Bassée in die kohlenfreie flandrische Ebene hinaus. Durch das Gewirr von Schachtanlagen, Anschlußgleisen, Arbeitersiedlungen, Fabriken, Werkstätten und Straßen zogen sich nunmehr Schützengräben, Unterstände und Artilleriestellungen. Beide Gegner waren noch in der Illusion des kurzen Krieges befangen und achteten anfänglich kaum auf die ungeheuren kriegswirtschaftlichen Werte, die ringsum und unter ihnen ausgebreitet lagen, so daß die Frontlinie zunächst ausschließlich nach dem Zufall örtlich-taktischer Gegebenheiten zustande kam.

Etwa zwei Drittel der Förderleistung des Reviers und damit die Hälfte der gesamten französischen Kohlenförderung befand sich in deutscher Hand; das andere Drittel lag eng hinter den französischen Schützengräben, zum großen Teil unter deutschem Arilleriefeuer. Schon im Laufe der nächsten Monate, namentlich als die winterliche Brennstoffversorgung in Paris Anfang 1915 ernste Schwierigkeiten zu bereiten begann und die Kohlenzufuhr zu den Waffen- und Munitionsfabriken Mittelfrankreichs stockte, erkannten Regierung und Herresleitung, in welche tödlich ernste Lage das Land durch den Verlust des Hauptteils seines einzigen großen Kohlengebiets geraten war. Allmählich verflog auch die Hoffnung auf ein baldiges Kriegsende, und die Regierung sah sich zu immer neuen, teilweise bitter schweren Maßnahmen gezwungen. Die Bergleute mußten aus dem Heere freigegeben werden, um in den unbesetzten Gruben eine höhere Förderung zu erzielen; belgische Flüchtlinge und deutsche Kriegsgefangene verstärkten ebenfalls die Belegschaft. Die Schichtdauer wurde auf 9 Stunden erhöht. Mit rücksichtlosen Sparmaßnahmen wurde der Kohlenverbrauch eingeschränkt und im April 1916 die volle Zwangsbewirtschaftung der Kohle eingeführt. Vor allem suchte man mit fieberhaften Anstrengungen die Förderung in den diesseits der Schützengräben gelegenen Gruben des Pas de Calais zu steigern; bis auf wenige 100 m vor den deutschen Gewehrmündungen bei Béthune wurde die Kohle aus den Schächten, die gegen das ständige Artilleriefeuer mit Stahlpanzern und Sandsäcken eingemantelt waren, in hastiger Nachtarbeit herausgeholt. Der Erfolg, namentlich in den weiter rückwärts gelegenen Gruben, war recht bemerkenswert; während in diesem Revierteil im Frieden monatlich reichlich 700000 t Kohle mit 40000 Arbeitern gefördert worden waren, gelang es, die Leistung trotz der Schwierigkeiten, die die nahe Front mit sich brachte, ständig zu steigern, bis sie im Oktober 1917 mit 1220000 t bei rund 60000 Mann Belegschaft ihren Höhepunkt erreichte. Die Gesamtförderung des ganzen Jahres lag um 30% über der Ziffer des letzten Friedensjahres; allerdings mußte der Raubbau, der zur Erzielung dieser ungewöhnlichen Leistung unvermeidlich war, einen baldigen Rückschlag herbeiführen. In der Tat sank die Förderziffer in den Jahren 1918 bis 1921 unter die Leistung von 1913. Um die nicht unerheblichen Verluste in der Belegschaft zu vermindern, wurde der Schichtwechsel großenteils nur in der Nacht vorgenommen; ebenso fand die Kohlenabfuhr mit der Bahn nur nachts statt. In nächtlichem Betrieb gelang es sogar die Kokerei von Noeux, 3 km von den Schützengräben entfernt, wieder in Gang zu setzen, obwohl die strahlend helle Beleuchtung, die das Ausstoßen des Kokses am Nachthimmel verursachte, die deutschen Flieger mit ihren Bomben fast regelmäßig heranlockte, ein Beweis dafür, wie dringend die Kohlennot in Frankreich war, aber auch dafür, wie gering die Wirkung der Luftangriffe bleibt, wenn ihr gefährlichster Einfluß, die Panik, überwunden wird.

Jenseits der Front, auf der deutschen Seite, waren sowohl die Kohlennot, wie vor allem der Eifer der französischen Verwaltungen und Arbeiter wesentlich geringer. Ein erheblicher Teil der Bergleute befand sich auch bereits unter den französischen Fahnen oder war im Herbst 1914 geflohen. Trotzdem kamen die weiter rückwärts gelegenen Gruben auf Veranlassung der deutschen Militärbehörden Anfang 1915 wieder in Gang; die Förderung des ganzen Revierteils erreichte in den Jahren 1916 und 1917 reichlich 30% der Friedensziffer, da gerade die wichtigsten Gruben unmittelbar an der Front lagen und deshalb überhaupt nicht förderten. Eine in Valenciennes errichtete deutsche Militärbergverwaltung regelte, etwa nach dem Muster der belgischen Organisation, die Aufsicht und die Verteilung der Kohlen. Anfänglich erhielt die örtliche Bevölkerung 80% des Absatzes; später, als sich die Menge wesentlich erhöht hatte, mußten 60% an die Eisenbahnen des besetzten Gebiets und an die Truppen abgegeben werden.

Zahlentafel 9.

Förderung des nordfranzösischen Bergbaus während des Krieges.

	Hinter der französisch-englischen Front	Hinter der deutschen Front
	in 1000 t	
1913	8728	18663
1914	6300	etwa 12000
1915	7382	„ 4400
1916	8195	„ 5700
1917	11450	„ 5300
1918	7927	„ 4000
1919	7331	593

Neben den Kohlengruben befand sich auch ein Teil der französischen Eisenindustrie in dem Einbruchsgebiet der Departements Nord und Pas de Calais. Die ohnedies durch die Besetzung von Französisch-Lothringen so schwer getroffene französische Eisenversorgung erlitt hier einen weiteren Verlust in Höhe von einem Sechstel der gesamten Roheisen- und reichlich einem Viertel der gesamten Stahlerzeugung. So empfindlich die Einbuße für die Kriegswirtschaft war, so ließ sie sich doch durch die Zufuhr aus England und den Vereinigten Staaten wesentlich leichter ersetzen als der Verlust der Kohlenförderung, der zwar keinen ausschlaggebenden Kraftzuwachs für Deutschland, aber eine um so fühlbarere Schwächung der französischen Kampfkraft darstellte.

Die Auswirkungen des deutschen Einbruchs sind, nachdem die anfängliche Täuschung über die Kriegsdauer überwunden war, naturgemäß auf der Seite der Entente, die die volle Last des Verlustes spürte, wesentlich klarer erkannt worden als auf deutscher Seite. Es ist nachträglich den Franzosen unbegreiflich erschienen, daß die sonst so angriffsfreudigen deutschen Truppen sich gerade hier vier Jahre lang völlig auf die Verteidigung beschränkt und es nicht einmal fertiggebracht haben, den Bergbaubetrieb im unbesetzten Teil des Reviers, der sich fast völlig in der Reichweite der schweren Artillerie abspielte und von den deutschen Flugplätzen aus in kaum halbstündigem Fluge erreicht werden konnte, an seiner erstaunlichen Entfaltung zu hindern. Ein Bruchteil des Kraft-, Menschen- und Materialaufwands, der bei Verdun unter wesentlich ungünstigeren Geländeverhältnissen so erhebliche Anfangserfolge erzielte, hätte hier bei einem Einbruch von 10—15 km Tiefe ganz andere Auswirkungen erreicht. Die französische Kohlenversorgung wäre in eine katastrophale Lage geraten, und die Waffen- und Munitionsindustrie hätte einen Stoß erlitten, der sich unter Umständen geradezu als entscheidend hätte erweisen können. Selbst bescheidene Geländegewinne von wenigen hundert Metern Tiefe hätten den Kriegsverlauf stärker beeinflußt als die Eroberungen von Douaumont und Vaux. Zwar ist anscheinend gegen 1917 von der deutschen Heeresleitung bei der Prüfung der für das Frühjahr 1918 geplanten Offensive auch ein Angriff im Kohlenrevier ins Auge gefaßt worden; wohl aus rein militärisch-taktischen Gründen wurde aber anderen Abschnitten der Vorzug gegeben, so daß die beiden großen Offensiven in Nordfrankreich im Frühjahr 1918 beide nur am Rande des Grubengebiets ansetzten. Im übrigen wäre es damals für einen nachhaltigen kriegswirtschaftlichen Erfolg wohl auch schon zu spät gewesen.

Die französische Militärkritik hat sich das deutsche Verharren in der Defensive an diesem Frontteil, das sie eine „aberration inexplicable" nennt[1]), mit der Vermutung verständlich zu machen gesucht, der deutschen Heeresleitung sei der emsige Betrieb der französischen Kohlengruben unbekannt geblieben; sie habe angenommen, daß die Tagesanlagen der Schächte durch Artilleriefeuer und Fliegerbomben betriebsunfähig gemacht worden seien. Für den Anfang mag diese Deutung zutreffen; spätestens in der zweiten Hälfte des Jahres 1915 müssen aber die Meldungen der Flugzeug- und Fesselballon-Beobachter, die die fieberhafte Arbeit an den Förderschächten deutlich sehen konnten[2]), die nötige Aufklärung gegeben haben. Selbst wenn im übrigen der Nachrichtendienst ver-

[1]) P. Bruneau, Le Rôle du Haut Commandement au Point de Vue économique de 1914 à 1921. Paris 1924, S. 55, 60.

[2]) Aussage Raefler vor dem Untersuchungsausschuß des Reichstages im Jahre 1927. (Das Werk des Untersuchungsausschusses, Dritte Reihe, 1. Band: „Völkerrecht im Weltkriege", Berlin 1927, S. 114.) Nach dieser Aussage waren die Anordnungen für die Zerstörung der von den Deutschen besetzten Gruben gerade auch von der Beobachtung des lebhaften Betriebes im unbesetzten Revierteil bestimmt.

sagte, so hätte in den Jahren 1916 bis 1918 doch die alliierte und die neutrale Presse ausreichenden Aufschluß über die Anstrengungen des Kohlenbergbaus im nicht besetzten Frankreich und über die ungeheure Bedeutung gewußt, die die hierbei erzielten Erfolge besaßen. Offenbar beruhte die Unterlassung, soweit sie nicht in strategischen Erwägungen begründet war, die sich dem allgemeinen Urteil entziehen mögen, auf der mangelhaften Fühlung zwischen den Heeresleitungen und der Wirtschaft, über die bei allen Kriegführenden geklagt wurde.

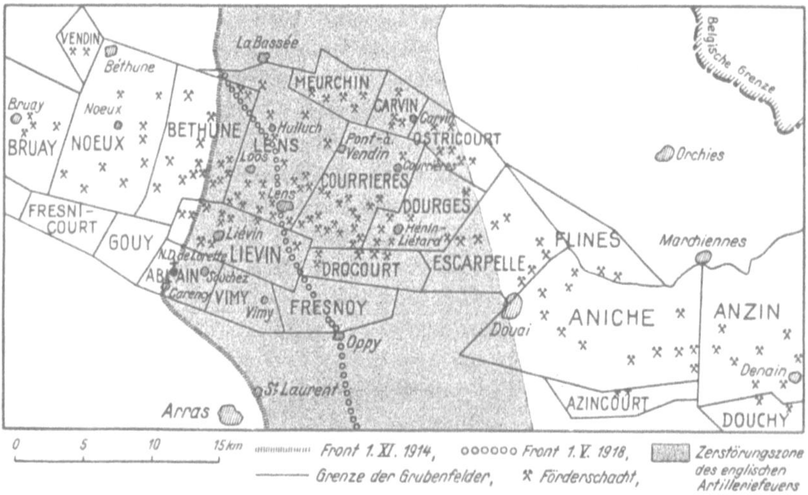

Kartenskizze 5. Das Schlachtfeld im nordfranzösischen Grubenrevier La Bassée—Lens—Lorette.

Auf französischer Seite brachte freilich die sich ständig steigernde Kohlenkrisis die Bedeutung des verlorenen Revierteils immer erneut in Erinnerung. Infolgedessen wurde schon die erste große systematische Offensive, die die Franzosen und Engländer nach dem Aufhören des Bewegungskrieges unternahmen, auf die Wiedereroberung des kostbaren Gebietes gerichtet. Es war der große Kampf, der vom 8. bis 18. Mai 1915 von La Bassée im Norden bis Souchez im Süden, also genau im Abschnitt des Kohlenreviers, tobte und der unter dem Namen der Loretto-Schlacht bekannt ist. Nach tagelanger Artillerievorbereitung und nach Sprengung zahlreicher Minen griffen im Norden die Engländer unter Haig, im Süden die Franzosen unter Foch auf 30 km breiter Front an. Den

Franzosen gelang in überaus blutigem Ringen die Eroberung der Lorettohöhe; im übrigen wurde kein wesentlicher Geländegewinn erzielt. Noch ernster war die Wiederholung der Offensive im September 1915, in der sogenannten Herbstschlacht im Artois. Die Engländer hatten inzwischen in dem größten Teil der Front im Grubenrevier die Franzosen ersetzt; sie griffen, im Süden bei Souchez von diesen unterstützt, nach fünfzigstündiger Artillerievorbereitung in 20 km Breite an und erzielten in vierzehntägigen unaufhörlichen Kämpfen bei den Bergwerksdörfern Liévin, Loos und Hulluch Tiefengewinne von 2—3 km. Teilweise an den festungsartig ausgebauten Schachtanlagen selbst kamen die Angriffe Anfang Oktober zum Stehen. Kleine deutsche Gegenangriffe im Januar und Februar 1916 veränderten die neue Frontlinie nicht viel; auch der deutsche Alberich-Rückzug in die Siegfriedstellung am 1. März 1917, der seinen nördlichen Drehpunkt bei Vimy, unmittelbar am Rande der Bergwerkszone, hatte, gab vom Grubenrevier kein Gelände preis.

Die letzte schwere Erschütterung erlitt der deutsche Frontabschnitt hier im April 1917, in der Schlacht von Arras-Lens, als die Engländer nach 15tägigem Trommelfeuer auf 20 km Breite und 6 km Tiefe einbrachen, die Höhe von Vimy eroberten und in den anschließenden wochenlangen Kämpfen die deutschen Linien bis an den Rand des Hauptortes des Grubengebiets, Lens, zurückdrückten. Während des ganzen Sommers flackerten die Kämpfe fort. Noch im August nahmen die Kanadier die Höhe 70 nördlich Lens und einige benachbarte Schachtanlagen. Erst jetzt wurde Lens von dem letzten Rest der Bevölkerung, die fast 40000 Menschen gezählt hatte, verlassen; was von der unglücklichen Stadt übriggeblieben war, zerstörte während der letzten 18 Kriegsmonate das unaufhörliche Artilleriefeuer der Engländer. Die deutschen Offensiven im Frühjahr 1918 stießen südlich und nördlich des Grubenreviers vor; der Abschnitt wurde von dem Südflügel des Angriffs gegen Armentières—Kemmel berührt, wobei auch einige Schachtanlagen zwischen La Bassée und Béthune erstmalig in deutschen Besitz gerieten. Um die neue Drohung gegen den Frankreich verbliebenen Bergbau abzuwenden, stellte die französische Heeresleitung der englischen Armee 6000 Bergleute zur Verfügung, die in aller Eile die Einbruchsstelle durch eine frische Verteidigungslinie gegen die Bergwerksgegend von Béthune abriegelten. Bergleute wurden auch eingesetzt, um in größter Hast eine neue Bahnlinie zu bauen, da der deutsche Vorstoß gegen Amiens die Kohlentransporte vom

Grubenrevier nach Paris beeinträchtigt und damit die Kohlennot in der Hauptstadt erneut verschärft hatte. Nach den anfänglichen großen Erfolgen dieser deutschen Offensive war am 9. April ein Teil des Kohlenreviers sogar schon von den Bergleuten und dem wertvollsten Material geräumt worden. Gerade in der Grubengegend geriet aber der deutsche Angriff zuerst ins Stocken. Im übrigen blieb das Kohlenrevier im letzten Kriegsjahr bis zum Beginn des deutschen Rückzuges, der in diesem Abschnitt erst im September 1918 und ohne ernstere Kämpfe erfolgte, von größeren Kampfhandlungen verschont. Nur das schwere Artilleriefeuer der Engländer hielt bis zuletzt an.

Nächst der Umgebung von Verdun und Ypern ist kein Teil der Westfront so heftig umkämpft worden wie die Bergwerkszone zwischen Arras und La Bassée. Im Südteil des Abschnittes hatten die Alliierten im Laufe von 3 Jahren fast 10 km Fronttiefe Schritt für Schritt durch Artilleriefeuer zermürbt und dann kämpfend erobert. Bis zu weiteren 10 km Fronttiefe erstreckte sich die Zone der Verwüstung durch die Beschießung. An keiner Stelle der Westfront befand sich aber auch nur entfernt eine solche Anhäufung von Gebäuden und Kunstbauten aller Art wie hier im Industriegebiet; nirgends konnte auch nur entfernt ein solcher Schaden entstehen. Über den Zustand, in dem sich das Kampfgebiet zur Zeit des Waffenstillstandes befand, berichtet ein französischer Sachverständiger[1]):

> „Als die Alliierten Anfang Oktober den Platz wiederbesetzten, an dem die Stadt Lens gestanden hatte, war er nur noch ein Haufen von Trümmern, in dem morastige Trichter starrten. Häuser, Straßen, Plätze, alles war verschwunden; von den Schachtanlagen der Bergwerke waren nur noch Schlammlöcher übrig geblieben, aus denen verzerrte Eisenteile herausragten."

Der wichtigste, dichtest besiedelte und leistungsfähigste Teil des ganzen Kohlenreviers war jedenfalls allein durch die unmittelbaren Kampfhandlungen, und zwar im wesentlichen durch englisches Artilleriefeuer in eine Wüste verwandelt. In der Nähe der Kampfzone lagen auf deutscher Seite während der vierjährigen Besetzung auch die Gruben still, so daß auch die unterirdischen Baue durch das Aufhören der notwendigsten Reparaturarbeiten

[1]) H. Bonin, La Reconstruction des Houillères du Nord de la France. Paris 1926, S. 29.

und des Wasserpumpens großenteils zusammengebrochen bzw. voll Wasser gelaufen und auch ohne äußeres Zutun für lange Zeit außer Betrieb gesetzt waren. Auf der gegenüberliegenden Seite hatten das deutsche Artilleriefeuer und der Bombenabwurf der deutschen Flieger sehr viel weniger Schaden angerichtet als die Tätigkeit der mit dem mehrfachen Material ausgestatteten und auf diesem Abschnitt überdies ständig angreifenden Gegner.

Zerstörungen durch die deutschen Truppen.

Neben den eigentlichen Kampfzerstörungen und den sonstigen unvermeidlichen Schäden des Kriegsverlaufs sind freilich auch sorgfältig geplante und systematisch durchgeführte Zerstörungen durch die deutschen Truppen erfolgt. Zu ihrem Verständnis muß man sich die örtlichen Verhältnisse vor Augen halten. Zwischen den Schächten auf beiden Seiten der Front bestand mannigfache unterirdische Verbindung, die einen Verkehr möglich machte. Um ihn zu verhindern, begnügten sich die deutschen Truppen zunächst mit leichteren, behelfsmäßigen Maßnahmen, Zerschneiden der Förderseile, Herunterstürzen der Förderkörbe, Außerbetriebsetzung der Fördermaschinen und Ventilatoren, Zertrümmern der Leitern u. dgl. Daneben entstanden gewisse Schäden durch die Requisition von Materialien, namentlich der Transportmittel für den Truppengebrauch, später auch der Kupfer- und Messingteile und anderer Stoffe für den dringenden Bedarf der heimischen Kriegsindustrie. Die großen Offensiven des Gegners zwangen auch dazu, manche Bauten niederzulegen, die als Geländerichtpunkte das feindliche Feuer erleichterten. Wenn die völlige Vernichtung von Anlagen drohte, wurden in der Regel auch alle brauchbaren Materialien vorher ausgebaut und fortgeschafft.

Wie begründet die Befürchtungen waren, die die Gefahr der unterirdischen Verbindung hervorrief, zeigte sich noch nach fast dreijährigem Bestehen der Schützengrabenfront. Im August 1917 fuhr eine Pionierpatrouille in dem hinter der deutschen Front gelegenen Schacht 8 der Gesellschaft Béthune ein, um etwaige Minierarbeiten des Gegners zu erkunden. Sie erhielt in den dunklen Strecken plötzlich Maschinengewehrfeuer von einer kleinen englischen Abteilung, die sich zum Schutz einer Pumpstation unterhalb der deutschen rückwärtigen Linien aufhielt. Noch bei dem eiligen Wiederauffahren im Schacht wurden die Pioniere senkrecht von unten beschossen. Zwar ließ man kurze Zeit darauf Giftgas in den Schacht hineinströmen, das den englischen Soldaten und den dort ebenfalls stationierten französischen Arbeitern den Tod brachte. Die ohnedies bei den deutschen Truppen wegen der unterirdischen Drohung bestehende Nervosität wurde aber durch den Vorfall begreiflicherweise noch vermehrt. Bei der Schwere der Abwehrkämpfe war auch eine besonders scharfe Vorsicht geboten, zum mindesten verständlich.

Vor allem riefen die anfänglichen Erfolge der Offensiven vom Herbst 1915 und April 1917 die ernste und begründete Sorge wach, dem Feinde könnte die Wiedereroberung der so dringend benötigten Kohlengruben glücken. Infolgedessen mußte man versuchen, die gefährdeten Gruben auf möglichst lange Zeit — jetzt glaubte man nicht mehr an ein schnelles Kriegsende — betriebsunfähig zu machen.

Die von den französischen Grubenverwaltungen angebotene Sperrung durch Anlagen unter Tage wurde als unzureichend verworfen, und die endgültige Zerstörung der vordersten Schachtanlagen angeordnet. Zur Durchführung bot die Eigenart der geologischen Verhältnisse eine ziemlich einfache Handhabe. Über den kohleführenden Schichten liegen in wechselnder Stärke spaltenreiche Kreidekalke, die sehr stark Wasser führen. Innerhalb dieser Kreideschichten waren die Grubenschächte zum Wasserabschluß mit dichtem Eisenausbau, den sogenannten Tübbings, versehen. Die mit der Zerstörung beauftragten Pionierkommandos brauchten die Tübbings an den kritischen Stellen nur mit starken Dynamitladungen zu sprengen, um kräftige Wassereinbrüche hervorzurufen.

In dieser Weise wurden Ende 1915 die Schachtanlagen der Gruben von Lens, Meurchin und Liévin in einer etwa 5 km breiten Zone hinter der Front gründlich zerstört; sie liefen allmählich voll Wasser und bildeten nun keine Gefahrenquelle mehr. Erst anderthalb Jahre später sahen sich die deutschen Militärbehörden zur Erweiterung der Zerstörungszone gezwungen, als die englische Frühjahrsoffensive 1917, die in der Tat zeitweilig besonders bedrohlich schien, neue Befürchtungen erweckte und auch wirklich einige allerdings durch Artilleriefeuer völlig zerstörte Schachtanlagen dem deutschen Besitz entriß. Nun wurden auch die Schächte der Gesellschaften Courrières, Dourges und Drocourt gesprengt. Der Name Courrières war den deutschen Truppen bekannt gewesen durch die im Jahre 1906 bekundete Kameradenpflicht, mit der die westfälischen Rettungsmannschaften nach dem furchtbaren Explosionsunglück heldenmütigen Beistand geleistet hatten. Es wirkte als tragisches Symbol, als der damals errichtete Gedenkstein von der englischen Artillerie zerschossen wurde. Zwischen Douai und der belgischen Grenze blieb der Bergbau aber, abgesehen von den unvermeidlichen Requisitionen, im wesentlichen unbehelligt. Erst nach weiteren anderthalben Jahren veranlaßte der deutsche Rückzug im Herbst 1918 die Heeresleitung, auch die bisher unbeschädigten Gruben des Departements Nord betriebsunfähig zu machen. Namentlich auf die Vorstellungen der Beamten der deutschen Bergverwaltung hin, die die technische Tragweite der Zerstörungen beurteilen konnten und denen es schwer wurde, die bisher ihrem Schutz anvertrauten Werke völlig zu vernichten, begnügte man sich jetzt mit der Zerstörung der Tagesanlagen, obwohl reichlich Zeit zur Sprengung der Schächte selbst zur Verfügung gestanden hätte. Infolgedessen konnten diese Gruben, die auch keiner stärkeren Beschießung ausgesetzt gewesen waren, später verhältnismäßig rasch wieder betriebsfähig gemacht werden.

Die von der Obersten Heeresleitung angeordnete Beschränkung der Zerstörungen beim Rückzug, die auf Wilsons Forderung vom 14. Oktober 1918 zurückging, hat für den Bereich der nordfranzösischen Kohlengruben keine größere Bedeutung mehr gehabt. Unabhängig von den weiteren politischen Auswirkungen ordnete der Generalquartiermeister aus allgemeinen strategischen Erwägungen am 25. Oktober 1918 für die letzten Abschnitte des Rückzuges auf französischem Boden — östlich der Schelde (Hermann-Stellung) — an, daß es genüge, die Außerbetriebsetzung der Kohlengruben für 3—4 Monate herbeizuführen. Während dieser Befehl für einige Schachtanlagen zu spät kam, konnte in einigen Fällen die volle Zerstörung der Tagesanlagen noch rechtzeitig angehalten und durch Herausnahme einiger wichtiger Maschinenelemente ersetzt werden. Das vor der Räumung und Zerstörung aus den Betriebsgebäuden der Zechen gesammelte Material von Grubenbildern, Akten u. dgl. wurde gemeinsam mit dem Personal der französischen Verwaltungen nach Lüttich verbracht; grubenweise geordnet, sollte es für eine „ordnungsmäßige Auseinandersetzung mit den Eigentümern" bereitgehalten werden. Soweit der Abtransport nicht möglich war, wurde das Material in Kisten verpackt und mit dienstlichen Bescheinigungen der Unbedenklichkeit versehen, um die Zerstörung durch nachfolgende Truppen auszuschließen. —

Die verschiedenen Kriegshandlungen, denen der nordfranzösische Kohlenbergbau ausgesetzt gewesen ist, haben zweifellos sehr beträchtlichen Schaden angerichtet. Von 212 Grubenanlagen des von Deutschen besetzten Gebiets waren fast alle zeitweilig betriebsunfähig, davon eine erhebliche Anzahl auf lange Dauer. 140 Schächte waren im wasserführenden Horizont gesprengt, die meisten Fördergerüste und Maschinenanlagen umgelegt, die Strecken unter Tage in einer Gesamtlänge von 3100 km zum größten Teil durch Wasser oder den Mangel an Unterhaltung zu Bruch gegangen, etwa 18000 Bergarbeiterwohnungen zerstört. Fast 100 Millionen cbm Wasser befanden sich in den Grubenbauen und mußten mehrere hundert Meter gehoben werden, ehe die Förderung wieder beginnen konnte. Über den äußeren Befund schreibt Bonin[1]):

> „Im Bereich der Kohlengruben von Liévin, Lens, Meurchin und eines Teils von Courrières und Drocourt hatte vier Jahre lang die Schlacht getobt. Die Artillerie hatte alle Hindernisse fortgefegt. Kein Haus, kein Bauwerk war übrig geblieben. Die Stadt Lens war nicht mehr vorhanden, die Verkehrswege waren verschwunden. Das ungeheure Trümmerfeld an der Oberfläche gab jedoch nur einen schwachen Anhalt von den Verwüstungen unter Tage. Die Strecken standen voll Wasser und waren, verlassen und ohne Unterhalt, zusammengebrochen."

Eine ziffernmäßige Gesamtschätzung des Schadens ist überaus schwierig, da die fortschreitende Entwertung des französischen Franken und die zeitweilige Überbewertung der Kohle in den ersten Nachkriegsjahren die Maßstäbe verwirrt haben. Der Vorsitzende des Finanzausschusses der französischen Kammer, Dubois, schätzte im Januar 1919 den Schaden des nordfranzösischen Kohlenbergbaus auf 3,24 Milliarden Franken. Da diese Summe damals noch fast 3 Milliarden Goldfranken entsprach und der Anlagewert des gesamten französischen Kohlenbergbaus, von dem kaum die Hälfte auf das Einbruchsgebiet entfiel, zu Kriegsbeginn auf 1½ Milliarden Goldfranken angegeben wurde, so ist diese Schätzung bei weitem zu hoch. Bonin[2]) schätzt die Aufwendungen für die Wiederherstellung der Anlagen und die Wiederauffüllung der Läger und Vorräte auf 904 Millionen Goldfranken. Die Schätzung, für die nähere Unterlagen nicht angegeben werden, ist sicherlich reichlich hoch, da ein Teil der Werke, namentlich im Osten, zu

[1]) a. a. O. S. 42.
[2]) a. a. O. S. 120f.

seiner Wiederherstellung nicht entfernt der Aufwendung der ursprünglichen Anlagekosten bedurfte. Immerhin mag die Schätzung einen Anhalt gewähren; hinzu kämen der Förderausfall, der von 1919 bis 1925 68,6 Mill. t gegenüber der Förderung von 1913 betrug, und der, nach Abzug des normalen Selbstverbrauchs, einem Friedenswert von 830 Millionen Goldfranken entsprach. Selbst unter Einrechnung eines Teils der Kosten für die Aufräumungarbeiten würde hiernach der Gesamtschaden 1,8 Milliarden Goldfranken nicht übersteigen. Wahrscheinlich lag er um 200 bis 300 Millionen niedriger. Die Aufwendungen für den eigentlichen Wiederaufbau einschließlich des zugehörigen Anteils an den Aufräumungsarbeiten werden innerhalb dieses Gesamtrahmens auf 4—5 Milliarden Papierfranken angegeben.

Für die öffentliche Meinung und die politischen Folgerungen kam es freilich auf die Berechnungen der Schadensziffer durch die Fachleute wenig an; der Anblick des Kohlenreviers war trostlos genug und begründete im Verein mit der katastrophalen Kohlennot, die Frankreich auch noch im Winter 1918—19 durchmachte, die rücksichtslosen Bestrebungen, von Deutschland Ersatz zu erhalten.

Zur Rechtfertigung der übertriebenen Ersatzforderungen, die Frankreich in Versailles stellte, namentlich der Abtretung des Saarbeckens, erhob man gegen die deutsche Kriegsführung den Vorwurf, die Zerstörungen der nordfranzösischen Kohlengruben seien nicht aus militärischer Notwendigkeit, sondern in der wohlüberlegten Absicht erfolgt, es der deutschen Industrie zu ermöglichen, sich des Absatzmarktes der zerstörten Werke zu bemächtigen (Mantelnote vom 16. Juni 1919). Die Übereignung der Saarkohlengruben an Frankreich und die fünfzehnjährige Abtrennung des Saargebietes von Deutschland wird im Friedensvertrag und in dem begleitenden Notenwechsel ausdrücklich mit dem Wunsch der Alliierten begründet, für diese Zerstörung eine besondere und exemplarische Vergeltung zu schaffen, die in ihrer außergewöhnlichen Art ein sichtbares Symbol bezeichne. Der französische Kohlenbergbau sei fast völlig vernichtet worden, und zwar aus Berechnung und aus barbarischer Gesinnung (Noten vom 22. und 24. Mai 1919). Am weitesten geht die amtliche französische Denkschrift, die, offenbar hauptsächlich von Tardieu ausgearbeitet, Anfang März 1919 den Verbündeten in Paris zur Begründung der französischen Saaransprüche überreicht worden ist. In ihr wird ausgeführt, daß die Zerstörung der Kohlengruben einen wesentlichen Bestandteil des wirtschaftlichen Plans des deutschen Generalstabes gebildet habe, der auf Befehl des deutschen Generalquartiermeisters im Februar 1916 in München gedruckt worden sei. Er lege im einzelnen die Vorteile dar, die sich Deutschland aus dem Verschwinden der Gruben und Industrien errechne. Die Absicht erkläre sich im übrigen durch den lebhaften Wettbewerb, den das nordfranzösische Kohlenbecken dem westfälischen Becken mache.

Mit dem tatsächlichen Verlauf der Zerstörungen lassen sich diese ungeheuerlichen Beschuldigungen aber nicht im geringsten begründen. Ein sehr wesentlicher Teil des Schadens ist überhaupt nicht auf deutsche Maßnahmen zurückzuführen, sondern ist durch die alliierten Truppen selbst hervorgerufen worden. Soweit es sich um deutsche Maßnahmen handelte, sind sie schrittweise unter dem Druck der dreimaligen gegnerischen Offensiven erfolgt und haben sich in ihrer Nachhaltigkeit nach dem Zwang der jeweiligen Kriegslage gerichtet. Die nächstliegende und von deutscher Seite ständig gegebene Begründung, die militärische Notwendigkeit, ist ganz offenkundig und unwiderleglich. Die unterirdische Verbindung zwischen den Schächten auf beiden Seiten der Front, derentwegen die ersten gründlichen Sprengungen erfolgten, bildete eine dauernde, sehr ernste Gefahr, deren Ausmaß sowohl für die Spionage, wie für die Minierarbeiten völlig unübersehbar war. Darüber hinaus steht aber außer Zweifel, daß die Kohlengruben im modernen Materialkrieg unmittelbare militärische Bedeutung im höchsten Grade besaßen. Ohne Kohle ließ sich kein Geschütz, keine Granate, keine Patrone herstellen, keine chemische Fabrik betreiben, kein Truppentransport bewegen. Kohle wurde von allen Kriegführenden als Konterbande behandelt. In England wurden im Jahre 1915 die Kohlengruben dem War Munitions Act unterstellt, ihr Charakter als Bestandteile der eigentlichen Waffenindustrie also rechtlich festgelegt. Als die ständigen Streike der englischen Kohlenarbeiter eine ernste Gefahr für die Kriegführung der Entente zu werden drohten, wurden dringende Aufrufe an sie gerichtet, die den unmittelbaren militärischen Wert der Kohle betonten[1]). Die überaus blutigen und teilweise geradezu verzweifelten Offensiven der Alliierten im Frontabschnitt des Grubenreviers ließen ja auch klar erkennen, welchen außerordentlichen Wert sie der Wiedereroberung der Bergwerke beilegten.

---

[1]) Vgl. S. 145 f.

Der Gefahr der so wichtigen Verstärkung der gegnerischen Kampfkraft für den Fall einer Rückeroberung rechtzeitig vorzubeugen, hatten die deutschen Truppen nicht nur das Recht, sondern zweifellos geradezu die Pflicht. Ihnen stand auch das geschriebene Völkerrecht durchaus zur Seite. Artikel 23 Absatz 9 der Landkriegsordnung, die 1907 auf der Haager Konferenz von allen in Betracht kommenden Mächten angenommen worden ist, läßt die Zerstörung feindlichen Eigentums zu, soweit „die Gebote des Krieges es dringend erheischen". Es wäre auch widersinnig, wenn der Feldherr zwar das Recht hätte, zur Eroberung der für die Kriegsführung unentbehrlichen Hilfsquellen Zehntausende und Hunderttausende von Menschenleben zu opfern, aber nicht befugt wäre, totes Material zu zerstören, um die Anlagen dem Feinde längere Zeit zu entziehen. Tatsächlich sind ja alle Kriegführenden, wenn sie vor der gleichen Lage standen wie die Deutschen in Nordfrankreich, genau so verfahren. Die deutschen Truppen bereiteten die Zerstörung der eigenen oberschlesischen Bergwerke vor, als sich die russischen Truppen der Grenze näherten. Da das Erdöl für Deutschlands Kriegsführung einen ähnlich unentbehrlichen Stoff darstellte wie die Kohle für Frankreich, ließ die russische Heeresleitung im Sommer 1915 bei dem Rückzug aus Mittelgalizien die Bohrtürme und Raffinerien bei Boryslaw und Tustanowice in Brand stecken. Noch gründlicher suchte die englische Militärmission in Rumänien unter Heranziehung der dort beschäftigten englischen Ingenieure bei der Eroberung Rumäniens durch die deutschen Truppen Ende 1916 die gewaltigen Erdölvorkommen am Karpathenrande durch Feuer und Sprengstoff zu vernichten. Ähnliche Beispiele lassen sich aus allen Kriegen der Weltgeschichte anführen. Ob bei der Ausführung der Zerstörungen der Rahmen des unbedingt Erforderlichen innegehalten wird, bleibt gegenüber der grundsätzlichen Zulässigkeit belanglos; niemand wird von der kämpfenden und schwer bedrängten Truppe die gleiche Sorgfalt und Umsicht verlangen, mit der vielleicht Rechtsgelehrte und technische Sachverständige nachträglich die Maßnahmen nachprüfen. Im übrigen läßt der tatsächliche Verlauf der Zerstörungen in Nordfrankreich zur Genüge erkennen, daß sich die deutschen militärischen Dienststellen durchaus bemüht haben, ihre Anordnungen im Rahmen des jeweilig Erforderlichen zu halten.

Der Vorwurf, die deutschen Truppen hätten die Kohlengruben zerstört, um den Wettbewerb für den Ruhrkohlenbergbau zu vernichten, ist ja auch schon deshalb völlig haltlos, weil beide Reviere gar nicht im Konkurrenzkampf miteinander standen. Die Behauptung Tardieu's ist einfach unwahr. Frankreich war in seiner Kohlenarmut als Absatzland wichtig und konnte gar nicht daran denken, auf den Absatzmärkten der Ruhrkohle als Wettbewerber aufzutreten. Wenn Nordfrankreich ausfiel, so kam für Ersatzlieferungen in das dortige Versorgungsgebiet aus geographischen und frachtlichen Gründen viel weniger der deutsche als der englische Kohlenhandel in Betracht, der die französische Kanalküste schon immer belieferte. Vor allem waren die beteiligten Länder während des Krieges und lange danach durchaus mehr mit der Sorge um die Deckung des dringenden Kohlenbedarfs beschäftigt als mit der Sorge um die Sicherung des Absatzes; für die Absicht, einen unbequemen Wettbewerber zu beseitigen, lag also vom deutschen Standpunkt gar kein Anlaß vor. Die Alliierten selbst haben Deutschland durch das Friedensdiktat gezwungen, zunächst durchaus gegen den deutschen Willen und gegen das deutsche Interesse, Ersatzkohle zu liefern.

Als einziger Versuch, die Anklage zu beweisen, findet sich in der Tardieu-Denkschrift die Bezugnahme auf den wirtschaftlichen Plan des deutschen Generalstabes, den der Generalquartiermeister 1916 in München habe drucken lassen. Man kann zur Entschuldigung der Urheber dieser Behauptung nur annehmen, daß sie die fragliche Schrift[1]) niemals wirklich gesehen haben. Nicht eine Zeile rechtfertigt darin die Unterstellung; dagegen bestätigt jede Zeile die im Vorwort ausführlich und freimütig wiedergegebene Absicht, mit der Herausgabe der Schrift den deutsch-französischen Handelsbeziehungen nach dem Kriege, namentlich im Hinblick auf den von der Entente angedrohten Wirtschaftsboykott, dienen zu wollen. Z. B. haben die eingehenden Darlegungen, inwieweit die nordfranzösischen Kohlengruben als Abnehmer deutscher Waren in Betracht kommen, nur in diesem Zusammenhang Sinn. Die Drucklegung der Schrift, die mit gewissenhaftem Fleiß zusammengestellt ist und 482 Großformatseiten zählt, wäre dagegen als Vorbereitung für die ein Jahr später erfolgende Zerstörung der darin beschriebenen Industriebetriebe ein vollendeter Unsinn.

Im übrigen hat sich immer deutlicher herausgestellt, auch gerade durch die französischen Veröffentlichungen, insbesondere Tardieu's selbst, daß die in den Friedensverhandlungen versuchte Begründung des Saarstatuts mit der Zerstörung der Kohlengruben

[1]) Denkschrift „Die Industrie im besetzten Frankreich", bearbeitet im Auftrage des Generalquartiermeisters. Gedruckt bei R. Oldenbourg. München 1916.

nur einen nachträglichen Vorwand bildete. Der Berichterstatter der französischen Kammer zu dem Gesetzentwurf, mit dem die französische Bergverwaltung im Saarrevier im Dezember 1919 geschaffen wurde, Fernand Engerand, hat dies in seinem ausführlichen schriftlichen Bericht mit erstaunlicher Offenheit selbst zugegeben. Zu der Begründung des Saarstatuts mit der Zerstörung der nordfranzösischen Kohlengruben schreibt er wörtlich:

> „Wir können hierin nur einen politischen Vorwand erblicken, um unsere Verbündeten zu dieser Entscheidung zu bringen. In Wirklichkeit hatten und haben wir geschichtliche Rechte, die die Ratifikation des Friedensvertrags nicht vernichten kann und die das französische Parlament nicht verjähren lassen darf."

Die Angliederung des Saarbeckens an Frankreich zur Ergänzung der unzureichenden Kohlenvorkommen war ja auch vom französischen Ministerrat längst (im Januar 1917) als Forderung für den Friedensschluß förmlich beschlossen und im Februar 1917 in einem Abkommen mit der zaristischen Regierung festgelegt worden, ehe man von den Zerstörungen der Kohlengruben etwas wußte, ja sogar ehe die absichtlichen Zerstörungen durch die deutschen Truppen überhaupt in größerem Umfang stattgefunden hatten. Gegenüber dem Widerstande, den Wilson allen derartigen Angliederungsbestrebungen seiner Verbündeten bereitete, bediente man sich des trostlosen Eindrucks, den das verwüstete Kohlenrevier machte, und der moralischen Anklage, um unter dem Vorwande einer beispielhaften Wiedergutmachung doch die Hand auf das begehrte Gebiet legen zu können. Es erscheint sehr zweifelhaft, ob die Urheber an die Wahrheit dieser Anklage jemals selbst ernstlich geglaubt haben.

Entsprechend dem achten der Vierzehn Punkte Wilsons, auf Grund deren der Vorfriede abgeschlossen war, hat die deutsche Friedensdelegation zwar die Verknüpfung der Reparationen mit der Saarfrage auf das leidenschaftlichste in immer wiederholten Darlegungen bekämpft, sich aber der Forderung nach Entschädigung für die Bergwerksbesitzer nicht widersetzt, auch nicht der Forderung nach einstweiliger Lieferung von Ersatzkohlen, obwohl diese Regelung durch die Wilsonpunkte nicht eigentlich vorgesehen war. Leider ist anscheinend eine Feststellung, zu welchem Anteil die Schäden an dem Kohlenbergbau den absichtlichen Maßnahmen der deutschen Truppen zur Last fallen, niemals versucht worden. Infolge des engen Ineinandergreifens der verschiedenen Schadensarten — Zerstörung durch unmittelbare Gefechtshandlungen, Verfall infolge langer Verwahrlosung und absichtliche Beschädigungen durch die deutschen Truppen — ist eine genaue ziffernmäßige Auseinanderrechnung technisch nicht möglich. Einen gewissen Anhalt gewährt aber die Erfahrung, welchen Umfang die Forträumung der fast ausschließlich durch das Artilleriefeuer der Entente verursachten Trümmer und die Wiederherstellung der ebenfalls hauptsächlich auf diesem Wege zerstörten Häuser, Bahnen und Straßen an den gesamten Wiederaufbauarbeiten eingenommen hat. Das Forträumen der Trümmer hat allein 3½ Jahre gedauert, bis zum Juni 1922, und über 300 Millionen Franken gekostet. Inzwischen waren die Häuser und Verkehrsmittel so weit wiederhergestellt, daß die eigentlichen bergbautechnischen Arbeiten auch in der Kampfzone aufgenommen werden konnten. Bis dahin waren die außerhalb der Kampfzone liegenden Gruben, soweit sie nur oberflächlich zerstört waren, längst wieder hergestellt, und der Bergbau im Einbruchsgebiet hatte bereits wieder die Hälfte der Friedensleistung erreicht.

Zahlentafel 10.

Förderung der einzelnen Gruben in Nordfrankreich 1913—1925[1]).

Gesellschaft	1913	1919		1922		1925	
	1000 t	1000 t	% von 1913	1000 t	% von 1913	1000 t	% von 1913
a) Gruben hinter der französischen Front:							
Béthune . . .	2196	905	41	1665	76	2048	93
Boulonnais .	noch im Bau			32	—	52	—
Bruay	2690	2626	98	2401	89	3050	113
La Clarence .	ersoffen	79	—	145	—	208	—
Ferfay	211	242	115	255	121	124	59
Ligny	181	169	93	148	82	176	97
Marles	1740	1825	105	1948	112	2665	153
Noeux	1690	1437	85	1638	97	1928	114
Vendin. . . .	20	48	240	141	702	182	910
Gesamt a)	8728	7331	84	8373	96	10433	120
				ohne Clarence und Boulonnais			110

[1]) Die Ziffern für 1913, 1919 und 1922 sind der Schrift von H. van Lowick, Der Wiederaufbau der Kohlenbergwerke im französischen Reparationsgebiet, Halle 1925, entnommen, die Ziffern von 1925 dem Guide des Houillères du Nord et du Pas de Calais, Lille 1927. Gegenüber anderen Statistiken sind namentlich für das Jahr 1922 leichte Abweichungen festzustellen; jedoch ändern sie an der grundsätzlichen Entwicklung nichts.

Gesellschaft	1913	1919		1922		1925	
	1000 t	1000 t	% von 1913	1000 t	% von 1913	1000 t	% von 1913
b) Gruben hinter der deutschen Front:							
1. in der Zone des englischen Artilleriefeuers							
Carvin	266	—	—	37	14	252	95
Courrières . .	2 997	—	—	1 262	42	3 561	119
Dourges . . .	1 323	—	—	663	50	1 458	110
Drocourt . .	615	—	—	22	4	530	86
Lens	3 588	—	—	} 598	15	} 2 557	63
Meurchin . .	471	—	—				
Liévin	1 880	—	—	86	5	1 103	59
Gesamt b) 1.	11 140	—	—	2 668	24	9 461	85
2. außerhalb der Kampfzone							
Aniche	2 093	114	5	1 880	90	2 625	126
Anzin	3 042	362	12	2 285	75	3 227	106
Azincourt . .	91	14	15	etwa 50	5	117	129
Crespin . . .	73	15	21	80	109	102	140
Douchy . . .	365	23	6	115	32	337	92
Escarpelles .	750	—	—	450	60	890	119
Flines	125	—		mit Anzin vereinigt			
Ostricourt . .	708	33	5	850	120	1 183	167
Thivencelles.	178	32	18	124	70	188	106
Vicoigne . . .	98	2	2	59	60	120	122
Gesamt b) 2.	7 523	595	8	5 893	78	8 789	117

Die Zahlentafel zeigt die Fortschritte der Wiederaufbauarbeit bei den einzelnen Gesellschaften; aus ihr läßt sich der geradezu gesetzmäßige Zusammenhang zwischen dem Artilleriefeuer und dem Grade der Zerstörung ablesen. Die in der Zone des Artilleriefeuers gelegenen Bergwerke haben 1922 erst 23% der Vorkriegsförderung erreicht, während die nur von den deutschen Zerstörungsmaßnahmen betroffenen, weiter rückwärts gelegenen Bergwerke schon 78% erzielten. Drei Jahre später, als das ganze Revier wieder auf der Vorkriegsleistung angelangt war, betrug das Verhältnis der beiden Zonen 85 zu 117%. Auch innerhalb der Zone des Artilleriefeuers heben sich die Gruben der vordersten Linie Lens-Meurchin und Liévin, auf deren Gebiet sich die eigentlichen Kampfhandlungen abspielten, deutlich von den zurückliegenden, Carvin, Courrières, Dourges und Drocourt, ab. Die erste Gruppe hatte 1922 und 1925 erst durchschnittlich 10 und 60% der Friedensförderung erreicht, während die zweite Gruppe auf durchschnittlich 45 und 110% gelangt war. Der Unterschied ist besonders wichtig, weil innerhalb dieser Zone auch die deutschen Zerstörungsmaßnahmen an den Schachtverkleidungen unterschiedslos angewandt worden waren.

Unter diesen Umständen kann man schätzen, daß nur etwa die Hälfte bis allenfalls zwei Drittel des gesamten Förderausfalls auf die deutschen Zerstörungsmaßnahmen zurückzuführen sind. Der Förderausfall, der von 1919 bis 1925 68,6 Millionen t betrug, gibt aber den einzigen einigermaßen zuverlässigen Maßstab für den entstandenen wirtschaftlichen Schaden.

Wiederaufbau.

Die Wiederherstellung der Bergwerke nach dem Kriege bedeutete in der Gegend von Lens die bei weitem schwierigste und langwierigste Aufgabe des französischen Wiederaufbaus überhaupt. In dem größten Teil der Kampflinie, der zone rouge, der sich durch dünnbesiedelte ländliche Gegenden zog, konnten Transportmöglichkeiten und Behausungen zunächst mit verhältnismäßig einfachen Behelfsmitteln geschaffen werden. Dagegen war im Kohlenrevier eine Zone besonders heftiger Kämpfe mit einer Zone besonders dichter Besiedlung und Behauung zusammengefallen, und außerdem hatte der Streifen infolge der häufigen, stets mit einigem Geländegewinn verbundenen Offensiven eine ganz außergewöhnliche Breite angenommen. Die Behörden und die nach und nach zurückströmende Bevölkerung standen daher anfänglich fast ratlos vor den Trümmerfeldern; um mit der Arbeit zu beginnen, mußten zunächst Unterkünfte für viele Tausende geschaffen und als Voraussetzung hierfür wiederum Bahnen, Straßen und Wege neu gebaut und die Wasser- und Lebensmittelversorgung geregelt werden. Danach konnte das Forträumen der Trümmer in Angriff genommen und, erst wenn dies im wesentlichen abgeschlossen war, an die eigentliche große technische Aufgabe, die Wiederherstellung der Schächte und Grubenbaue herangegangen werden. Man hat ernstlich erwogen, die am meisten zerstörten Gruben preiszugeben und an anderer Stelle neue Schächte niederzubringen. Die Kosten wären kaum höher als die der Wiederherstellung der alten Anlagen gewesen; aber abgesehen von der Klausel im Friedensvertrag von Versailles (Teil VIII Anlage 5 § 2), wonach die schleunige Wiederinstandsetzung der Gruben als „selbstverständlich" vorausgesetzt wird, bot das Kohlenvorkommen auch geologisch nicht genügend Möglichkeiten, um die neuen Anlagen zweckmäßig anzusetzen. Aus dem gleichen Grunde erschien die Preisgabe eines Teiles des knappen Kohlenvorrates unverantwortlich.

Nach dem französischen Gesetz über die Kriegsentschädigungen vom 17. 4. 19 fiel das Forträumen der Trümmer dem Staat zur Last, der es auf seine Rechnung vielfach durch Dritte, bei Lens z. B. durch die Grubengesellschaften, ausführen ließ. Allein im Bereich der Bergwerke von Lens wurden 2½ Millionen cbm Trümmer und 60000 t Schrott abgefahren; die Räumungsarbeiten dauerten hier bis Juni 1922 und kosteten 102 Millionen fr., wovon 22 durch Verkauf von noch brauchbarem Material eingebracht wurden. Die Arbeiter, insbesondere die dort beheimateten, wohnten zunächst in Holz- und Wellblechbaracken, in notdürftig zurechtgeflickten Kellern und Unterständen. In größerem Umfange wurden auch Ausländer herangezogen, namentlich Polen und Italiener, aber auch Spanier, Tschechoslowaken, Russen und Nordafrikaner. Die viel erörterte Mithilfe deutscher Arbeiter kam ebenso wie die Heranziehung deutschen Materials nur ausnahmsweise zustande; wo sie erfolgte, konnte sie ohne Mißhelligkeiten durchgeführt werden.

Für die Wiederaufwältigungsarbeiten des Bergbaus hatten sich rechtzeitig besondere Organisationen gebildet. Im Anschluß an die schon im November 1915 gegründete Vereinigung der Industriellen des besetzten Gebiets, die sich im August 1916 eine besondere Einkaufsorganisation (Comptoir Central d'achats industriels pour les régions dévastées) zwecks gemeinschaftlicher Ersastzbeschaffungen angegliedert hatte, bildete sich am 5. Mai 1917 aus Vertretern der Grubengesellschaften im eroberten Gebiet ein „Groupement des Houillères envahies". Es machte sich schon damals an die Arbeit, um den einheitlichen Ankauf von Pumpen und die Versorgung mit elektrischer Kraft für den Fall der Wiedereroberung des Reviers vorzubereiten. Die Beschaffungen erfolgten hauptsächlich durch ein vom Staat auf Grund eines Gesetzes vom 6. August 1917 eingerichtetes Einkaufsbüro; der Staat trug die Kosten und verrechnete bei der Lieferung auf die den Firmen zustehenden Entschädigungsansprüche. Im ganzen liefen durch das Büro Aufträge in Höhe von 550 Millionen fr. Eine als Tochterunternehmen des Groupement im Dezember 1917 gegründete Elektrizitätsgesellschaft nahm die Vorarbeiten schon vor dem Waffenstillstand auf und richtete alsbald nach der Räumung des Reviers eine provisorische gemeinschaftliche Stromversorgungsanlage ein; es ist bezeichnend für die französische Abneigung gegen Zusammenschlüsse, daß dieses Gemeinschaftswerk nach der Durchführung der vorläufigen Aufgabe an eine der Mitgliedszechen verkauft wurde, während sich die anderen Gesellschaften je ihre eigenen Zentralen neu erbauten.

Die Hauptaufgabe bestand in der Entfernung des Wassers aus den Grubenbauen, nach vorangegangenener Schließung der Sprenglöcher in den Schachtverkleidungen. Es handelte sich um die ungeheure Wassermasse von rd. 100 Millionen cbm, die aus einer Tiefe von 3—400 m gehoben werden mußte und die sich von Tag zu Tag aus den klaffenden Sprengöffnungen weiter vermehrte. In einer Reihe von Schächten gelang die Abdichtung der Beschädigungen ohne allzu große Schwierigkeit. Bei 24 Schächten mußte aber ein umständliches Verfahren einsetzen, um die Wasserzuflüsse zum Stehen zu bringen. Die Schächte wurden von einem Kranz von Bohrlöchern umgeben, durch die flüssiger Zement in die Kreidezone herabgepreßt wurde. Der Zement erhärtete in den Klüften und schloß den Schacht allmählich mit einer dichten, undurchdringlichen Mauer nach allen Seiten ab. Zur Bewältigung der bereits eingedrungenen Wassermengen hatte die Regierung eine Batterie von Pumpen hoher Leistungsfähigkeit angeschafft, die ihre Arbeit im Oktober 1920 begann. Unter Vorrücken von Schacht zu Schacht wurde die gesamte unterirdische Masse gehoben; Ende 1925 waren die Sümpfungsarbeiten abgeschlossen. Die hierfür getätigten Ausgaben werden auf 258 Millionen fr. angegeben (etwa 50—60 Millionen Goldfranken).

Nach der Sümpfung konnte an die Aufwältigung der verbrochenen Strecken unter Tage herangegangen werden; sie bot keine allzu schwierigen Aufgaben, wenn man es auch bei besonders stark zusammengestürzten Strecken vielfach vorziehen mußte, in frischem Gestein neue Strecken neben den alten aufzufahren. Auch hatten sich vielfach unatembare oder giftige Gase (puteux) gebildet, die besondere Vorsicht erforderlich machten.

Sehr großzügig und unter ausgiebiger Berücksichtigung aller neuzeitlichen Fortschritte erfolgte der Wiederaufbau der Tagesanlagen, namentlich der Kohlenwäschen und vor allem der Kokereien. Während die bisherige Betriebsorganisation der meisten Anlagen, so sorgfältig auch die technische Einzelausführung schon immer gewesen war, unter der unorganischen Aneinandergliederung immer neuer Erweiterungen und Anbauten gelitten hatte, konnte der Neubau nach einheitlichen, großzügigen Plänen erfolgen und zahllose technische Vervollkommnungen einführen[1]). Wie der mehr-

[1]) Van Lowick, Der Wiederaufbau der Kohlenbergwerke im französischen Reparationsgebiet, Halle 1925, gibt eine Fülle von Einzelbeispielen wieder.

fach angeführte Bonin feststellt[1]), hatte das Unglück der Zerstörung doch auch gute Folgen; die wiederhergestellten französischen Kohlengruben stellten nach seiner Ansicht jetzt die vollkommensten Beispiele in der Eingliederung der Nebenbetriebe und in der Nebenproduktengewinnung in der Welt dar. In großem Umfange erfolgte über und unter Tage die Mechanisierung des Betriebes; namentlich die Verwendung elektrischen Stroms wurde überall eingeführt. 1923, als die Gruben noch nicht voll im Betriebe standen, erreichte die Zahl der mit Preßluft betriebenen Abbauhämmer 5967 gegen 743 vor dem Kriege. Infolgedessen stieg auch die dauernde Fördertätigkeit der nordfranzösischen Gruben erheblich; in den vier Jahren von 1927 bis 1930 lag die Förderung ständig um mindestens 10% über der Friedensleistung.

Die Finanzierung dieser sehr bedeutsamen Fortschritte und Verbesserungen ist zu einem großen Teil über das Reparationskonto, also insofern zu Lasten Deutschlands, erfolgt. Der französische Staat war nach dem Gesetz vom 17. 4. 1919 nur zur Wiederherstellung des früheren Zustandes verpflichtet. Die Regierung war aber damit einverstanden, daß über die zu diesem engeren Zweck zu zahlenden Summen von den entschädigten Besitzern mit einer gewissen Freiheit verfügt wurde. Die Entschädigungen wurden im allgemeinen recht reichlich geschätzt; über den umfangreichen Mißbrauch, der sich in dieser Hinsicht eingeschlichen hatte, wurden auch in Frankreich selbst laute Klagen geführt. Soweit die bewilligten Summen zu den erheblichen Mehrinvestierungen nicht ausreichten, nahmen die Gesellschaften die üblichen Wege der Kapitalbeschaffung — Bankkredite, Ausgabe von Obligationen und Kapitalerhöhungen — in Anspruch. Da den Besitzern der zerstörten Gruben der recht einträgliche Handel mit den deutschen Reparationskohlen übertragen worden war — sie gründeten für die Durchführung dieses Geschäfts das „Office des Houillères Sinistrées (OHS)" —, so war ihre finanzielle Lage auch während der Wiederaufbauzeit und auch ohne Rücksicht auf die Entschädigungen keineswegs ungünstig.

Lothringen (Briey-Becken).

Das lothringisch-luxemburgische Eisenerzrevier, das schon im Frankfurter Frieden und seitdem in immer wachsendem Maße für die deutsch-französischen Beziehungen bedeutsam gewesen war und auch in den Kriegszielen beider Völker eine hervorragende

[1]) a. a. O. S. 89.

Rolle spielte, war durch seine Grenzlage bestimmt, von den Kriegsoperationen unmittelbar betroffen zu werden[1]). Weder der deutsche, noch der französische Generalstab haben aber der Wichtigkeit des Gebiets, dem Deutschland reichlich $^3/_4$, Frankreich sogar mehr als $^{10}/_{11}$ ihrer Eisenerzförderung verdankten, in den Aufmarschplänen ernstliche Beachtung geschenkt. Zweifellos war der deutsche Gesamtplan, mit der Offensive im Westen, auch von dem Wunsche beeinflußt, die wichtigsten deutschen Industriegebiete, Ruhrbezirk und Lothringen, nicht dem feindlichen Einfall auszusetzen oder in hinhaltender Verteidigung zum Kriegsschauplatz werden zu lassen. Durch den Entscheidungsstoß des rechten deutschen Flügels konnte man darauf rechnen, den notwendigen Schutz mehr als ausreichend zu gewähren. Im übrigen wurden aber alle Einzelheiten begreiflicherweise der Ausführung des Gesamtplanes untergeordnet, von dessen Gelingen die rasche Beendigung des französischen Feldzuges zu erwarten war.

Auf französischer Seite war seit dem unglücklichen Ausgang des Krieges von 1870/71 die defensive Führung eines etwaigen neuen Krieges mit Deutschland ins Auge gefaßt und infolgedessen die Befestigung der Maas—Mosel—Linie in 30—40 km Entfernung von der deutschen Grenze mit Verdun, Toul und Epinal durchgeführt worden. Nancy wurde erst unmittelbar vor dem Weltkriege in das Verteidigungssystem aufgenommen. Der Aufmarsch der mobilgemachten Armeen vollzog sich in diesen Abschnitten im Schutz der Festungslinie, und auch die Deckungstruppen blieben durchweg in deren Vorfeld, so daß bei Kriegsbeginn vor der deutschen Grenze bis zu den Hauptstellungen der Deckungstruppen ein 20—25 km und bis zu den äußersten östlichen Vorposten ein etwa 10 km breiter Streifen vollständig unbesetzt blieb.

Bei dieser Lage zu Beginn des Krieges war jede Bedrohung der Bergwerke und Hütten in Deutsch-Lothringen und Luxemburg zunächst ausgeschaltet. Darüber hinaus fiel aber fast der gesamte französische Anteil des Erzgebiets in den preisgegebenen Streifen. Die deutschen Grenztruppen konnten infolgedessen alsbald nach der Kriegserklärung kampflos einrücken. Schon am 4. August, längst vor dem Abschluß des eigentlichen Aufmarsches, drang eine gemischte Grenzschutzabteilung in der Gegend von Briey über die Grenze; am 5. August wurde diese Kreisstadt und mit ihr der wertvollste Teil des Grubenreviers besetzt. Gleichzeitig erfolgte

---

[1]) Zur wirtschaftlichen Bedeutung des Gebietes s. S. 28 ff.

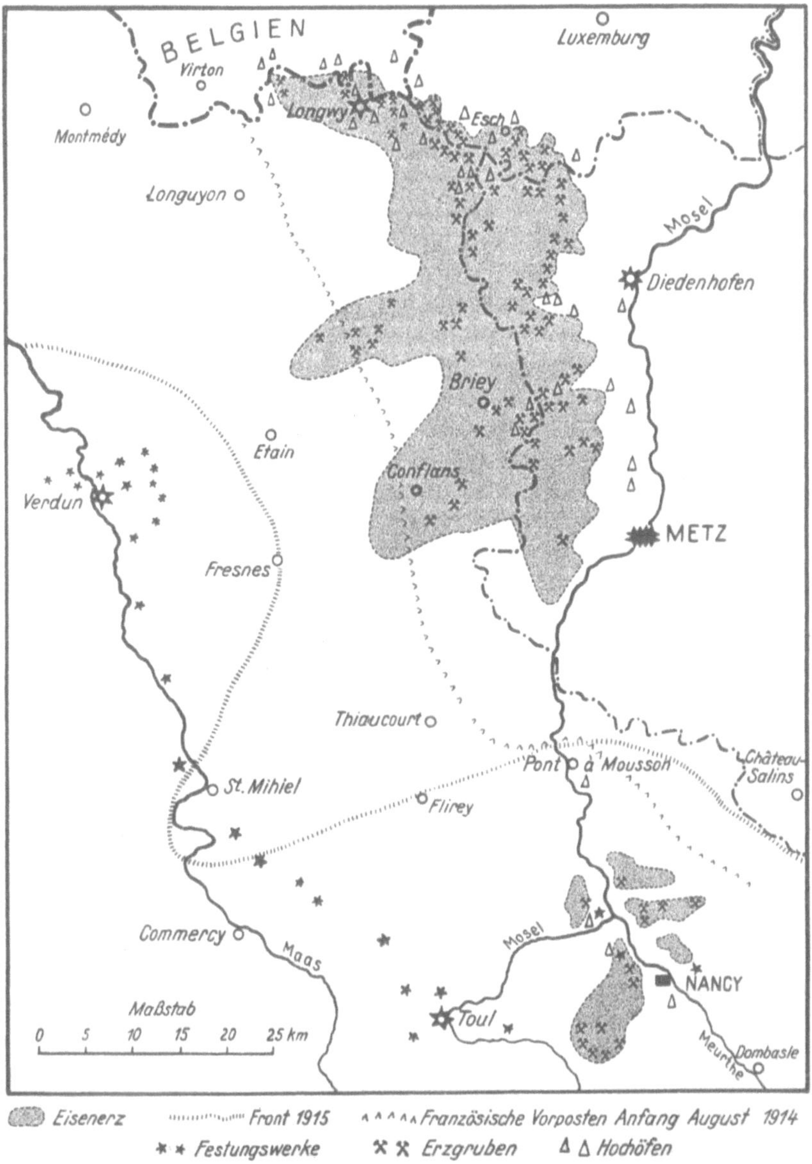

Kartenskizze 6. Das lothringisch-luxemburgische Eisenerzgebiet.

die kampflose Besetzung des Landes Luxemburg mit seinem ebenfalls recht wichtigen Anteil an dem Gruben- und Hüttenrevier. Die nachfolgenden Grenzkämpfe im August 1914 sicherten das Errungene gegen die französische Offensive aus dem Raum vor Verdun; in den Schlachten bei Longwy und Longuyon vom 20. bis 25. August gelangte der Nordteil des Erzreviers, das sogenannte Becken von Longwy, in deutsche Gewalt. Am 26. August wurden die Gewinne durch den Fall der vorgeschobenen kleinen Festung Longwy vervollständigt und gesichert. Als Mitte September der Bewegungskrieg erstarrte, befand sich daher fast das gesamte französische Erzgebiet in deutscher Hand; die Front verlief etwa 15 km westlich der am weitesten vorgeschobenen Gruben und etwa 30 km westlich der großen Hochofen- und Stahlwerke, die durchweg an der deutschen und luxemburgischen Grenze liegen. Nur der kleine abgetrennte Revierteil von Nancy, auf den kaum ein Zehntel der Erzförderung Französisch-Lothringens entfiel, war im Bereich der französischen Truppen geblieben.

An dem Frontverlauf hat sich in diesem Abschnitt während des ganzen Krieges nichts wesentliches geändert; der deutsche Besitz des Briey-Beckens wurde bis zum November 1918 nicht mehr erschüttert. Wie hinsichtlich des nordfranzösischen Kohlenreviers sind beide Gegner erst allmählich zum Bewußtsein des gewaltigen kriegswirtschaftlichen Wertes gelangt, über den das Waffenglück so frühzeitig und im Grunde genommen blind entschieden hatte. Die Werke hatten in den Kämpfen verhältnismäßig wenig gelitten; nur in dem Bergwerk Murville hatten die vorgehenden deutschen Truppen die Tagesanlagen gesprengt, weil sie — wahrscheinlich irrtümlich — glaubten, daß der Schornsteinrauch zum Signalgeben an den Gegner benutzt werde; da infolgedessen die Wasserhaltung zum Stillstand kam, ersoff die Grube. Zufällig handelte es sich um ein besonders leistungsfähiges Bergwerk, an dem die deutsche Gesellschaft Aumetz-Friede maßgebend beteiligt war, ein Beweis, wie wenig Beachtung das Militär der wirtschaftspolitischen Bedeutung der Eroberungen zunächst schenkte. Nach Eintritt des Stellungskrieges nahm sich aber die Militärverwaltung der Bergwerke bald mit besonderer Sorge an, wobei die starken deutschen Interessen an dem Bergbau mitgesprochen haben. Unter dem Befehl des Militärgouverneurs von Metz wurde im November 1914 eine „Schutzverwaltung" für die Erzgruben von Briey und Longwy eingerichtet. Sie wurde von deutschen Bergbeamten wahrgenommen, denen ein Beirat aus den am französischen Erzbergbau interessierten Industriellen zur Seite trat. Die Aufgabe dieser Dienststelle bestand in dem Fortbetrieb der vielfach von ihren Verwaltungen und dem größten Teil der Belegschaften preisgegebenen Gruben; vor allem sollte zunächst das Stilliegen der Wasserhaltungen und damit das Ersaufen der Gruben verhütet werden.

Infolge der Arbeiterschwierigkeiten kam die eigentliche Erzförderung im Jahre 1914 überhaupt nicht mehr in Gang. Im Januar 1915 wurden auf Betreiben der Schutzverwaltung die ersten Gruben in Betrieb gesetzt und allmählich folgte der größte Teil der anderen. Da eine einigermaßen ausreichende Auffüllung der Belegschaften bis zuletzt unmöglich war, die Frage der Erzversorgung für Deutschland aber niemals wirklich ernste Sorgen verursachte, auch die Nähe der Front den Betrieb erheblich beeinträchtigte, so wurde in den Jahren 1915 bis 1918 nur ein verhältnismäßig kleiner Bruchteil der Friedensleistung — etwa 20% — erreicht. Immerhin empfingen die Hütten des deutschen Zollgebiets in den vier Jahren insgesamt 14 Millionen t Briey-Erz, durchschnittlich etwa 3½ Millionen t im Jahre; da sie im Jahre 1913 3,2 Millionen t bezogen hatten, lieferte das besetzte Briey-Becken im Kriege etwas mehr als im letzten Friedensjahr. Für den gesamten deutschen Erzverbrauch der Kriegsjahre, der immerhin wesentlich verkleinert war, bedeutete die französische Einfuhr etwa 9—10%, gegen 5,1% vor dem Kriege.

Im Gegensatz zum Bergbau kam die Hüttenindustrie Französisch-Lothringens während der Besetzung überhaupt nicht zum regelrechten Betrieb, nicht zuletzt, weil die französischen Verwaltungen einen sehr hartnäckigen Widerstand entgegensetzten. Auch bereitete die Koksversorgung, vor allem wegen des Mangels an Transportmitteln, große Schwierigkeiten, und die Absatzorganisation war völlig verworren. Einige Hochöfen haben zeitweilig im Betrieb gestanden, ebenso einige Stahlwerke und Walzenstraßen. Bedeutung hatte die Erzeugung aber nicht. Dagegen richtete die Militärverwaltung in den Werken vielfach Sonderbetriebe unter ihrer eigenen Leitung ein, Reparaturwerkstätten, Geschoßdrehereien u. dgl.

Die Aufnahme des vollen Betriebes war auch von vornherein dadurch erheblich erschwert, daß die deutsche Verwaltung schon frühzeitig zur Beschlagnahme derjenigen Materialien und Hilfsstoffe schreiten mußte, an denen es in der deutschen Kriegswirtschaft besonders mangelte. Vor allem wurden die für die

Stahlbereitung wichtigen Legierungen wie Ferrochrom, Spiegeleisen, Ferrosilizium, ferner Kupfer, Messing und Manganerz benötigt und entfernt. Da an ein Ingangsetzen der Anlagen unter diesen Umständen um so weniger zu denken war, folgten allmählich auch alle übrigen Lagervorräte und die Werkzeuge. Als das Hindenburg-Programm im Herbst 1916 gebieterisch die Ausnutzung aller erreichbaren und entbehrlichen Materialien notwendig machte, dazu die zunehmende Fliegertätigkeit die Werke in der Nähe der Front besonders gefährdete, wurde, ähnlich wie es in Deutschland selbst mit nicht kriegswichtigen Anlagen geschah, auch ein großer Teil der Hüttenwerke Französisch-Lothringens abgebrochen und teils als Schrott den deutschen Stahlwerken zugeführt, teils in ganzen Maschinen und Apparaten fern von der Front von deutschen Firmen übernommen und verwendet. Hierbei handelt es sich weder um Auswirkungen privater Begehrlichkeit noch um Vorbereitungen zum Wirtschaftskriege, wie man Deutschland nach dem Waffenstillstand vielfach vorgeworfen hat, sondern um militärische Notwendigkeiten, denen sich die verantwortlichen Führer des belagerten und blockierten Deutschland nicht entziehen durften.

Jenseits der Grenze, in Luxemburg und in Deutsch-Lothringen, blieben Bergbau und Hüttenindustrie zwar äußerlich zunächst vom Kriege unberührt. Naturgemäß litt aber die bergbauliche und industrielle Tätigkeit unter der Tatsache, daß der Bezirk Aufmarsch- und während der ganzen Kriegsdauer Etappengebiet war. Zeitweilig mußte der Herantransport der Rohstoffe und die Abfuhr der Erzeugnisse ganz aussetzen. Dazu kamen recht ernste Arbeiterschwierigkeiten, da die Belegschaften in erheblichem Umfange aus Ausländern bestanden hatten. Die Beschäftigung von feindlichen Ausländern und auch von Kriegsgefangenen unterlag im Kriegsgebiet naturgemäß besonderen Beschränkungen. Endlich verursachten in dem späteren Verlauf des Krieges die immer häufiger werdenden Bombenabwürfe feindlicher Flieger zahlreiche Arbeitsunterbrechungen und Leistungsminderungen, wenn auch der Materialschaden auffällig gering blieb.

Alle Umstände bewirkten, daß die Erzeugung der Bergwerke und Hütten Deutsch-Lothringens weit stärker hinter den Friedensziffern zurückblieb als diejenige der mehr im Landesinneren gelegenen Werke. 1918 lieferte Deutsch-Lothringen nur noch 13,83% der deutschen Roheisenerzeugung, während der Vorkriegsanteil 20,04% betragen hatte. Der luxemburgische Anteil war im gleichen Zeitraum von 13,20 auf 10,95% gesunken. Auch die

Erzförderung hatte sich verhältnismäßig stärker vermindert als diejenige im übrigen Deutschland. Immerhin leistete der deutsche und luxemburgische Minettebergbau im Kriege reichlich die Hälfte des gesamten Erzbedarfs der deutschen Hütten.

Die deutsche Heeresleitung war sich des Wertes des lothringischen Eisenreviers recht wohl bewußt und trug ihm in ihren Maßnahmen immer mehr Rechnung. In diesen Erwägungen bildete das Revier entsprechend den natürlichen Verhältnissen und der strategischen Lage ein einheitliches Ganzes. Es läßt sich nicht unterscheiden, inwieweit der Briey-Bezirk wegen seiner augenblicklichen kriegswirtschaftlichen Bedeutung oder als Vorfeld für Deutsch-Lothringen oder als zukünftiger deutscher Gebietszuwachs berücksichtigt worden ist. Jedenfalls bildete das Gesamtrevier neben dem nordfranzösischen Kohlenbecken das weitaus wichtigste Kampfziel für Angriff und Verteidigung an der Westfront und trat infolgedessen in den Erwägungen beider Seiten immer stärker hervor.

Auf der Ententeseite nahm und nimmt man vielfach an, daß sogar die große Offensive gegen Verdun im Frühjahr und Sommer 1916 in erster Linie der endgültigen Sicherung des Briey-Beckens gedient habe. Falkenhayn habe hierbei den Schutz des unter den Kanonen von Verdun liegenden Bergbaus nicht nur für die Dauer des augenblicklichen Krieges angestrebt, sondern mit der Eroberung Verduns vor allem auch für den Friedensschluß eine vollendete Tatsache schaffen wollen. In den Kriegszielerörterungen der deutschen Öffentlichkeit pflegte man in der Tat, unter Vernachlässigung politischer Momente, mit Vorliebe von der sogenannten Kriegskarte auszugehen, d. h. den jeweiligen Stand der Heere zugrunde zu legen, und in weiten Kreisen wurde nicht nur der Erwerb des Briey-Beckens, sondern zu dessen Sicherung auch der Erwerb der Festung Verdun als für Deutschlands Zukunft unentbehrlich angesehen. Ebenso steht fest, daß Verbände und Einzelpersonen, die mit ihren Vorschlägen und Forderungen bei der Reichsleitung kein Gehör zu finden fürchteten, die Heeresleitung zu bestürmen pflegten. So liegt es nahe, die Bedeutung Verduns für das Briey-Becken als wesentliches Motiv für den sonst schwer erklärbaren außerordentlichen Aufwand anzunehmen, mit dem die deutschen Truppen monatelang an der strategisch sonst so wenig günstigen Stelle angriffen. Sogar eines der maßgebenden deutschen Werke über den Weltkrieg macht sich offenbar diese Auffassung zu eigen: in dem großen Sammelwerke Schwarte's über den Weltkrieg schreibt Generalleutnant Balck als einleitenden Satz über die Gründe, die zur Wahl des Angriffszieles Verdun führten:

> „Die französische Armee auf den Höhen des rechten Maasufers bedrohte das für Deutschlands Munitionsherstellung wichtige Erzbecken von Briey“[1]).

Auch die damals von der Obersten Heeresleitung veröffentlichte Begründung der großen Offensive stellt fest, daß Verdun als Ausfallstor für französische Angriffe gegen Deutschland besonders wichtig sei. Ein Vorstoß von dort aus hätte

> „neben der strategischen Bedeutung des nördlichen und des Mittelstückes unserer Westfront zugleich die wirtschaftlich höchst bedeutungsvolle Nebenwirkung gehabt, daß er schon in seinem Beginne die Aussicht bot, die wertvollen Kohlen-[2]) und Erzgebiete von Briey zurückzuerobern, deren Verlust für die Franzosen seinerzeit eben so peinlich gewesen war wie ihre Wiedergewinnung im höchsten Grade erwünscht sein mußte. Im weiteren Verlauf hätte dann der Vorstoß von Verdun aus die Festung Metz getroffen, deren Überrennung zugleich die Möglichkeit bot, die durch sie gedeckten deutschlothringischen Stahlindustriegebiete und damit vitale Teile unserer deutschen Kriegsindustrie zu entreißen.“

In der sehr eingehenden Begründung, die Falkenhayn[3]) selbst für die Wahl des Angriffsziels Verdun in seinen Kriegserinnerungen gegeben hat, tritt allerdings die Rücksicht auf das Eisenerzgebiet ganz zurück. Zweifellos hätte in einer solchen Rücksicht auch eine erhebliche Überschätzung der kriegswirtschaftlichen Bedeutung des Briey-Beckens gelegen, ganz abgesehen davon, daß die Gefahr einer Wiedereroberung der verlorenen Bergbaureviere und die Gefahr eines Einbruchs in Deutsch-Lothringen nicht einzig durch die Verriegelung des Ausfallstors Verdun behoben worden wäre. Tatsächlich mußte die seit 1½ Jahren immer wieder von zahlreichen Generalstäblern geprüfte Möglichkeit einer deutschen Offensive von vornherein vor allem auf die Aussichten einer allgemeinen Kriegsentscheidung abgestellt sein. Daher lag der maßgebende Gesichtspunkt des Angriffs auf Verdun zweifellos, wie Falkenhayn selbst

[1]) M. Schwarte, „Der große Krieg 1914—1918“ II. Band, S. 481.

[2]) Gemeint ist offenbar das nordfranzösische Kohlenbecken, das für eine Gefährdung durch einen Vorstoß von Verdun aus allerdings reichlich weit — etwa 200 km — entfernt lag.

[3]) E. v. Falkenhayn, „Die Oberste Heeresleitung 1914—1916“, Berlin 1920.

erklärt, in der Hoffnung auf eine Abnützung der französischen Reserven und auf Erringung eines die Öffentlichkeit stark beeindruckenden Erfolgs, der den Franzosen die Aussichtslosigkeit weiterer Kriegführung vor Augen führen sollte. Da sich diese größeren Gesichtspunkte für die öffentliche Darlegung damals nicht eigneten, wurde die als Nebenabsicht gewiß auch bedeutsame Sicherung des Eisenerzreviers vorangestellt, um die großen Anstrengungen und Opfer zu begründen.

Auch rückschauend betrachtet, ließe sich das gewaltige Verdun-Unternehmen niemals unter dem entscheidenden oder auch nur wesentlich mitbestimmenden Gesichtspunkt des Schutzes von Briey rechtfertigen. So bedeutsam die dortigen Erze im Frieden und vor allem im Kriege für die deutsche Industrie waren, entscheidende Bedeutung hatte ihr Besitz nicht. Die von den deutschen Wirtschaftsverbänden während des Krieges aufgestellten Behauptungen, daß das Briey-Erz geradezu eine Lebensnotwendigkeit für Deutschland darstelle und daß man im jetzigen und ebenso in einem zukünftigen Kriege ohne das Briey-Becken von vornherein verloren sei[1]), sollten die amtlichen Stellen und die Öffentlichkeit für die Annexion des Briey-Beckens gewinnen und enthielten sehr erhebliche Übertreibungen. Von dem bis zuletzt einigermaßen reichlichen deutschen Eisenerzverbrauch im Kriege lieferte Französisch-Lothringen niemals mehr als ein Zehntel. Soviel hätte im Notfalle ohne entscheidende Schwierigkeiten eingespart werden können, und im übrigen waren die sonstigen deutschen Eisenerzvorkommen noch keineswegs bis an die Grenze ihrer Leistungsfähigkeit angespannt. Auch die schwedischen Lieferungen hätten sich, namentlich gegen vermehrte Kohlenzufuhren, noch steigern lassen. Bezogen auf die gesamte deutsche Stahlproduktion war der Anteil der Briey-Erze sogar noch viel geringer; er überschritt in keinem der Kriegsjahre 5%.

Nach dem Mißlingen der eigentlichen Verdun-Offensive hat die Sicherung der lothringischen Gruben und Hütten auch weiterhin den Gegenstand ständiger Sorge der Heeresleitung gebildet. Als im

[1]) Außer der 6-Verbände-Denkschrift vom 20. Mai 1915, die namentlich von französischer Seite immer wieder als Beweis für die Bedeutung Briey's im Kriege angeführt wurde, seien als charakteristische Äußerungen eines Sachverständigen wiedergegeben: Dr. Reichert in der Wirtschaftszeitung vom 7. Dezember 1917: „Wenn wir nicht Briey besäßen, wären wir längst besiegt" und derselbe am Schluß seiner Schrift: „Was sind uns die Erzbecken von Briey und Longwy" (Berlin 1918): „Der Besitz von Briey und Longwy bedeutet nichts weniger als die Rettung unseres Vaterlandes."

August 1917 die Frage des Ausweichens vor den sehr heftigen französischen Gegenangriffen vor Verdun erwogen werden mußte, um die Kräfte in den wenig günstigen Stellungen vor den Maas-Höhen zu schonen, wurde mit Rücksicht auf Briey für das Verharren im Osten Verduns entschieden.

Eine ernstliche Offensive der Entente mit dem weitgesteckten Ziel der Wiedereroberung des Erzbeckens hat aber bis zum Ende des Krieges nicht stattgefunden. Erwogen wurde sie mehrfach; insbesondere sollte gegen Ende 1917 ein großangelegter französischer Angriff zu diesem Zweck erfolgen, mußte aber wegen der Abgabe von 6 Divisionen an die italienische Front nach dem Zusammenbruch bei Caporetto und infolge der gleichzeitigen Freisetzung deutscher Kräfte in Rußland unterbleiben. Kurz vor dem Waffenstillstand wurde eine große französisch-amerikanische Offensive der Generäle de Castelnau, Mangin und Pershing in Lothringen vorbereitet; ihr Gesamtziel war aber vorwiegend strategischer Natur und bezog die Besetzung des Erzgebiets nur als Nebenzweck ein.

Die Tatsache, daß die bedeutende Kriegsindustrie Lothringens und vor allem der Erzbergbau von Briey und Longwy mehr als vier Jahre lang so gut wie unangefochten vor den Augen und teilweise fast unter den Kanonen der Alliierten betrieben werden konnten, hat die öffentliche Meinung Frankreichs tiefgehend erregt. Von den Forts auf den Maashöhen östlich Verdun konnte man an klaren Tagen den Rauch der Gruben und Hütten deutlich aufsteigen sehen; den Beobachtern in den Flugzeugen und Fesselballons blieb die emsige Tätigkeit erst recht nicht verborgen. Dazu kamen die deutschen Veröffentlichungen über den ungeheuren Wert dieser Tätigkeit für die Kriegswirtschaft; sie wurden in Frankreich eifrig verbreitet und, zumal sie im Kern ja eine gewisse Berechtigung besaßen, eifrig geglaubt. Wenn die in Frankreich besonders strenge Zensur auch eine ernsthafte Kritik der militärischen Maßnahmen ausschloß, so erschienen doch seit Ende 1915 selbst in der Tagespresse wiederholt Artikel von hohen Offizieren, u. a. den Generälen Verraux und Malleterre, und Politikern, u. a. Senator Bérenger und dem in diesen Erörterungen besonders hervortretenden Deputierten Engerand, worin die Bedeutung Brieys im Kriege unterstrichen und die Heeresleitung mehr oder weniger offen zu entsprechenden Folgerungen aufgefordert wurde. Sogar die Ausschüsse der Kammer und des Senats und selbst der Ministerrat beschäftigten sich zu wiederholten Malen mit diesem Problem und wiesen die Heeresleitung auf die Notwendigkeit aktiven Vorgehens hin. Zeitweilig scheint es geradezu zu ernsteren Zwistigkeiten zwischen dem Kabinett und der Heeresleitung gekommen zu sein, weil diese die Hinweise nach Ansicht der politischen Stellen unbeachtet ließ. Bei dem in Frankreich von jeher weitverbreiteten Mißtrauen gegen die Integrität der obersten Stellen glaubte man hinter dem Zögern der Heeresleitung die „main invisible", den geheimen Einfluß der Schwerindustrie, vermuten zu sollen, die ihre Werke nicht zerstören lassen wollte. Das Comité des Forges, der Verband der französischen Eisenindustriellen, dessen politische Macht niemand unterschätzte, war in der Tat im Hauptquartier vertreten und beriet dort die wechselnden Oberstkommandierenden. Das Mißtrauen verstärkte sich als im Sommer 1916 im Temps ein Artikel eines naturalisierten Ausländers, mit Namen Hochschiller (Vater Österreicher, Mutter Russin), erschien, der die völlige Wertlosigkeit der Briey-Gruben für die deutsche Kriegswirtschaft nachzuweisen suchte. Außerdem wurden die Anregungen, die Gruben von Flugzeugen mit Bomben belegen zu lassen, mit der etwas dunklen Andeutung abgelehnt, man wolle Repressalien gegen die große Sodafabrik in Dombasle unweit Nancy vermeiden, deren Erzeugnisse für die französische Munitionsherstellung unentbehrlich seien. Als Engerand durch Rückfrage bei dem Munitionsminister Thomas feststellte, daß die Sodafabrikation längst im Innern des Landes dezentralisiert worden sei, wuchsen das Mißtrauen und die Unruhe gegen die Heeresleitung wegen ihres anscheinenden Versagens in der Briey-Frage an.

Zum offenen Ausbruch kam die Erregung aber erst nach dem Waffenstillstande. Mit einem für deutsche Verhältnisse kaum begreiflichen Selbstbewußtsein gegenüber den militärischen Kommandostellen und mit größter Schärfe beschäftigte sich die französische Kammer am 24. und 31. Januar und 14. Februar 1919 mit der Angelegenheit[1]). Im Rahmen einer Interpellation über die Demobilmachung suchten die Abgeordneten Barthe und Engerand in breiter Ausführlichkeit zu ergründen, weshalb die Heeresleitung das Becken von Briey Anfang August 1914 kampflos preisgegeben, ferner weshalb sie keine Versuche unternommen habe, es alsbald in der zweiten Hälfte des August und dann in den späteren Jahren zurückzuerobern, und endlich, weshalb der Betrieb der Gruben und Hütten nicht wenigstens durch Artilleriefernfeuer oder durch Flugzeugbomben lahmgelegt worden sei. Die Ausführungen

[1]) Journal Officiel 1919, S. 203ff, 339ff u. 636ff.

machten solchen Eindruck, daß nicht nur die meisten in Frage kommenden Minister und früheren Minister, u. a. Briand, Viviani, Thomas, Painlevé, Loucheur zu ihrer Rechtfertigung das Wort ergriffen, ebenso der Abgeordnete De Wendel zur Verteidigung des Comité des Forges, sondern daß sogar ein Untersuchungsausschuß eingesetzt wurde, der in monatelangen Verhandlungen die aufgeworfenen Fragen durch Vernehmung der leitenden Feldherren klären sollte[1]). So erschienen die damals in frischem Ruhm glänzenden Marschälle Frankreichs, Joffre, Nivelle, Pétain und Foch vor dem Kammerausschuß, um darzulegen wie die deutsche Herrschaft über Briey möglich gewesen sei, der es die Deutschen nach ihren eigenen Angaben und nach Ansicht der meisten Franzosen verdankten, daß sie den Krieg viereinhalb Jahre lang hatten durchhalten können. Die Niederschriften des Untersuchungsausschusses sind in zwei dickleibigen Bänden niedergelegt, und der Abgeordnete Engerand hat im April 1919 der Kammer abschließend das Ergebnis vorgetragen[2]).

Nach erschöpfenden Auskünften der befragten hohen Offiziere ließ sich der Verdacht unsachlicher Einflüsse auf die Entscheidungen des Generalstabes offenbar nicht aufrecht erhalten. Zwar wurde festgestellt, daß die Ausbildung der Truppenführer — nicht anders wohl als in allen anderen übrigen Ländern — die im Kriege so überwältigend offenbarte Bedeutung der wirtschaftlichen Faktoren völlig vernachlässigt habe und daß die Heeresleitung auch noch in den ersten Phasen des Weltkrieges in dieser Hinsicht, namentlich auch bezüglich der Wichtigkeit des Briey-Beckens, durchaus unzureichend unterrichtet gewesen sei. Besonders beklagt wurde das Fehlen engerer Verbindung zur staatlichen Bergverwaltung. Aber, wie Joffre ausdrücklich versichert hatte, konnte der französische Generalstab, der die strategische Gesamtentscheidung im Auge hatte, gar nicht anders handeln als tatsächlich geschehen, wie hoch man auch immer die Wichtigkeit des Eisen-

---

[1]) Marcel Berger u. Paul Allard behaupten in ihrem nicht nur amüsanten, sondern auch recht lehrreichen Buche „Les Dessous du Traité de Versailles d'après les Documents inédits de la Censure française.“ Paris 1933, daß die Kammerdebatte in der Presse nur ganz gekürzt wiedergegeben worden sei. Die fragliche Nummer des Journal Officiel sei an den Zeitungskiosken ausnahmsweise nicht zu kaufen gewesen (S. 89).

[2]) Le Rôle et la Situation de la Métallurgie en France, Question de Briey. Annales de la Chambre des Députés. Documents parlementaires 1919. annexe No. 6026, Sitzung vom 16. April 1919. Rapport de M. Fernand Engerand, S. 225ff.

erzreviers eingeschätzt hätte[1]). Seit 1875, als der Generalstabschef Séré de Rivière die Grundlagen für den defensiven Aufmarsch der französischen Armee gegen Deutschland geschaffen hatte, bis zum Plan 17, der im Fühjahr 1913 angenommen worden war und der den französischen Aufmarsch im August 1914 bestimmte, war stets eine breite Zone an der lothringischen Grenze für den Mobilmachungsfall preisgegeben worden. Man wollte der von der mächtigen Festung Metz gestützten deutschen Armee nicht die Möglichkeit bieten, die französischen Truppen im Aufmarsch vor dem Festungsgürtel der Maas—Mosel-Linie zu überwältigen. Die Deckungstruppen hielten gegenüber Metz erst die Linie der Maashöhen in unmittelbarer Anlehnung an die Forts von Verdun; die in der Woevre-Ebene bis in die Nähe von Conflans vorgeschobenen Vorposten sollten im Falle eines Angriffs auf die Hauptstellungen zurückfallen, um nicht in aussichtslosen Vorfeldkämpfen aufgerieben zu werden.

Im übrigen rechnete die französische Heeresleitung damit, das aufgegebene Gelände rasch wieder zu erobern. Die Offensive, die die französische 3. Armee gemeinsam mit den Nachbararmeen im letzten Augustdrittel aus dem Raum von Verdun gegen Diedenhofen vortrug, kam an sich auch den Absichten der deutschen Heeresleitung entgegen; im Zentrum des deutschen Aufmarsches hätte diese — übrigens ebenfalls ohne Rücksicht auf die wirtschaftliche Bedeutung des in Frage kommenden Gebiets — ein tieferes Vordringen der Franzosen nicht ungern gesehen, um die Umklammerung durch den Vormarsch des deutschen rechten Flügels noch wirksamer werden zu lassen. Die französische Offensive in Lothringen kam aber in den Niederlagen bei Saarburg, Longwy und Neufchâteau zum Stehen und konnte später nicht fortgesetzt werden, weil mehrere Armeekorps zur Verstärkung des linken Flügels abgegeben werden mußten. So brachte der ausholende deutsche Vormarsch durch Belgien mittelbar auch die Sicherung für das lothringische Bergbaugebiet, während umgekehrt Frankreich seine Hoffnungen in Lothringen für die Rettung von Paris opfern mußte. Wie es Engerand in seinem Bericht audsrückt: „Briey était la rançon de Paris“[2]).

Die Feststellungen der Kammer und des Untersuchungsausschusses haben auch endgültig mit der Legende aufgeräumt, daß das Verbot des französischen Ministerrats an die Truppen vom 30. Juli 1914, näher als 10 km an die deutsche Grenze heranzu-

[1]) Pierre Bruneau, Le Rôle du Haut Commandement au Point de Vue économique de 1914 à 1921, Paris 1924, S. 16.

[2]) a. a. O. S. 2591: „Briey war das Lösegeld für Paris“.

rücken, die Preisgabe von Briey verursacht habe. Die Anordnung war dazu bestimmt gewesen, in England den Eindruck einer zur äußersten Friedfertigkeit entschlossenen Regierung zu erwecken, um Englands Unterstützung für den Fall eines deutschen Angriffs politisch zu erleichtern. Bis lange Zeit nach dem Kriege hat diese Maßnahme ihre propagandistische Aufgabe erfüllt; sogar noch die amtliche französische Denkschrift über die Verlegung der deutschen Westgrenze an den Rhein vom 25. Februar 1919 bezieht sich auf sie, als sie die Notwendigkeit vermehrten Schutzes an der Ostgrenze des friedlichen Frankreich nachweisen will. Wegen der Tragweite, die die Räumung des Brieybeckens erlangte, hat man in der Kriegsliteratur der Entente sogar Vorwürfe gegen die Regierung Viviani erhoben, weil sie durch ihre Einmischung den unwiederbringlichen Verlust des Eisenerzreviers verschuldet habe[1]). Tatsächlich war der Beschluß des Ministerrats nicht nur unter Zustimmung des Kriegsministers Messimy gefaßt, sondern geschah sogar im ausdrücklichen Einvernehmen mit dem Generalstab und war im übrigen ohne jede strategische Bedeutung. Die seit Jahrzehnten angeordnete Linie der Deckungstruppen verlief nicht 10, sondern im Abschnitt Briey etwa 25 km von der deutschen Grenze entfernt, und selbst die äußersten Vorposten hielten sich von vornherein in einem 10-km-Abstand von der Grenze. Da die Anordnung im übrigen mit dem Augenblick der deutschen Kriegserklärung am 2. August wieder aufgehoben wurde, kann sie mit der Besetzung Brieys durch die deutschen Truppen, die erst am 5. August erfolgte, nicht in Zusammenhang gebracht werden. Wie wenig die französische Heeresleitung daran dachte, sich durch die vom politischen Standpunkt zweifellos überaus geschickte Maßnahme in ihren sonstigen Plänen stören zu lassen, geht daraus hervor, daß sie sich weiter südlich, bei Pont-à-Mousson, stillschweigend über das Verbot hinwegsetzte. In den Vogesen erfolgten durch übereifrige französische Patrouillen sogar regelrechte Grenzverletzungen vor der Aufhebung der 10-km-Sperre.

Schwerer scheint es den Marschällen und Generälen geworden zu sein, den Abgeordneten die dauernde Untätigkeit der französischen Truppen im weiteren Verlauf des Krieges an diesem Abschnitt verständlich zu machen. Daß sie ebenso wie ihre deutschen Ge-

[1]) Edwin C. Eckel, ein amerikanischer Geologe und Major im Weltkrieg, schreibt in seinem in London 1925 veröffentlichten, sonst teilweise recht bemerkenswerten Buche Coal, Iron und War, zu der Frage auf S. 78: „Such were the consequences of political intervention in a military and industrial problem".

genspieler mit einer kurzen Dauer des Krieges gerechnet und daher anfänglich jede Rücksicht auf die wirtschaftlichen Voraussetzungen eines mehrjährigen Stellungskrieges außer acht gelassen hatten, konnte man ihnen nicht ernstlich zum Vorwurf rechnen. Aber die spätere Zurückhaltung vor den deutschen Rüstungsbetrieben erschienen damals schlechthin unbegreiflich. Selbst unter den französischen Truppenführern hatte es viele gegeben, die sich mit diesem Zögern nicht abfinden wollten. General Guillaumat hatte im Januar 1917 eigenmächtig die Hochöfen und Bergwerke bei Joeuf mit Bomben belegen lassen und sich dafür eine ausdrückliche Beanstandung durch den damaligen Oberstkommandirenden Nivelle zugezogen. Ebenso hatten französische Flieger mehrfach heimlich nachts Bomben auf die Industrieanlagen im Briey-Bezirk abgeworfen. Gegenüber der Autorität der vier Heerführer Joffre, Nivelle, Pétain und Foch, die einmütig die Unzweckmäßigkeit früherer Offensiven im Briey-Abschnitt versicherten[1]), konnte der Berichterstatter der Kammer aber nicht anders als über diesen Punkt hinwegzugehen. Die Gründe sind trotz der vielen Erörterungen nicht deutlich geworden. Vermutlich waren es die schweren deutschen Festungswerke der Linie Metz—Diedenhofen, die eine französische Offensive in diesem Abschnitt an einer tieferen Auswirkung verhindert hätten und die deshalb der französischen Heeresleitung die Wahl anderer Angriffspunkte als aussichtsreicher erscheinen ließen. In der Kammer erinnerte man auch an die Unterlassung der Deutschen, den Rest des nordfranzösischen Kohlenbeckens bei Béthune anzugreifen; sie erschien den Franzosen noch viel schwerer verständlich, da dort für Frankreich noch viel mehr auf dem Spiele stand als für die Deutschen in Briey, und weil außerdem das verwundbare Ziel in viel näherer Reichweite lag.

Den gleichen Hinweis auf das deutsche Versagen in Nordfrankreich stellte man auch dem Vorwurf unzureichender Bombenbelegung entgegen. Diesen Punkt hatte schon die Kammerdebatte am 31. Januar und 14. Februar 1919 einigermaßen geklärt. Unter Mitwirkung mehrerer Abgeordneter, die als Flieger- und sonstige Offiziere frisch von der Front zurückgekehrt waren, hatte man festgestellt, daß die Materialausstattung der französischen Armee erst später systematische Bombardierungen des von den Deutschen besetzten Gebiets in größerem Umfange gestattet hatte. In den letzten anderthalb Kriegsjahren war

[1]) P. Bruneau a. a. O. S. 33.

jedoch ziffernmäßig viel in dieser Hinsicht unternommen worden. Wie der Wiederaufbauminister Loucheur am 14. Februar in der Kammer mitteilte, haben in der Zeit vom 15. Juli 1917 bis zum 11. November 1918 unter Mitwirkung der Amerikaner 650 Flugzeuge mit 162 000 kg Sprengstoff die Verkehrspunkte und 114 Flugzeuge mit 17 000 kg Sprengstoff die Industriewerke Französisch-Lothringen angegriffen; in Deutsch-Lothringen und Luxemburg wurden während des gleichen Zeitraums die Verkehrspunkte von 1270 Flugzeugen mit 343 000 kg Sprengstoff und die Hütten von 494 Flugzeugen mit 110 000 kg Sprengstoff angegriffen. Hierbei bestätigte sich aber die von der französischen Heeresleitung von vornherein vertretene Auffassung, daß trotz der riesigen Ziele, die die Hütten boten, die verursachten Materialschäden recht unbedeutend blieben und daß sich die Angriffe auf die Verkehrspunkte viel besser lohnten. Die Belegung der Bergwerke mit Bomben ist überhaupt so gut wie wirkungslos gewesen. Der einzige, allerdings keineswegs zu unterschätzende Erfolg der Angriffe auf die bergbaulichen und industriellen Anlagen bestand in der Erzeugung von Panik bei den Belegschaften und damit in einer empfindlichen Störung des Betriebes. Wie der Abgeordnete de Wendel auf Grund von Mitteilungen ausführen konnte, die ihm die Direktoren seiner auf beiden Seiten der Grenze gelegenen Werke gemacht haben, haben die Bombenangriffe auf die Hütten insofern zu starken Leistungsminderungen geführt[1]).

Die Erörterungen und Untersuchungen der französischen Kammer haben keinerlei Beweis dafür erbracht, daß die privaten Interessen der französischen Industriellen im Briey-Becken die Maßnahmen der Heeresleitung in einer für die Kriegführung nachteiligen Weise beeinflußt hätten. Sie bilden aber einen bemerkenswerten Beweis für die Unzufriedenheit, die das französische Volk ebenso wie auch die anderen Kriegführenden darüber empfanden, daß die den modernen Krieg beherrschenden wirtschaftlichen Gesichtspunkte durch die Heeresleitungen anscheinend vernachlässigt worden waren. In der Tat kann es keinem Zweifel unterliegen, daß der Kampf um das Briey-Becken wesentlich anders

[1]) Es ist anzunehmen, daß trotz der verbesserten technischen Möglichkeiten die Bombenangriffe auf Industrieanlagen auch in einem neuen Kriege die gleichen Erfahrungen erbringen werden, namentlich wenn der Angreifer mit einer gewissen Abwehr rechnen muß. Daher wird es vor allem darauf ankommen, die Gefahr der Panik psychologisch zu bekämpfen, nicht zuletzt durch rechtzeitige Aufklärung über die verhältnismäßig geringen Schäden, die von den Bombenangriffen tatsächlich zu befürchten sind.

geführt worden wäre, wenn der französische Generalstab rechtzeitig die spätere Bedeutung dieser Grenzzone vorausgesehen hätte.

Sonstige Bergbaugebiete.

Die Kohlen- und Eisenvorkommen in den Nebenkriegsschauplätzen waren gegenüber dem ungeheuren Bedarf der Kriegswirtschaft in den Hauptländern von ganz untergeordneter Bedeutung. Der Bergbau von Eregli (Heraklea) an der kleinasiatischen Küste des Schwarzen Meeres, etwa 200 km östlich Konstantinopel, lieferte in den Vorkriegsjahren $3/4$ Millionen t recht guter Steinkohle und besaß erhöhte Bedeutung, als die Kriegsentwicklung eine anderweitige Versorgung Konstantinopels unmöglich machte. Die Gefährdung des Schiffsverkehrs mit Eregli durch russische und auch englische Unterseeboote beschäftigte daher vielfach die türkisch-deutsche Marineleitung. Angesichts der geringen Industrien der Türkei hing aber ihre Fähigkeit zur Kriegsführung weniger von der Frage der Kohlenversorgung ab; im übrigen gelang es auch den Gegnern nicht, die Kohlenzufuhr in größerem Umfange zu verhindern.

Auch an einer anderen Stelle traten Kohlen- und Eisenerzvorkommen noch einmal in den Bereich der Kriegsmaßnahmen der Mittelmächte. Der fast kampflose Vormarsch, den deutsche und österreich-ungarische Truppen nach dem russischen Zusammenbruch im Sommer 1918 durch die Ukraine antraten, brachte auch die reichen Eisenerzlager von Kriwoi Rog, zwischen Dnjestr und Dnjepr, 150 km südwestlich Jekaterinoslaw gelegen, und das größte russische Kohlenbecken, das Donez-Revier, in deutsche Hand. In Friedenszeiten waren die Kriwoi-Rog-Erze trotz der ungünstigen Frachtlage bis zu den oberschlesischen und mährischen Hütten ausgeführt worden. Einer stärkeren Ausnutzung im Jahre 1918 standen die Schwierigkeiten mit der revolutionären Arbeiterschaft und Mangel an Transportmitteln entgegen; an den gleichen Schwierigkeiten scheiterten die Bemühungen um die Wiederaufnahme des Donez-Bergbaus, der in den revolutionären Wirren zum großen Teil zum Stillstand gekommen war. Zwar wurde in Charkow eine deutsche Bergverwaltung eingerichtet, und zahlreiche russische Grubenbesitzer und Ingenieure, die während der Unruhen geflüchtet waren, kehrten unter dem Schutz der deutschen Bajonette an ihre Arbeitsstätten zurück; um so störrischer und widerwilliger blieben aber die Belegschaften. Die Verladungen an Donezkohle waren daher unter der deutschen

Verwaltung ganz gering. Im übrigen galt der viel kritisierte Vormarsch in erster Linie der Sicherung von Lebensmitteln, an denen die Mittelmächte sehr erheblich dringenderen Bedarf hatten als an Eisenerz und Kohle.

Bei längerer Dauer des Krieges wäre es nicht ausgeschlossen gewesen, daß namentlich das Kriwoi-Rog-Erz ebenso wie die mannigfachen mineralischen Bodenschätze der Krim und am Kaukasus, insbesondere Manganerz und Öl, für die deutsche Kriegswirtschaft größeren Wert erlangt hätten. Als irgendwie bedeutsame Grundlage für die weitgespannten Pläne der deutschen Heeresleitung kamen sie aber nicht in Frage.

Unter den gegebenen wirtschaftlichen Voraussetzungen spielten die Kohlen- und Eisenfragen in den Friedensverträgen von Brest-Litowsk und Bukarest keine Rolle. In Rumänien waren Lagerstätten beider Stoffe von irgendwelcher Bedeutung auch nicht bekannt.

3. DIE KRIEGSWIRTSCHAFT DER WICHTIGSTEN STAATEN IN KOHLE UND EISEN.

Deutschland.

Die Versorgung Deutschlands mit Kohle und Eisen im Kriege stellte nach der Vorkriegsstatistik kein schwieriges Problem dar, da Deutschland sowohl in Kohle als auch, ungehinderte Erzeinfuhr vorausgesetzt, in Eisen über den eigenen Bedarf hinaus sehr erhebliche Ausfuhrmengen zur Verfügung hatte. In der Tat bildete die Deckung des Kohlen- und Eisenbedarfs einen der günstigsten Abschnitte innerhalb der deutschen Kriegswirtschaft; die geologischen, technischen und handelsmäßigen Voraussetzungen für eine wirklich reichliche Versorgung waren durchaus gegeben. Daß trotzdem im Laufe der Jahre eine sich ständige verschärfende Knappheit eintrat und namentlich in Kohle wie in allen Ländern zeitweilig sogar ernster Mangel herrschte, lag an den gleichen Umständen, die überall während des Krieges die Warenerzeugung, vor allem die Erzeugung der Massenwaren, beeinträchtigten.

Die gewaltige deutsche Steinkohlenausfuhr der Friedenszeit reichte aus, um den Förderausfall teilweise auszugleichen, der bei Beginn des Krieges infolge des Einrückens der Bergleute zu den Fahnen eintrat. Andererseits mußte die Ausfuhr an die Verbündeten und auch an die Neutralen sogar gesteigert werden, während gleichzeitig die bisher hauptsächlich aus England stammende Einfuhr fortfiel. Die anfänglich sehr stark gesunkene Förderung konnte

Zahlentafel 11.

Deutschlands Kohlenversorgung während des Krieges.

	1913	1914	1915	1916	1917	1918
a) Steinkohle						
Förderung . . .	190	161	147	159	168	161
Einfuhr[1]. . . .	11	7	3	2	1	0
Ausfuhr[1] . . .	45	34	23	26	20	17
Verbrauch . . .	156	134	127	135	149	144
b) Kokserzeugung . .	34,6	28,6	27,2	34,2	34,7	34,4
c) Braunkohlen						
Förderung . . .	87	84	88	94	96	101
Einfuhr[2]. . . .	7	6	5	5	4	3
Ausfuhr[2] . . .	1	1	1	1	0	0
Verbrauch . . .	93	89	92	98	100	104

sich aber im Lauf des Krieges so weit erholen, daß der deutsche Gesamtverbrauch (Steinkohle und Braunkohle zusammengerechnet) den von 1913 erreichte.

In den einzelnen deutschen Steinkohlenrevieren verlief die Entwicklung nicht gleichmäßig. Im Ruhrgebiet, das drei Fünftel der deutschen Gesamtförderung lieferte, fiel die Leistung 1915 auf 76% der Friedensziffer und stieg 1917 wieder auf 87% an. Wesentlich besser hielt sich Oberschlesien, auf das fast ein Viertel der deutschen Gesamtförderung entfiel. Die mächtigen, reinen Flöze erleichterten die durch den Krieg gebotene schärfere Anspannung der Leistung, so daß die Förderung dort 1915 und 1917 89 bzw. 98% der Friedensziffer erreichte. Der für dieses Gebiet so gefahrvolle Herbst 1914

Zahlentafel 12.

Förderung der einzelnen deutschen Steinkohlenreviere während des Krieges in Mill. t.

	1913	1914	1915	1916	1917	1918
Gesamt-Deutschland.	190,1	161,4	146,9	159,2	167,7	158,3
davon						
Ruhrgebiet	114,8	98,2	86,8	94,2	99,1	95,9
Oberschlesien	43,8	37,2	38,3	42,0	43,0	39,9
Niederschlesien	5,5	4,9	4,5	4,6	4,6	4,6
Saargebiet	13,3	9,9	8,3	9,2	10,3	10,0
Aachen	3,3	2,7	2,3	2,5	2,5	2,5
Königreich Sachsen. .	5,5	4,8	4,3	?	?	4,6
Lothringen.	3,8	2,9	2,0	2,0	2,6	2,7

[1]) Unter Hinzurechnung der Briketts und unter Umrechnung von Koks auf den Wert der Steinkohle.

[2]) Unter Hinzurechnung der Briketts.

war also schon bald überwunden. Dagegen machte sich in den westlichen Grenzgebieten, im Aachener, im Saar- und im lothringischen Revier, die Nähe der Front mit den Fliegerangriffen und der Überlastung der Transportmittel stark fühlbar. Die Förderung sank z. B. in dem kleinen lothringischen Revier zeitweilig bis auf die Hälfte der Friedensziffer herab.

Auf einem verhältnismäßig hohen Stande hielt sich die Kokserzeugung während des Krieges. Sie besaß besondere Bedeutung, da die Nebenerzeugnisse, insbesondere Ammoniakwasser, Benzol, Teer und Toluol für die Kriegswirtschaft von überragender Wichrigkeit waren. Es gelang, den Anteil der verkokten Kohle am Gesamtverbrauch wesentlich zu steigern und sogar die Kokserzeugung — und damit die Produktion der Nebenerzeugnisse — auch der absoluten Menge nach zu vergrößern. Für die Versorgung Deutschlands mit den Grundstoffen der Explosivindustrie, mit Motorentreibstoff usw. sind diese Fortschritte von höchstem Wert gewesen.

Noch wesentlich günstiger war, mengenmäßig betrachtet, die Versorgungslage in Braunkohle, da der vorwiegende Tagebaubetrieb sogar eine überaus bedeutsame Steigerung der Förderung durch sehr starken Einsatz von Kriegsgefangenen und stärkere Verwendung von Maschinen gestattete und da sogar neue große Gruben noch während des Krieges angelegt werden konnten. Zwar fiel die Einfuhr der verhältnismäßig hochwertigen böhmischen Braunkohle fast auf die Hälfte herab; aber die erhöhte deutsche Förderung gestattete doch, dem deutschen Gesamtverbrauch im letzten Kriegsjahr 12% mehr Braunkohle als im Jahre 1913 zur Verfügung zu stellen.

Rechnet man Braunkohle dem Heizwert nach auf Steinkohle um, so war der Gesamtkohleverbrauch in Deutschland in den Jahren 1913 bis 1918 179, 156, 149, 159, 173 und 168 Millionen t, betrug also im ungünstigsten Jahre 1915 83%, im günstigsten Jahre 1917 aber 97% der Versorgung im letzten Friedensjahre 1913. Das war im ganzen ein überaus günstiges Ergebnis, das unter den obwaltenden Umständen der Gesamtheit der Bergwerksbesitzer und Bergleute ein glänzendes Zeugnis ausstellte. Es bleibt jedoch zu berücksichtigen, daß sich die Beschaffenheit der abgesetzten Kohle während des Krieges erheblich verschlechterte.

In den Jahren vor dem Kriege hatte man unter den gegebenen Umständen der Frage der Kohlenversorgung im Kriegsfalle, soweit man überhaupt so weitschauende Erwägungen anstellte, mit gelassener Ruhe entgegengesehen. Bei den tastenden

Vorbereitungen, die das Reichsamt des Inneren erstmalig im Jahre 1913 für die wirtschaftliche Mobilmachung einleitete und die sich in der Hauptsache auf die Lebensmittelversorgung und auf Geldumlauf und Kriegsfinanzen erstreckten, war durch eine Umfrage bei der Industrie festgestellt worden, daß die großen Hütten und Fabriken im allgemeinen mit ausreichenden Kohlenvorräten versehen waren, um die bei Beginn eines Krieges zu erwartende Stockung in den Versorgungstransporten zu überdauern. Dagegen war für die kleineren Verbraucher mit gewissen Gefahren zu rechnen; auf Veranlassung des Preußischen Finanzministeriums arbeitete deshalb die Eisenbahnabteilung des Großen Generalstabs Züge für die Kohlenversorgung in den Fahrplan der Mobilmachungsperiode ein. Infolgedessen sind in dieser Hinsicht keine erheblichen Schwierigkeiten eingetreten; nur gelegentlich kam es schon in den ersten Monaten zu kurzen Stillegungen infolge von Unterbrechungen in der Kohlenbelieferung. Im übrigen gingen auch diese Vorbereitungen durchaus von der Illusion eines kurzen Feldzuges aus und erfolgten in vollständiger Verkennung der Mannschafts- und Materialbedürfnisse eines zukünftigen Krieges. Bezeichnenderweise bestand die Hauptsorge vieler Industrieller in der Annahme einer schweren Absatzkrise infolge Stockens der Ausfuhr, des Geldumlaufs und des Kredits und infolgedessen in der Annahme einer allgemeinen Arbeitslosigkeit.

Jedenfalls war die Deckung des Kohlenbedarfs auch noch im Winter 1914/15, als sich der veränderte Charakter des Krieges deutlich herausstellte, eine der geringsten Sorgen der politischen und militärischen Stellen. Während der zwei ersten Kriegsjahre herrschte geradezu ein gewisser Überfluß an Kohle. Seine rechtzeitige Ausnutzung für die Verstärkung der kriegsindustriellen Erzeugung wurde allerdings nicht mit genügender Voraussicht und Tatkraft betrieben. Nur die Grundlage für eine starke wirtschaftspolitische Machtstellung in den benachbarten neutralen Ländern wurde in dieser Zeit, vor allem unter dem Druck der wachsenden Ernährungsschwierigkeiten, durch reichliche Kohlenausfuhr geschaffen. Der Anfang 1917 einsetzende Kohlenmangel erschien infolgedessen großen Teilen der Bevölkerung nicht begreiflich. Ursache und Wirkung verwechselnd, machten sie den sofort eingeleiteten behördlichen Maßnahmen den Vorwurf, die günstige Lage durch bürokratische Fehler in das Gegenteil verkehrt zu haben.

Wie war es möglich, daß Deutschland trotz seiner riesigen

Kohlenvorkommen und trotz des Fortfalles eines großen Teils seiner Ausfuhr in der Tat allmählich eine ernste Not auch in der Kohlenversorgung durchmachte? Die Verschlechterung beruhte im wesentlichen auf Ursachen, die außerhalb des Bergbaus selbst lagen. Der anfängliche Förderausfall ging auf die Einziehung der kräftigsten Jahrgänge zu den Fahnen und auf Stockungen im Abtransport der geförderten Kohle zurück. Wenn diese Entwicklung zunächst angesichts der starken Verringerung des Verbrauchs auch ohne nachteilige Folgen blieb, so hielt sie auch noch dann an, als der Bedarf infolge des Ausbaus der Kriegsindustrie sich verstärkte. Ganz besonders verhängnisvoll entwickelte sich die Transportkrisis; sie verursachte immer schwerere Störungen und Unterbrechungen, so daß im Herbst 1916 rd. 2 Millionen t Kohle und Koks auf den Ruhrzechen als Haldenbestände lagerten; Anfang 1918 waren sie auf 4 Millionen t angewachsen. Zeitweilig mußte im Ruhrgebiet an 10 Tagen im Monat gefeiert werden, weil die Kohle nicht abgefördert werden konnte; dann trat bei besserer Wagengestellung ein solcher Überbedarf ein, daß die zusammengewürfelten, unterernährten Belegschaften trotz größter Anstrengungen nicht zu folgen vermochten. Dazu kam der Mangel an Hilfsmaterialien, insbesondere an Grubenholz, für dessen Schlagung und Abfuhr es ebenfalls an Arbeitern und Transportmitteln fehlte, an Pferden, an Reparaturmöglichkeiten. Die sehr bedeutsame Erhöhung der Braunkohlenförderung diente fast ausschließlich zur Befriedigung der neuen Kriegsbedürfnisse bei der Erzeugung von Stickstoffverbindungen und von Aluminium, kam also für die Erleichterung der allgemeinen Kohlenlage von vornherein nicht in Betracht. Allmählich machte sich auch der Kriegsbedarf selbst immer schärfer geltend. Die Eisenbahnen, zumal nach der gewaltigen Ausweitung des deutschen Herrschaftsgebietes im Osten nach den Offensiven des Jahres 1915, verbrauchten mehr als das Doppelte des Friedensbedarfs, die Kriegsmarine das Dreifache, die Rüstungsbetriebe ebenfalls mehr als das Dreifache. Einen erheblichen Mehrverbrauch bedingte naturgemäß auch die Verschlechterung der Kohlenqualität und vor allem die Verschlechterung des Zustandes aller Dampfkessel und Feuerungen, zu deren Reinigung, Reparatur und Ersatz es an Arbeitskräften und Materialien mangelte.

Noch der ziemlich milde Winter 1915/16 war hinsichtlich der Kohlenversorgung verhältnismäßig günstig verlaufen. Erst die Anforderungen des Hindenburgprogramms vom August/September

1916 ließen die gespannte Lage deutlich erkennen und führten eine schwere Erschütterung herbei. Das Programm forderte vom Steinkohlenbergbau eine monatliche Fördersteigerung um eine Million t, beanspruchte gleichzeitig aber die Transportmittel und die sonstigen Hilfsquellen so scharf, daß zunächst statt einer Steigerung eine Verschlechterung der bergbaulichen Leistung eintrat. Da zugunsten der Durchführung des Rüstungsausbaues auch dem sonstigen Verbrauch Kohle entzogen wurde und der Winter 1916/17 ungewöhnlich kalt verlief, infolgedessen alle Wasserstraßen einfroren und gleichzeitig der Hausbrandverbrauch stark anstieg, so brach zeitweilig die Kohlenversorgung der Bevölkerung fast völlig zusammen. Die Schrecken des Kohlrübenwinters wurden durch die Brennstoffnot noch wesentlich verschärft. Nur durch rücksichtslose Maßnahmen, insbesondere durch Einlegung einer zehntägigen Verkehrssperre für alle nicht der Kohlenbeförderung dienenden Eisenbahntransporte im Januar 1917, gelang es die Krisis einigermaßen zu überwinden. Freilich mußte sich die Heeresleitung im Laufe des Jahres 1917 dazu entschließen, wesentliche Teile des Programms, auch manche bereits halbfertige Fabrikbauten wieder preiszugeben, weil die Arbeiter- und die Transportfragen nicht gelöst werden konnten.

Die Sorgen des Winters 1916/17 führten nunmehr auch in der Kohlenwirtschaft die staatliche Zwangsregelung herbei. Bisher hatte man sich bei der Einleitung des Hindenburgprogramms damit begnügt, dem neu eingerichteten Kriegsamt Kohlenausgleichsstellen anzugliedern, die die durch die Transportschwierigkeiten hervorgerufenen Ungleichmäßigkeiten der Belieferung ausgleichen sollten. Das Verfahren erwies sich als unzureichend. Infolgedessen erhielt die Regierung durch Bundesratsverordnung vom 24. Februar 1917 die Ermächtigung, die Kohlenverteilung nach dem öffentlichen Interesse vorzunehmen, insbesondere in schwebende Verträge einzugreifen und Kohlen demjenigen zuzuweisen, dessen Versorgung aus militärischen oder sozialpolitischen Gründen am dringlichsten war. Auf Grund der Verordnung wurde am 28. Februar 1917 die Einrichtung des „Reichskommissars für Kohlenverteilung" geschaffen. Mit der ihm angegliederten Organisation der Beiräte, Kohlenämter, Kohlenausgleichs-, Verteilungs- und Preisprüfungsstellen hat sie noch weit in die Nachkriegsjahre hinein Bedeutung erlangt. Für die Verteilung wurde ein Schlüssel aufgestellt, der ohne starre Bindung den Bedarf in der Reihenfolge Heeres- und Marineverbrauch einschließlich der Rüstungsindustrie, Eisenbahnen, Gas-, Wasser- und Elektrizitätswerke, Handelsschiffahrt, Landwirtschaft, Kleingewerbe, Hausbrand und Ausfuhr berücksichtigen sollte. Für den nicht kriegswichtigen Bedarf mußte der Bezugsschein (Kohlenkarte), zunächst für die größeren Verbraucher, Anfang 1918 auch für die kleineren Verbraucher eingeführt werden.

Durch die systematische Regelung gelang es, im Laufe des Jahres 1917 eine erhebliche Verbesserung der Kohlenverteilung zu erzielen. Da sich gleichzeitig auch die Transportverhältnisse wesentlich günstiger gestalteten und auf Drängen der Bergwerksbesitzer Bergleute von der Front und vermehrte Zahlen von Kriegsgefangenen zur Ergänzung der Belegschaften freigegeben wurden, konnte der Bergbau vom zweiten Vierteljahr 1917 ab die im Hindenburgprogramm vorausgesetzte Steigerung der Förderleistung fast erreichen und ein Jahr lang einigermaßen durchhalten. Die Krise hat sich infolgedessen während des Krieges nicht wiederholt; nicht zuletzt dank der Anstrengungen des Kohlenbergbaus und der verhältnismäßig erfolgreichen Durchführung der staatlichen Kohlenwirtschaft war auch die Erfüllung wesentlicher Teile des Hindenburgprogramms möglich, namentlich die Verstärkung der Waffen- und Munitionsherstellung. Allerdings mußte sich die Bevölkerung, auch in der Befriedigung dringender Bedürfnisse, harte Einschränkungen des Kohlen-, Gas- und Stromverbrauchs gefallen lassen. Zahlreiche kriegswirtschaftlich unwichtige Industrieanlagen, z. B. Porzellanfabriken, wurden jetzt zwangsweise stillgelegt.

Eine neue Verschlechterung erlitt die Kohlenversorgung erst wieder in der zweiten Hälfte von 1918, als die Verknappung der Lebensmittelbelieferung, Grippe und politische Unruhe die Leistung der Belegschaften herabdrückten, und auch die Arbeit der militärischen und wirtschaftlichen Behörden allmählich an Wirksamkeit verlor. Bis zum Waffenstillstand konnte sich aber der Kohlenbergbau rühmen, alle kriegswichtigen Anforderungen vollständig und, soweit nicht die Transportmittel versagten, auch pünktlich befriedigt zu haben.

Die Versorgung mit Eisen verlief einigermaßen ähnlich wie diejenige in Kohle. Die gewaltige deutsche Ausfuhr an Eisen und Eisenwaren, die vor dem Kriege etwa ein Drittel der gesamten deutschen Eisen- und Stahlerzeugung umfaßte, bildete den Ausgleich, der den Ansturm des kriegswirtschaftlichen Bedarfs der ersten Kriegsjahre abfing. Da eine amtliche Handelsstatistik über die Kriegszeit nicht veröffentlicht ist und die große Zahl der in Frage kommenden Einzelposten — Erz, Roheisen, Halbzeug und Fertigfabrikate — eine Übersicht viel mehr als bei dem Außenhandel in Kohle erschwert, läßt sich eine genauere Verbrauchsbilanz nicht aufstellen. Die in der Literatur verstreuten Einzelangaben zusammenzutragen, läßt sich nicht verantworten, da sie in keiner Weise übereinstimmen. Einfuhr hat fast ausschließlich in Erzen stattgefunden, und zwar im wesentlichen aus Schweden und Frankreich, daneben in geringeren Mengen aus Norwegen und Österreich-Ungarn.

Zahlentafel 13.

Deutscher Eisenerzverbrauch während des Krieges in Mill. t (ohne Luxemburg).

	1913	1914	1915	1916	1917	1918
Insgesamt	37,8	27,6	23,6	26,6	—	—
Davon aus dem Inland	25,9	18,7	17,6	20,3	22,7	18,4
Schweden u. Norwegen	4,2	3,5	3,2	3,0	—	—
Spanien	3,7	2,5	0,4	0,1	—	—
Frankreich	2,2	1,8	2,1	2,9	—	—
Afrika	0,8	0,5	0,1	—	—	—
Anderen Ländern . . .	1,0	0,6	0,3	0,3	—	—

Die Resteinfuhr „aus anderen Ländern" entstammte während des Krieges im wesentlichen Österreich-Ungarn und zum kleinen Teile Südwestpolen. Leider waren einigermaßen zuverlässige Ergebnisse für die beiden letzten Kriegsjahre in der Literatur nicht aufzufinden.

Für die Eisenerzförderung in Deutschland selbst liegen vollständigere und zuverlässigere Angaben vor:

Zahlentafel 14.

Eisenerzförderung in Deutschland während des Krieges in Mill. t.

	1913	1914	1915	1916	1917	1918
Insgesamt	35,9	25,5	23,8	28,3	27,0	21,5
Davon in:						
Lothringen	21,1	14,0	10,8	13,3	13,6	10,5
Luxemburg	7,3	5,0	6,1	6,8	4,3	3,1
Siegerland	2,7	2,3	2,3	2,5	2,4	2,1
Lahn-Dill-Bezirk . . .	1,1	0,9	1,1	1,4	1,6	1,4
Bezirk Clausthal . . . (hauptsächlich Ilsede)	0,9	0,9	1,1	1,5	2,2	2,0

Die Statistik zeigt die recht verschiedenartige Entwicklung in den einzelnen Bergbaubezirken. Wie im Kohlenbergbau ging auch in Eisenerz die Förderung der in der Nähe der Front gelegenen Reviere stark zurück, während die weiter im Inland gelegenenen Reviere nicht nur ihre Leistung halten, sondern teilweise sogar erheblich steigern konnten. Die Förderung des Oberbergamtes Clausthal, wo die den lothringischen Vorkommen ähnlichen Lagerstätten am nördlichen Harzrande bei Ilsede den weitaus größten Teil lieferten, konnte sogar auf das Zweieinhalbfache der Friedensleistung gebracht werden. Die drei preußischen Inlandsreviere, Siegerland, Lahn-Dill-Bezirk und Harzrand lieferten im Kriege durchschnittlich ein Viertel der gesamten Erzförderung des deutsch-luxemburgischen Zollgebiets, während der Anteil vor dem Kriege nur etwa ein Achtel betragen hatte. Dem Metallinhalt nach ist die Verschiebung noch stärker, weil die Siegerländer und Lahn-Dill-Erze wesentlich höheren Eisengehalt besitzen als die Minette in Lothringen-Luxemburg.

In verarbeiteter Form erhielt Deutschland während des Krieges gewisse Speziallegierungen aus Schweden und Norwegen, ferner Maschinen aus der Schweiz, doch spielte diese Form der Einfuhr für die Gesamtversorgung keine Rolle. Dagegen war die Ausfuhr, vor allem in Kriegsmaterial aller Art an die Verbündeten, aber auch in Eisen- und Stahlwaren und Maschinen an die Neutralen, sehr erheblich.

Bei der eigenen Hüttenerzeugung an Roheisen traten ähnliche Veränderungen auf, wie im Kohlen- und Erzbergbau. Das von der zunehmenden Fliegergefahr bedrohte und als Etappengebiet überlastete lothringisch-luxemburgische Revier trat an Bedeutung stärker hinter den Inlandsrevieren zurück. Sein Anteil an der gesamten deutschen Roheisenerzeugung, der 1913 33% betragen hatte, sank bis 1918 auf 25%. Dafür erhöhte sich namentlich der Anteil Rheinlands-Westfalens, wo auch die Kohlenversorgung der Hütten am wenigsten Frachten in Anspruch nahm, von 42% auf 48%.

Angesichts der stets verhältnismäßig reichlichen Lieferung der Hütten war eine scharfe staatliche Zwangsbewirtschaftung von Eisen und Stahl nicht erforderlich. Anfang 1915 wurde in Anlehnung an die staatlichen Waffenfabriken in Spandau eine Roheisenverteilungsstelle eingerichtet, um eine gleichmäßige Belieferung der zahlreichen neuen Rüstungsbetriebe durchzuführen. Der Fortfall fast der gesamten überseeischen Ausfuhr und des größten Teils des friedensmäßigen Verbrauchs ließ aber bis Mitte

1916 geradezu einen Überfluß an Eisen und Stahl zu; bis Ende des Krieges wollten die Vorwürfe der Industrie nicht verstummen, daß das Kriegsministerium in irrtümlicher Einschätzung der Kriegsdauer die in dem Eisenangebot liegenden Möglichkeiten zur Waffen- und Munitionsherstellung nicht völlig ausgeschöpft habe. Falkenhayn widerspricht zwar dieser Behauptung in seinen Kriegserinnerungen; es habe an Sprengstoff gefehlt, um größere Munitionsmengen herzustellen. Tatsächlich unterliegt es keinem Zweifel, daß das gewaltige Leistungsvermögen der deutschen Eisenindustrie zum mindesten in den beiden ersten Kriegsjahren unzureichend ausgenutzt worden ist; bei einem vorausschauenden kriegswirtschaftlichen Plan hätte vor allem das scharfe Absinken der Produktion in den ersten Monaten nach der Mobilmachung, das in der Hauptsache durch Absatzmangel hervorgerufen wurde, nicht eintreten dürfen. In keinem Abschnitt des Krieges war der Bedarf der fechtenden Truppen in Waffen und Munition überreichlich gedeckt, und die Produktionsausfälle der ersten Zeit konnten später, allein schon wegen des Mannschaftsmangels, nicht wieder eingebracht werden.

Mit der Einführung des Hindenburgprogramms Ende August 1916 wurde auch die Eisenindustrie stärker angespannt. Es hat wie überall gerade auch in der Verwendung von Eisen und Stahl wesentliche Leistungssteigerungen gebracht, freilich die Nachteile, die in der Vernachlässigung der Mannschafts- und Transportfrage, in der Inangriffnahme später nicht durchzuführender Projekte und in der verhängnisvollen Züchtung des Kriegsgewinnlertums („Geld spielt keine Rolle") lagen, gerade auch in der Eisenindustrie recht deutlich offenbart. Organisatorisch wurde der Kriegsrohstoffabteilung des Kriegsministeriums eine Eisenzentrale G. m. b. H. angegliedert; sie konnte zwar bis Ende des Krieges von einer eigentlichen Beschlagnahme und Zwangsbewirtschaftung von Eisen und Stahl absehen, regelte aber die Ausfuhr, die Verteilung auf die größeren inländischen Verbraucher, die Einschränkung des nicht kriegswichtigen Bedarfs und die Schrottbeschaffung.

Österreich-Ungarn.

Die Veröffentlichungen über die österreichisch-ungarische Kriegswirtschaft sind noch erheblich spärlicher als über die deutsche; wesentliche Tatbestände und Zusammenhänge bleiben noch heute der Forschung verschlossen. Dabei ist die Entwicklung wichtiger als gemeinhin in der übrigen Welt, nicht zuletzt auch in Deutschland, bei der Beurteilung der österreichisch-ungarischen Kriegführung angenommen zu werden pflegt. So gewaltig die wirtschaftliche Überlegenheit Deutschlands nicht nur in organisatorischer Hinsicht, sondern auch in den tatsächlichen Hilfsquellen und gerade auch auf dem Gebiete von Kohle und Eisen gewesen ist, so hat doch die Kriegsindustrie des alten Kaiserstaates eine keineswegs zu vernachlässigende Rolle gespielt; sie hat die eigenen Heere im wesentlichen selbständig mit Waffen, Munition und Gerät versorgt und trotz der hier besonders ungünstigen Kriegseinflüsse eine recht bemerkenswerte Leistungsfähigkeit entwickelt.

In der Kohlenversorgung war die Doppelmonarchie vor dem Kriege nicht ganz unabhängig. An Steinkohle bestand ein Einfuhrüberschuß von 14 Millionen t; er wurde zu reichlich 95% aus dem Deutschen Reiche gedeckt. Der Rest stammte im wesentlichen aus England; sein Ausfall im Kriege hatte keine erhebliche Bedeutung. Dagegen wurden von der ziemlich hochwertigen böhmischen Braunkohle 7 Millionen t, und zwar fast ausschließlich nach Deutschland ausgeführt. Für die österreichisch-ungarische Kohlenwirtschaft, soweit sie nicht auf Versorgung aus den eigenen Revieren beruhte, hatte also praktisch nur Deutschland, vor allem als Lieferant, aber auch als Abnehmer Bedeutung. Im großen und ganzen ist der innere Austausch zwischen den Verbündeten bis zum Ende aufrecht erhalten geblieben. Wie auf anderen Gebieten, gab es freilich auch in der Regelung der deutschen Lieferungen an Steinkohle und Koks manche Spannung, zumal die staatliche Regelung der Verteilung in den letzten Kriegsjahren weniger gut

Zahlentafel 15.

Österreich-Ungarns Kohlenversorgung während des Krieges in Mill. t.

	1913	1914	1915	1916	1917	1918
a) Steinkohle						
Förderung . . .	18	17	17	19	20	—
Einfuhr[1]. . . .	15	11	10	13,5	12	—
Ausfuhr[1] . . .	1	1	1	0,5	0	—
Verbrauch[1] . .	32	27	26	32	32	—
b) Braunkohle						
Förderung . . .	36	32	30	31	28	—
Einfuhr.	unerheblich		—	—	—	—
Ausfuhr	7	6	5	5	4	—
Verbrauch . . .	29	26	25	26	24	—

[1]) Koks und Briketts in Steinkohle umgerechnet.

gelang als in Deutschland. Dafür erzielte der österreichische Steinkohlenbergbau, namentlich in dem wichtigsten Revier Ostrau-Karwin, eine ansehnliche Fördersteigerung. Die Leistung lag 1917 mit 19,5 Millionen t um 10% höher als im Jahre 1913. Dagegen sank die Braunkohlenförderung im gleichen Zeitraum um etwa 20% ab. Der Ausfall wurde zum Teil durch Verringerung der Braunkohlenausfuhr nach Deutschland ausgeglichen; sie betrug im Jahre 1917 nur noch 3,9, 1918 sogar nur noch 3,0 Millionen t gegen 7,0 im Jahre 1913. Im ganzen kann jedenfalls die Kohlenversorgung Österreich-Ungarns während des Krieges, namentlich im Vergleich zu den meisten anderen kriegswirtschaftlichen Versorgungsfragen als befriedigend angesehen werden; die Steigerung der Steinkohlenförderung stellte sogar, auch im Vergleich mit Deutschland, eine recht beachtliche Leistung dar.

Das gleiche gilt von der Eisenwirtschaft. Die Roheisenerzeugung, die 1913 2,37 Millionen t betragen hatte, erreichte 1916 2,42 Millionen t; die späteren Ziffern sind unvollständig. Noch erfolgreicher gestaltete sich die Stahlproduktion; sie stieg von 2,7 Millionen t im Jahre 1913 auf 3,3 Millionen t im Jahre 1916 und lag auch noch im Jahre 1917 mit 2,9 Millionen t nicht unerheblich über der letzten Friedensziffer. Der Waffen- und Munitionsbedarf der österreichisch-ungarischen Armeen, der allerdings ungleich geringer war als etwa der Verbrauch an der Westfront, konnte infolgedessen, soweit es sich um Erzeugnisse der Eisenindustrie handelte, im wesentlichen aus eigener Kraft gedeckt werden. In der einträglichen Tätigkeit der Kriegsindustrie arbeiteten auch diejenigen Landesteile, namentlich Böhmen, mit Eifer und Zuverlässigkeit, die sonst in der gemeinsamen Kriegsführung nicht die gleiche Willigkeit zu zeigen pflegten. Jedenfalls war die Leistung der österreichischen Eisenindustrie ein Zeichen schöpferischer Kraft, das innerhalb des sonst so wenig erfreulichen Bildes der österreichisch-ungarischen Kriegswirtschaft Beachtung verdient.

England.

Über die kriegswirtschaftlichen Verhältnisse in den Hauptländern der Entente, namentlich England, Frankreich und den Vereinigten Staaten, ist die Öffentlichkeit vielfach besser unterrichtet als hinsichtlich der Mittelmächte. Das statistische Ziffernmaterial ist amtlich zum großen Teil bekannt gegeben; daneben sind auch einige erschöpfende Darstellungen erschienen, insbesondere auch im Rahmen des großen Sammelwerks der Carnegiestiftung über die Wirtschafts- und Sozialgeschichte des Weltkrieges[1]). In Deutschland werden vielfach angesichts der verhängnisvollen Entwicklung, die die eigene Versorgung, namentlich auf dem Gebiet der Lebensmittel, durchmachte, die sehr ernsten wirtschaftlichen Schwierigkeiten der Entente unterschätzt. Ein näherer Einblick, der für das Verständnis der Kriegsgeschichte selbst und das Zustandekommen vieler wesentlicher Teile der Friedensverträge unentbehrlich ist, lehrt, daß die Ententeländer vor allem in der Kohlen- und Eisenwirtschaft sehr ernste Schwierigkeiten durchgemacht haben.

Das in der Kohlen- und Eisenwirtschaft der Entente bei weitem führende und für die Versorgung der Gesamtheit bei weitem bedeutendste Land war England. Es wahrte seine Vorherrschaft und die sich daraus ergebenden Verpflichtungen und Vorrechte bis zuletzt, obwohl die Vereinigten Staaten, namentlich nach ihrem Kriegseintritt, einen immer gewichtigeren Anteil an der Gesamtlast übernahmen. Seine Rolle als erstes Kohlenausfuhrland der Welt hat England durch den Krieg hindurch behaupten können, aber angesichts der Verhältnisse bei seinen Verbündeten auch behaupten müssen. Für seinen politischen Einfluß, für die Aufrechterhaltung seiner Währung und für die Sicherung billiger Einfuhr als Rückfracht ist die Kohlenausfuhr auch abgesehen von den unmittelbaren kriegspolitischen Auswirkungen von allergrößter Bedeutung gewesen.

Englands eigene Versorgung war also während des Krieges verhältnismäßig geringen Schwankungen unterworfen; allerdings darf nicht außer acht gelassen werden, daß „Kohle" im Jahre 1918

Zahlentafel 16.

Englands Kohlenversorgung während des Krieges in Mill. t.

	1913	1914	1915	1916	1917	1918
Förderung	292	270	257	260	252	231
Ausfuhr[2])	78	63	47	42	38	35
Bunkerkohle	21	19	11	12	8	9
Verbrauch[2]) im Inland	193	188	199	206	206	187

[1]) Die sonst ausgezeichnete deutsche Veröffentlichung im Rahmen dieses noch nicht abgeschlossenen Sammelwerks: O. Goebel, „Deutsche Rohstoffwirtschaft im Weltkriege", Stuttgart 1930, kann angesichts des Mangels zuverlässiger statistischer Unterlagen im allgemeinen nur einen kritischen Überblick gewähren.

[2]) Koks in Steinkohle umgerechnet.

nicht mehr der „Kohle" von 1913 gleichkam, da infolge des überhasteten Betriebs in allen Kohlenländern der Brennwert durch höheren Aschen- und Wassergehalt und durch schlechtere Sortierung um mindestens 10% verringert war. Vor allem aber war der Bedarf wesentlich gestiegen. Namentlich die Kriegsmarine, deren Schiffe während des Krieges zum größten Teil noch nicht mit Ölfeuerung, sondern mit der hergebrachten Kohlenfeuerung ausgestattet waren, und die in erheblichem Umfange ganz neu aufgebaute Waffen- und Munitionsindustrie beanspruchten ein Mehrfaches der Vorkriegsmengen.

Die ziffernmäßig einigermaßen gleichbleibende Belieferung des Inlandes konnte freilich nur durch eine erhebliche Beschränkung der Kohlenausfuhr erkauft werden. Auch nach Fortfall derjenigen Länder, deren Weiterbelieferung während des Krieges aus politischen oder technischen Gründen nicht möglich war — Rußland, Deutschland, Belgien und Österreich-Ungarn — mußten sich die neutralen und sogar die meisten verbündeten Länder eine immer schärfere Kürzung ihrer Bezüge gefallen lassen. Eine Ausnahme machte nur Frankreich, wo England, schon um der gemeinsamen Kriegführung willen, den Verlust der Hälfte der französischen Förderanlagen an die deutschen Armeen wenigstens teilweise ausgleichen mußte.

Zahlentafel 17.

Englands Kohlenausfuhr während des Krieges in Mill. t

(ohne Koks und Briketts, deren Menge verhältnismäßig gering ist).

	1913	1914	1915	1916	1917	1918
Insgesamt	74,6	60,0	44,2	39,0	35,6	32,3
Davon an:						
Rußland	6,0	3,1	0,04	0,005	—	—
Schweden	4,6	4,3	2,7	1,6	0,6	1,1
Norwegen	2,3	2,5	2,6	2,3	1,1	1,3
Dänemark	3,0	3,3	3,1	2,3	0,9	1,0
Deutschland	9,0	5,3	—	—	—	—
Niederlande	2,0	1,7	1,8	1,3	0,4	0,1
Belgien	2,0	1,2	—	—	—	—
Frankreich	12,8	12,3	17,6	17,3	17,8	16,8
Portugal	1,3	1,2	1,0	0,9	0,2	0,1
Spanien	2,5	2,3	1,6	2,0	0,8	0,4
Italien	9,6	8,6	5,8	5,7	4,1	4,1
Österreich-Ungarn	1,1	0,6	—	—	—	—
Argentinien	3,7	2,9	1,6	0,7	0,3	0,3
Brasilien	1,9	1,2	0,5	0,2	0,2	0,2
Ägypten und Sudan	3,2	2,6	1,4	0,9	1,6	1,7

Wie in Deutschland schien man zu Anfang des Krieges im Kohlenüberfluß zu leben. Der Bedarfsrückgang an englischer Kohle infolge Verringerung der auswärtigen Märkte und infolge Stockung des industriellen Inlandsverbrauchs ließen damals in Deutschland sogar die optimistische Hoffnung aufkommen, der englische Kohlenbergbau mache eine Krisis durch, von der er sich überhaupt nicht mehr erholen werde. Jedenfalls konnte der Rückgang der Förderung, der durch die freiwillige Meldung von 191000 Bergleuten zur Front, etwa 19% der Gesamtbelegschaft, in den ersten Kriegsmonaten entstand, leicht ertragen werden. Erst im Laufe des Jahres 1915 begann die Kohlenversorgung schwieriger zu werden. Die fortdauernde Herausziehung der jüngsten und kräftigsten Arbeiter, die nicht nur für die an der englischen Front besonders eifrig betriebenen Minierarbeiten, sondern auch allgemein als tüchtige Soldaten bevorzugt wurden, schwächte die Förderleistung, während gleichzeitig die Kriegsindustrie verhältnismäßig frühzeitig auf verschärften Betrieb und damit auf vermehrten Kohlenverbrauch eingestellt wurde. Namentlich seit der Ernennung Lloyd Georges zum Munitionsminister am 26. Mai 1915 wurde die Massenherstellung von Kriegsmaterial mit großer Tatkraft in Angriff genommen. Da Frankreich und der neue Verbündete Italien fast ganz von der englischen Zufuhr abhingen und die Förderung inzwischen um 11% gefallen war, auch die ungeheure Bedeutung der Kohle als eines politischen Kampfmittels sich gerade bei den Verhandlungen mit Italien offenbart hatte, erließ die englische Regierung am 13. Mai 1915 ein grundsätzliches und nur durch Einzelgenehmigungen zu durchbrechendes Verbot der Kohlenlieferung an die Neutralen und dehnte es am 13. August 1915 auch auf die Verbündeten aus. Damit nahm sie den gesamten Ausfuhrhandel in die Hand; die Lieferung an auswärtige Bezieher durfte nur noch auf Grund von Lizenzen erfolgen, bei deren Erteilung die Regierung in der Lage war, alle politischen und wirtschaftlichen Voraussetzungen zu prüfen.

Der rasch steigende Verbrauch der Kriegsindustrie zwang die Regierung aber schon im Winter 1915/16, auch den Binnenmarkt nicht mehr völlig dem freien Spiel der Kräfte zu überlassen. Im Januar 1916 wurden gemischte Ausschüsse eingesetzt, die die Verteilung der Kohle nach der Dringlichkeit regelten; sie erhielten das Recht, auch in schwebende Verträge zugunsten der kriegswichtigen Verbraucher einzugreifen. Bei diesen Maßnahmen, die an sich schon für die freiheitliebende englische Wirtschaft unerhört schienen, blieb es nicht lange; wie in Deutschland, nur erheblich früher, führte die Transportkrisis auch eine Krisis der Kohlenversorgung herbei. Zu der Überlastung der Eisenbahnen durch die Kriegstransporte, unter der England nicht weniger litt als die kontinentalen Kriegführenden, kam der Mangel an Schiffraum, der die rechtzeitige und vollständige Abfuhr der zum großen Teil auf den Wasserweg angewiesenen Kohlenförderung immer schwieriger machte. Die Handelsmarine war bereits durch die Versorgung der zahlreichen weit verstreuten Kriegsschauplätze aus allen Teilen des englischen Weltreichs überaus beansprucht. Dazu konnten die namentlich im Frühjahr 1917 überaus schweren Verluste durch den U-Bootkrieg zeitweilig nicht mit ausreichenden Neubauten ersetzt werden. Während des Krieges wurden 720 Kohlenfahrzeuge der Alliierten mit einer Gesamttonnage von nicht weniger als 1,4 Millionen Bruttoregistertonnen versenkt. Infolgedessen stellte die Kohlenausfuhr allmählich viel mehr ein Transport- als ein Förderungsproblem dar, obwohl auch die Förderung durch die Unregelmäßigkeiten der Abfuhr tiefgehend beeinträchtigt wurde.

Gleichzeitig schädigte der Tonnagemangel den Bergbau auch in anderer Hinsicht sehr erheblich. Kohlenbergbau kann unterirdisch nur betrieben werden, wenn Holz für die Stützung des durch den Abbau freigelegten Hangenden zur Verfügung steht. Die für diesen Zweck in den großen Kohlenländern verbrauchten Holzmengen sind sehr beträchtlich. Deutschland verbrauchte im letzten Friedensjahr 1913 5,2, England fast 6 Millionen cbm. Da der deutsche Bedarf zu 94% aus dem Inland gedeckt wurde, und die kleine Einfuhr zum größten Teil aus Österreich-Ungarn stammte, brachte hier der Krieg keine unmittelbare Versorgungsgefahr. England dagegen mußte reichlich vier Fünftel seines Bedarfs über See einführen und einen gewaltigen Frachtraum hierfür in Anspruch nehmen. Infolge des Tonnagenmangels schrumpfte der Bezug in den Jahren 1914 bis 1918 auf 3,5, 3,1, 2,9, 1,4 und schließlich auf 1,0 Millionen cbm zusammen. Da die englische Waldfläche sehr gering ist — 8800 qkm gegen 142000 in Deutschland (1913) — und es zur Ausnutzung selbst der geringen Bestände an Arbeitern und Tranportmitteln mangelte, bildete die Grubenholznot in den letzten Kriegsjahren ein sehr drückendes Hindernis für die Entfaltung der gegebenen geologischen und technischen Leistungsfähigkeit des englischen Bergbaus.

Zu diesen Hemmungen kam die unregelmäßige Arbeitsart der englischen Bergleute; in vielen Revieren war seit jeher der „Blaue

Montag" feste Gepflogenheit und konnte auch während des Krieges nicht völlig abgeschafft werden. Vor allem hielt trotz aller vaterländischen Begeisterung, die gerade die Bergleute mit besonderem Eifer zur freiwilligen Gestellung trieb, die eingewurzelte Streikneigung auch während des Krieges an. Während die Arbeitskämpfe in Deutschland in den ersten Kriegsjahren so gut wie völlig aufhörten und nur im Jahre 1917 für kurze Zeit aufflammten, blieben die Streike und Aussperrungen in England nach Zahl und Umfang fast auf der durchschnittlichen Höhe der Friedenszeit. In den drei vollen Kriegsjahren 1915 bis 1917 gingen in England auf diese Weise 11,1 Millionen Arbeitstage verloren gegen 2,1 Millionen in Deutschland mit seiner um 30% zahlreicheren Industriearbeiterschaft. Besonders unruhig waren von jeher und auch während des Krieges die Bergleute; in Südwales, wo die Admiralitätskohle gefördert wurde, gingen in dem einzigen Jahre 1917 mehr als 3½ Millionen t Kohle durch Streike und willkürliches Feiern verloren: Wie der Economist[1]) bitter bemerkt, etwa doppelt soviel wie durch den Schiffsraummangel. Das sonst so energische Kriegskabinett, insbesondere Lloyd George selbst, zögerten, gegenüber der Arbeiterschaft die volle Strenge der ihnen verliehenen Vollmachten anzuwenden. Zwar wurden die Kohlenbergwerke schon im Sommer 1915 dem Munitions of War Act unterstellt und damit der Streik als strafbar erklärt. Aber zur Durchführung mochte man sich nicht entschließen und suchte die Streitigkeiten vielmehr durch immer neues Entgegenkommen an die Belegschaften, namentlich in der Lohnfestsetzung, beizulegen. Die Löhne wurden infolgedessen weit über die sonstigen Preiserhöhungen hinaus gesteigert. Der Durchschnittslohn des englischen Bergarbeiters betrug 1913 £ 82,— im Jahre, 1918 aber £ 159,— (in Gold umgerechnet 1670,— bzw. 3240,— Mark). Hierdurch und durch die hohen Grubenholzpreise wurden die Kohlenpreise hochgetrieben und, infolge der Rückwirkung auf die Kriegsindustrie, auch die Kriegskosten Englands und seiner Verbündeten. Besonders stark stiegen die Preise für Ausfuhrzwecke, da die Regierung hohe Auslandserlöse, namentlich auch zur Stützung des Pfundkurses, ausdrücklich forderte. Im Jahre 1913 war der Ausfuhrerlös je Tonne englischer Kohle durchschnittlich etwa 14,— Mark, 1918 aber, bei wesentlich verschlechterter Qualität, etwa 70,— Mark, also das Fünffache. Hierzu kamen die unnatür-

---

[1]) 15. Juni 1918.

lich hohen Frachtpreise und die Verschlechterung der französischen und italienischen Währung gegenüber der englischen, so daß für die knappe und schlechte Kohle im Ausland Phantasiepreise gezahlt wurden. Freilich lastete diese Bürde schwer auf den Verbündeten, die der englischen Kohlenpolitik hilflos preisgegeben waren; hier bahnte sich mancherlei Verstimmung an und steigerte das französische Verlangen, sich in der Kohlenversorgung künftig unter allen Umständen unabhängiger zu machen.

Während des Krieges allerdings traten, wie in Deutschland, die finanziellen und wirtschaftlichen Sorgen hinter der allgemeinen Sorge um das Schicksal der Front zurück. Da Kohle für die Kriegführung unentbehrlich war, mußte sie, ohne Rücksicht auf Kosten und Opfer, herbeigeschafft werden. Die englische Regierung versuchte, die ungeheure Bedeutung reichlicher Kohlenförderung den Belegschaften vor allem auch durch Propaganda einzuprägen. Lloyd George reiste immer wieder selbst in die Grubenreviere und suchte die Bergleute zur höchsten Pflichterfüllung anzuspornen. Schon auf der „Ersten Nationalen Bergbau-Konferenz" in London am 29. Juli 1915 führte er aus:

> „Kohle bedeutet das Leben für uns; im Kriege und im Frieden ist sie die gewaltigste Königin der Wirtschaft. Sie ist der schrecklichste Feind und der mächtigste Freund. — Wenn wir Güter im Auslande kaufen, bezahlen wir nicht mit Gold, sondern mit Kohle. — Habt Ihr die furchtbaren Verlustziffern der englischen Armeen gelesen? Wunden und Tod in ihren Reihen sind verursacht durch deutsche Kohle, durch den westfälischen Bergmann! Er arbeitet Hand in Hand mit dem preußischen Ingenieur; beide opfern ihre Kräfte ohne Selbstsucht und ohne Hintergedanken dem Dienste des Vaterlandes."

Später, als die Not dringender wird, am 10. August 1918, stellt er die Arbeit unter Tage als Teil des großen Kampfes gegen die Deutschen dar und ruft:

> „Schmettert Kohle gegen sie! Schleudert die Kohle in die Wagen! Jeder Wagen mehr bedeutet einen Schritt zum Siege."

Sogar Marschall Foch sollte nach seiner Betrauung mit der Obersten Leitung der Ententeheere die Belegschaften aufrütteln. Er erließ im Sommer 1918 einen Aufruf, in dem es heißt:

> „Bergleute Großbritanniens, helft mir! Kohle ist der Schlüssel zum Siege!"

Den notleidenden Verbrauchern wurde die nationale Notwendigkeit ihrer Entbehrungen in einem amtlichen Flugblatt vom Herbst 1918 mit folgenden Ausführungen begründet, die auch die Bedeutung der Kohlen für die ganze Kriegführung der Entente eindringlich hervorheben:

> „Frankreich braucht englische Kohle für seine Kriegführung. Italien hat kein Stückchen Kohle im Lande, nur das, was England liefert. Die italienische Front steht und fällt mit Englands Kohlenlieferung. Amerika sendet seine Millionen Soldaten nach Frankreich; ihre Beförderung an die Front erfolgt mit englischer Kohle. Die Neutralen liefern uns Lebensmittel gegen englische Kohle. Munitionsfabriken, Werften, Flotte und Heer brauchen Kohle bis zum endgültigen Siege. Daher der Kohlenmangel zu Hause! Die Kohlenknappheit ist Englands Opfer für die große Sache der Freiheit, der Preis, den wir alle für die Niederwerfung des Feindes zahlen müssen!"

Trotz aller Bemühungen ging die englische Förderung in den letzten beiden Kriegsjahren unaufhaltsam zurück. 1913 war mit einer Gesamtbelegschaft von 1111000 Köpfen eine Förderung von 292 Millionen t erzielt worden; 1918 förderten 994000 Mann nur noch 231 Millionen t. Die Kopfleistung war von 262 auf 231 t im Jahre, also um 12% gesunken. Was durch Preisgabe der weniger ergiebigen Schächte und Betriebspunkte und durch Bekämpfung des willkürlichen Feierns erreicht zu werden schien, ging durch die Unregelmäßigkeiten des Abtransports, durch den Holzmangel, durch den Fortfall der besten Arbeiter und ihren Ersatz mit ungeübten und weniger kräftigen Leuten und durch die zunehmende politische Radikalisierung, im letzten Halbjahr des Krieges auch durch die Grippeepedemie' mehr als verloren.

Die Sorgen, die die Kohlenknappheit bereitete, waren auf die Dauer so ernst, daß sich die Regierung entschließen mußte, die traditionelle Zurückhaltung des englischen Staates gegenüber der Wirtschaft immer mehr zu verlassen. Den letzten Anstoß gab ein Streik, der im Oktober 1916 wieder einmal das für die Flottenversorgung wichtige Kohlenrevier in Südwales heimsuchte. Auf Grund der „Dora", der Defence of the Realm Act (Reichsverteidigungsgesetz), erließ das Kriegskabinett eine Notverordnung, die der Regierung das Recht gab, alle Kohlengruben in Besitz und Betrieb zu nehmen. Die Eigentümer der beschlagnahmten Werke verloren jedes Verfügungsrecht, wurden aber, freilich unter scharfer Besteuerung aller Kriegsgewinne, reichlich entschädigt. Die Maßnahme wurde sofort auf die Admiralitätsgruben in Südwales angewandt, allmählich aber auf den größten Teil des Bergbaus, auch auf die Eisenerzgruben in Cumberland, ausgedehnt, so daß seit Februar 1917 im Bergbau ebenso wie im Eisenbahnwesen praktisch das System des Staatsbetriebes in England herrschte. Ein Kohlenkommissar (Controller) erhielt unbeschränkte Vollmacht über die Verteilung, deren Regelung angesichts des Fehlens von Syndikaten oder sonstigen gemeinsamen Verkaufsorganisationen besonders schwierig war; er ordnete scharfe Ersparnisse an, u. a. die Beschränkung der Kohlenlieferung an Kinos und Theater, an Fabriken von entbehrlichen Waren, an den Haushalt u. dgl., und stellte folgende Dringlichkeitsliste auf: 1. Flotte, 2. Eisenbahnen, 3. Munitionsfabriken einschließlich Kokereien, Hochöfen und Schiffswerften, 4. Eisenbahnen in Frankreich und Italien, 5. Munitionsfabriken in Frankreich und Italien, 6. Gas-, Wasser- und Elektrizitätswerke im Inlande, 7. Desgleichen in Frankreich und Italien, 8. Bunker der Handelsflotte, 9. Haushalt und Industrieverbrauch. Erst nach Befriedigung dieser Bedürfnisse konnte Kohle für die Ausfuhr freigegeben werden, die jetzt im Interesse der Kriegführung, namentlich zur Durchführung des Handelskrieges auf dem Boden der neutralen Länder, systematisch geregelt wurde.

Nach dem Rücktritt des Asquith-Kabinetts wurden die Maßnahmen verschärft, zumal der im Februar 1917 einsetzende unbeschränkte U-Bootskrieg die Transportschwierigkeiten zeitweilig geradezu katastrophal verschlimmerte. Am 10. September 1917 trat eine neue Notverordnung in Kraft. Das ganze Land wurde in 20 Bezirke eingeteilt, deren Grenzen durch Kohlentransporte nicht überschritten werden durften. Auf diese Weise sollte jeder Verbraucher gezwungen werden, sich unter Vermeidung unnötiger Frachtwege stets bei den nächsten Kohlengruben einzudecken. Man hoffte, dadurch im Jahre nicht weniger als eine Milliarde Tonnenkilometer Fracht einzusparen. Gleichzeitig wurde der Hausbrand erneut empfindlich beschränkt; im allgemeinen sollte kein Haushalt mehr als zwei Zentner (90 kg) wöchentlich verbrauchen.

Vor allem wurden einschneidende Maßnahmen in der Produktion eingeleitet. Gegen den Widerstand der Gewerkschaften begann der Kohlenkommissar ganze Belegschaften von unergiebigen Gruben zu verlegen. Zur Ersparung von Tonnage wurde sogar erwogen, die Bergleute, die in England an der Förderung der für Frankreich bestimmten Kohle arbeiteten, nach dem Departement Pas-de-Calais zu verschicken, um sie dort in den französischen Schächten Kohle abbauen zu lassen. Jedoch wurde dieser äußerste Ausweg durch Freigabe französischer Bergleute vermieden. Im übrigen ging die Förderung in England selbst während des Sommers 1918 so zurück, daß die Herausziehung auch von 100000 englischen Bergleuten aus der Front beschlossen werden mußte. Gleichzeitig begannen sich allmählich die Sorgen für die Nachkriegszeit mit ihren besonderen bergwirtschaftlichen Problemen aufzudrängen. Hatte man in England bisher alles der Privatinitiative überlassen und sogar auf jede gemeinschaftliche Organisation der Betriebe verzichtet, so schien es, als solle nunmehr der allmächtige Staat eine großzügige Planwirtschaft gerade auch für den Bergbau einleiten. In frischgewonnener Erkenntnis vom Werte des größten nationalen Reichtums Englands und unter bewußter Anlehnung an deutsche Vorbilder wurde der wissenschaftliche Ausbau der Kohlenchemie und ihre Anwendung auf die Kohlenverwertung, die Erforschung der Lagerstätten, schärfste Ausnutzung der bisher vernachlässigten Abbaumöglichkeiten, eine großzügige Stromwirtschaft für ganz Großbritannien und sorgsame Pflege und Einteilung der Ausfuhr erörtert. In den Gewerkschaftskreisen begann der Gedanke der dauernden „Nationalization“ (Sozialisierung) Wurzel zu fassen. Aber die unmittelbaren Sorgen um jede Tonne Förderkohle drängte alle Pläne immer wieder zurück, bis der Waffenstillstand die schwerste Spannung löste.

Zahlentafel 18.

Englische Eisenerzversorgung während des Krieges in Mill. t.

	1913	1914	1915	1916	1917	1918
Förderung	16	15	14	14	15	15
Einfuhr	8	6	6	7	6	7
Verbrauch	24	21	20	21	21	22
Roheisengewinnung	10,4	9,1	8,9	9,1	9,5	9,3

Wesentlich ruhiger, wenn auch nicht ohne Sorge entwickelte sich die englische Kriegswirtschaft in Eisen. Die Erzförderung hielt sich auf annähernd gleichmäßiger Höhe. Da aber die Einfuhr um 20 bis 25% zurückging und die eingeführten Erze im

Durchschnitt fast den doppelten Metallgehalt der einheimischen besaßen, wurde auch die Menge der Roheisengewinnung herabgedrückt.

Bemerkenswert war der Erfolg der Stahlwerke, die wie in Deutschland die Verschmelzung von Schrott erheblich steigerten, ohne daß jedoch zur Beschaffung des Rohmaterials das Gewaltmittel der Verschrottung ganzer Anlagen angewandt wurde. Zur Bewerkstelligung der erforderlichen ungeheuren Leistungen an Kriegsmaterial wurde eine Reihe von neuen Werken gebaut, die gegen Ende des Krieges zum größten Teil im Betriebe standen; England versorgte Frankreich und Italien mit einem wesentlichen Teil ihres Eisen- und Stahlbedarfs und lieferte Waffen und Munition auch an Rußland und die kleineren Verbündeten. Trotz aller Anstrengungen vermochte daher die englische Eisenindustrie keine nennenswerten Mengen für die europäischen Neutralen freizumachen und mußte diesen politisch so wichtigen Markt Deutschland mit seiner auch im Kriege um 30 bis 40% größeren Stahlerzeugung überlassen. Es konnte auch nicht ausbleiben, daß Stahl und Eisen nur noch für den dringendsten Bedarf der Kriegsindustrie zur Verfügung standen und zahlreiche wichtige sonstige Bedürfnisse nicht berücksichtigt wurden. Zeitweilig konnte nicht einmal der unmittelbare Kriegsbedarf rechtzeitig befriedigt werden, so daß es zu ernsthaften Stockungen im Schiffbau, ja, sogar im Flugzeug bau kam[1]). Die mit dem Mannschaftsmangel und der Transportkrise zusammenhängenden Schwierigkeiten verhinderten eine noch stärkere Ausweitung der Produktion, für die weder die Kohlen- noch die Erzgrundlage hätte neu geschaffen werden können und für deren bauliche Vorbereitungen auch weder die Arbeiter noch das Material zur Verfügung standen. Ohne die amerikanische Hilfe wäre also die englische Eisenindustrie nicht entfernt in der Lage gewesen, den der deutschen Leistung so erheblich überlegenen Materialeinsatz der Ententeheere während der letzten zweieinhalb Kriegsjahre zu sichern; mit der verstümmelten französischen Kriegsindustrie auf sich allein gestellt, hätte sie nicht einmal einen einigermaßen gleichwertigen Materialverbrauch gewährleistet.

Frankreich.

Die Eigenart der kriegswirtschaftlichen Lage Frankreichs beruhte darauf, daß es gleich zu Beginn des Krieges den größten Teil seiner Bergbau- und Industriebezirke an den Gegner verloren hatte. Die Betriebsstätten für die Hälfte seiner Kohlenförderung,

[1]) Economist vom 27. Oktober 1917.

für 83% der Eisenerzgewinnung und für etwa drei Viertel des Roheisen- und Rohstahlerzeugung lagen jenseits der Schützengräben in den besetzten Departements. Das als Kriegsgebiet und nach seinem unmittelbaren Einsatz militärisch weitaus wichtigste Land der Entente war damit in der Kriegsindustrie auf das schwerste gelähmt und während des ganzen Krieges in seiner Versorgung mit den entscheidenden Rohstoffen, Kohle und Eisen, auf den glücklicher gestellten Verbündeten angewiesen. Wenn sich England auch zweifellos bemüht hat, seinen Verpflichtungen gerade Frankreich gegenüber nachzukommen, so bedeutete diese Abhängigkeit neben allen unerhörten Anstrengungen und Opfern doch eine empfindliche Beeinträchtigung der gesamten französischen Kriegspolitik und verlieh England eine gewisse Überlegenheit, die namentlich auch in der diplomatischen Führung des Krieges und in dem langen Widerstand Englands gegen die praktisch so notwendige Einheitlichkeit des Oberbefehls zum Ausdruck kam.

In der **Kohlenversorgung** war Frankreich schon vor dem Kriege nicht selbständig; der Krieg verschlimmerte diese Lage erheblich.

Zahlentafel 19.

Frankreichs Kohlenversorgung während des Krieges in Mill. t.

	1913	1914	1915	1916	1917	1918
Förderung	41	27,5	20	21	29	26
Ausfuhr	1,5	1	—	—	—	2
Einfuhr	24	18	20	21	18	17
Verbrauch	64	45	40	42	47	41

Die Gruben im nicht besetzten Gebiet hatten 1913 22,3 Millionen t gefördert; die Förderung ging anfänglich wie in allen übrigen Ländern, wenn auch in geringerem Ausmaße, zurück. Sie wurde aber unter dem Druck der Kohlennot des Winters 1916/17 und der verschärften Frachtraumkrisis Anfang 1917 in außerordentlicher Anstrengung auf 29 Millionen t, also um rd. 30%, gesteigert. Das schwer bedrängte Frankreich steht mit diesem Erfolge unter den kriegführenden Kohleländern einzig da, soweit man nicht die Steigerung der deutschen Braunkohlenförderung zum Vergleich heranziehen will. Der italienische Bergbau ist zu unbedeutend, um eine Gegenüberstellung zu ermöglichen. Bemerkenswert an der französischen Leistung war vor allem die Tatsache, daß sie zum großen Teil im unmittelbaren Kriegsgebiet erfolgte. Die Förderung der Bergwerke im nicht besetzten Teil des Departements Pas-de-Calais, die von 1913 bis 1917 von 8,7 auf 11,5 Millionen t, also um fast 33% gesteigert wurde, geschah in einer Entfernung von 0,5 bis 25 km von den Schützengräben. Auch die anderen Reviere, von denen die mittelfranzösischen Becken bei St. Etienne die größte Bedeutung besitzen, konnten trotz ihrer verhältnismäßig kleinen geologischen Vorräte die Förderung während des Krieges sehr erheblich erhöhen. Um diese Ergebnisse zu ermöglichen, hatte sich die französische Heeresleitung allerdings entschließen müssen, allmählich alle Bergleute der Rekrutenjahrgänge 1899 bis 1912 für die Bergarbeit freizugeben und mehr als 20000 Kriegsgefangene zu überweisen. Trotzdem blieb die französische Gesamtförderung auch in dem günstigsten Jahre 1917 infolge des Ausfalls der besetzten Gebiete, deren sehr verringerte Förderung für die französische Wirtschaft nicht in Betracht kam, um 12 Millionen t, fast 30%, hinter der Friedensziffer zurück. Eine weitere Steigerung der eigenen Förderung kam wegen der engen technischen Gegegebenheiten nicht in Betracht; die Anlage neuer Werke wurde nicht in Erwägung gezogen, da sie mehrere Jahre Bauzeit erfordert und Arbeiter und Material, die schwer entbehrlich waren, in Anspruch genommen hätte.

Mit dem Fortfall der besetzten Gebiete war zwar naturgemäß auch eine gewisse Bedarfsverminderung verbunden. Da aber der Fläche nach kaum ein Zehntel Frankreichs besetzt war und die dortigen Industrien im Interesse der Kriegswirtschaft teilweise im unbesetzten Gebiet neu eingerichtet werden mußten, fiel die Ersparnis wenig ins Gewicht. Vor allem hörte ja auch die Einfuhr aus Belgien und Deutschland, die im letzten Friedensjahre 5,0 bzw. 7,1 Millionen t[1]), also etwa die Hälfte der Gesamteinfuhr geliefert hatte, gleich mit Kriegsbeginn auf. Zu dem Verlust der halben Förderung kam also noch der der halben Einfuhr hinzu.

Dem gewaltigen Fehlbetrag von 31 Millionen t standen Ersparnisse durch den Fortfall des Verbrauchs der besetzten Gebiete und der nicht kriegswichtigen Industrien in Höhe von etwa 10 Millionen t gegenüber. Die Deckung des Restes mußte vor allem durch Steigerung der englischen Einfuhr erfolgen; sie hatte vor dem Kriege etwa die Hälfte der Gesamteinfuhr geliefert und stieg im Laufe des Krieges fast auf 100% an.

---

[1]) Alles umgerechnet in Steinkohlenwert.

Zahlentafel 20.

Französische Kohleneinfuhr[1]) während des Krieges in Mill. t.

	1913	1914	1915[2])	1916[2])	1917[2])	1918[2])
Insgesamt	24	18	20	21	18	17
Davon aus:						
England	11,4	12	19	19	18	17
Vereinigte Staaten . .	—	0,1	0,3	0,2	0,1	—

Auffällig ist die hohe Ausfuhrziffer auch während der schwersten Kohlenkrisis im letzten Kriegsjahre. Sie erklärt sich durch Weiterausfuhr an Italien, das wegen des seit 1917 alle Versorgungsfragen beherrschenden Schiffsraummangels und wegen der viel größeren Unterseebootsgefahr in dem tiefen Mittelmeer mit englischer Kohle teilweise über Land versorgt wurde. Zeitweilig fand zwecks Transportersparnissen sogar ein Austausch statt, wobei englische Kohle an die atlantische Küste Frankreichs, dagegen südfranzösische Kohle über den Mont Cenis nach Italien gelangte.

Jedenfalls reichte weder die Steigerung der Förderung noch die Vermehrung der englischen Einfuhr auch nur entfernt aus, um den gewaltigen Fehlbetrag zu decken. Von dem Gesamtbedarf Frankreichs, der in den letzten drei Kriegsjahren jedenfalls nicht weniger als 50 Millionen t betrug, sind trotz der großen Anstrengungen durchschnittlich kaum fünf Sechstel befriedigt worden. Das Land, das sich besonders stark um die Erhöhung seiner Leistung bemühte, blieb also trotzdem wesentlich schlechter versorgt als Deutschland und England. Während diesen beiden Ländern im Jahre 1917 100 bzw. 97% ihres Friedensverbrauches zur Verfügung standen, war der französische Anteil nur 73%. Die Kohlennot hat infolgedessen in Frankreich viel schlimmere Formen angenommen und viel schärfere staatliche Eingriffe herbeigeführt als in Deutschland und England. Von vornherein mußte Frankreich davon absehen, nach dem Muster der großen Kohlenländer die Ausfuhr als großzügiges wirtschaftspolitisches Kampfmittel zu pflegen; ebensowenig konnte es sich eine Ausweitung seiner Kriegsindustrie leisten, die jener der anderen Länder gleichkam.

Trotz dieser Verzichte machte sich der Kohlenmangel schon im Winter 1914/15 bemerkbar, als Deutschland und England noch

[1]) Alles umgerechnet in Steinkohlenwert.

[2]) Nur unbesetztes Gebiet.

im Wahne eines Überflusses lebten. Die Kohlengruben im Pas-de-Calais standen am 1. Februar, auch soweit sie unmittelbar an der Front lagen, wieder in voller Förderung. Kurze Zeit darauf wurde für die gesamte Bergarbeiterschaft die neunstündige Schichtzeit eingeführt. Durch Zuteilung von Kriegsgefangenen, Anwerbung von belgischen Flüchtlingen und durch Entlassung einiger Jahrgänge von Bergleuten aus der Front, wurden die Belegschaften aufgefüllt. Eine Commission de Répartition des Combustibles, die am 15. Februar 1915 durch Verordnung geschaffen wurde, sollte der beginnenden Spannung zwischen den verhältnismäßig stabilen Preisen der Inlandskohle und den rasch steigenden Einfuhrpreisen entgegenwirken und vor allem die Versorgung der Kriegsindustrie sicherstellen.

Anfänglich wurde der gesamte französische Kriegsbedarf von der englischen Admiralität auf Grund ihrer Verträge mit den Walliser Gruben zu denselben Bedingungen gedeckt, wie der englische Kriegsbedarf selbst. Aber die Bergwerksbesitzer und vor allem die unruhigen Arbeiter, denen diese Regelung Preise und Löhne drückte, erzwangen bald eine Beschränkung auf den Verbrauch der französischen Kriegsflotte. Die Preisfrage bildete von nun an den Gegenstand besonderer Sorge der beiden Regierungen, wobei ernste Meinungsverschiedenheiten nicht ausblieben. Die englische Regierung sicherte den Verbündeten Höchstpreise und Höchstfrachten, die zwar erheblich unter den freien — also von den Neutralen zu zahlenden — Preisen und Frachten lagen, aber die englischen und vor allem die französischen Inlandspreise doch noch sehr kräftig überstiegen. Um überhaupt eine geregelte Verteilung der zur Verfügung stehenden Gesamtmenge zu ermöglichen, mußten die Unterschiede durch staatliche Ausgleichsmaßnahmen (peréquation) beseitigt werden. Die Verbraucher inländischer Kohle zahlten Zuschläge, die zur Verbilligung der englischen Kohle dienten.

Anfang 1916 wurde die Kohlenknappheit so empfindlich, daß die staatliche Zwangsbewirtschaftung nicht mehr aufgeschoben werden konnte. Sie wurde durch Gesetz vom 22. April 1916 eingeführt und blieb im wesentlichen bis zum Jahre 1921 in Kraft. Die Not überwand, wie in England, die scharfen grundsätzlichen Widerstände, die die individualistische und freiheitliche Grundhaltung der Bevölkerung bereiteten, und als deren Träger sich namentlich der Senat erwies. Immerhin kam die volle Verstaatlichung des Kohlenhandels, die von Regierung und Kammermehrheit gewünscht wurde, nicht zustande. Herriot, der im Kabinett Briand vom Dezember 1916 bis März 1917 als Minister der Öffentlichen Arbeiten die Kohlenwirtschaft leitete, versuchte anfänglich sogar manche Lockerung, wurde aber durch den besonders harten Winter 1916/17 nachträglich zu um so schärferen Eingriffen gezwungen. Die Kohlenversorgung von Paris brach vollständig zusammen, hauptsächlich infolge der Überlastung der Transportmittel. Herriot mußte, um die Bevölkerung zu beruhigen, einen Teil der Festungsreserven von Paris opfern; auch wurden 1000 Lastkraftwagen requiriert, um mit ihrer Hilfe unter Vermeidung der verstopften Bahnen Kohlen aus dem Pas-de-Calais abzufahren. Im Pariser Schleichhandel wurde Kohle zum Preise von 300 bis 350 fr. je t gekauft, etwa dem Zwanzigfachen des Friedenspreises. Die offiziellen Preise waren mit 100 bis 150 fr. je t bereits für viele Verbraucher unerschwinglich.

Nach dem Schrecken dieses Winters war Frankreich für verschärfte Maßnahmen reif. Loucheur, der Herriots Aufgabe übernahm, regelte mit dem nach ihm benannten Plan vom 1. September 1917 die französische Kohlenwirtschaft nach weitschauenden Gesichtspunkten. Um Transportleerlauf zu vermeiden wurde Frankreich in drei Zonen eingeteilt; die Gruben des Pas-de-Calais versorgten die Ostzone, England die — weitaus größte — Westzone und die Reviere Mittel- und Südfrankreichs den Süden. Die englische Einfuhr sicherten neue Staatsverträge; auf amerikanische Kohle mußte aber verzichtet werden, da die Fracht sie allzu sehr verteuerte. Eine sorgfältig ausgearbeitete Dringlichkeitsliste regelte die Kohlenverteilung nach der Bedeutung des Verbrauchs für den Krieg, und scharfe Steuern suchten den Preisausgleich zu vervollständigen. Durch Einführung der Sommerzeit, Beschränkung des Gas- und Stromverbrauchs auf einige Stunden am Tage, Verringerung der Straßenbeleuchtung, Verbot der Heißwasserleitungen, Zuteilung von Heizkohle erst vom 1. November ab und ähnliche Maßnahmen wurden scharfe Ersparnisse herbeigeführt. Am 1. September 1917 trat die Kohlenkarte für Paris in Kraft. Hierdurch und durch die besonderen Anstrengungen zur Steigerung der heimischen Förderleistung gelang es, eine weitere Verschlechterung der Versorgung im Winter 1917/18 zu verhüten. Aber die Krisis dauerte noch weit bis in die Friedensjahre hinein und beeinflußte die Außen- und Innenpolitik aller Kabinette.

In der Eisenversorgung war Frankreich noch stärker als in der Kohlenversorgung durch die ersten Kriegsereignisse getroffen worden. Aber hier war infolge des viel geringeren Frachtraumbedarfs der Eisen- und Stahlwaren eine Aushilfe durch die Verbündeten und durch die befreundeten Neutralen, insbesondere Nordamerika, viel leichter zu verwirklichen; auch konnten neue Anlagen für die Stahlerzeugung und -verarbeitung wesentlich rascher und leichter gebaut werden als neue Bergwerke. So wurden während des Krieges 12 Hochöfen, 47 Konverter, 103 Siemens-Martinöfen, 21 elektrische Stahlöfen im Landesinnern neu errichtet und damit die Leistungsfähigkeit des unbesetzten Gebiets in Stahl etwa verdoppelt. Erze kamen hauptsächlich aus Spanien, Roheisen und Rohstahl lieferten je etwa zur Hälfte England und die Vereinigten Staaten, allerdings auch gewaltige Mengen von Fertigfabrikaten. Der fieberhafte Ausbau der Rüstungsbetriebe und die größere Erfahrung der französischen Ingenieure ließen nach dem Kriegseintritt der Vereinigten Staaten sogar eine Regelung zu, wonach Amerika das Rohmaterial lieferte, aus dem die französischen Werkstätten Geschütze für die amerikanische Armee anfertigten. Dagegen ließ man die Sprengstoffe auch für den französischen Bedarf lieber in den Fabriken jenseits des Ozeans herstellen, da der Transport der Rohstoffe hierfür den dreizehnfachen Frachtraum beansprucht hätte.

Zahlentafel 21.

Französische Eisen- und Stahlversorgung während des Krieges in Mill. t.

	1913	1914	1915[1])	1916[1])	1917[1])	1918[1])
Inländische Erzförderung	21,9	11,3	0,6	1,7	2,0	1,7
„ Roheisengewinnung	5,2	2,7	0,6	1,3	1,4	1,3
„ Stahlgewinnung	4,7	2,8	1,1	1,8	2,0	1,8
Einfuhr von Eisenerzen	1,4	—	etwa 0,5	0,6	0,5	0,1
„ „ Eisen u. Stahl aller Art	0,3	0,2	1,2	3,3	3,3	2,2
Ausfuhr von Eisen u. Stahl aller Art	1,2	0,5	0,2	0,2	0,2	0,1
Verbrauch von Eisen u. Stahl aller Art	etwa 4,3	etwa 2,5	etwa 2,1	etwa 4,9	etwa 5,1	etwa 3,9

Der Kohlenmangel und die Transportkrisis ließen allerdings eine Ausnutzung der Werke zeitweilig nicht zu. Im Winter 1917/18 lagen 40% der Rohstahlgewinnungsanlagen still, weil sie keinen Brennstoff erhalten konnten; gleichzeitig waren in der Periode schwersten Mangels an Schiffsraum Fahrzeuge mit insgesamt

[1]) Unbesetztes Gebiet.

400000 Bruttoregistertonnen, die wegen Mangels an Schiffbaustahl und Werkzeugen nicht repariert werden konnten, in den Häfen zum Aufliegen verurteilt. Ohne die riesenhaften Einfuhrmengen wäre die französische Kriegführung, namentlich infolge des Kohlenmangels, nicht entfernt in der Weise möglich gewesen wie sie tatsächlich erfolgte. Zieht man auch die ausländische Erzzufuhr in Betracht, so läßt sich schätzen, daß in den letzten drei Kriegsjahren mindestens zwei Drittel des französischen Eisen- und Stahlbedarfs, der zum größten Teil in Waffen und Munition bestand, vom Auslande gedeckt wurde. Aus eigener Kraft wäre Frankreich also hinsichtlich des Materialverbrauchs kaum auch nur zu einer hinhaltenden Verteidigung gegen die deutschen Armeen imstande gewesen.

Rußland.

Wie Frankreich, verlor Rußland gleich zu Beginn des Krieges wichtige Bergbau- und Industriegebiete und die Bezugsmöglichkeit aus Deutschland, das bisher mehr als die Hälfte der russischen Einfuhr an Rohstoffen und Fabrikaten geliefert hatte. Daß darüber hinaus durch die Sperrung der Zugänge der Ostsee und des Schwarzen Meeres die Versorgung mit Kriegsmaterial, namentlich mit den auf Massentransport angewiesenen Kohlen und mit Eisen und Stahl, auf das schwerste behindert wurde, hat letzten Endes das Schicksal des alten Rußland besiegelt.

Zahlentafel 22.

Kohlenversorgung Rußlands während des Krieges in Mill. t.

	1913	1914	1915	1916	1917	1918
Förderung	38	32	31	34	31	12
Einfuhr	9	5	1	1	1	—
Verbrauch	47	37	32	35	32	12

Von der Förderung des letzten Friedensjahres entstammten 25 Millionen t dem Donez-Becken; 7 Millionen t wurden im Dombrowa-Revier gefördert, das an Oberschlesien angrenzt und in den ersten Augusttagen 1914 für die ganze Dauer des Krieges von den Deutschen besetzt wurde. Die Einfuhr an Kohle kam mit 6 Millionen t aus England, mit fast 3 Millionen aus Deutschland; beide Lieferungen hörten mit dem Kriegsausbruch auf, und nur geringe Mengen englischer Kohle gelangten im Verlauf des Krieges über die Häfen des Nördlichen Eismeeres nach Rußland. Mehr als ein Drittel der Gesamtversorgung fiel also von vornherein und unwiderbringlich aus. Da ganz West- und Nordrußland mit der polnischen und der eingeführten ausländischen Kohle versorgt zu werden pflegten und hier der größte Teil der Rußland verbliebenen Kriegsindustrie lag, mußte die Belieferung nunmehr auf das von Petersburg fast 1200 km entfernte Donez-Revier umgestellt werden. Einer solchen Aufgabe war das ohnedies nicht glänzende und durch die Kriegführung bereits überlastete Eisenbahnwesen naturgemäß nicht gewachsen. Fast die ganze Kriegszeit stand Rußland infolgedessen unter dem Druck eines sehr schweren Kohlenmangels. Wenn er auch der geduldigen und an Leiden gewöhnten Bevölkerung, die sich außerdem in gewissem Umfange mit Holz und Torf aushelfen konnte, nicht in dem Maße zum Bewußtsein kam, wie es bei einer westeuropäischen der Fall gewesen wäre, so hat diese Not doch erheblich zu der Zermürbung der seelischen Widerstandskraft beigetragen.

Durch sehr große Anstrengungen und massenhaften Einsatz von Kriegsgefangenen und angeworbenen meist asiatischen Arbeitern gelang es im Donez-Revier, die anfänglich durch die Einziehung der Bergleute stark geschwächten Belegschaften weit über den Friedensstand aufzufüllen. 1917 betrug die Gesamtzahl der dort beschäftigten Leute 280000, darunter 60000 Kriegsgefangene, gegen 170000 im Jahre 1913. Aber unzureichende Betriebsführung — die leitenden, meist ausländischen Ingenieure hatten bei Kriegsbeginn größtenteils Rußland verlassen —, schlechte Verpflegung, politische Unruhe und vor allem trostlose Transportverhältnisse ließen eine entsprechende Erhöhung der Förderung nicht zu. Im Winter 1916/17 waren die Zustände bereits so ungünstig und verworren, daß die selbst unzureichend versorgten Eisenbahnverwaltungen die ihnen zum Transport übergebenen Kohlen überall willkürlich beschlagnahmten und damit jede geregelte Verteilung unmöglich machten. Ganze Provinzen erhielten fast überhaupt keine Kohlen mehr. Im Sommer 1917 schlossen die Fabriken selbst in Moskau monatelang wegen Brennstoffmangels, und im Herbst desselben Jahres erhielt sogar die Kriegsindustrie nur noch 25% ihres Bedarfs, die Eisenbahnen die Hälfte. In dem kalten Winter 1916/17 waren Millionen Familien so gut wie ohne Heizmaterial; in rascher Wechselwirkung von Not und politischer Erregung trieb auch die Wirtschaft dem Zusammenbruch zu.

Die verhängnisvollen Mängel der russischen Versorgung mit

Kohle trafen die Eisen- und Stahlindustrie besonders stark; sie war bereits durch die Herausziehung der Ingenieure und Facharbeiter auf das schwerste geschädigt worden. An sich wäre die Lage der Eisenversorgung nicht ungünstig gewesen. Rußland ist zwar keineswegs so reich an nutzbaren Lagerstätten, wie volkstümlich bei großen noch nicht überall aufgeschlossenen Ländern angenommen zu werden pflegt; die Nachrichten, die die zaristische Regierung, ebenso wie ihre Rechtsnachfolger, planmäßig in kurzen Zeitabständen über die Auffindung neuer Kohlen-, Erz- und Erdölvorkommen verbreitete, dienten, übrigens nicht ungeschickt und nicht erfolglos, der Hebung des russischen Kredits im Auslande, ohne daß in vielen Fällen reale Grundlagen vorhanden waren. Immerhin sind die russischen Eisenerzvorkommen, die hauptsächlich bei Kriwoi Rog unweit Jekaterinoslaw in Südrußland und im Ural liegen, recht bedeutend und bilden die Grundlage einer wichtigen Eisenindustrie. Da Südwestpolen nur etwa 8% der russischen Roheisengewinnung lieferte und hierzu in erheblichem Umfang Kriwoi-Rog-Erze heranführte, fiel auch der Verlust Südwestpolens im Kriege, abgesehen von dem Ausfall einiger für die Rüstungsindustrie wichtiger Verarbeitungsbetriebe, insofern nicht allzu schwer ins Gewicht. Selbst die Sperrung der Einfuhr hatte für die in der Rohstoffversorgung unabhängige russische Eisenindustrie zunächst keine große Bedeutung. Infolgedessen hat sich die russische Roheisen- und Stahlerzeugung während der ersten drei Kriegsjahre einigermaßen auf der Friedenshöhe gehalten, obwohl der Ersatz der zu den Fahnen eingezogenen Facharbeiter aus der industriell so wenig geschulten Bevölkerung nur in geringem Umfange möglich war. Von entscheidender Bedeutung war jedoch, daß die Friedensindustrie selbst viel zu klein war, um die riesigen Heere mit den weit ausgedehnten Fronten ausreichend zu versorgen. Rußland stellte mehr Soldaten ins Feld als Deutschland, dessen Stahlgewinnung 3- bis 4mal größer war als die russische und trotzdem für die Befriedigung der militärischen Bedürfnisse gerade reichte. Die in Rußland vorhandenen Waffen- und Munitionsvorräte genügten nur für den Bedarf des ersten Aufgebots; die zahlreichen Neuformationen im Herbst und Winter 1914 konnten aber zum großen Teil nicht einmal mit modernen Gewehren, geschweige denn mit ausreichender Artillerie ausgestattet werden. Statt 2,35 Millionen Gewehre, die am 1. Dezember 1915 an der russischen Westfront mindestens notwendig waren, standen nur 1,2 Millionen zur Verfügung.

Das auffällige Nachlassen der russischen Kampfkraft im

Frühjahr 1915 gegenüber August und September 1914, das wesentlich zu den unerwartet großen Erfolgen der deutschen und österreichischen Armeen im Jahre 1915 beitrug, erklärt sich vor allem durch den Verbrauch der Friedensvorräte an Kriegsmaterial und durch die Unmöglichkeit, sie einigermaßen zu ersetzen und zu ergänzen. Zum nachträglichen Ausbau der Industrie, wie sie in Deutschland, England und Frankreich mit so großartigem Erfolge gelang, fehlte es an allen Voraussetzungen, namentlich an Ingenieuren, Facharbeitern und Brennstoffen. Sobald von der Transport- und der Kohlenseite her Störungen auftraten, brach überdies die Produktion rasch zusammen.

Die Verbündeten Rußlands bemühten sich eifrig, freilich gegen reichliche Bezahlung, die unerschöpflichen Menschenmassen, von denen man die Entscheidung des Krieges erhofft hatte, zu bewaffnen und auszurüsten. Frankreich und Italien konnten auf diese Weise ihre Vorräte an Gewehren älterer Konstruktion verwerten und lieferten auch Feldkanonen und namentlich schwere Artillerie aus eigenen Beständen; jedoch erleichterte dies nicht gerade den Munitionsersatz. Allmählich trugen auch die englische, amerikanische und selbst die japanische Industrie zur Versorgung bei. Jedoch war selbst für das hochwertige Kriegsmaterial die Transportfrage zeitweilig unlösbar; in Archangelsk und in dem seit 1916 durch einen Bahnneubau erschlossenen Murman-Hafen Alexandrowsk, vor allem in Wladiwostok lagerten jahrelang Vorräte an Kriegsmaterial im Werte von Hunderten von Millionen Rubeln, die nicht abgefahren werden konnten.

So blieb die russische kriegsindustrielle Versorgung doch zum wesentlichen Teile auf die heimische Eisen- und Stahlindustrie angewiesen, deren geringe Leistungsfähigkeit damit von entscheidender Bedeutung für das militärische Schicksal Rußlands wurde. Als im Sommer 1917 auch die südrussische Eisenindustrie wegen Kohlenmangels zum großen Teil stillgelegt werden mußte, war die militärische Widerstandsfähigkeit Rußlands schon allein aus diesem Grunde sofort zu Ende. Überdies wurden die wegen Brennstoffmangels untätigen Industriearbeiter die willigen Träger der beiden Revolutionen.

Italien.

Italien konnte sich weder in Kohle noch in Eisen einigermaßen selbst versorgen, besaß aber freien Zugang zum Weltmeer und wurde von den Verbündeten, soweit es deren eigene Kräfte zuließen, eifrig unterstützt.

Zahlentafel 23.

Kohlenversorgung Italiens während des Krieges in Mill. t.

	1913	1914	1915	1916	1917	1918
Förderung	0,7	0,8	1,0	1,3	1,7	2,2
Einfuhr	11,5	9,8	8,4	8,1	5,0	5,8
Verbrauch[1])	12	10	9	8,5	5,5	6,5

Es gelang also, die Förderung durch sehr lebhafte und umfassende Bemühungen bis auf das Dreifache der Friedensziffer zu steigern. Allerdings handelte es sich fast ausschließlich um Braunkohle, deren Heizwert bei den in Frage kommenden Lagerstätten nur etwa ein Drittel des Heizwertes der eingeführten Steinkohle betrug, so daß der Einfuhrrückgang bis auf weniger als die Hälfte nicht entfernt ausgeglichen werden konnte. Die in Italien geförderten Mengen waren überdies, gemessen an dem Bedarf, ohne große Bedeutung; übrigens konnte sich der Bergbau in der künstlichen Steigerung, die die hohen Preise während des Krieges ermöglicht hatten, nicht lange halten. Die Einfuhr mußte im wesentlichen von England geleistet werden, das schon vor dem Kriege mehr als vier Fünftel des Gesamtbedarfs gedeckt hatte. Zeitweilig nahmen auch die Vereinigten Staaten an der Versorgung teil. Die Lieferungen an Italien bildeten den Gegenstand besonderer Sorge der Verbündeten und wurden auf mehreren interalliierten Konferenzen besprochen; die hierbei von den Verbündeten zugesagte Menge von 690000 t monatlich wurde aber in den letzten beiden Kriegsjahren niemals auch nur entfernt erreicht und schon 1916 nur in Ausnahmefällen.

Die Kohlenversorgung Italiens, die in ihren Entschlüssen bis zum Eintritt in den Krieg eine so bedeutsame Rolle gespielt hatte, befand sich infolgedessen im Zustande fast unaufhörlicher Krisis. Sie erwies sich als sehr empfindliche Hemmung der ganzen Kriegführung und diente wie kein anderer Umstand dazu, Italien die Unselbständigkeit seiner Politik und die Tatsache seiner machtmäßigen Unterlegenheit fühlen zu lassen. Inwieweit das Druckmittel zeitweiliger Zurückhaltung der Kohlenlieferungen tatsächlich zur Durchsetzung englisch-französischer Wünsche, etwa bei der späten Kriegserklärung an Deutschland und namentlich an die Türkei, zur Anwendung gekommen ist, wie vielfach vermutet

[1]) Unter Umrechnung der Braunkohle in Steinkohle.

wird, werden vielleicht erst spätere Geschlechter erfahren; jedenfalls steht fest, daß sich Italien einem solchen Druck schwerlich entziehen konnte.

Zur Aushilfe für die fehlenden Kohlen suchte man die heißen Dampfquellen (Fumarolen und Soffioni) stärker nutzbar zu machen, die als Zeichen postvulkanischer Vorgänge an manchen Stellen Mittelitaliens dem Boden entströmen, und die gewaltigen Wasserkräfte des Alpenrandes auszunutzen. Eine fühlbare Erleichterung konnte hiervon aber nicht erwartet werden. Eine größere Unterstützung war das Holz; zeitweilig bestand daraus fast das gesamte Feuerungsmaterial der Eisenbahnen, da die knappe Kohleneinfuhr zu drei Vierteln der Kriegsindustrie vorbehalten werden mußte. Aber das Land ist nicht waldreich; die gesamte Forstfläche betrug nur ein Drittel der deutschen und wurde großenteils höchst unergiebig bewirtschaftet. Die Hauptmenge des Holzbedarfs mußte daher vor dem Kriege aus Österreich-Ungarn eingeführt werden. Vielleicht war es, auf die Dauer gesehen, fast ein Glück für das Land, daß zu der geplanten großzügigen Niederschlagung der Wälder, ähnlich wie in England, Menschen und Transportmittel fehlten; es wäre ein Schaden entstanden, den womöglich mehrere Generationen nicht hätten wieder gut machen können. Aber in den Jahren 1917 und 1918, als die letzten Hilfsquellen im verzweifelten Kampf eingesetzt wurden, war man in Italien nur zu bereit, auch dieses Opfer zu bringen. Der Holzeinschlag wurde auf ein Mehrfaches der Friedensziffer gesteigert.

Gegen Ende des Krieges war die Kohlenversorgung völlig zusammengebrochen. Im September 1918 lagen 40% aller Fabriken wegen Brennstoffmangels still; nur in wenigen großen Städten waren die Gasfabriken noch im Betriebe und gaben für 2 bis 3 Stunden täglich Gas ab. Es läßt sich schwer ausdenken, wie die Reste des Wirtschaftslebens und vor allem der Hausbrand hätten aufrechterhalten werden sollen, wenn nicht der Waffenstillstand vor dem Winter 1918/19 eingetreten wäre.

Die Lage der Kohlenwirtschaft zwang die italienische Regierung schon frühzeitig zu scharfen Eingriffen; sie wurden im Laufe des Krieges zum regelrechten staatlichen Kohlenmonopol zusammengefaßt. Durch rücksichtslose Zwangsbewirtschaftung namentlich der Einfuhr gelang es der italienischen Regierung, wenigstens den Kohlenbedarf der Kriegsindustrie einigermaßen zu decken und vor allem auch die Leistung der Eisen- und Stahlindustrie vorübergehend erheblich zu steigern.

Zahlentafel 24.

Eisen- und Stahlversorgung Italiens während des Krieges in Mill. t.

	1913	1914	1915	1916	1917	1918
Roheisengewinnung	0,4	0,4	0,4	0,5	0,5	0,3
Stahlgewinnung	0,9	0,9	1,0	1,3	1,3	1,0
Einfuhr an Eisen und Stahl[1])	0,5	0,4	0,4	0,6	1,1	0,8
Verbrauch an Eisen und Stahl	1,4	1,3	1,4	1,9	2,4	1,8

Freilich reichte diese Steigerung nicht entfernt aus, um den gewaltig gestiegenen Kriegsbedarf zu decken. Die Einfuhr an Roheisen, Rohstahl und Halbfabrikaten mußte infolgedessen noch wesentlich stärker erhöht werden. Die gesamte zur Verfügung stehende Menge blieb aber nur ein Bruchteil des Eisen- und Stahlverbrauchs der anderen kriegführenden Großmächte; im letzten Kriegsjahr sanken Produktion und Einfuhr infolge Tonnage- und Kohlenmangels sogar erheblich herab. Nach der Katastrophe bei Caporetto im Herbst 1917 wäre daher der Ersatz der dort verlorenen sehr großen Vorräte an Kriegsmaterial aus eigener Kraft nicht möglich gewesen. Die wirtschaftliche Schwäche Italiens brachte das Land nunmehr auch in die volle militärische Abhängigkeit von den Verbündeten.

Vereinigte Staaten.

Die Vereinigten Staaten, die einen so entscheidenden Einfluß auf den Ausgang des Krieges genommen haben, können erst mit dem Tage ihrer Kriegserklärung, dem 6. April 1917, allenfalls mit dem Tage des Abbruchs der diplomatischen Beziehungen, dem 3. Februar 1917, förmlich als Kriegsteilnehmer gelten. In wirtschaftlicher Hinsicht freilich war ein wesentlicher Teil ihrer Kraft schon früher, schon etwa seit Anfang 1915, auf der Seite der Entente eingesetzt, aber doch nur mit Leistungen, die im Verhältnis zur Leistung der Hauptkriegführenden geringfügig waren. Auch noch nach seinem Kriegseintritt lag es in der Natur der Verhältnisse begründet, daß das amerikanische Volk niemals in dem Maße bis zum letzten Mann und zum letzten Stück Kohle für die Kriegführung in Anspruch genommen wurde, wie die Völker in Deutschland, Frankreich und England.

Der Einsatz der Produktion der großen amerikanischen Industrie erfolgte langsam im Laufe des Jahres 1915, und zwar

[1]) Ohne Schrott, dessen Verbrauch in der Stahlgewinnung wiederkehrt.

im Wesentlichen zugunsten der Entente, da den Lieferungen an Deutschland die von vornherein vorhandene, später durch den U-Bootskrieg verschärfte politische Spannung, vor allem aber die Blockade im Wege standen. Die bis weit in das Jahr 1915 fortgesetzten Lieferungen, die Deutschland über Italien und andere neutrale europäische Länder aus den Vereinigten Staaten empfing und unter denen namentlich Baumwolle eine recht erhebliche Bedeutung besaß, betrafen am wenigsten Erzeugnisse der Kohlen- und Eisenwirtschaft; auch die kleinen Frachten, die die zwei Handels-U-Bootfahrten nach Deutschland brachten, bestanden in der Hauptsache aus selteneren Metallen. Die Ententeländer begannen mit ihren Bestellungen im Herbst 1914, als der Bewegungskrieg zugleich mit den vorhandenen Munitionsvorräten zu Ende gegangen war. Die amerikanischen Liefermöglichkeiten waren anfänglich gering und bestanden in der Hauptsache in Sprengstoffen, die seit Anfang 1915 in wachsendem Umfange zur Verschiffung gelangten. Für die Waffen- und Geschoßanfertigung in großem Maßstabe waren keine ausreichenden Werkstätten vorhanden. Ihre Leistung wurde auch im wesentlichen Maße durch den Ausbau der amerikanischen Wehrmacht in Anspruch genommen, die seit der Lusitania-Versenkung (7. Mai 1915) einsetzte. An den Neubau von Fabrikanlagen ging die Industrie zunächst nur zögernd heran, weil bei der unsicheren Dauer des Krieges die spätere Verwertung zweifelhaft erschien. Als man sich unter dem Drängen der Ententeregierungen und unter dem Anreiz der sehr einträglichen Preisangebote in der zweiten Hälfte des Jahres 1915 zu größeren Neuanlagen entschloß, war es inzwischen deutschen Mittelsmännern unter der Leitung des damaligen Militärattachés von Papen gelungen, durch Aufkaufen der Produktion unentbehrlicher Werkzeugmaschinen und vieler Rohstoffvorräte die volle Inbetriebnahme zu verzögern. Infolgedessen kam die amerikanische Rüstungshilfe für die Entente erst im Verlauf des Jahres 1916 stärker zur Geltung. Ein Jahr später war allerdings der Hauptteil der gewaltigen Leistungsmöglichkeiten hierfür eingesetzt.

In der Kohlenversorgung waren die Vereinigten Staaten auf Grund sehr großer Vorkommen, die namentlich in den Weststaaten an den Abhängen der Alleghannies liegen, von jeher unabhängig. Da aber bis zu den atlantischen Häfen Entfernungen von 150 bis 500 km zu überwinden sind, kann die Kohle, die am Gewinnungsort billiger ist als in jedem anderen Kohlenrevier der Welt, auf dem Weltmarkt nicht mit der englischen, ja, nicht einmal mit der deutschen Kohle konkurrieren. Ausfuhr in größerem Maße findet nur nach Kanada über die Binnengrenze statt, und selbst im Kriege blieb trotz der Kohlennot der verbündeten Länder Frankreich und Italien die Ausfuhr nach Europa auf verhältnismäßig kleine Mengen beschränkt. Dagegen stieg die Belieferung der südamerikanischen Länder, deren gegenüber die englische Kohlenausfuhr infolge des Krieges immer mehr versagte, erheblich an und bildete einen wichtigen Stützpunkt für das allgemeine Vordringen der Vereinigten Staaten auf den südamerikanischen Märkten auf Kosten der bisherigen europäischen Lieferanten.

Zahlentafel 25.

Kohlenversorgung der Vereinigten Staaten während des Krieges in Mill. t.

	1913	1914	1915	1916	1917	1918
Förderung	517	466	482	535	591	615
Ausfuhr[1])	24	19	22	25	28	27
Einfuhr	2	2	2	2	1	1
Verbrauch	495	449	462	512	564	589

Die riesigen Förder- und Verbrauchsziffern scheinen eine reichliche Versorgung des Landes unter den ja nur beschränkten Anforderungen des Krieges anzudeuten. Tatsächlich haben aber auch die Vereinigten Staaten zeitweilig erhebliche Schwierigkeiten in der Kohlenversorgung durchgemacht. Der Grund lag, wie in den europäischen Kohlenländern, in dem Versagen der für normale Zeiten eingerichteten Transportmöglichkeiten vor den beispiellosen Ansprüchen der Kriegsführung und Kriegswirtschaft, und in der Herausziehung der leistungsfähigsten Jahrgänge der Arbeiter. Eine besondere Erschwerung bedeutete in Amerika das Fehlen von Organisationen, die das ganze Land einheitlich umfaßten, und die geringe Schulung in staatlicher Organisation überhaupt. Vor allem nahm der riesenhafte Ausbau des Produktionsapparates selbst und ganz besonders des Schiffsbaus solche Mengen an Kohle und Eisen in Anspruch, daß der gewöhnliche Verbrauch, der ohnedies hinter den sehr viel einträglicheren und vom April 1917 ab auch politisch erwünschteren Kriegslieferungen zurückstehen mußte, in größerem Umfange unbefriedigt blieb.

Die Krisis kam in schärferer Form erst im Herbst 1917 zum

[1]) Koks in Kohle umgerechnet.

Ausbruch, als die eigentlichen Kriegstransporte dem für derartige Maßnahmen schlecht vorbereiteten Land tiefgehende Erschütterungen namentlich im Verkehrswesen brachten. Am 23. August 1917 wurde ein Kohlenkommissar mit weitgehenden Vollmachten ernannt, nachdem bisher die Eingriffe sich in der Hauptsache auf Maßnahmen des Präsidenten gegen die übertriebenen Kohlenpreise beschränkt hatten. Mit den drastischen Preisherabsetzungen hatte die Regierung die eigenartige Absicht verbunden, die Förderleistung abzuschrecken und dadurch das Transportchaos zu verbessern. Garfield, der neue Kohlendiktator, ging systematischer vor. Zahllose Verbrauchsbeschränkungen sollten namentlich im Hausbrand und in der nicht kriegswichtigen Industrie Ersparnisse bringen; die Reklamebeleuchtung wurde auf ein Mindestmaß herabgesetzt, die Verwendung der allzu viel Strom verbrauchenden Kohlenfadenlampen verboten, zahlreiche Personenzüge im Fahrplan gestrichen, die Hälfte der Straßenbahnhaltestellen aufgehoben und gaslose Sonntage und kohlenlose Montage eingeführt. Nach dem schon in England und Frankreich bewährten Zonensystem wurde das ganze Land in 11 Bezirke eingeteilt, die sich nur in den zugewiesenen Lieferrevieren versorgen durften. Im ganzen rechnete man sich durch diese Maßnahmen in 14 Monaten eine Ersparnis von 32 Millionen t aus! Allmählich wurde eine mächtige Organisation aufgebaut, die die Verteilung auch im einzelnen regelte; zu der mehrfach erwogenen vollen Übernahme der Bergwerke unter staatliche Verwaltung kam es aber — im Gegensatz zu den Eisenbahnen — nicht.

Alle Eingriffe konnten eine heftige Brennstoffnot im Winter 1917/18 nicht aufhalten. Ein großer Teil der Schulen in New York blieb wochenlang geschlossen, weil sie nicht geheizt werden konnten. Im Januar 1918 lagen in New York 136, in New Orleans 100 beladene Dampfer still, weil sie keine Bunkerkohlen erhalten konnten; die englische Regierung mußte Kohlen über den Atlantik schicken, um wenigstens die englischen Schiffe flott zu machen. Mit noch ernsteren Sorgen ging man dem nächsten Winter entgegen; für das Jahr vom 1. Juli 1918 bis 30. Juni 1919 hatte man einen Kohlenfehlbetrag von 50 bis 60 Millionen t errechnet, dessen Deckung nur von einer noch rücksichtsloseren Einschränkung des privaten Kohlenverbrauchs erhofft werden konnten. Im Sommer 1918 wurde die Kohlenbelieferung der Brauereien gesperrt. Als der Waffenstillstand auch in der amerikanischen Kohlenwirtschaft die schärfste Spannung beseitigte, sah man sich gerade gezwungen, sogar eine Anzahl Hochöfen stillzulegen, für die kein Koks mehr zur Verfügung gestellt werden konnte.

Bei der engen Abhängigkeit der Eisenindustrie von der Kohlenversorgung wurde die Leistung an Eisen und Stahl stark von der Kohlen- und Transportnot in Mitleidenschaft gezogen. An sich besaß das Land Überfluß an Eisenerz. Aber die Schwierigkeiten, genügend Kohle zu erhalten, führten schon im Mai 1917 eine solche Knappheit an Stahl herbei, daß die Regierung die Hand auf die gesamte Erzeugung legte und nicht nur die Preise, sondern auch die Verteilung bis in die Einzelheiten festsetzte. Trotzdem konnte selbst der kriegswichtige Bedarf nicht befriedigt werden. Man ging zum Bau von hölzernen, sogar von Betonschiffen über, um Schiffbaustahl zu sparen, schuf allerdings eine nur recht kurzlebige Aushilfe. Vom Mai 1918 ab stand Stahl für Privatzwecke überhaupt nicht mehr zur Verfügung.

Eine Statistik der Versorgung der Vereinigten Staaten mit Eisen und Stahl für die Kriegszeit kann nicht gegeben werden, da über die Ausfuhrmengen nur verstreute und widerspruchsvolle Angaben vorliegen. Bei dem engen Zusammenwirken der Ententearmeen im letzten Kriegsjahr verliert gerade die Aufteilung des Eisen- und Stahlverbrauchs in den Eigenverbrauch der Produktionsländer und in die Ausfuhr an Bedeutung. Die bereits in der Zahlentafel 7[1]) gegebenen Erzeugungsziffern an Erz, Roheisen und Rohstahl decken sich für die Vereinigten Staaten infolgedessen gewissermaßen mit dem Verbrauch. Überdies erfolgte die Bezahlung angesichts der Bedrohung der Valuta der europäischen Verbündeten in der Hauptsache im Kreditwege, d. h. durch die Vereinigten Staaten selbst, die auf eine Rückzahlung des Hauptteils dieser Beträge nicht mehr rechnen dürfen.

4. KOHLE UND EISEN IM HANDELSKRIEG.

Zum ersten Male in der neueren Geschichte wurde der Weltkrieg unter Erfassung aller politischen, wirtschaftlichen und geistigen Kräfte der hauptsächlich beteiligten Völker geführt. Wie es gegen Ende des Krieges nur noch wenige neutrale Länder auf der Erde gab, so war allmählich auch innerhalb der kriegführenden Länder jegliche Arbeit, jegliche Lebensäußerung für den Krieg in Anspruch genommen worden. Eine abseits von der Kriegführung sich abspielende wirtschaftliche Tätigkeit, wie sie noch in allen

[1]) S. 69.

früheren Kriegen möglich gewesen war, hörte völlig auf. Der moderne Feldzug stellte so ungeheure Anforderungen an Menschen und Material, daß der Bedarf nur unter sorgfältigster und sparsamster Einteilung befriedigt werden konnte und für andere Zwecke schon in praktischer Hinsicht nichts übrig blieb.

Diese Entwicklung entsprach zugleich durchaus der Haltung der Völker zum Kriege. Bei den unerhörten Opfern und Anstrengungen, die der Krieg erforderte, erschien es undenkbar, daß sich innerhalb der aufgewühlten und angespannten Nationen noch irgendwelche Sonderinteressen zeigten, die nicht dem Endsieg dienten. Wie eine geistige Neutralität außerhalb oder gar innerhalb der Grenzen als unvorstellbar, ja, sogar als verbrecherisch empfunden wurde, so galt es als selbstverständlich, daß die letzte wirtschaftliche Hilfsquelle zur Stärkung der eigenen Kampfkraft und zur Schädigung des Gegners ausgenutzt wurde.

Bei der Entente war diese Auffassung entsprechend dem erheblichen Einfluß wirtschaftlicher Erwägungen auf das Verhätnis Englands und Frankreichs zu Deutschland vor dem Kriege, besonders frühzeitig und besonders lebhaft im angreifenden Sinne vertreten. Die Vernichtung der militärischen, vor allem aber auch der wirtschaftlichen Macht Deutschlands war das Kriegsziel, zu dessen Erreichung sinngemäß wirtschaftliche Kampfmaßnahmen ebenso geeignet und erwünscht erschienen wie die militärischen. Insofern hatten sich die Ententevölker viel frühzeitiger den veränderten Charakter des Krieges als der Auseinandersetzung ganzer Völker auf Tod und Leben zu eigen gemacht. Während man in Deutschland den Waffengang anfänglich viel zu einseitig als rein militärische Aufgabe ansah und durchzuführen suchte, wandten England und Frankreich alsbald auch die moderneren Kampfmittel der moralischen Propaganda und vor allem des Wirtschaftskrieges an. In der deutschen Wirtschaft sollte die eigentliche Grundlage der deutschen Kraftentfaltung getroffen und vernichtet und damit womöglich die im Felde nicht erreichbare Entscheidung herbeigeführt werde. Der Krieg sollte aber auch für die Zukunft das Gespenst der tatsächlich vorhandenen, teilweise auch nur eingebildeten Überlegenheit der deutschen Industrie und des deutschen Handels bannen. Infolgedessen wurden alle Maßnahmen darauf abgestellt, die deutsche Wirtschaftskraft schon durch die Kriegshandlungen selbst möglichst zu zerstören, vor allem aber für die Zeit nach dem Kriege eine Wiederkehr des deutschen Wettbewerbs zu verhindern.

Während des Kriegsverlaufs selbst hatte der Wirtschaftskrieg daneben die sehr erhebliche Bedeutung, daß er ein überaus wirksames Druckmittel auf die Neutralen selbst darstellte; man konnte sie damit zwingen, entweder völlig auf die Seite der Entente zu treten, oder sie doch in wohlwollender Neutralität mit Schiffsraum, Hafengelegenheit, Rohstoffen und Waren zu versorgen, oder zum allermindesten eine entsprechende Leistung an die Mittelmächte zu unterlassen. Bei einem Krieg, in dem so stark — und so wirksam — mit moralischer Propaganda gearbeitet wurde und bei dem die Verletzung der belgischen Neutralität gerade propagandistisch eine so wesentliche Rolle spielte, wäre es schlecht angegangen, die kleinen neutralen Länder durch offene Waffengewalt zu bestimmten Haltungen zu drängen; tatsächlich hat dies die Entente nur gegenüber Griechenland getan. Aber Ausfuhrverbote für gewisse unentbehrliche Warengruppen, von denen man nur dem befreundeten Lande gegenüber Ausnahmen gewährte, schienen äußerlich harmlos und taten still und unblutig doch vielfach den gleichen Dienst.

Erst allmählich begannen die Mittelmächte, die sich infolge ihrer Absperrung von der Welt, insbesondere von den großen Rohstoffmärkten, auch in der sehr viel ungünstigeren Lage befanden, sich auf diese neue Art der Kriegführung umzustellen. Sie blieben zwar gegenüber der umfassend und kraftvoll geführten Offensive des Gegners wirtschaftspolitisch im allgemeinen in der Verteidigung, als die ja der ganze Krieg von ihnen auch empfunden wurde, wußten aber, namentlich in den späteren Kriegsjahren, die ihnen zum Wirtschaftskrieg verbliebenen Waffen doch recht wirksam zu führen. Zur Aufstellung weitreichender wirtschaftspolitischer Kriegsziele fehlte es bei ihnen freilich an allen inneren und äußeren Voraussetzungen.

Im weiteren Verlauf des Krieges hatten im übrigen beide Parteien infolge der immer vollständigeren Inanspruchnahme aller wirtschaftlichen Kräfte für den Kampf an der Front und infolge der zunehmenden wirtschaftlichen Erschöpfung keine andere Wahl als sorgfältigstes und strengstes Haushalten mit jeder kleinsten Menge von Rohstoff oder Fertigerzeugnis. Der ungeheure unproduktive Verbrauch der Schlachtfelder zog die Leistungsfähigkeit der gesamten Weltwirtschaft in solchem Maße auf sich, daß für andere Zwecke nichts zur Verfügung stand und selbst die planmäßig gesteuerte Handelspolitik sich einzig diesem Gebot unterordnen mußte. Auch ohne den bewußten Gedanken des

Wirtschaftskrieges blieb auf die Dauer weder der Entente noch den Mittelmächten etwas anderes übrig als jede Ware ausschließlich nach der Möglichkeit ihrer nützlichen Verwendung für den Krieg zu beurteilen und zu behandeln und auch jede nicht durch vollwertige Gegenleistungen gezahlte Überlassung an Neutrale unter allen Umständen auszuschließen. Die ursprünglich von der Entente angriffsweise eingeleitete und von den Mittelmächten in der Abwehr aufgenommene Kampfform des Wirtschaftskrieges ging daher immer mehr in der durch den Mangel aufgezwungenen Regelung aller Wirtschaftsvorgänge auf. Aus dem bewußten Kriegsmittel wurde eine unausweichliche Notmaßnahme.

Im Rahmen des Wirtschaftskrieges nahm die Kohle insofern eine eigentümliche Stellung ein, als sie beiden kriegführenden Parteien in ihrer Gesamtheit einigermaßen ausreichend zur Verfügung stand; es bestand also wenig Aussicht, die Versorgung während des Krieges und später durch Vorenthaltung der Zufuhr oder durch entsprechende Einwirkung auf die Neutralen ernstlich zu stören. Die gegenseitige Aushilfe der Verbündeten untereinander, vor allem Deutschlands Leistung für Österreich und Englands Leistung für Frankreich und Italien, konnte während der ganzen Kriegsdauer weder durch militärische noch durch wirtschaftspolitische Mittel getroffen werden. Weniger gesichert war die Versorgung in Eisenerz, worin die Leistung der Neutralen, namentlich Schwedens und Spaniens, für beide kriegführende Parteien eine gewisse Bedeutung hatte. England deckte während des Krieges 30% seines Eisenerzbedarfes, dem Metallinhalt nach sogar fast die Hälfte durch Einfuhr, ganz überwiegend aus Spanien, aber auch aus Schweden, Norwegen und Nordafrika. Die deutsche Abhängigkeit in der Eisenerzversorgung war geringer; die Versorgung durch Einfuhr betrug im Kriege dem Erzgewicht nach im Durchschnitt der Kriegsjahre nur 24—25% des gesamten Verbrauches. Wenn dem Metallinhalt nach auch hier der fremde Anteil höher war als nach der Erzmenge, so entstammte doch ein wesentlicher Teil dem Briey-Becken, das Deutschland militärisch in der Hand hatte. Aus den neutralen Ländern deckte Deutschland dem Metallinhalt nach nicht ganz 20% seines Eisenbedarfs; fast ausschließlich war Schweden die Bezugsquelle, daneben in geringeren Umfange Norwegen. Immerhin lag es für die Entente nahe, alles daran zu setzen, um auch diese Zufuhr zu sperren. Englische Unterseeboote, denen es gelang, die Minensperre an den dänischen Inseln zu passieren, arbeiteten zeitweilig an der Verhinderung des Ostseeverkehrs ähnlich wie die deutschen Boote um England herum, und es gelang ihnen auch einige Erzdampfer zu versenken. Da Deutschland allmählich Sund und Belt völlig zu sperren vermochte, hörte die Gefahr für die deutsche Erzversorgung auf. Während des ganzen Krieges konnte auch die deutsche Marine die russische Ostseeflotte so im Schach halten, daß sie niemals den deutschen Ostseeverkehr ernstlich bedrohte.

Mit um so größerem Eifer versuchte England mit den Maßnahmen des Wirtschaftskrieges Schweden und Norwegen zur Einstellung oder wenigstens zur Verringerung der Erzausfuhr nach Deutschland zu veranlassen. Gegenüber Norwegen, wo die Bevölkerung stärker der Entente zuneigte und auch die Wirtschaft viel stärker von dem durch England kontrollierten Seeverkehr abhing, hatten die Bemühungen eher Erfolg; bei einzelnen Gruben, deren Förderung wegen des Gehalts an Nickel und Kupfer besonders wichtig war, kaufte die englische Regierung kurzer Hand die ganze Produktion auf, um eine Abgabe an Deutschland zu verhindern. Sehr viel bedeutsamer wäre freilich eine Unterbindung der schwedischen Erzausfuhr nach Deutschland gewesen, und während des gesamten Krieges haben die Versuche nicht aufgehört, dieses Ergebnis mit allerlei Mitteln zu erzielen. Ein Aufkaufen kam schon wegen der langfristigen deutsch-schwedischen Verträge nicht in Betracht und hätte bei den riesigen Werten — 1917 84 Millionen Kronen, entsprechend etwa 95 Millionen Goldmark — auch ganz unverhältnismäßige Aufwendungen erfordert. Äußerst empfindlich war allerdings die schwedische Wirtschaft für das sonst von England mit Vorliebe angewandte Druckmittel der Entziehung der Kohle, da Schweden selbst ganz unzureichend mit Brennstoffen versorgt ist. Vor dem Krieg hing Schweden in der Tat fast ausschließlich von der englischen Kohlenzufuhr ab. Da aber der englische Bergbau, geschwächt durch Arbeiter- und Grubenholzmangel, und belastet durch die sehr starken Anforderungen der Verbündeten, ohnedies kaum den heimischen Bedarf mehr decken konnte und es auch infolge des U-Bootkrieges immer schärfer an Tonnage für die Ausfuhr mangelte, mußte sich Schweden während des Krieges viel stärker als im Frieden auf deutsche Kohle umstellen, die im Austausch gegen Eisenerz und großenteils sogar als Rückfracht auf denselben Schiffen wie das Erz, teils über die Ostsee, teils zur Entlastung der überbeanspruchten deutschen Binnen-Transportmittel, sogar über die Nordsee geliefert wurde. Wegen des hohen U-Boot-Risikos waren außerdem die Frachten von England nach

Schweden sehr viel höher als die deutschen Ostseefrachten, so daß englische Kohle unverhältnismäßig verteuert nach Schweden gelangte. Die Kohlenfracht Tyne—Stockholm kostete im Sommer 1918 220 Kronen je Tonne, Stettin—Stockholm nur 14 Kronen! Jeder Einschränkung der Erzausfuhr, die die Entente durch Drosselung der Zufuhr der Schweden unentbehrlichen sonstigen Waren durchzusetzen versuchte, konnte Deutschland Gegenmaßnahmen auf dem Gebiete der noch dringlicher notwendigen Kohlenversorgung entgegensetzen, so daß der schwedische Erzhandel mit Deutschland bis gegen Ende des Krieges ungestört abgewickelt werden konnte. Erst Mitte 1918 trat eine Abschwächung ein, da auch die deutschen Liefermöglichkeiten in Kohle nachlassen mußten.

Eine umgekehrte Einwirkung Deutschlands auf die Erzversorgung Englands war auf dem Wege wirtschaftspolitischer Maßnahmen nach Lage der Dinge von vornherein nicht möglich. Der durch den U-Bootkrieg verschärfte Tonnagemangel hat zwar auch diesen Gegenstand der Seetransporte zeitweilig erheblich beeinträchtigt, darüber hinaus kam aber ein wirtschaftlicher Druck Deutschlands auf die beiden skandinavischen Länder, oder gar aus Spanien, nicht in Betracht; Deutschland war auch auf diesem Gebiet der Kriegspolitik durchaus in die Defensive gedrängt und mußte froh sein, daß ihm der Kohlenbergbau wenigstens die Verteidigung der eigenen Versorgung ermöglichte.

Die Bedeutung der deutschen Kohlenausfuhr für die erfolgreiche Abwehr des Wirtschaftskrieges, den die Entente in den Deutschland benachbarten neutralen Ländern zu führen versuchte, ist jedoch außerordentlich wichtig gewesen. Nur Holland verfügte über gewisse eigene Kohlenvorkommen; es deckte vor dem Kriege etwa ein Fünftel seines Bedarfs selbst und konnte den Anteil während des Krieges durch fieberhaften Ausbau der Gruben noch wesentlich steigern. Immerhin war selbst Holland in der Kohlenversorgung doch in erheblichem Umfang von den großen Kohlenmächten abhängig, und für die drei nordischen Länder und die Schweiz war die Abhängigkeit eine fast vollständige. In allen fünf Ländern fehlte es infolge des Kohlenmangels auch an einer leistungsfähigen Eisenindustrie; nur in Schweden hatten sich aus früheren Zeiten eine Reihe von kleinen Hütten erhalten, die hochwertige Sorten von Eisen und Stahl in der Hauptsache aus Holzkohle und für den inländischen Bedarf herstellten. Für zahlreiche Gegenstände des täglichen Bedarfs, die aus den üblichen

Handelssorten des Eisens hergestellt zu werden pflegen, wie Schienen, Baueisen u. dgl., war aber auch Schweden Einfuhrland; es deckte den Bedarf in der Hauptsache in Deutschland, ebenso wie die anderen angrenzenden Länder. Da die belgische Eisenindustrie gänzlich und diejenige Frankreichs zum größten Teil durch den Krieg lahmgelegt und die englische vollauf mit der Befriedigung der Kriegsbedürfnisse der eigenen und der verbündeten Armeen in Anspruch genommen war, blieben die Deutschland benachbarten neutralen Länder während des Krieges erst recht auf dessen Eisenindustrie angewiesen.

Deutschland hat seine Macht, die ihm seine Kohlen- und Eisenindustrie, übrigens auch der Kalibergbau, die chemische Industrie und die Zinkhütten, gegenüber diesen Ländern gewährten, wohl auszunutzen verstanden und in seiner wirtschaftlich so hart bedrängten Lage hierbei zahlreiche sehr wertvolle Erfolge erzielt.

Zahlentafel 26.

Kohleneinfuhr und Lebensmittelausfuhr Skandinaviens während des Krieges.

Kohleneinfuhr in Mill. t

		1913	1914	1915	1916	1917	1918
Schweden	aus Dtschld.	0,4	etwa 0,8	etwa 2	4,4	1,7	1,6
	aus England	4,6	4,3	2,7	1,6	0,6	1,1
Norwegen	aus Dtschld.	0,1	etwa 0,3	etwa 0,2	0,2	0,1	0,0
	aus England	2,3	2,5	2,6	2,3	1,1	1,3
Dänemark	aus Dtschld.	0,5	0,1	0,4	1,3	1,3	1,1
	aus England	3,0	3,3	3,1	2,3	0,9	1,0
Skandinavien	aus Dtschld.	1,0	etwa 1,2	etwa 2,6	5,9	3,1	2,7
	aus England	9,9	10,1	8,4	6,2	2,6	3,4

Lebensmittelausfuhr nach Deutschland in Mill. t

	1913	1914	1915	1916	1917	1918
Schweden	38	58	105	92	18	—
Norwegen	77	68	168	200	102	—
Dänemark	135	155	283	327	207	—
Skandinavien . .	251	281	556	619	326	—

Gegenüber Skandinavien übernahm Deutschland also einen großen Teil der Kohlenversorgung; während die deutsche Kohlenausfuhr in den drei letzten Kriegsjahren das drei- bis sechsfache der Friedensausfuhr betrug, sank die englische Ausfuhr nach Schweden-Norwegen-Dänemark im gleichen Zeitraum auf durchschnittlich den dritten Teil. Die gewaltige deutsche Mehrleistung machte sich aber vor allem in vermehrten Lebensmitteleinfuhren aus den bedachten Ländern bezahlt. 1916 wurden an Fleisch, Fisch, Vieh, Milch, Butter, Käse, Eiern und Fleischkonserven 2½mal größere Mengen aus Skandinavien bezogen als vor dem Kriege. Die englische Einfuhr, für die genaue Ziffern nicht zur Verfügung stehen, ging entsprechend zurück[1]).

Es handelte sich im ganzen um sehr erhebliche Mengen an Nahrungsmitteln, die Deutschland auf diese Weise erhielt; neben der Erzbelieferung haben sie für die Aufrechterhaltung der deutschen Wirtschaft im Kriege eine bedeutsame Rolle gespielt. Nach einer Aufstellung, die das englische Board of Trade der amerikanischen Regierung nach deren Kriegseintritt über die Lieferungen der Neutralen an Deutschland mitteilte[2]), soll Deutschland im

---

[1]) Die Angaben über den Lebensmittelhandel Deutschlands und Skandinaviens entstammen M. Ziese und H. Ziese-Beringer: „Generäle, Händler und Soldaten", Berlin 1930, S. 131. Den von den Verfassern gezogenen, zum Teil recht schroffen Schlußfolgerungen, als habe der englische Handel Deutschland trotz der Blockade aus Gewinnsucht, gewissermaßen in landesverräterischer Gesinnung, durch die neutralen Länder beliefert, kann aber in dieser allgemeinen Form keineswegs beigetreten werden. Die Verfasser lassen außer acht, daß den erhöhten Lieferungen der Neutralen an Deutschland starke Minderungen in der Ausfuhr an andere Länder, zum Teil auch im eigenen Verbrauch gegenüberstanden, weil die Neutralen namentlich auf die deutsche Kohle als Kompensationsware angewiesen waren, natürlich auch, weil das belagerte Deutschland besonders hohe Preise zahlte und die Neutralen gern Geld verdienten. Es handelte sich bei der skandinavischen Ausfuhr also keineswegs ausschließlich, ja wohl nicht einmal überwiegend um vermittelte Waren aus den Ententeländern. In den Jahren bis 1916 war der Handelskrieg auch von der Entente noch nicht mit der späteren Lückenlosigkeit und Unerbittlichkeit durchgeführt, und bei allen Kriegführenden fand eine erhebliche gegenseitige Belieferung durch neutrale Vermittlung statt, insbesondere z. B. von Deutschland an Rußland. Solange keine scharfe staatliche Außenhandelsregelung bestand, konnte man es auch einem englischen oder deutschen Kaufmann nicht ernstlich verdenken, wenn er die Orders etwa eines schwedischen Handelshauses ausführte, ohne zu prüfen, ob die schwedische Gesamtstatistik schließlich eine Mehrausfuhr an den Feind erkennen lassen würde. Dem privaten Kaufmann standen ja auch keine Hilfsmittel der Feststellung zur Verfügung, ob vielleicht eine Weiterausfuhr in ein feindliches Land erfolgen werde. Daß die englische Regierung selbst die Bereicherung ihrer Untertanen durch Lieferungen an den Feind begünstigt habe, ist völlig ausgeschlossen. Wie auf anderen Gebieten der Kriegführung fanden ja auch in dieser Hinsicht die Regierungen erst allmählich klare Richtlinien für ihr Handeln. Daß England, sowohl die Regierung wie auch alle maßgebenden Wirtschaftskreise, den Krieg vor allem durch Zerstörung der deutschen Wirtschaftskraft führen wollten, steht außer jedem Zweifel.

[2]) „Gaulois" vom 12. Juli 1917.

Jahre 1916 allein aus den Niederlanden und den drei skandinavischen Ländern mehr als 1 Million t Lebensmittel bezogen haben, darunter 219000 t Gemüse, 183000 t frisches Fleisch, 179000 t Kartoffelmehl, im übrigen kondensierte Milch, Butter, Käse, Eier, Zucker u. dgl. Aus Schweden kamen überdies Holz, Zellstoff und Harz, aus Norwegen Schwefelkies und Phosphat, zeitweilig auch die für die deutsche Stahlindustrie so notwendigen Stahlhärtungsmittel wie Nickel, Molybdän und Chrom, aus Holland Frühkartoffeln, die nach dem schweren Kohlrübenwinter 1916/17 in Deutschland mit Ungeduld erwartet, von Holland aber höchst ungern und erst nach verschärftem Druck mit einer Drosselung der Kohlenzufuhr abgegeben wurden.

An die Schweiz hatte Deutschland 1913 2,8 Millionen t Kohle, Koks und Briketts ausgeführt, während 0,5 Millionen t aus den Ententeländern kamen. Im Kriege fielen England und Frankreich nahezu völlig aus, und der belgische Kohlenbergbau stand unter deutscher Verwaltung. Einschließlich des — geringfügigen — belgischen Anteils übernahm Deutschland 1916 die schweizerische Kohlenversorgung so gut wie ausschließlich (99%), erhielt aber von dort auch für 53 Millionen Franken Vieh, für 51 Millionen Franken Milchprodukte, außerdem für 230 Millionen Franken Seide und Seidenwaren, 105 Millionen Franken Baumwolle und Baumwollwaren, für 44 Millionen Franken Aluminium, überall das Vielfache der entsprechenden Bezüge der letzten Friedensjahre.

Für die Verschiebung, die die Lebensmittelausfuhr aus den neutralen Ländern gegenüber Deutschland und England infolge der Verschiebung der Kohlenversorgung aufwies, gibt Helfferich[1]) einige recht bezeichnende Beispiele. Die Butterausfuhr Hollands nach Deutschland stieg von 1913 bis 1916 von 19000 auf 32000 t, während sie nach England von 8000 auf 2200 zurückging. Die dänische Butterausfuhr nach Deutschland stieg während der ersten zwei Kriegsjahre von 2000 auf 25000 t, nach England sank sie von 85000 auf 66000 t. Ebenso stieg die holländische Käseausfuhr nach Deutschland von 16000 auf 76000 t, nach England sank sie von 19000 auf 7000 t. Die Beispiele lassen sich vervielfachen.

Unabhängig waren alle fünf Länder freilich auch nach der anderen Seite nicht. So dringend sie der Kohle und des Eisens aus Deutschland bedurften, so wenig konnten sie das Getreide und die Textilstoffe entbehren, die teils aus den Ententeländern selbst und

---

[1]) K. Helfferich, „Der Weltkrieg", II. Band, Berlin 1919, S. 218.

ihren Kolonien, teils aus neutralen überseeischen Ländern mit Duldung der englischen Blockadeflotte eingeführt wurden. Auf dem Boden der kleinen Staaten spielte sich infolgedessen ein Kampf ab, der sich an Zähigkeit und Erbitterung fast mit den blutigen Auseinandersetzungen auf den Schlachtfeldern vergleichen konnte. Um jedes kleinste Zugeständnis wurde mit Gebot und Gegenangebot, mit Drohung und Versprechen gekämpft. Die Neutralen mußten suchen, mit beiden Gruppen zugleich auszukommen, da beide als Lieferanten, übrigens auch, was oft unterschätzt wird, als Abnehmer unentbehrlich waren. Die anfänglich beneidenswerte wirtschaftliche Lage der Neutralen verschlechterte sich unter dem rücksichtslosen Druck, dem sie ausgesetzt wurden, in den letzten Kriegsjahren erheblich, so daß Zwangswirtschaft und knappste Rationierung sich auch bei ihnen einbürgerten. Der Entente waren die neutralen Warenlieferungen an Deutschland ständig der Gegenstand schärfsten Anstoßes. Jede Wagenladung, die auf diesem Wege an die Mittelmächte gelangte, wurde mit Bitterkeit vermerkt. Der australische Ministerpräsident Hughes erklärte am 9. Juni 1916 vor dem Imperial Council of Commerce: „Alle Neutralen, die in irgendeiner Form den Feind unterstützen, müssen hinweggefegt werden. — Wir haben zu wählen, ob wir die Neutralen verletzen oder uns einer Niederlage aussetzen wollen —." Schließlich war es nur die Sorge davor, daß man die Neutralen, namentlich Schweden und die Schweiz, offen in das deutsche Lager treiben würde, wenn man von noch schärferen Zwangsmaßnahmen Abstand nahm. In Deutschland wiederum beobachtete man jeden unfreundlichen Artikel in einer neutralen Zeitung mit größter Empfindlichkeit, und immer stärker wurde das Bestreben, die Fortdauer von Kohlen- und Eisenlieferungen, die ja in der Tat unmittelbare militärische Kampfkraft darstellten, von der Voraussetzung politischen Wohlverhaltens abhängig zu machen. Im übrigen war aber die wirtschaftliche Zwangslage der Mittelmächte eine so viel dringendere, daß man es sich nicht gestatten konnte, auf die wirtschaftlichen Gegenleistungen der Neutralen zu verzichten.

Die Mittel, deren sich die Kriegführenden zur Durchsetzung ihrer wirtschaftspolitischen Absichten gegenüber den Neutralen bedienten, waren nicht auf die Kohlen- und Eisenwirtschaft im besonderen abgestellt. Die Überwachungs- und Organisationsbüros, die besonderen Gesellschaften zur Durchführung des Handels — S.S.S. und S.T.S. in der Schweiz, N.O.T. in Holland usw. —, die schwarzen, grauen und weißen Listen, die Ausfuhr- und Einfuhrbewilligungen mit entsprechenden Bescheinigungen der verschiedensten Dienststellen, die allgemeinen Ausfuhrverbote, die Kontingentierungen und Preisabstufungen galten für den Gesamthandel mit den Neutralen und hatten vor allem den Zweck, zu verhindern, daß die dem neutralen Lande zugeführte Ware in irgendeiner Form dem Feinde zugute käme.

Eine besondere Schwierigkeit im weiteren Verlauf des Krieges bot für den Handelsverkehr die Verschlechterung der Wechselkurse, die allen Kriegführenden, besonders den Mittelmächten, Zurückhaltung in den Einkäufen im Auslande nahelegte, aber sie gleichzeitig zur möglichsten Ausnutzung aller Exportmöglichkeiten, auch in der rücksichtslosen Preisgestaltung, zwang. Der Warenverkehr war infolgedessen in den letzten beiden Kriegsjahren das Ergebnis der sorgfältigsten Berechnungen, bei denen die drei Parteien in verwickelten Ausgleichsgeschäften jeweils das günstigste und dringlichste für sich herauszuschlagen suchten. Selbstverständlich konnten diese Regelungen nicht der privaten Initiative überlassen bleiben, ebensowenig wie auf die Dauer die rohen Verfahren der Aus- und Einfuhrverbote, Lizenzen und Kontingente noch der Lage gerecht wurden. Die Staaten schlossen kurzfristige Handelsverträge miteinander ab, in denen Leistung und Gegenleistung in Form der Warenlieferung, aber auch der Bezahlungsweise, der Kreditgewährung, Transporterleichterung bis in die kleinsten Einzelheiten festgelegt wurden. Z. B. sah der letzte Handelsvertrag, den Deutschland mit der Schweiz während des Krieges im Sommer 1918 abschloß, die deutsche Ausfuhrbewilligung für monatlich 200000 t Kohle zu dem Preis von 173,50 Franken je t ab Grube vor, wobei für 60000 t, die für den Hausbrand bestimmt waren, ein Rabatt von 40,00 Franken je t gewährt wurde. Die Schweiz mußte sich verpflichten, die Verwendung dieser Kohle für die unmittelbare oder mittelbare Herstellung von Kriegsmaterial zu verhindern und zur Überwachung eine Schweizerische Treuhandstelle (S.T.S.) zu gründen. Ferner gestattete Deutschland die Ausfuhr von 10000 t Eisen und Stahl monatlich. Die Gegenleistungen der Schweiz bestanden in Ausfuhrbewilligungen für Milchprodukte, Schokolade, Konserven und 17000 Stück Rindvieh.

Waren bei diesen Abschlüssen auf deutscher Seite Kohle und daneben Eisen die Hauptwaffen, so stützte sich England mit seinen Verbündeten vor allem auf die Beherrschung der Seewege und auf die dadurch ausgeübte Kontrolle der neutralen Schiffahrt. Die Kohle spielte auch hierbei eine erhebliche Rolle, da England fast ein Monopol für die Bunkerkohle besaß, nachdem es in zweifellos völkerrechtswidriger Weise erklärt hatte, daß deutsche Bunkerkohle auch auf neutralen Schiffen als feindliches Erzeugnis der Beschlagnahme unterliegen würde. Durch Anwendung des Druckmittels, das in der Vorenthaltung der Bunkerkohle lag, erzwang England seinerseits wertvolle Leistungen von den Neutralen, namentlich in der Gestellung von Schiffsraum für Ententezwecke. Schweden und Norwegen gegenüber war England aber in den Wirtschaftskriegmaßnahmen deshalb empfindlich gehemmt, weil es von dort dringend der Einfuhr von Grubenholz bedurfte, das es von anderen Ländern überhaupt nicht oder jedenfalls nur mit vielfachem Frachtaufwand beziehen konnte. Ebenso bedurfte es des Entgegenkommens beider Länder, um wenigstens einen bescheidenen Transitverkehr mit Rußland aufrecht erhalten zu können.

Nach dem Kriegseintritt der Vereinigten Staaten machte sich auch die amerikanische Regierung, so sehr sie sich vorher für die Rechte der Neutralen, insbesondere gerade auf wirtschaftlichem Gebiet eingesetzt hatte, die Wirtschaftskriegsmethoden Englands und Frankreichs gegenüber den kleinen Nachbarländern Deutschlands zu eigen. In der Versorgung mit Kohle und Eisen waren ja einzig die Vereinigten Staaten in der Lage, neben dem überbeanspruchten England den Neutralen Angeboten zu machen, die mengenmäßig den deutschen Lieferungen entsprachen. Infolge der großen Binnen- und Seetransportschwierigkeiten, unter denen schon die amerikanische Versorgung selbst empfindlich litt, und infolge des dringenden riesigen Bedarfs der dortigen Kriegsindustrie und der kohlenarmen Verbündeten kamen aber die Angebote so spät und so ungewiß, daß sie einen wesentlichen Einfluß auf den Kampf um die neutrale Wirtschaft nicht mehr vor Kriegsende ausüben konnten. Es ist auch zweifelhaft, ob es gelungen wäre die Zusagen auf völlige Versorgung gegen Einstellung aller Lebensmittellieferungen an Deutschland wirklich zu erfüllen.

In dem Wirtschaftskampf um die Versorgung aus den neutralen Ländern ging Deutschland im ganzen also dank der Leistungsfähigkeit seiner Bergwerke und Hütten zum mindesten nicht als unterlegene Partei hervor, soweit die Zufuhr nicht von der Blockade unmittelbar getroffen werden konnte. Auf dem Gebiet der Kohlen- und Eisenwirtschaft vermochte die Entente aber auch außerhalb der neutralen Märkte keinerlei Erfolge im Sinne ihrer Wirtschaftsziele zu verwirklichen. Der auf der Pariser Wirtschaftskonferenz vom Juni 1916 beschlossene Plan, Deutschland auf die Dauer sowohl den Bezug der ausländischen Rohstoffe wie den Absatz seiner Erzeugnisse zu erschweren, scheiterte auf dem Gebiete von Kohle und Eisen von vornherein an der eigentümlichen Lage Frankreichs. Wenn Frankreich hoffen konnte, am Ende des Krieges Deutsch-Lothringen zurückzuerwerben, so wurden seine montanindustriellen Schwierigkeiten eher noch verschärft: der Kohlenbedarf erhöhte sich, ohne daß die lothringische Förderung imstande war, auch nur diesen neuen Fehlbetrag auszugleichen, und der Überschuß an Eisenerz wurde noch wesentlich größer und war infolgedessen noch schwerer unterzubringen. Für beide Bedürfnisse, Bezug von Kohle und Absatz von Erz, würde Frankreich voraussichtlich auf Deutschland angewiesen sein, selbst wenn es noch das Saargebiet hinzu erhalten sollte. Vielleicht wäre es England recht gewesen, wenn die Entente cordiale in dieser Hinsicht zur vollen wirtschaftlichen Isolierung Deutschlands geführt hätte; ein englisches Monopol für die Kohlenversorgung Frankreichs und zugleich für den Verbrauch französischer Erze hätte hohe Ausfuhrpreise für den englischen Kohlenbergbau und billige Erzpreise für die englischen Hütten gewährleistet. Aber weder das eine noch das andere entsprach französischen Belangen, und so mußte auf dem Kerngebiet der Weltwirtschaft, in der Kohlen- und Eisenwirtschaft, trotz aller Wirtschaftskriegsvorbereitungen jede irgendwie entscheidende Verabredung der Verbündeten unterbleiben.

5. DIE BEDEUTUNG VON KOHLE UND EISEN FÜR DEN AUSGANG DES WELTKRIEGES.

Die erhebliche Ungleichheit der Stärke der beiden Mächtegruppen im Weltkriege wurde von Deutschland und seinen Verbündeten bis in die letzte Phase des Krieges hinein dadurch ausgeglichen, daß die deutsche Heeresleitung es unter strategischer Ausnützung der inneren Linien immer wieder verstand, örtlich mit überlegener Kraft aufzutreten. Damit wurden Teilerfolge erzielt, die alle Rückschläge und Bedrängnisse vierundeinhalb Jahre lang mehr als aufwogen. Das lange Durchhalten war möglich, weil vor allem in derjenigen Versorgungsfrage, die für den Stellungskrieg der Millionen die größte Bedeutung besaß, der Versorgung mit Kohle und Eisen, die sonstige Ungleichheit der beiderseitigen Kräfte bis zum Kriegseintritt der Vereinigten Staaten nicht bestand, Deutschland vielmehr auf Grund der ersten Erfolge an der polnischen und an der lothringischen und belgischen Grenze gerade hierin ein fühlbares Übergewicht erlangt hatte. Damit war die Voraussetzung für die einigermaßen ausreichende Ausrüstung der Armeen mit Waffen, Munition und Gerät und für die volle Ausnutzung der Verkehrsmittel gegeben. Wäre Deutschland etwa wie Italien in dem Bezug von Kohle und Eisen, ja, sogar nur in einem von beiden, von der überseeischen Zufuhr abhängig gewesen, so hätte der Krieg im Herbst 1914 nach Erschöpfung der vorhandenen Vorräte mit der Kapitulation der Mittelmächte enden müssen.

Vom Jahre 1916 ab machte sich die gewaltige Wirtschaftsmacht der Vereinigten Staaten stärker geltend; sie glich nicht nur die Verluste aus, die die Entente durch die Gebietseroberungen der deutschen Truppen erlitten hatten, sondern verlieh darüber hinaus den Alliierten ein so erhebliches Übergewicht, daß sich dagegen auf die Dauer weder Strategie noch Heldenmut, noch erfinderische Technik und höchste Anspannung von Gruben, Hütten und Fabriken behaupten konnten. Wenn dieses Übergewicht auch vor allem in Soldaten, Geld, Schiffen, Sprengstoffen, Lebensmitteln, Kleidungsstücken und in den Metallen außer Eisen und Zink bestand, so war es doch auch in Kohle und Eisen erheblich spürbar und sicherte vor allem die hierin so stark gefährdete Versorgung Frankreichs und Italiens. Immerhin sind die Mittelmächte in diesen beiden Grundstoffen und infolgedessen mit Waffen und Munition bis zuletzt so auskömmlich versorgt gewesen, daß der schließlich eintretende Zusammenbruch, so stark er wirtschaftlich bedingt war, am wenigsten auf einen Mangel gerade in Kohle und Eisen zurückgeführt werden kann.

Die Tatsache, daß beide Mächtegruppen vierundeinhalb Jahre lang ihren Bedarf an Kohle und Eisen einigermaßen zu decken vermochten, war einer der wichtigsten Ursachen für das lange Hinziehen der Entscheidung. Nur zu Beginn des Krieges schien Materialmangel eine rasche Entscheidung auf den Hauptkriegsschauplätzen zu erleichtern. Die Munitionsnot war aber das gleichmäßige Merkmal aller Armeen in diesem Kriegsabschnitt. Für die deutschen Armeen war schon der Rückschlag an der Marne in erheblichem Umfange durch den Mangel an Artilleriemunition bedingt. Bei dem Gegner sah es aber nicht anders aus. Am 24. September richtete Joffre an alle Unterführer ein chiffriertes Telegramm, worin er darauf hinwies, daß die Munitionsvorräte erschöpft seien und daß, wenn der bisherige Verbrauch anhalte, der Krieg in vierzehn Tagen wegen Munitionsmangel beendet werden müsse. Das Stocken der großen Anfangsbewegungen an beiden Fronten, an der Marne und in Galizien, ist zum großen Teil auf diesen Stand der Munitionsversorgung zurückzuführen; abgesehen von seiner unmittelbaren materiellen Bedeutung hat er auch, wie dies namentlich von dem Einfluß des Joffre-Telegramms bekannt ist, auf die Entschlußfähigkeit der Führer lähmend eingewirkt. Entscheidende Folgen dieses Zustands sind nur deshalb ausgeblieben, weil er alle Gegner etwa zur gleichen Zeit und mit gleicher Schärfe betraf. Der Krieg hätte ein wesentlich anderes Aussehen gewonnen, wenn eine der Mächte sich nicht für 6 bis 8 Wochen, sondern für die doppelte Zeit mit Munitionsvorräten versehen hätte, die für den tatsächlich eintretenden Verbrauch ausreichten.

Dafür wurde nunmehr um so wichtiger, wer sich die Ergänzung für die Fortführung des Krieges rasch und reichlich genug zu beschaffen vermochte. In dieser Hinsicht war Deutschland zweifellos zunächst im Vorteil. Daß dagegen Rußland auf dem ihm verbliebenen Gebiet und nach Sperrung der Ostsee und der Dardanellen sich nur ganz ungenügend versorgen konnte, besiegelte sein militärisches und politisches Schicksal. Nicht weniger kam den Mittelmächten, insbesondere dem schwächeren Partner Österreich-Ungarn zugute, daß Italien infolge seiner ungenügenden Ausstattung mit Kohle und Eisen niemals den Materialaufwand zustande brachte, der eine ernste Gefahr für die festungsartig ausgebaute österreichische Alpen- und Karstfront bedeutet hätte. Endlich unterliegt es keinem Zweifel, daß selbst die Kraftentfaltung Frankreichs wesentlich durch den Kohlenmangel beeinträchtigt worden ist, der schon von vornherein bestand, den aber der Verlust des größten Teils des Kohlenbeckens im Norden und der U-Bootkrieg gegen den Schiffsraum der Entente außerordentlich verschärften.

Der für die Mittelmächte unglückliche Kriegsausgang ist also nicht von der Kohlen- und Eisenwirtschaft her entscheidend beeinflußt worden. Sie danken es vielmehr nicht zuletzt ihrer verhältnismäßig günstigen Versorgung und der ungünstigeren ihrer Gegner auf diesem Gebiet, daß ihnen bis in den Sommer 1918 hinein der Erfolg im Felde und das Gefühl siegreicher Überlegenheit treu blieben.

Dagegen ist ernstlich zu fragen, ob nicht bei rechtzeitigerer und klarerer Erkenntnis der wirtschaftlichen Faktoren, namentlich auch auf dem Gebiete von Kohle und Eisen, und bei entsprechender strategischer Handlungsweise womöglich doch ein anderes Ergebnis der ungeheuren Anstrengungen und Leistungen für die Mittelmächte erreichbar gewesen wäre. Offenbar hat noch im Winter 1917/18 die Möglichkeit eines annehmbaren Kriegsausganges für die Mittelmächte bestanden, und jedenfalls hat mehrfach, insbesondere bei den Offensiven gegen Rußland im Sommer 1915, gegen Italien im Herbst 1917 und gegen England-Frankreich im März 1918 nur wenig an wirklich entscheidenden Erfolgen gefehlt.

Daß die großen wirtschaftlichen Kräfte, die der Weltkrieg in Bewegung setzte, von allen Kriegführenden fast gleichmäßig unterschätzt und vernachlässigt worden sind, steht fest. Der Grund bestand teils in dem allgemeinen Irrtum über den Charakter und die Dauer des Krieges, einem Irrtum, dem die militärischen, ebenso wie die politischen und die wirtschaftlichen Sachverständigen gleichmäßig erlagen, teils aber in der mangelnden wirtschaftlichen Vorbildung der militärischen Führer und ihrer unzureichenden Verbindung mit denjenigen Stellen, die sie sachkundig und verantwortlich hätten unterrichten können. Es mutet nachträglich fast unglaubhaft an, daß das lothringische Erzgebiet und der Hauptteil des französischen Kohlenbeckens verloren gingen bzw. erobert wurden, ohne daß Verlierer und Eroberer die wirtschaftliche Tragweite dieser Ereignisse voll würdigten oder auch nur beachteten. Unter diesen Umständen läßt sich in der Tat die vom französischen Parlament bezüglich des Briey-Reviers mit Leidenschaft und Gründlichkeit erörterte Frage verstehen, ob bei etwas mehr Voraussicht in bergwirtschaftlicher Hinsicht der Krieg nicht von vornherein eine andere Wendung genommen hätte. Die Frage richtet sich weniger gegen die deutsche Führung, der beide Eroberungen zunächst ja fast kampflos in den Schoß fielen, als gegen die französische Heeresleitung. Daß diese militärisch mit verhältnismäßig kleinem Kraftaufwand in der Lage gewesen wäre, das Briey-Becken Anfang August 1914 zu schützen, kann als gewiß gelten, ebenso, daß eine solche Maßnahme angesichts des anfänglichen deutschen Zurückhaltens in Lothringen und ihrer Gleichgültigkeit gegenüber den bergbaulichen Werten womöglich zu einer dauernden Behauptung geführt hätte. Die nicht im Rahmen dieser Arbeit liegende Untersuchung, inwieweit ein anderer französischer Aufmarsch in diesem Abschnitt die Gesamtoperationen beeinflußt hätte, kann aber um so eher unterbleiben, als tatsächlich der deutsche Besitz des Briey-Beckens keine entscheidende Bedeutung gehabt hat. Die deutsche Erzversorgung wäre ohne Briey knapp, aber keineswegs hoffnungslos geworden, zumal ein Teil des Ausfalls sicherlich von den deutschen Vorkommen unter gesteigerter Leistung hätte übernommen werden können. Sogar von dem Verlust Deutsch-Lothringens, so schwer er die deutsche Eisenwirtschaft erschüttert hätte, wäre eine wirklich entscheidende Wirkung nicht zu befürchten gewesen. Die französischen Maßnahmen und Unterlassungen in diesem Abschnitt, die so heftig im eigenen Lande getadelt worden sind, blieben also letzten Endes ohne ausschlaggebende Folgen. Auch die französische Versorgung wäre durch die Beibehaltung der Erzbergwerke und der verhältnismäßig wenigen Hütten in französischem Besitz nicht allzu erheblich verbessert worden.

Für Frankreich kam es erheblich mehr auf Kohle an. Von stärkerem Einfluß wäre infolgedessen die Verteidigung des nordfranzösischen Kohlenreviers im Herbst 1914 gewesen. Die Operationen waren im Oktober und November auf beiden Seiten ausschließlich von dem strategischen Gedanken geleitet, durch Umflügelung des Gegners und Gewinnung des einzigen noch freien Raumes eine Feldzugsentscheidung herbeizuführen, wobei die deutsche Heeresleitung in Fortsetzung des ursprünglichen Feldzugsplanes die Initiative hatte. Sogar die winkende Eroberung der französischen Kanalküste, deren Wert im weiteren Verlauf mit Recht so hoch eingeschätzt worden ist, hat in den Erwägungen der deutschen Heeresleitung damals noch keine Rolle gespielt; der Wichtigkeit des Kohlenbeckens hat man überhaupt nicht gedacht. Ob der französische Generalstab bei rechtzeitiger Erkenntnis militärisch in der Lage gewesen wäre, das ganze Grubenrevier zu retten, erscheint zweifelhaft, da es ihm ohnedies nur mit Mühe gelang, die Umfassungsversuche des deutschen rechten Flügels abzuwehren. Aber ein Geländegewinn in diesem Abschnitt, selbst wenn er nur einige Kilometer nach Osten gesichert hätte, mußte die französische Kohlenwirtschaft und damit einen der gefährlichsten Punkte der Ententekriegführung überhaupt, nachhaltig verbessern. Es läßt sich nicht denken, daß ein solcher Versuch unterlassen worden und daß er erfolglos geblieben wäre, wenn die französische Heeresleitung mit größerer wirtschaftlicher Voraussicht gehandelt hätte.

Freilich hätte eine bessere Kenntnis der hier auf dem Spiele stehenden wirtschaftlichen Werte auch der deutschen Seite Versuche nahegelegt, den Rest des Kohlenbeckens oder wenigstens einen Teil davon noch in deutschen Besitz zu bringen. Ob dies schon in den Herbstkämpfen 1914 oder in einer späteren Offensive durchführbar gewesen wäre, kann zweifelhaft sein und bleibe dahingestellt. Die großen Anfangserfolge aller deutschen Angriffe auch an der Westfront lassen es jedenfalls als gewiß erscheinen, daß auch im Abschnitt des Bergbaugebiets bei Lens erhebliche Geländegewinne möglich waren. Angesichts der überaus gespannten Lage der französischen Kohlenversorgung und der französischen Kriegswirtschaft überhaupt hätte der Verlust jedes einzigen weiteren Bergwerks weittragende Folgen gehabt. Bei der erheblichen Gefahr, in der die englisch-französische Kriegführung wiederholt schwebte, läßt sich der Gedanke aber nicht abweisen, daß auch eine kleine Kraftverschiebung unter Umständen entscheidende Auswirkungen herbeigeführt hätte.

Derartige nachträgliche „wenn"-Erörterungen mögen müßig erscheinen, so sehr sie gerade dem deutschen Beobachter der Kriegsereignisse naheliegen. Auch dürfen bei der unabsehbaren Verwickeltheit aller die Kriegführung beeinflussenden Umstände derartige Fragen nur mit großer Zurückhaltung beantwortet werden. Jede Veränderung eines Faktors hätte nicht nur eine Wirkung, sondern sehr zahlreiche Wirkungen verändert. Die Erwägungen besitzen aber doch erheblichen Wert, um darzutun, welche Bedeutung die Beachtung der wirtschaftlichen Gesichtspunkte im modernen Kriege auch für den Feldherrn besitzt. In zahlreichen Veröffentlichungen, vor allem bei Ludendorff, dessen Verständnis für wirtschaftliche Fragen auch von der französischen Literatur anerkannt wird, finden sich Feststellungen über die entscheidende Bedeutung, die Kohle und Eisen im Weltkrieg offenbart haben. Zweifellos ist diese Erkenntnis aber bei allen Heeresleitungen verhältnismäßig spät eingetreten, und zweifellos ist auch dann in manchen Fällen, soweit sich nachträglich feststellen läßt, nicht nach dieser Erkenntnis gehandelt worden. Die Schutzmaßnahmen für Oberschlesien durch Hindenburg-Ludendorff im Herbst 1914 bilden im ersten Kriegsjahre eine bemerkenswerte Ausnahme. Vor allem war die Zerstörung der nordfranzösischen Kohlengruben in den Jahren 1917 und 1918 von durchaus zutreffenden kriegswirtschaftlichen Erwägungen bestimmt.

Allgemein lag es beiden kriegführenden Parteien begreiflicherweise näher, die dem eigenen Lande fehlenden Rohstoffe zu sichern oder zu beschaffen als dem Feind die ihm unentbehrlichen Hilfsquellen zu entreißen. Der eigene Mangel war unmittelbar fühlbar; er drängte sich daher viel stärker in alle Entschließungen ein als die schwer berechenbare Aussicht, dem Feind Entbehrungen aufzuerlegen. Dieser Unterschied war jedoch sachlich keineswegs gerechtfertigt. Nach den Erfahrungen des Weltkrieges war es in einem frisch besetzten Gebiet niemals möglich, mehr als einen Bruchteil der Produktionsleistung zu erzielen, den es im Frieden besessen hatte. Infolgedessen versprach jede Offensive einen viel größeren Erfolg durch wirtschaftliche Schädigung des Gegners als durch eigenen wirtschaftlichen Gewinn. War das neubesetzte Gebiet womöglich Kampfgelände, so blieben die Eroberungen wirtschaftlich völlig wertlos. Dieselben Tiefengewinne, die die drei großen englisch-französischen Offensiven im Kohlenbecken von Lens erzielten und die ihnen nicht eine Tonne Kohle in den zurückgewonnenen aber völlig zerschossenen Schachtanlagen verschafften, hätten als deutsche Erfolge in umgekehrter Richtung eine Reihe mit größter Anspannung fördernde Schächte den Franzosen entrissen und damit die französische Kohlennot verhängnisvoll verschärft.

Ob bei der Zurückhaltung der französischen Heeresleitung gegenüber dem Becken von Briey außerdem auch noch unsachliche Rücksichten auf die Privatinteressen der Werksbesitzer mitgesprochen haben, wie die öffentliche Meinung argwöhnte, hat die Kammer nicht feststellen können. Soweit wirtschaftliche Erwägungen überhaupt auf die Feldzugspläne Einfluß gewonnen haben, ist in diesem Falle wohl zu vermuten, daß die Möglichkeit, dem Gegner schweren Schaden zuzufügen, auch hier dem Generalstab nicht hinreichend deutlich zum Bewußtsein gekommen ist. Bei dem Übermaß an Arbeit und Verantwortung, das auf den leitenden militärischen Stellen lastete, und bei dem Mangel an wirtschaftlicher Vorbildung der Offiziere, war von ihnen ein voller Einblick in die wirtschaftlichen Zusammenhänge auch nicht zu erwarten. Eher wären die Wirtschaftsführer, die in beiden Lagern, vor allem bei den militärischen Stellen, mit so lebhaftem Eifer Gebietsumgliederungen für den Friedensschluß befürworteten, mit ihrer Sachkunde zum Rat auch in diesen strategischen Entscheidungen berufen gewesen. Zweifellos bestand, wie der Untersuchungsausschuß der französischen Kammer für Frankreich ausdrücklich festgestellt hat, die in dem modernen Krieg erforderliche enge Fühlung zwischen militärischer Leitung und den führenden amtlichen und privaten Stellen der Wirtschaft in keinem der beteiligten Länder in ausreichendem Maße. Das gilt vor allem für die Vorbereitung des Krieges, aber auch für den weiteren Verlauf.

Daß die großen Kräfte an Kohle und Eisen, die Deutschland bei den Verbündeten und Neutralen einsetzen konnte, von erheblicher Bedeutung für die politische Führung des Krieges gewesen ist, ebenso wie die Abhängigkeit Frankreichs und Italiens von ihren angelsäschsischen Verbündeten, war bereits festgestellt worden. Die Macht Deutschlands auf diesem Gebiet hat zwar den unglücklichen Kriegsausgang nicht abwenden können, aber durch Sicherung der politischen und wirtschaftlichen Unabhängigkeit der neutralen Nachbarländer doch wesentlich dazu beigetragen, die Kriegsfolgen mit moralischer und materieller Hilfe dieser Länder rascher zu überwinden, als es sonst voraussichtlich möglich gewesen wäre.

KAPITEL IV.

KOHLE UND EISEN IN DEN FRIEDENSSCHLÜSSEN.

1. DIE KOHLENNOT AM ENDE DES KRIEGES UND IHR EINFLUSS AUF DIE FRIEDENSVERHANDLUNGEN.

Die Kohlenwirtschaft der ganzen Welt befand sich gegen Ende des Krieges in einem völlig zerrütteten Zustande, und es hat mehrerer Jahre bedurft, um Erzeugung und Nachfrage wieder ins Gleichgewicht zu bringen und die dem Bergbau selbst zugefügten Schäden auszuheilen. Die Wirkung der unmittelbaren Kriegshandlungen trat hierbei hinter den allgemeinen Einflüssen des Kriegszustandes durchaus zurück; die im eigentlichen Kriegsgebiet liegenden und infolgedessen verwüsteten nordfranzösischen Gruben förderten kaum $1\frac{1}{2}\%$ der Weltproduktion, und die Verluste an Fracht- und Bunkerkohle im U-Bootskrieg fielen ebenfalls gegenüber den Gesamtmengen nicht sonderlich ins Gewicht. Um so tiefer und nachhaltiger waren die Schäden, die der Krieg im allgemeinen am Betrieb der Gruben angerichtet hatte; der Bergbau in allen Ländern, auch in den entferntesten, war in Mitleidenschaft gezogen worden, zumal der Kohlenbergbau bei den wenigen noch verbliebenen Neutralen keine Bedeutung besaß. Die Einziehung der leistungsfähigsten Arbeiter, von denen ein erheblicher Teil als tot oder invalide nie mehr zur alten Arbeitsstätte zurückkehrte, der Zusammenbruch des Transportwesens und das Zurückbleiben der unerläßlichen Vorbereitungs- und Reparaturarbeiten ließen die Förderung zusammenschrumpfen; es lag in der Natur dieser Ursachen, daß sie auch nach Waffenstillstand und Friedensschluß noch lange fortwirkten. Alle vernachlässigten Verrichtungen mußten jetzt auf Kosten der produktiven Förderung schleunigst nachgeholt werden. Als neues Moment war in den letzten Monaten des Krieges die politische Unruhe hinzugetreten, die die Arbeiterschaft und vor allem die Bergarbeiterschaft in den meisten Ländern erfaßte und überall die Leistung herunterdrückte. Ob man die Erscheinung als natürliche körperliche und seelische Reaktion auf die übermenschlichen Anspannungen und Opfer deutet, ob namentlich bei den Bergarbeitern auch bewußt und unbewußt das Streben vorlag, ihre Unentbehrlichkeit gehörig auszunutzen, oder ob der allgemeine Wunsch der Menschheit, nach diesem Kriege eine neue verbesserte Welt entstehen zu lassen, entscheidenden Einfluß ausübte, bleibe dahingestellt. Für die Betriebe bestand jedenfalls die Folge der allgemeinen Gärung in dem Streben der Belegschaften, mehr Lohn bei weniger Arbeit zu verdienen, in vermehrten Streiken und in wesentlich geringerer

Zahlentafel 27.

Jahresleistung[1]) der Steinkohlenbergleute vor und nach dem Kriege je Mann in Tonnen.

	1913	1918	1919	1920
Deutschland	291	280	177	185
England	264	234	199	186
Frankreich	200	156	129	108

Leistung. Die Schichtzeit im Kohlenbergbau wurde überall auf 8, teilweise sogar auf 7 Stunden und weniger verkürzt. Schon die mengenmäßige Statistik läßt eine sehr ungünstige Entwicklung erkennen; tatsächlich waren die Verhältnisse aber noch wesentlich schlimmer, als die Ziffern wiedergeben. „Kohle“ bedeutete im Jahre 1918 nicht mehr dasselbe wie „Kohle“ von 1913. Überall hatte sich die Beschaffenheit infolge des weniger sorgfältigen Betriebes durch

[1]) Die Angabe der Jahresleistung statt der in Deutschland üblichen Angabe der durchschnittlichen Schichtleistung hat für den vorliegenden Zweck den Vorteil, auch die Ausfälle durch Streik, Aussperrung und willkürliches Feiern einzubeziehen.

Erhöhung des Aschen- und Feuchtigkeitsgehalts und durch unzureichende Sortierung verschlechtert, so daß die Tonnenziffer erheblich verkürzt werden muß, wenn man sie dem Heizwert nach mit den Mengen von 1913 in Vergleich setzen will.

Zahlentafel 28.

Steinkohlenförderung[1]) der Welt vor und nach dem Kriege in Mill. t.

	1910	1913	1918	1919	1920	1921	1922
Gesamtmenge	1059	1215	1200	1040	1165	970	1040
Dgl. unter Berücksichtigung d. Minderwertes nach dem Kriege[2])	1059	1215	1080	936	1100	970	1040
Davon Europa	531	605	411	387	440	404	506
In % der Weltförderung	50,1	49,8	38,1	41,3	40,0	41,7	48,6

Die Weltförderung sank also 1919 auf 77% der Vorkriegsziffer, diejenige Europas allein sogar auf nur 64%, und ihr Anteil blieb auch noch in den beiden folgenden Jahren wesentlich zurück. Die europäische Vormachtstellung erlitt in der Kohlenwirtschaft während der Nachkriegszeit eine sehr empfindliche Schwächung, die naturgemäß die gesamte politische und wirtschaftliche Stellung Europas beeinträchtigte.

Der Förderrückgang war für die Wirtschaft der ganzen Welt deshalb besonders hart zu spüren, weil er mit einer Zeit dringendsten Bedarfs zusammenfiel. Der Waffenstillstand ließ zwar den Verbrauch der eigentlichen Kriegsindustrie aufhören, aber um so stärkere Erfordernisse brachte die Umstellung der Wirtschaft. Schon die Demobilmachung selbst mit der Zurücklenkung der unzähligen Soldaten einschließlich des unabsehbaren Waffengeräts und sonstigen Materials, der Heeresarbeiter, Flüchtlinge und der außerhalb ihrer bisherigen Arbeitsstätte Beschäftigten, mit der Forträumung der Depots und Barackenstätten aller Art, war eine Transportaufgabe ersten Ranges, die einen gewaltigen Brennstoffverbrauch verursachte. Dazu kam der Wiederaufbau der unmittelbar betroffenen

[1]) Die Braunkohlenförderung, die etwa ein Zehntel der Steinkohlenförderung ausmacht und zum größten Teil allein aus Deutschland stammt, ist fortgelassen, weil sie wegen des ungleichen Heizwertes die Vergleichsmöglichkeiten verwischt. Die Braunkohlenförderung der Welt war nach dem Kriege infolge der deutschen Entwicklung etwa um 50% höher als im Jahre 1913.

[2]) Für die Jahre 1918 und 1919 10%, für 1920 5%.

Kriegsgebiete, ein Problem, wie es der europäischen Menschheit noch niemals in solchem Ausmaß gestellt worden war, und das die Produktion fast aller Gewerbe und Industrien in den beteiligten Ländern auf lange Zeit in Anspruch nehmen mußte. Erst dann konnten die eigentlichen wirtschaftlichen Aufgaben einsetzen; aber über ihren Umfang und über die Ansprüche, die sie an Material und Geld verursachen würden, vermochte man sich nur undeutliche Vorstellungen zu machen. Viereinhalb Jahre lang hatte fast die gesamte Menschheit von dem gelebt, was sie in langer Friedenszeit aufgespeichert hatte, und das, was sie erzeugte, zur Zerstörung verwendet. Fast alles war nachzuholen und zu ersetzen, vom Häuserbau, der so gut wie ganz geruht hatte, bis zur Reparatur jedes Fahrrads und jeder Nähmaschine und bis zur Auffüllung jedes Warenlagers und jedes Ladens. So verschieden der Grad der Erschöpfung in den einzelnen Ländern war, so hatten doch selbst Neuseeland und Ceylon den Mangel recht deutlich zu spüren bekommen und hungerten jetzt nach Zufuhr des lange Entbehrten. Alle diese Bedürfnisse setzten den Verbrauch von Brennstoff voraus, sowohl für die Erzeugung von Waren als für ihren Transport. Und wenn die Menschen unter dem harten Gesetz des Krieges freiwillig oder unfreiwillig bereit gewesen waren, sich mit unzureichender Versorgung, verspäteten Lieferfristen, schlechten Qualitäten abzufinden, so glaubte man jetzt, zu der lange geübten Geduld nicht mehr verpflichtet zu sein. Die Nachfrage wurde stürmisch, und der Käufer suchte sich mit allen denkbaren Mitteln zu befriedigen.

Da der Bedarf statistisch schwer erfaßt werden kann, läßt sich ziffernmäßig der Fehlbetrag nicht ermitteln, den die Kohlenver-

Zahlentafel 29.

Kohlenpreise in den wichtigsten Ländern vor und nach dem Kriege.

Es kostete 1t Fettförderkohle (oder gleichwertigen Brennstoffs) im Durchschnitt:

	1913	1919	1920	1921	1922
In Deutschland (in Mark)	12,00	63,10	198,40	253,90	1208,00
Lebenshaltungsindex .	100	—	1065	1250	—
In England (in sh)	11,05	27,34	34,58	26,19	17,63
Lebenshaltungsindex .	100	209	262	226	175
In Frankreich (in fr) . . .	20,50	138,33	368,33	109,42	75,58
Lebenshaltungsindex .	100	238	363	295	292
In den Ver. Staaten (in $) .	1,18	1,97	2,26	2,52	2,59
Lebenshaltungsindex .	100	186	215	145	149

sorgung in diesen Jahren aufwies. Jedenfalls hat zwischen Bedarf und Angebot in der ganzen Welt mehrere Jahre lang ein ernstes Mißverhältnis bestanden, wenn es auch in den verschiedenen Ländern und Jahren nicht gleichmäßig gewesen ist. Einen gewissen Anhalt gewähren die Kohlenpreise, obwohl auch dieser Maßstab infolge der heftigen Schwankungen der Währungen und der internationalen Unvergleichbarkeit ihrer Kaufkraft kein allzu sicherer ist.

In Deutschland rief die seit dem Kriegsende rasch fortschreitende Inflation eine mit den übrigen Ländern nicht vergleichbare Entwicklung hervor; doch läßt sich auch hier erkennen, daß die Kohlenpreise dem Lebenshaltungsindex vorauseilten, daß also auch hier Kohle nach dem Krieg noch teurer und knapper war als der Durchschnitt der übrigen Waren des täglichen Bedarfs. Das gleiche traf ganz allgemein für die übrigen Länder zu. Fast durchweg war Kohle um 50 bis 100% teurer, als sie nach dem allgemeinen Lebenshaltungsindex hätte sein dürfen.

Besonders empfindlich wurden die Länder ohne ausreichenden eigenen Kohlenbergbau von der Verteuerung betroffen. Vor allem galt dies von Frankreich, wo der durchschnittliche Kohlenpreis des Jahres 1919 fast siebenmal höher war als der Durchschnittspreis 1913, während der Lebenshaltungsindex kaum das Zweieinhalbfache betrug. Da Frankreich in der Kohlenpolitik der Siegermächte während der Nachkriegsjahre die eigentlich treibende Kraft darstellte, bedarf seine Kohlenversorgung besonderer Würdigung. Das Land hatte von allen Kriegführenden die schwersten Menschenverluste im Verhältnis zu seiner Einwohnerzahl erlitten und neben Deutschland auch sonst die härtesten Anstrengungen und Opfer auf sich genommen. In den leistungsfähigsten Jahrgängen der Kohlenbergleute klafften daher besonders große Lücken. Die während des Krieges künstlich mit allerlei Improvisationen gesteigerte Kohlenförderung sank nach dem Waffenstillstand trotz der anhaltenden Kohlennot stark herab. Die jährliche Durchschnittsleistung eines Bergarbeiters betrug 1919 nur noch 64, 1920 sogar nur noch 54% der Friedensziffer, während sie sich in dem unterernährten und vom Revolutionsfieber geschüttelten Deutschland auf 61 bzw. 64%, in England auf 76 bzw. 70% hielt. Der Arbeitermangel nahm in Frankreich so schwere Formen an, daß man 6000 Polen, die bisher in Westfalen gearbeitet hatten, 5000 Italiener, diese gegen die Verpflichtung, die Hälfte ihrer Leistung an Italien abzugeben, ja, zeitweise sogar Neger und Chinesen heranzog; mit Ausnahme der Polen bewährten sich die Fremden allerdings nicht.

Zahlentafel 30.

Die französische Kohlenversorgung nach dem Kriege in Mill. t.

	1913	1918	1919	1920	1921	1922
Förderung im bisherigen Gebiet	40,8	26,3	19,9	22,2	25,4	27,7
Förderung in Elsaß-Lothringen	3,8	2,7	2,5	3,2	3,6	4,2
Insgesamt	40,8	26,3	22,4	25,3	29,0	31,9
Einfuhr einschl. Verbrauchs an Saarkohle[1])	23,8	16,9	22,7	33,9	24,4	30,6
Ausfuhr[1])	1,3	1,8	0,5	0,3	2,2	2,7
Gesamtverbrauch[1])	63,3	42,4	41,0	58,9	51,2	59,8
Dgl. unter Berücksichtigung der geringeren Kohlenqualität[2])	63,3	38,2	36,9	53,0	48,6	59,8

Der Rückgang des eigenen Bergbaus, der infolge des zeitweiligen Ausfallens der Förderung im Kriegsgebiet und infolge der Minderleistung der Bergleute 1919 mehr als 40% der Friedensziffer erreichte, wurde besonders scharf empfunden, weil die Möglichkeit der Versorgung aus dem Auslande zunächst nur zu überaus hohen Preisen möglich war. Die Einfuhr des Jahres 1919 stammte zu 70% aus England. Dort blieb zwar die staatliche Kohlenwirtschaft noch bis zum 31. März 1920 in Geltung. Jedoch stellte die Admiralität mit dem 1. Februar 1919 die Lieferung für den Kriegsbedarf der Verbündeten ein; mit dem 28. Mai 1919 fielen auch die bisherigen Preisvergünstigungen für die Verbündeten fort und am 30. Juli 1919 die Kontrolle der Seefrachten. Die Folge war ein ununterbrochenes Steigen der Preise der Ausfuhrkohle, namentlich gegenüber Frankreich und Italien. 1913 war der durchschnittliche Preis der Ausfuhrkohle etwa 14 sh gewesen; 1918 erreichte er 31 sh, 1919 aber 48 sh und 1920 sogar fast 82 sh. Ende 1920 kostete die Ausfuhrkohle zeitweilig fast 100 sh/t fob Ausfuhrhafen; der Inlandspreis hielt sich bei etwa 35 sh! Dasselbe Bild boten die Kohlenfrachten. Die Fracht Cardiff—Rouen, die vor dem Kriege 3 bis 4 sh/t gekostet hatte, stand im August 1918 bei 48 sh/t und ging bis Ende 1919 nur auf 38 sh/t herab. Dann stieg sie erneut und erreichte im Februar 1920 mit 70 sh etwa das Zwanzigfache des Friedenssatzes und immer noch das Anderthalbfache der höchsten Kriegsfracht. Da der Frankenkurs, nicht zuletzt infolge der ungeheuren Belastung der

[1]) Einschl. der in Kohle umgerechneten Koksmengen.
[2]) 1918 bis 1920 Verringerung um 10%, 1921 um 5%.

französischen Zahlungsbilanz durch den Kohlenbezug, im Jahre 1920 auf fast ein Drittel der Friedensparität gegenüber dem Pfund gesunken war, zahlte Frankreich bei ständig unzureichender Versorgung und erheblich verschlechterter Qualität für die englische Kohle zeitweilig das Zwanzig- bis Fünfzigfache des Friedenspreises. Die amerikanische Einfuhr war nicht billiger und nicht reichlicher. Belgische Kohle stand nur in geringer Menge zur Verfügung. Um eine bessere Belieferung von dort zu erzwingen, sperrte die französische Regierung 1919 sogar die Eisenerzausfuhr nach Belgien. Das bedenkliche Mittel führte zu einer ernsten Verstimmung zwischen beiden Ländern, ohne einen vollen Erfolg zu erzielen. In der Not griff man sogar auf südafrikanische (Natal-) Kohle zurück, von der im November 1920 eine Schiffsladung nach Marseille gelangte. Die Preise der fremden Kohle frei französischen Hafen lagen in der schlimmsten Zeit — Herbst 1920 — über 500 fr die Tonne. Selbst durch den Preisausgleich der staatlichen Kohlenwirtschaft konnte damals der durchschnittliche Kohlenpreis nur auf 368 fr, etwa das Achtzehnfache des Jahres 1913, heruntergedrückt werden.

Die psychologische Wirkung der Kohlenknappheit und Kohlenteuerung nach dem Kriege war naturgemäß außerordentlich stark. Die bis zu Beginn des Winters 1920/21, also zwei Jahre nach dem Waffenstillstand, zu erduldenden Beschränkungen im Verbrauch von Gas, Strom usw. waren für das durch den Kriegserfolg doppelt selbstbewußt gewordene Volk schwer genug zu ertragen. Besonders bedrückte aber die Enttäuschung der wirtschaftsimperialistischen Hoffnungen auf eine gewaltige Ausdehnung der französischen Schwerindustrie. England, das nach Ausschaltung Deutschlands der wichtigste Wettbewerber auf dem Weltmarkt war, konnte sich in den entscheidenden Aufbaujahren mit Brennstoff nicht nur reichlich, sondern sogar zu Preisen versorgen, die, selbst in Gold umgerechnet, kaum ein Drittel der französischen betrugen. England konnte also durch seine Kohlenpolitik, gestützt auf den natürlichen Reichtum, nicht nur gewaltige finanzielle Vorteile erzielen, die Pfundwährung stützen, die begehrlichen Arbeiter verhältnismäßig reichlich befriedigen, sondern auch den Vorsprung seiner im Kriege intakt gebliebenen Industrie mächtig fördern. Begreiflicherweise war in England infolgedessen wenig Neigung, die Politik seines weitaus besten Kohlenabnehmers dauernd zu unterstützen, als dieser sich von Deutschland Brennstoff umsonst oder jedenfalls zu ganz niedrigen Preisen verschaffte. Auf der anderen

Seite nahm in Frankreich die Mißstimmung über die rücksichtslose Ausnützung der kohlenwirtschaftlichen Überlegenheit des Verbündeten zeitweilig recht scharfe Formen an und verstärkte nur noch den Wunsch nach unabhängiger Eigenversorgung.

Alle Erwägungen und Erfahrungen drängten in Frankreich Volk und Regierung zu dem Wunsche, sich in Deutschland das Fehlende zu beschaffen. Von allen sonstigen Einwendungen abgesehen, verschloß man sich hierbei völlig der Erkenntnis, daß auch Deutschlands Kohlenwirtschaft nach 1918 keineswegs mehr mit dem blühenden Zustande der letzten Vorkriegsjahre zu vergleichen war. Der Krieg hatte die gleichen Beeinträchtigungen des Kohlenbergbaus wie in den anderen Ländern gebracht; politische Unruhe und die nunmehr vollzogenen Gebietsabtretungen stürzten aber die deutsche Kohlenwirtschaft in noch viel

Zahlentafel 31.

Die deutsche Kohlenversorgung[1]) nach dem Kriege in Mill. t.

	1913	1918	1919	1920	1921	1922
Förderung des jeweiligen Reichsgebiets	210	181	138	156	163	150
Förderung des Reichsgebiets v. 1922	160	141	109	132	141	150
Einfuhr	16	2	1	2	3	15
Ausfuhr	47	17	9	24	28	26
Verbrauch	179	166	130	134	138	139
Dgl. unter Berücksichtigung der geringeren Kohlenqualität[2])	179	150	117	121	131	139

schwerere Zerrüttung und Bedrängnis. Durch die Gebietsabtretungen gingen Deutschland an Steinkohlen endgültig oder vorläufig 26% der Förderung von 1913 und 40% der nachgewiesenen Lagerstättenvorräte verloren, an Verbrauchsgebieten aber sehr viel weniger, so daß allein durch diesen Umstand ein Fehlbetrag von 10 bis 15% des Friedensverbrauchs entstand. Die Leistung der in der Kriegsanspannung heruntergewirtschafteten Gruben mit ihren zusammengewürfelten, unterernährten und politisch auf das äußerste erregten Belegschaften ging, bezogen auf den einzelnen Arbeiter, um etwa 40% zurück. Mehreinstellungen, die in größerem

[1]) Braunkohle und Koks sind dem Heizwert nach in Steinkohle umgerechnet.

[2]) 1918 bis 1920 Verringerung um 10%, 1921 um 5%.

Maßstabe versucht wurden, hatten wegen der mangelnden Bergbauerfahrungen der Neuangeworbenen nur geringen Erfolg und fanden außerdem an der sehr schwierigen Unterbringungsfrage bald ihre Grenze. 1922 arbeiteten im Ruhrgebiet 546000 Mann gegen 412000 im letzten Friedensjahre. Während aber damals 114 Millionen t Steinkohle gefördert wurden, leistete die um ein Drittel verstärkte Belegschaft 1922 nur 97 Millionen t. Infolge der Abtretung Lothringens verloren die großen deutschen Montangesellschaften ihre dortigen Tochterwerke; gleichzeitig wurde ihre Handelsorganisation durch die Liquidation aller deutschen Firmen im Auslande, durch die Gebietsabtretungen und vor allem durch die sich allmählich schärfer ausprägende Zerrüttung der Währung in Verwirrung gebracht. Im Durchschnitt der Jahre 1919 bis 1922 gingen der deutschen Industrie jährlich 39 Millionen Arbeitstage durch Streike und Aussperrungen verloren gegenüber einem Vorkriegsdurchschnitt von 8 Millionen Arbeitstagen. Die Hauptlast traf den Bergbau, dessen wichtigste Reviere in den Nachkriegsjahren zu Schauplätzen großer Aufstandsversuche mit heftigen, blutigen Kämpfen wurden. Im Ruhrgebiet kam es im Anschluß an den Kapp-Putsch im März 1920 zu regelrechter wochenlanger Kriegführung zwischen einer zum großen Teil aus Bergleuten bestehenden Roten Armee von fast 50000 Köpfen und der von der Staatsgewalt aufgebotenen Reichswehr und Polizei. Gleichzeitig erfolgte im mitteldeutschen Braunkohlenrevier ein Aufstand, der sich im März des folgenden Jahres in noch schärferer Form wiederholte. Das zweitgrößte Steinkohlenrevier, Oberschlesien, erlebte drei blutige Aufstände von polnischer Seite, die der politischen Entscheidung über das Gebiet vorgreifen sollten.

Über den Grubenbesitzern schwebte aber nicht nur die Drohung des offenen Aufstandes; der mächtige politische Einfluß der sozialistischen Parteien in jenen Jahren und auch starke Tendenzen im Bürgertum rückten jahrelang den Gedanken der Sozialisierung in den Vordergrund aller innenpolitischen Erörterungen. Der Kohlenbergbau, der den Anfang machen sollte, mußte bis in das Jahr 1922 hinein beinahe täglich mit entscheidenden staatlichen Maßnahmen in dieser Richtung rechnen. Das Sozialisierungs- und das Kohlenwirtschaftsgesetz vom 23. März 1919 sollten nur als einleitende Schritte gelten, doch brachte das Kohlenwirtschaftsgesetz bereits eine Reihe von Bestimmungen, die die wirtschaftliche Freiheit des Kohlenbergbaus, namentlich in der Preisgestaltung, sehr erheblich beschränkten. Schon wenige Tage nach der Novemberrevolution hatten die Volksbeauftragten den allgemeinen Achtstundentag eingeführt. Für den Kohlenbergbau wurde durch einen Streik im April 1919 die Verkürzung auf 7 Stunden erzwungen. Nunmehr wurde in mächtigen politischen Gruppen sogar die Sechsstundenschicht verlangt, die unter Berücksichtigung der einzurechnenden Aus- und Einfahrzeit eine reine Arbeitszeit von weniger als 5 Stunden bedeutet hätte. Angesichts der dringenden Hilferufe, die aus allen Teilen des Reiches, nicht zuletzt aus der durch die Kohlennot bedrängten Industriearbeiterschaft, in die Kohlenreviere gelangten, verblieb es bei der Verkürzung auf 7 Stunden, die an sich schon wirtschaftlich und technisch nicht zu rechtfertigen und sozialpolitisch nicht erforderlich war, aber bis zum Dezember 1923 Geltung behielt. Daß es unter diesen Umständen den Unternehmern und den besonnenen Teilen der Arbeiterschaft gelang, die Betriebe und die Förderung in dem tatsächlich erzielten Umfange aufrechtzuerhalten, stellt eine überaus bemerkenswerte Leistung dar. Da jedoch die deutsche Industrie unter der Wirkung der Inflation und für die Zwecke des allgemeinen Wiederaufbaus im Durchschnitt der Nachkriegsjahre angespannt beschäftigt war, blieb der Kohlenbedarf zeitweilig kaum hinter den Friedensziffern zurück, so daß er nur mit sehr empfindlichen Einschränkungen befriedigt werden konnte. Man muß sich die allgemeinen Verhältnisse vergegenwärtigen, um ermessen zu können, welche verzweifelte Lage sowohl hinsichtlich der tatsächlichen Kohlenversorgung als auch vor allem stimmungsmäßig die rücksichtslos auf die Friedensziffern abgestellten Kohlenforderungen der Siegermächte in Deutschland hervorriefen.

Die Kohlennot, die fast die ganze Welt nach dem Kriege durchmachte, war besonders in den Jahren 1919 und 1920 zu spüren, in denen die Siegermächte ein neues politisches Weltbild zu schaffen versuchten. Es konnte daher nicht ausbleiben, daß die durch die Kohlennot allenthalben hervorgerufene Panikstimmung auch die politischen Entscheidungen auf das schärfte beeinflußte. Die Kohle stand in den politischen Beratungen der Nachkriegszeit an erster Stelle. Was vor dem Kriege vielen als imperialistischer Traum vorgeschwebt hatte, die Verfügung über mächtige Kohlenmengen, war in der Wirklichkeit des Krieges in seiner ungeheuren Bedeutung offenbart worden. Jetzt, nach dem Kriege, fanden alle Sorgen und Wünsche in der Erfahrungen der großen Wirtschaft ebenso wie in derjenigen des kleinen Verbrauchers ihre tägliche Bestätigung. Das Streben nach dem Besitz eigener

Kohlenreviere spielte infolgedessen in den politischen Zielen vieler Völker eine überragende Rolle; der Streit um Oberschlesien und um das Teschener Revier, der Ruhrkampf und die Schantungfrage, nicht zuletzt die Auseinandersetzungen über das endgültige Schicksal des Saargebiets hatten hier ihre Wurzel. In einigen dieser Streitigkeiten floß noch lange nach dem Waffenstillstand das Blut von Hunderten von Menschen, die der Eroberung oder der Verteidigung von Kohlenschätzen zum Opfer fielen.

Da Frankreichs Wunsch, sich Kohlenreviere oder Kohlenlieferungen von Deutschland zu verschaffen, eine der stärksten Antriebskräfte in der französischen Außenpolitik der Nachkriegsjahre bildete, stellte die Kohlenwirtschaft ein besonders wichtiges Problem in den krisenreichen Jahren 1919 bis 1924 dar. Der verhängnisvolle Fehler dieser Politik lag aber darin, daß sie, unter dem Druck der furchtbaren Kriegserfahrung, allzu einseitig nach dem jeweiligen Bedürfnis und dem eigenen Vorteil gerichtet wurde, während Politik auf weite Sicht und nur ein verständiger gegenseitiger Ausgleich zur Überwindung der Kriegsfolgen hätte beitragen können. Vor allem beging Frankreich, nicht zuletzt unter dem Einfluß seiner vorübergehenden Notlage, den schweren Mißgriff, die ebenso vorübergehende Machtstellung, die ihm der Kriegsausgang verliehen hatte, zur dauernden Ausbeutung der deutschen Wirtschaftskräfte ausnutzen zu wollen.

Daß die beiden angelsächsischen Weltmächte in dieser Hinsicht für sich uninteressiert waren, hätte sie zu einer sachlich-neutralen Beurteilung und Vermittlung veranlassen und befähigen können. Vor dem viel schärfer ausgeprägten politischen Willen Frankreichs, der gerade auf kohlenwirtschaftlichem Gebiet Jahrhunderte alte Ziele zu verwirklichen suchte und der durch die augenblickliche Notlage noch besonders gehärtet war, gaben aber England und die Vereinigten Staaten immer wieder nach. Mit geschickten Vorwänden und Formulierungen, teilweise sogar in kühler Nichtachtung wurden die entgegenstehenden Grundsätze Wilsons, auf Grund deren der Vorfriedensvertrag geschlossen worden war, überall dort umgangen und beiseite geschoben, wo Frankreich und die von ihm geschaffenen und beschützten neuen Staaten wichtige Interessen auf dem Spiele sahen. Wieweit bei der Befriedigung kohlenwirtschaftlicher Bestrebungen die Nichtachtung gegenüber den Wilsonschen Gedanken selbst in der amerikanischen Delegation ging, zeigen Ausführungen des amerikanischen Bergbausachverständigen Ch. H. Haskins über das Verhältnis des von Wilson verkündeten Selbstbestimmungsrechts der Völker zu bergwirtschaftlichen Interessen[1]):

> „Daß die Herrschaft über wichtige Mineralvorkommen von kleinen Bevölkerungsgruppen ausgeübt wird, die zufällig über ihnen leben, bildet keinen notwendigen Bestandteil des Selbstbestimmungsrechts, besonders, wenn diese Bevölkerung zu einem Staate gehört, der Bergwerke eines anderen Staates zerstört hat. Die verschiedene Behandlung der Gruben und der Bevölkerung mag bisweilen von internationalen Erwägungen bestimmt sein."

Das heißt mit anderen Worten, daß eine Bevölkerung, allen hohen Idealen zum Trotz, das Recht über ihr Land einbüßt, wenn dies Land wertvolle Lagerstätten enthält, die den Gegenstand internationaler Wirtschaftsinteressen bilden. Dieser Grundsatz wird im vorliegenden Falle zur Rechtfertigung des Saarstatuts aufgestellt und soll nach Ansicht seines Urhebers auch sonst sicherlich nur auf besiegte Völker Anwendung finden; es ist aber bezeichnend für die geringe Einschätzung, die auf der Friedenskonferenz die Rechte der Menschen fanden, sobald sie mit den überragenden Interessen der Kohlenwirtschaft im Widerspruch standen oder zu stehen schienen.

Im übrigen hat die Friedenskonferenz auf kohlenwirtschaftlichem Gebiet ebensowenig klare endgültige Richtlinien verfolgt wie auf den meisten übrigen Gebieten. Alle Delegationen hatten ihre Bergbau- und Wirtschaftssachverständigen bei sich; im Spätsommer 1919 wurde aus ihnen auf Anregung Hoovers, der die amerikanische Hilfsaktion für die notleidenden Gebiete in Europa leitete und dessen Kommissare den schweren Kohlenmangel namentlich auch in Osteuropa festgestellt hatten, eine „Europäische Kohlenkommission" gebildet; sie ging später in dem Kohlenausschuß der Reparationskommission auf. Ihre — infolge Ausschlusses der besiegten Mächte nur ganz unvollkommen gelöste — Aufgabe sollte in der möglichst gleichmäßigen Verteilung der knappen Kohlenförderungen bestehen. Sie hat durch ihre Beratung der Ententeregierungen für einige Zeit einen gewissen Einfluß auf die Verteilung der Kohle Oberschlesiens und der oberschlesischen Nachbarreviere ausgeübt.

Im allgemeinen war die Kohlenpolitik der Friedenskonferenz ganz auf die Wünsche Frankreichs abgestellt. Frankreich sollte,

[1]) Ch. H. Haskins and R. H. Lord: Some problems of the peace Conference. Cambridge 1922, S. 140f. Haskins hat in den entscheidenden Sitzungen die französischen Saarforderungen vorbehaltlos unterstützt und ist einer der Hauptverantwortlichen für die bestehende Regelung.

abgesehen von der Verwirklichung seiner geschichtlichen Gebietsforderungen, nicht nur den zeitweiligen Ersatz für den Förderausfall der zerstörten Gebiete, sondern daneben billigen Brennstoff für den allgemeinen Wiederaufbau erhalten, wobei die aus eigenen Hilfsquellen nicht erreichbare Kohlenversorgung der riesenhaft vergrößerten Eisenindustrie in vorderster Linie stand. Man glaubte, Frankreich, Belgien und Italien die freiwilligen Vorkriegsbezüge aus Deutschland nunmehr als billige Pflichtlieferungen sichern zu können. In vielen Fällen trat in der Festsetzung der Bedingungen für Deutschland allerdings jede andere Rücksicht hinter dem Wunsche zurück, Deutschland auf möglichst lange Zeit, wenn nicht für immer, wirtschaftlich ohnmächtig zu machen.

Außerhalb der großen macht- und wirtschaftspolitischen Interessengebiete fanden die kohlen- und eisenwirtschaftlichen Fragen auf der Friedenskonferenz wenig Beachtung. Bei der Beratung der Friedensverträge von St. Germain und Trianon gab man sich einige Mühe, den neuentstandenen Nachfolgestaaten Österreich-Ungarns die Kohlenversorgung zu erleichtern. Eine gewisse Rücksicht wurde insbesondere auf Österreich genommen, dem nach den Verträgen von St. Germain und Trianon Polen und die Tschechoslowakei Kohle zu denselben Bedingungen liefern sollen wie an die eigenen Staatsangehörigen und in Mengen, die dem Vorkriegsverhältnis entsprechen. Die im Frieden von Trianon Ungarn auferlegte Verpflichtung, aus dem Kohlenrevier von Pecz (Fünfkirchen) gewisse Mengen an Jugoslawien zu liefern, hatte nur Übergangsbedeutung, da sie auf 5 Jahre befristet war.

2. KOHLE UND REPARATIONEN.

Vorgeschichte.

Der Begriff der Reparationen ist eine der Eigentümlichkeiten des Weltkrieges und auch in ihm erst gegen Ende aufgestellt worden. Die umfassende Kriegspropaganda, die die Entente gegen die Mittelmächte trieb, um sie in der Welt immer mehr zu vereinsamen und um den Kampfwillen der gegnerischen Bevölkerungen zu erschüttern, hatte sich mit Vorliebe gegen angebliche deutsche Welteroberungspläne und Bereicherungsabsichten gewandt; infolgedessen war man genötigt, die eigenen selbstsüchtigen Pläne in Geheimverträgen zu verbergen oder ganz zu leugnen. Als daher Wilson am 8. Januar 1918 vor dem amerikanischen Kongreß die vierzehn Punkte bekannt gab, die für den Friedensschluß und die zukünftige Weltordnung grundlegend sein sollten und in denen nur von dem Wiederaufbau Frankreichs und Belgiens, aber nicht von irgendwelchen Kontributionen oder Kriegskostenerstattungen die Rede war, schien diesen idealen Zielen keine Absicht der europäischen Verbündeten zu widersprechen. Die deutsche Regierung erklärte sich am 3. Oktober 1918 zu einem Frieden auf Grund der vierzehn Punkte bereit, und Wilson nahm das Angebot namens aller Verbündeten am 5. November 1918 mit der Maßgabe an, daß der Wiederaufbau auch den Ersatz alles der Zivilbevölkerung zugefügten Schadens in sich schließen solle.

Daß es den europäischen Verbündeten mit der Anerkennung der Wilsonschen Grundsätze nicht ernst war, ging bereits aus den Geheimverträgen hervor, die Frankreich mit Rußland im Februar 1917 und England und Frankreich mit Italien im April 1917 geschlossen hatten und an denen trotz ihres offenbaren Widerspruchs mit den vierzehn Punkten nach dem Zusammenbruch Deutschlands festgehalten wurde. So trug man von vornherein auch keine Bedenken, die Forderung nach umfassenden deutschen Kriegsentschädigungen aufzustellen. Nachdem schon im Waffenstillstandsvertrag von Compiègne eine Schadensersatzpflicht Deutschlands in gewissem Umfange festgestellt worden war, forderten in den nächsten Wochen Frankreich und vor allem England immer offener den vollständigen Ersatz aller Unkosten und Schäden. Grundsätzlich drang man mit dieser allgemeinen Forderung bei Wilson nicht durch. Es gelang zwar, ihn davon zu überzeugen, daß die Hinterbliebenenpensionen als Schadensersatzansprüche der Zivilbevölkerung zu gelten hätten; über diese finanziell bereits sehr schwerwiegende Ausdehnung des Reparationsbegriffs hinaus hielt aber Wilson der Form nach an dem Abkommen mit Deutschland fest. Infolgedessen gingen seine Verbündeten zu dem Verfahren über, alle ihre Forderungen, auch soweit sie längst vor den Wilsonschen vierzehn Punkten und vor der deutschen Kapitulation offen oder geheim aufgestellt worden waren, mehr oder weniger geschickt durch andere Begründungen, Benennungen oder Gruppierungen in den Rahmen des Ersatzes für Schäden der Zivilbevölkerung, also in den Rahmen der „Reparation" im ursprünglichen Sinne Wilsons hineinzupressen. Der gewandten Regie der Franzosen war es gelungen, den nach seinem Eintreffen in Europa zunächst fast mißtrauisch zurückhaltenden Präsidenten immer mehr mit Mitgefühl für das verstümmelte und verwüstete Belgien und Frankreich zu erfüllen. Nachdem er sich anfänglich sogar im Gefühl der eigenen Unsicherheit und Beeinflußbarkeit gesträubt hatte, die Schlachtfelder zu besuchen, verstand es Clémenceau, diesen Widerstand zu überwinden. Allmählich fand Wilson sich immer mehr in die ihm suggerierte Rolle des großen Staatsmannes hinein, den die Vorsehung zur Wiedergutmachung all des Unrechts und Unheils auf Kosten der angeblich Schuldigen ausersehen habe. Unter dem Begriff der Reparation ließ er sich eine Reihe von Zugeständnissen abringen, die er in jeder anderen Form abgelehnt haben würde und in einzelnen Fällen auch tatsächlich schon abgelehnt hatte. Infolgedessen finden sich in den Reparationsbestimmungen des Friedensvertrages manche Forderungen der Siegermächte, die ursprünglich nichts mit der Frage des Schadensersatzes für die Zivilbevölkerung zu tun hatten.

Das gilt vor allem von den kohlenwirtschaftlichen Forderungen, die in dem Reparationskapitel von Versailles einen besonders großen Raum einnehmen. Schon im Februar 1917 hatte der mächtige Verband der französischen Eisenindustriellen, das Comité des Forges, in einer vertraulichen Denkschrift[1]) gefordert, daß Deutschland neben der Abtretung des linken Rheinufers mit seinen Kohlenrevieren auf lange Zeit hinaus zur Lieferung von Koks und Kokskohle an Frankreich verpflichtet werden müsse. Offener und noch eingehender wurde dieselbe Forderung auf dem Congrès des Industries Minières und Métallurgiques erhoben, der im März 1917 im Anschluß an die 2. Lyoner Mustermesse tagte. Auch hier machte sich der Einfluß des Comité des Forges geltend. Sein Generalsekretär Robert Pinot hielt das Hauptreferat; er forderte die Lieferung von Koks für eine Reihe von Jahren im Interesse der europäischen Sicherheit und zur Brechung der militärischen Machtstellung Deutschlands, schwieg also ebenso von dem geschäftlichen Interesse der französischen Eisenindustrie wie von der Schadenersatzfrage. Auf Antrag Herriots, der damals als Bürgermeister von Lyon amtierte, wurden die Anregungen Pinots vom Kongreß einstimmig zum Beschluß erhoben. Noch einmal, kurz nach dem Waffenstillstand, stellte das Comité d'Etudes économiques et administratives d'Alsace-Lorraine, wiederum unter starker Mitwirkung des Comité des Forges, die Forderung nach deutschen Kohlenlieferungen an Frankreich auf. Deutschland solle bis zur Wiederherstellung der nordfranzösischen Gruben jährlich

[1]) R. Djermanowitsch, Le Traité de Versailles et les Matières premières. Préface de Paul Boncour. Paris 1927, S. 54.

20 Millionen t Kohle kostenlos liefern, danach noch 29 Jahre lang jährlich 15 Millionen t zur Vorkriegspreisen. Also auch hier ging man über den rechtlichen Reparationsbegriff unbekümmert weit hinaus; die ursprüngliche Aufstellung dieser Forderungen war jedenfalls erfolgt, längst ehe der Reparationsbegriff überhaupt geschaffen worden war. Gerade bei den Kohlenforderungen und -leistungen zwischen Frankreich und Deutschland kann man den Einfluß der großen Wirtschaftsinteressen Frankreichs nicht hoch genug einschätzen, so wenig die gefühlsmäßige Bedeutung der Zerstörungen in Nordfrankreich und der in den ersten Nachkriegsjahren so empfindlichen Kohlennot vernachlässigt werden darf.

Bei der Verschiedenheit der Auffassungen über die deutschen Reparationspflichten ist auch die Entscheidung über die Kohlenlieferungen nur im Wege mühseligen Verhandelns und schließlichen Kompromisses zustande gekommen. Die Beratungen der Alliierten hierzu begannen im Februar 1919. Den unbestimmten Vorstellungen der Amerikaner setzte Klotz für Frankreich am 28. März ein hartes Höchstprogramm entgegen, das in bezug auf Kohle die Lieferung von nicht weniger als 80 Millionen t innerhalb von drei Monaten verlangte. Wie unsinnig die Ziffer selbst den Franzosen erschien, läßt Marcesche erkennen, der ihr als Fußnote hinzufügt: „Nous disons bien quatre vingt millions de tonnes."[1]) Dafür ließ Klotz die Frage des Preises, die so bedeutungsvoll werden sollte, überhaupt außer Betracht. In der Pariser Kommission war eine Einigung über die Reparationsfrage unmöglich; der Rat der Vier ernannte einen Unterausschuß, der aus dem Amerikaner Norman Davis, dem Franzosen Loucheur und dem Engländer E. S. Montague bestand und der die deutsche Zahlungs- und Leistungsfähigkeit feststellen sollte. In diesem Ausschuß entstanden die wichtigsten Bestimmungen über den Umfang und die Art der Reparationen. In der Kohlenfrage einigte man sich über die grundsätzliche Unterscheidung von Kohlenlieferungen, die an Stelle der früheren deutschen Ausfuhr nach Frankreich einschließlich Elsaß-Lothringens treten sollten, charbons de prestation, und solchen, die den Förderausfall in Nordfrankreich zu ersetzen hatten, charbons indemnitaires. Der nordfranzösische Fehlbetrag betrug aber selbst im ungünstigsten Jahre 1919 nur 18 Millionen t und war schon 1925 völlig ausgeglichen; von vornherein war er

[1]) H. Marcesche, Elément de Réparations et de Négociations dans le Traité de Versailles et les Accords qui l'ont suivi. Lorient 1933, S. 23.

durch die Fördersteigerungen im unbesetzten Revierteil in erheblichem Umfange aufgewogen worden und setzte im übrigen rechnerisch eine ungestörte Fortdauer der Friedensleistung voraus, wie sie tatsächlich nirgends in der Welt nach dem Kriege erreicht worden ist. Trotz dieser für Frankreich viel zu günstigen Berechnung des Fehlbetrages wurde er auch noch auf 20 Millionen t nach oben abgerundet, und selbst diese Menge wurde bei der Beratung des Friedensvertrages in der französischen Kammer im September 1919 von dem Berichterstatter Dubois als durchaus unzureichend bezeichnet. Die Sorge Englands für seinen sicheren Absatz in Frankreich, übrigens auch recht naheliegende Sorgen der französischen Kohlenbergwerksgesellschaften, die bei allzu umfangreicher deutscher Einfuhr ihre einträgliche Preispolitik gefährdet sahen, standen den Wünschen der Regierung und den Interessen der kohlenverbrauchenden Hüttenindustrie entgegen. Italien und Belgien sollten die früheren deutschen Kohlenbezüge des freien Handels gesichert werden. Gegenüber Italien, das von England in diesen Jahren infolge des Schiffraummangels nur höchst unzulänglich versorgt wurde, ging man aber auf das Drängen der italienischen Regierung weit über die Ziffern der früheren deutschen Ausfuhr dorthin hinaus.

Die deutsche Delegation hat auf die Regelung der Reparationen so gut wie keinen Einfluß auszuüben vermocht. Wenn die Alliierten zunächst wohl selbst die geschichtlich übliche Form der Verhandlungen beabsichtigt hatten, so beanspruchte der Versuch, zunächst unter sich zu einer Einigung zu kommen, so viel Streit, Mühe und Zeit, daß man das Erreichte nicht durch neue Erörterungen aufs Spiel zu setzen wagte. Dem Charakter der ausgearbeiteten Bedingungen schien es auch viel besser zu entsprechen, sie der für schuldig erklärten Nation als eine Art Richterspruch zu verkünden, als mit dieser auf der Grundlage formeller Gleichberechtigung zu verhandeln. In der Kohlenfrage, deren Wichtigkeit namentlich für Frankreich auch der deutschen Delegation nicht entgangen war, hatte sich diese allerdings frühzeitig zu großzügigen Angeboten entschlossen. In dem hastigen Wechsel einzelner Noten zwischen dem 7. Mai, an dem der erste Vertragstext den Deutschen übergeben wurde, und der umfassenden Beantwortung am 29. Mai war man nur in allgemeiner Form darauf eingegangen. Die Hoffnung, durch diese Einzelnoten die mündliche Verhandlungsform herbeizuführen, schlug fehl, ebenso wie die Hoffnung, daß inzwischen die offenbaren Interessengegensätze zwischen den Alliierten sich praktisch auswirken würden. Am 22. Mai richtete zwar General Smuts seine berühmte Kritik des ganzen Vertragsentwurfs an Lloyd George; in der Kohlenfrage wies er auf den Widersinn hin, Deutschland an der Saar und in Oberschlesien zwei seiner wichtigsten Reviere fortzunehmen und ihm zugleich Lieferungen über die Friedensausfuhr hinaus aufzulegen. Seine Einwendungen gegen die Reparationsregelung blieben aber völlig unbeachtet; gerade in diesen Tagen, am 28. Mai, hob die englische Regierung die bisherigen Vergünstigungen auf, die bisher die Verbündeten hinsichtlich des Kohlenpreises genossen hatten, und glaubte damit dem englischen Interesse einstweilen genügend zu dienen. Frankreich wurde damit um so schärfer auf die Befriedigung mit billiger deutscher Kohle gedrängt.

Nicht besser erging es den konkreten Vorschlägen, die die deutsche Delegation nunmehr in ihren allgemeinen Bemerkungen zu dem Vertragsentwurf der Alliierten am 29. Mai in der Kohlenfrage machte. Sie bot die deutsche Mitarbeit am Wiederaufbau in Nordfrankreich an und sagte bis zu dessen Durchführung die jährliche Lieferung von bis zu 20 Millionen t Kohle für 5 Jahre und 8 Millionen für weitere 5 Jahre zu. Die darüber hinausgehenden Verpflichtungen sollten durch ein allgemeines Versprechen ersetzt werden, wonach Deutschland weitere Kohlenlieferungen an Frankreich, Italien, Belgien und Luxemburg erleichtern werde. Danach hätte Deutschlands Verpflichtung, was ja auch dem klaren Sinn und Wortlaut des Wilsonschen Vorfriedens entsprach, sich auf die Lieferung der Charbons indemnitaires, der eigentlichen Schadensersatzkohlen, beschränkt. Außerdem war schon in der deutschen Note vom 16. Mai, in der sich die deutsche Delegation gegen das Saarstatut wandte, eine Beteiligung der geschädigten nordfranzösischen Kohlengesellschaften an deutschen Bergwerken angeboten worden.

Die Antwort der Alliierten, begleitet von der berüchtigten Mantelnote vom 16. Juni, lehnte in der Reparationsfrage und vor allem hinsichtlich der Kohlenlieferungen jedes Zugeständnis ab. Das deutsche Kohlenangebot wurde nicht einmal erwähnt und damit der auch vom Standpunkt der Alliierten aus grundlegende Fehler des ganzen Vertragswerks verschärft, statt einer in großem Umfange erreichbaren freiwilligen Einigung, die das deutsche Volk auch innerlich verpflichtet hätte, eine von Demütigungen aller Art begleitete Zwangsregelung zu setzen, gegen die sich früher oder später jeder Deutsche wenden mußte.

Vertragsbestimmungen.

Die einschlägigen Vorschriften des Versailler Textes (Anlage V zum VIII. Teil) haben in der Tat niemals volle Auswirkung erlangt. Deutschland hätte hiernach folgende Kohlenlieferungen übernehmen müssen:

a) an Frankreich zehn Jahre lang 7 Millionen t jährlich, außerdem während der gleichen Zeit den Minderertrag der zerstörten nordfranzösischen Kohlengruben, und zwar bis zu 20 Millionen t jährlich für die ersten fünf Jahre, und bis zu 8 Millionen t jährlich für die folgenden Jahre,
b) an Belgien zehn Jahre lang 8 Millionen t jährlich,
c) an Italien zehn Jahre lang ansteigend von 4½ bis 8½ Millionen t jährlich,
d) an Luxemburg, nach Verlangen der Reparationskommission, die gleiche Jahresmenge wie vor dem Kriege.

Ferner sollte Deutschland an Frankreich drei Jahre lang an Erzeugnissen der Steinkohlendestillation je 35000 t Benzol, 50000 t Steinkohlenteer und 30000 t schwefelsaures Ammoniak, ferner nach Verlangen der Alliierten Koks an Stelle von Kohle im Verhältnis 3 : 4 liefern.

Die sehr wichtige Preisfrage war auf französischen Vorschlag im Friedensvertrag dahin geregelt, daß im allgemeinen der deutsche Inlandspreis ab Grube, zuzüglich der Fracht bis zur Grenze, bezahlt werden sollte. Für Lieferungen auf dem Seewege sollte entweder der deutsche Ausfuhrpreis ab deutscher Hafen oder, falls dieser geringer war, der englische Ausfuhrpreis ab englischer Hafen maßgebend sein. Für die Durchführung der Lieferung war vorgesehen, daß die Forderungen im allgemeinen 120 Tage vor dem Termin des Lieferungsbeginns Deutschland mitgeteilt werden sollten.

Ohne die etwaigen Verpflichtungen gegenüber Luxemburg zu rechnen, die, nach dem Stande von 1913 bemessen, rd. 4 Millionen t betrugen, hätte also die deutsche Verpflichtung eine Höchstleistung von 43½ Millionen t erreicht, die das verkleinerte und geschwächte Gebiet aufzubringen gehabt hätte; das Vorkriegsdeutschland hatte im besten Jahre, 1913, eine Gesamtausfuhr von 46 Millionen t[1]) gehabt, der aber eine Einfuhr von 16 Millionen gegenüberstand. Daß Deutschland mit seinem allein durch die

[1]) Braunkohle und Koks wie immer in Steinkohle umgerechnet.

Gebietsabtretungen um 26% der Friedensförderung geschwächten Kohlenbergbau zu derartigen Leistungen niemals auch nur entfernt imstande sein würde, war vorauszusehen; die Forderung war um so unsinniger, als die Entente zur Zeit ihrer Aufstellung noch mit der vollen Abtretung Oberschlesiens an Polen rechnete. Wenn die Alliierten den deutschen Einwendungen entgegenhielten, daß Frankreich ja durch die von deutscher Seite veranlaßten Zerstörungen der Bergwerke im Norden ebenfalls von schwerer Kohlennot bedrückt sei, so empfand man auf deutscher Seite nicht minder bitter, daß auch die Leistung der deutschen Bergleute unter der Wirkung der Hungerblockade um einen Betrag zurückgegangen war, der dem nordfranzösischen Förderausfall sicherlich gleichkam. Die Zerstörung der Bergwerke, soweit sie überhaupt auf Handlungen der deutschen Truppen zurückzuführen war, stand aber, von der moralischen Beurteilung abgesehen, mit den geschriebenen Regeln des Völkerrechts zweifellos weit besser in Einklang als die Durchführung der Nordseeblockade.

Die Reparationskommission sollte allerdings das Recht haben die Lieferungspflicht herabzusetzen, wenn die Ausführung den deutschen industriellen Bedarf unverhältnismäßig belasten würde. Den französischen Ersatzforderungen sollte hierbei der Vorrang vor allen anderen Lieferungen verbleiben. Die Klausel mag dazu gedient haben, das Gewissen der Sachverständigen zu beruhigen, denen die Unausführbarkeit der vollen Forderung von vornherein klar war. Für die weitere Entwicklung war sie aber naturgemäß die Grundlage endloser Meinungsverschiedenheit und Auseinandersetzungen, zumal die Frage der „unverhältnismäßigen Belastung“ völlig der subjektiven Bewertung offen stand. Selbst wenn man auf beiden Seiten, was keineswegs der Fall und auch nicht zu erwarten war, den besten Willen voraussetzen wollte, so konnte eine einheitliche Auffassung hierzu niemals erhofft werden. Die Repko, auf deren Entschließungen Deutschland keinen Einfluß auszuüben vermochte, erhielt auf diese Weise eine diktatorische Vollmacht von größter Tragweite, die sie nach ihrer ganzen Zusammensetzung und Arbeitsweise als abhängiges Werkzeug des politischen Willens der in ihr vertretenenen Regierungen gar nicht gewachsen war. Besonders nach dem Ausscheiden der Vereinigten Staaten aus der Siegerfront fehlte der Repko die unabhängige Leitung. Die Übernahme des Vorsitzes durch Frankreich erledigte die ihr ursprünglich zugedachte Rolle eines sachlich arbeitenden Schiedsgerichts endgültig.

Ausführung.

Die Geschichte der Kohlenreparationen bietet dasselbe unerfreuliche, unglückliche Bild wie diejenige der Gesamtreparationen. Es war von Anfang an belastet mit einer unrichtigen und die Schuldnernation ungerecht kränkenden Begründung und mit Forderungen, deren Unerfüllbarkeit von vornherein feststand, ferner mit dem ungestümen Drängen der Hauptgläubigernation Frankreich, über das im Vertrag mit den Verbündeten erreichte Kompromiß womöglich sogar noch hinauszustoßen und sich deshalb auch mit einem entschuldbaren Verzuge Deutschlands nicht abzufinden. So kam es niemals auch nur entfernt zu dem vertrauensvollen Einvernehmen zwischen Gläubiger und Schuldner, das allein eine halbwegs erträgliche Durchführung hätte gewährleisten können.

Die Regelung wurde ferner gleich zu Beginn durch den Umstand erschwert, daß der Friedensvertrag infolge der Schwierigkeiten der Ratifizierung durch die Vereinigten Staaten viel später in Kraft trat, als in Paris ursprünglich angenommen worden war. Da aber der Vertrag eine dreimonatige Frist für die Anmeldung der einzelnen Kohlenforderungen vorsah, konnte die früheste Lieferung in Kohle erst Ende April 1920 beansprucht werden. Infolgedessen hatten Frankreich, Italien und Belgien trotz ihrer empfindlichen Kohlennot und trotz der riesigen Bezugsrechte, die ihnen der Vertrag gab, gerade in den schlimmsten beiden Wintern 1918/1919 und 1919/1920 keine Möglichkeit, sich an Deutschland zu befriedigen. Daß sich dieses freiwillig zu erheblichen Zugeständnissen über den Vertrag hinaus bzw. vor dessen Inkrafttreten bereitfand, war angesichts der allgemeinen Behandlung dieser Frage durch die Alliierten nicht zu verlangen.

In Frankreich hat man der alliierten Obersten Heeresleitung damals und später bittere Vorwürfe gemacht, daß sie nicht schon im Waffenstillstandsvertrage von Deutschland Kohlenlieferungen verlangt habe. Gewisse Forderungen zur Vorbereitung der Reparationsregelung wurden von den Alliierten allerdings schon bei dem Waffenstillstand erhoben; Lloyd George widersetzte sich aber, formell durchaus zu Recht, jeder Ausdehnung der im wesentlichen von den militärischen Dienststellen, also letzten Endes von dem französischen Oberstkommandierenden, zu erledigenden Waffenstillstandsverhandlungen auf das Sachgebiet des eigentlichen Friedensvertrages; infolgedessen kam, angesichts der grundsätzlichen Meinungsverschiedenheiten in der Reparationsfrage, eine Berücksichtigung der Kohlenlieferungen in Compiègne und bei den späteren Verlängerungen des Waffenstillstandes nicht zustande.

Die Notwendigkeit der Kohlenversorgung der von Frankreich nach dem Waffenstillstand besetzten Gebiete, namentlich Elsaß-Lothringens, und der Wunsch der deutschen Industrie nach Fortbezug der lothringischen Eisenerze führte jedoch beide Parteien bald zu Verhandlungen zusammen, längst ehe dies Problem von der Friedenskonferenz gelöst oder auch nur erörtert worden war. In einer Konferenz von deutschen, französischen, englischen, amerikanischen und belgischen Delegierten, die in Luxemburg am 23. Dezember 1918 stattfand, erzielte man eine vorläufige Einigung, wonach Deutschland an die besetzten Gebiete ebensoviel Kohle und Koks liefern sollte wie im dritten Quartal 1918; das deutsche Verlangen nach Gegenleistung in Minette wurde aber nur mit einer unbestimmten und zunächst tatsächlich unerfüllten Zusage abgespeist, und ebenso blieb die schwierige Preisfrage ungeregelt.

Frankreich selbst war mit diesem Abkommen allerdings nicht geholfen, und da die Unterzeichnung und später die Ratifikation und das Inkrafttreten des Versailler Vertrages noch in weiter Ferne lagen, bemühte sich der für die französische Kohlenversorgung verantwortliche Wiederaufbauminister Loucheur um ein unmittelbares Einvernehmen mit der deutschen Friedensdelegation. Nach längerem Hin und Her kam tatsächlich in Versailles am 29. August 1919 ein Abkommen zustande. Deutschland verpflichtete sich in diesem noch auf dem Boden der Gleichberechtigung abgeschlossenen Vertrage, bei dem sich die Franzosen allerdings des Druckmittels der Zurückhaltung der Kriegsgefangenen bedienten, mit den Kohlenlieferungen an Frankreich sofort zu beginnen; die vor Inkrafttreten der Verpflichtung gelieferten Kohlen sollten auf die späteren Pflichtlieferungen angerechnet werden. Im übrigen wollte sich die französische Kommission dafür einsetzen, daß die Repko ihre späteren Anforderungen nur in Höhe von 1,66 Millionen t, mit gewissen Zuschlägen im Falle erhöhter deutscher Förderung, aussprechen solle. Bestimmte Mengen wurden für diese Vorausleistungen von Deutschland nicht zugesagt; die tatsächlich erfolgenden Lieferungen, die am 3. September 1919 begannen und für den Rest des Jahres (4 Monate) rd. 2 Millionen t betrugen[1]), bedeuteten angesichts der Versorgungskrise in Frankreich nur eine recht schwache Hilfe.

[1]) Hier wie bei allen künftigen Angaben zum gleichen Gegenstand ohne die Bezüge Frankreichs aus dem Saargebiet. Ebenso wird stets Koks in Steinkohle umgerechnet und zugezählt.

Die Aufnahme der Reparationskohle für Frankreich wurde durch Übertragung der Verteilung auf eine besondere Handelsstelle geregelt, die von den kriegsgeschädigten Bergwerksgesellschaften geschaffen wurde (Office des Houillères Sinistrées, abgekürzt OHS). Die Verteilung stand unter der Aufsicht des Staates, auch arbeitete das OHS nicht auf eigene Rechnung, sondern erhielt nur eine Umsatzvergütung, die zuletzt 2% betrug. Man nutzte aber auf diese Weise das in der Wiederaufbauzeit brachliegende kaufmännische Personal aus; im allgemeinen arbeitete die Stelle auch zur Zufriedenheit von Öffentlichkeit und Verbraucherschaft. Die Bedeutung der billigen deutschen Kohlenlieferungen lag für Frankreich zum großen Teil in dem durch sie ermöglichten Preisausgleich gegenüber den teuren Einfuhrkohlen aus den angelsächsischen Ländern.

Für die deutschen Lieferungen bedurfte es einer besonderen Organisation nicht, zumal das Ruhrkohlensyndikat, das für die Lieferungen fast ausschließlich in Betracht kam, die erforderlichen technischen Voraussetzungen erfüllte.

Die geringen Lieferungen auf Grund des Abkommens vom 29. August 1919 brachten sofort ernste Auseinandersetzungen zwischen Deutschland und Frankreich. In Deutschland vertrat man mit Recht die Ansicht, vor dem 1. Mai 1920, dem Beginn des neuen Monats nach Ablauf der 120 Tage nach Inkrafttreten des Friedensvertrages, zu bestimmten Mengen überhaupt nicht verpflichtet zu sein. Die Reparationskommission konnte erst nach dem 10. Januar 1920 ihre ersten rechtlich wirksamen Anforderungen an Deutschland richten. Sie setzte am 10. Februar 1920 die monatlich zu liefernden Mengen auf 2,234 Millionen t fest; gleichzeitig sollten aus Oberschlesien, das unter der Kontrolle der Interalliierten Abstimmungskommission stand, monatlich 200000 t an Österreich, 250000 t an Polen und 20000, später 40000 t an Italien geliefert werden. Die Erfüllung dieser Forderungen war von vornherein ausgeschlossen und ein Erörtern zwischen den Parteien nahezu zwecklos, da die Repko selbständige Verhandlungen gar nicht führen konnte. Der Kapp-Putsch und die sich anschließenden kommunistischen Unruhen machten es Deutschland vollends unmöglich, auch nur einigermaßen die Leistungen den Anforderungen anzupassen. Als die Repko im Mai 1920 auch noch die an Polen zu liefernde Menge auf 450000 t festsetzte — die Erfüllung der Anforderungen an oberschlesischer Kohle lag in den Händen der Besatzungsgeneräle, also außerhalb des deutschen Machtbereichs —, blieb der deutschen Regierung nichts anderes übrig als die Ruhrkohlenlieferungen an Frankreich zu verringern. Diese Maßnahme führte den ersten offenen Konflikt in der Frage der Reparationskohlen herbei. Die Repko stellte amtlich eine deutsche Nichterfüllung fest, und der Streitfall gelangte auf die Tagesordnung der Konferenz von Spa (5. bis 16. Juli 1920), wo die Vertreter Deutschlands zum ersten Male mit den ehemaligen Gegnern über das Reparationsproblem regelrecht verhandelten.

Im ersten Halbjahr 1920 hatte Deutschland im ganzen 7 Millionen t auf Reparationskonto geliefert, während die Repko im gleichen Zeitraum 12 Millionen angefordert hatte. Zu der Mengenfrage kamen Meinungsverschiedenheiten über die Preis- und die Transportregelung. Da die Konferenz von Spa im übrigen infolge der Gegensätze wegen der deutschen Abrüstung und wegen der Festsetzung der deutschen Gesamtzahlungssumme unter schärfster Spannung stattfand, kam eine Einigung in der Kohlenfrage nur mit größter Mühe und nach schroffen Auseinandersetzungen zustande, unter denen die scharfen Ausführungen des deutschen Sachverständigen Hugo Stinnes einen besonders starken Widerhall fanden. Wahrscheinlich war es nur den französisch-englischen Interessengegensätzen zu danken, die gerade in der Kohlenfrage bestanden, daß überhaupt eine Verständigung erfolgte. Der von der französischen Regierung bereits in Aussicht genommenen Besetzung des Ruhrgebiets wollte Lloyd George nur unter Bedingungen zustimmen, die diese Maßnahme für Frankreich fast völlig entwertet hätte. Namentlich verlangte er, daß die dort beschlagnahmte Kohle zum englischen Ausfuhrpreis bezahlt würde. So fand man sich auf einer mittleren Linie; Deutschland verpflichtete sich, ab 1. August 1920 monatlich 2 Millionen t zu liefern, also wesentlich weniger als die Repko vorher verlangt hatte oder gar als in Versailles vorgeschrieben worden war. Frankreich sollte hiervon drei Viertel, 1,5 Millionen t, erhalten. Für die Deutschen bestand der wichtigste Erfolg in der Zusicherung der Alliierten, außer dem in Versailles für die Bezahlung bzw. Anrechnung vorgesehenen deutschen Inlandspreis eine bar zu zahlende Prämie von 5 Goldmark für jede Tonne zu vergüten, die zur Verbesserung der Ernährung der deutschen Bergleute verwendet werden sollten. Der Bergarbeiterführer Hue hatte vor den Ausländern besonders eindringlich auf die Not im Industriegebiet hingewiesen. Außerdem erklärten sich die Alliierten bereit, einen Barvorschuß zu gewähren, der den Unterschied zwischen dem deutschen Inlandspreis und den Weltmarktpreisen ausgleichen und später zurückbezahlt werden sollte. Die Entente behielt sich dagegen die Verschärfung der Kontrolle und — gegen den Widerspruch der Deutschen — förmlich das Recht zur militärischen Besetzung des Ruhrgebiets vor.

Wenn auch die Verhandlungen in Spa in der sonstigen Reparationsregelung keinerlei Fortschritte brachten, und wenn auch die Regelung der Kohlenlieferungen in Deutschland und Frankreich sehr heftiger Kritik unterlagen — in beiden Ländern warf man den eigenen Regierungen schwächliche Kapitulation vor, in Frankreich außerdem den Engländern selbstsüchtige Preisgabe des bedrängten Bundesgenossen —, so war die besonders dringende und gefährliche Kohlenfrage doch zunächst einmal auf einige Zeit dem Kampffeld der Politik einigermaßen entzogen. Durch Anspannung aller Kräfte, wobei die Leistungssteigerung, die die bessere Ernährung der Bergleute auf Grund des Spa-Abkommens ermöglichte, eine erhebliche Rolle spielte, gelang es Deutschland in den drei ersten Monaten die festgesetzten Kohlenmengen vollständig und auch in den nächsten drei Monaten mit so geringem Fehlbetrag zu liefern, daß sich die Repko damit zufrieden gab. Insgesamt leistete Deutschland im Jahre 1920 reichlich 15 Millionen t Kohle auf Reparationskonto, etwa zwei Drittel seiner gesamten Kohlenausfuhr in diesem Jahre; die für die deutsche Handelspolitik so unentbehrliche Ausfuhr nach den neutralen Nachbarländern mußte also stark eingeschränkt werden. Die Anforderungen hatten sich auf 26 Millionen t belaufen.

Gegen Ende des Jahres 1920 begann sich aber unter Überwindung der unmittelbaren Kriegsfolgen auch die ungeheure Spannung zu lösen, die seit dem Jahre 1917 auf der Kohlenwirtschaft der ganzen Welt lastete. Preise und Frachten sanken zunächst langsam, dann immer rascher. Der englische Ausfuhrpreis, der im September 1920 mit 96 sh 3 d fob englischer Hafen für gewöhnliche Förderkohle seinen höchsten Stand erreicht hatte, betrug im Dezember 1920 84/7, Ende Januar 1921 47/6, Januar 1922 24/7 sh. Hätte nicht im Frühjahr 1921 ein längerer Streik die britische Kohlenförderung verringert, so hätten sich schon wieder bedrohliche Lagervorräte angehäuft. Frankreich war so reichlich versorgt, daß es jetzt sogar die Reparationskohle in beträchtlichen Mengen und mit großem Gewinn weiter exportierte. Es machte dadurch aber auch England auf dem Weltmarkt Konkurrenz; zugleich sank die französische Kohleneinfuhr von dort im Jahre 1921 auf weniger als die Hälfte des bisherigen Durchschnitts.

Die Durchführung der Kohlenreparationen erhielt jedenfalls nunmehr ein vollständig anderes Bild und hätte jetzt endlich auf der Grundlage der Gegenseitigkeit nach wirtschaftlichen Gesichtspunkten geordnet werden können. Unter dem Druck der öffentlichen Meinung weigerte sich aber die französische Regierung, einer Verlängerung des Spa-Abkommens zuzustimmen. Auf französisches Verlangen ging die Repko auf die Artikel des Friedensvertrages zurück und verlangte eine monatliche Leistung von 2,2 Millionen t vom 1. Februar 1921 ab. Auch die Preisvergünstigungen von Spa hörten auf. Tatsächlich vermochte Deutschland aber nicht einmal die Lieferungen des Spa-Abkommens aufrecht zu erhalten. Im ganzen Jahre 1921 lieferte Deutschland auf Reparationskonto 18 Millionen t, während 26 Millionen t angefordert worden waren. Angesichts der erleichterten Kohlenversorgung Frankreichs und Italiens und unter dem Einfluß Englands, wo sich allmählich eine bessere Einsicht für die Zusammenhänge zwischen Reparationen und Wiederaufbau der Weltwirtschaft entwickelte, begnügte sich aber die Repko mit förmlichen Protesten. Dagegen mußte Deutschland, wo unter der Wirkung der Inflation die Industrie vielfach besser beschäftigt war als in den Siegerländern, jetzt zum Schaden seiner Währung wieder in größerem Umfange mit der Kohleneinfuhr beginnen.

Die vielfachen Konferenzen der Jahre 1921 und 1922 beschäftigten sich mit der allgemeinen Regelung der Reparationsfrage; die Kohlenlieferungen schienen dem Streit entrückt zu sein. Allerdings drängte die französische Eisenindustrie auf immer größere Lieferungen von Koks und Kokskohle, da ihr der Bezug zum deutschen Inlandspreis naturgemäß den Kampf auf dem Weltmarkt wesentlich erleichterte. Deutschland hatte aber immer mehr Mühe, mit der zusammenbrechenden Währung die bisherigen Leistungen aufrecht zu erhalten. Es lieferte im Jahre 1922 $18^1/_2$ Millionen t Reparationskohle, während die Anforderungen rd. 22 Millionen t betrugen. Deutschland selbst führte aber im gleichen Zeitraum fast 15 Millionen t, überwiegend englischer Kohle, ein. Bei regelrechtem Kohlenüberfluß der Gläubigermächte ergab sich der wirtschaftlich unsinnige Zustand, daß die deutsche Reparationskohle auf denselben Kähnen nach Rotterdam geschafft wurde, mit denen dann die wesentlich teueren englische Kohle nach Deutschland gelangte, wobei die Fracht in beiden Richtungen Deutschland zur Last fiel.

Die Auseinandersetzungen zwischen Deutschland und Frankreich bzw. der von Frankreich geleiteten und maßgebend beeinflußten Repko verschärften sich aber, seit Poincaré am 13. Januar 1922 die Regierung in Paris übernommen hatte und offensichtlich zum Konflikt drängte. Verhältnismäßig kleine Fehlbeträge in den Lieferungen von Holz und Kohle nahm die französische Regierung zum Vorwande, um Deutschland durch die Repko in Verzug erklären zu lassen und daraufhin die lange geplanten Sanktionen gegen das Ruhrgebiet durchzuführen.

Ruhrkampf.

Bis Ende 1922 hatte Deutschland rd. 54 Millionen t Reparationskohle geliefert. Die Menge war, mit Ausnahme des kurzen Zeitabschnitts nach dem Spa-Abkommen, ständig hinter den Anforderungen der Repko zurückgeblieben, von den Festsetzungen des Friedensvertrages ganz abgesehen, über deren Unausführbarkeit zwischen allen Beteiligten Einvernehmen bestand und die deshalb auch von Anfang an niemals ernsthaft zugrunde gelegt worden sind. Der finanzielle Vorteil, den Frankreich infolge der billigen Reparationspreise gegenüber den Weltmarktpreisen erzielte, wird bis Ende 1922 allein für den Koks auf rd. 1,2 Milliarden Franken berechnet; der Betrag, der zum größten Teil der Eisenindustrie zugute kam, stellt einen deutschen Verlust in gleicher Höhe dar. Für Deutschland bedeuteten die Leistungen jedenfalls sowohl nach der Menge wie nach dem Wert ein außerordentlich großes Opfer. Im Jahre 1922 hatte Deutschland nach der Abtretung auch Oberschlesiens nur noch eine Steinkohlenförderung von 119 Millionen t gegen 190 im Jahre 1913. Bei einer Reparationslieferung von 18 Millionen t konnten trotz des für die Währung ruinösen Überschusses der Einfuhr über die freie Ausfuhr in Höhe von 7 Millionen dem Verbrauch nur noch 108 Millionen t gegen 156 vor dem Kriege zur Verfügung gestellt werden. Selbst unter Einrechnung der gestiegenen Braunkohlenförderung betrug der Verbrauch 1922 nur 139 Millionen t gegen 179 im Jahre 1913, so daß auch unter Berücksichtigung des Verbrauchs der abgetretenen Gebiete ein Fehlbetrag von mindestens 20 Millionen t, mehr als 10%, des damaligen Bedarfs bestand.

Die Beruhigung der allgemeinen kohlenwirtschaftlichen Lage ließ aber die Spannung zwischen den deutschen Inlandspreisen und dem Weltmarktpreis und damit den bisherigen Vorsprung der französischen Eisenindustrie zusammenschrumpfen. Damit glitt die französische Wirtschaft langsam in ihre unvorteilhafte Vorkriegsstellung zurück, ohne ausreichende Eigenerzeugung, von dem Lieferwillen und der Preispolitik der Deutschen abhängig. Auch in den allgemeinen Reparationen machte der Zusammenbruch von Währung und Finanzen in Deutschland jedem Franzosen die Aussichtslosigkeit des alten Schlagworts „Le boche paiera tout“ klar; die Engländer hatten sich längst von den Versailler Illusionen freigemacht und bereiteten zunehmende Schwierigkeiten in der Beitreibung der französischen Forderungen gegen Deutschland. Die öffentliche Meinung in Frankreich war dagegen immer stärker gegen die angebliche Schwächlichkeit der Regierungen aufgebracht und erwartete mit Ungeduld von Poincaré, daß er endlich der Politik der unfruchtbaren Konferenzen ein Ende bereite. Er hatte am 13. Januar 1922 Briand als Ministerpräsident abgelöst und drängte nun in starrer Folgerichtigkeit unter Ablehnung aller Kompromisse zum Konflikt. Seine Politik der „produktiven Pfänder“, mit der er den deutschen Stundungsgesuchen begegnete, sollte zwar vor allem die allgemeinen deutschen Zahlungen sichern, richtete sich aber besonders auf das Ruhrgebiet, dessen Besetzung endlich den großen wirtschaftsimperialistischen Traum verwirklichen und Frankreich neben dem Besitz des größten Eisenreviers die Herrschaft über das reichste Kohlengebiet Europas verschaffen sollte. Inwieweit hierbei der Einfluß des Comité des Forges maßgebend gewesen ist, wie namentlich die sozialistischen Kreise in Frankreich selbst vermuten, mag dahingestellt bleiben; die im Jahre 1922 unzählige Male bei Denkmalsreden ausgesprochenen Gedanken Poincarés, an jedem Buchstaben des Versailler Diktats festzuhalten, entsprachen der damaligen Auffassung der großen Mehrzahl aller Franzosen, ebenso wie sein Wunsch, die in Paris und Versailles nicht verwirklichten Pläne am Rhein jetzt nachzuholen.

Um den Ruhreinmarsch der Form halber als Sanktion für die Nichterfüllung des Friedensvertrages ausgeben zu können, bedurfte Frankreich der ausdrücklichen Feststellung einer solchen Nichterfüllung durch die Repko. Auf französischen Antrag stellte diese am 26. Dezember 1922 einstimmig fest, daß Deutschland in den Holzlieferungen, übrigens mit einer sachlich ganz bedeutungslosen Menge[1]), in Verzug geraten sei; durch Mehrheitsbeschluß des französischen, belgischen und italienischen Delegierten wurde gegen die englische Stimme ferner festgestellt, daß es sich um eine schuldhafte Verfehlung handle. Den sofortigen Ein-

[1]) 20000 cbm Schnittholz und 130000 Telegraphenstangen waren während des Jahres 1922 nach französischer Auffassung zu wenig geliefert.

marschbefehl auf einen so schwachen Vorwand hin zu erlassen, trug selbst Poincaré Bedenken, zumal am 2. Januar 1923 in Paris eine neue Konferenz der Staatsmänner der Entente stattfinden sollte. Auf dieser Konferenz traten die Gegensätze namentlich zwischen der französischen und der englischen Auffassung auf das schärfste hervor; als die Konferenz nach zwei Tagen als ergebnislos abgebrochen wurde, erklärte Poincaré ausdrücklich, daß nunmehr Frankreich für sich allein die Aktionsfreiheit wiedergewonnen habe. Belgien folgte damals noch vollständig der französischen Politik, und auch Italien verzichtete auf die Möglichkeit, durch Geltendmachung der tatsächlich von Mussolini gegen die französische Ruhrpolitik gehegten Bedenken, Frankreich in der Repko womöglich in die Minderheit zu bringen. Italien ließ sich sogar verleiten, sich an dem Ruhreinmarsch durch einen Kommissar zu beteiligen. Um so weniger ließ sich die französische Regierung, auf die namentlich auch der damalige Präsident Millerand im Sinne einer rücksichtslosen Politik einwirkte, durch die englischen Warnungen von ihrem Entschluß abbringen, zumal es offenbar war, daß es England nicht zum regelrechten Bruch kommen lassen würde. Auch der Beschluß des amerikanischen Senats, die Truppen vom Rhein abzuberufen, blieb ohne Einfluß.

Um ihren Vorstoß in das wichtigste deutsche Kohlengebiet vor der öffentlichen Meinung noch besser begründen zu können, führte die französische Regierung am 9. Januar noch einen weiteren Beschluß der Repko, diesmal zu den deutschen Kohlenlieferungen, herbei. Rein ziffernmäßig war die Kommission hierbei wohl im Recht, da Deutschland im letzten Jahre nur 89 (nach deutscher) und 84,4% (nach französischer Berechnung) seines Solls geliefert hatte. Bisher hatte die Repko aber angesichts der beiderseitigen Lage nicht daran gedacht, hieraus einen regelrechten Streitfall abzuleiten, und auch Beschwerden oder Warnungen waren nicht ergangen. Den Deutschen stand die geringe Menge des Fehlbetrags, die auch bei Privatgeschäften dieser Art in der Regel keinen „Verzug" begründet, und der Einwand der höheren Gewalt infolge des Eisenbahnerstreiks Anfang 1922, infolge der Abtrennung Ostoberschlesiens und infolge der Währungskatastrophe zur Seite. Aber die Repko nahm unter dem Vorsitz Barthous die Darlegungen der deutschen Delegierten nur der Form halber entgegen. Die Mehrheit hörte in stumpfem Schweigen auch in der eigentlichen Beratung die sehr eindringlichen wirtschaftspolitischen, rechtlichen und moralischen Einwendungen des englischen Delegierten Bradbury und des amerikanischen Beraters Boyden an und stimmte schweigend die englischen Milderungsvorschläge nieder. Die Entscheidung lag im voraus fest.

Zwei Tage darauf, am 11. Januar 1923, begann der Einmarsch des französischen und belgischen Militärs in das Ruhrgebiet. Nach der amtlichen Begründung bestand seine Aufgabe in der Begleitung einer Ingenieurkommission[1]), die die Reparationsleistungen, namentlich in Kohle, an Ort und Stelle sichern sollte. Die deutsche Regierung beantwortete den Gewaltakt mit der Einstellung aller Lieferungen und Leistungen an die Einbruchsmächte, später, als Folge der Wirtschaftszerrüttung, auch an die übrigen Gläubiger, und verbot allen Beamten im Einbruchsgebiet, Anordnungen der Besatzungsmächte auszuführen oder irgendwelche Transporte nach Frankreich oder Belgien abzufertigen. Der Reichskohlenkommissar untersagte am 15. Januar 1923 förmlich die Lieferung von Kohle und Koks an Frankreich und Belgien, auch für den Fall einer Bevorschussung oder gar Bezahlung durch diese Staaten. Die Abkommen, in denen einige Werksleiter in den ersten Tagen eine freiwillige Kohlenlieferung gegen Bezahlung zugesagt, in denen sie aber die Zustimmung der deutschen Behörden vorbehalten hatten, wurden damit hinfällig. Das Kohlensyndikat war in der Nacht vor dem Einmarsch mit allen Akten nach Hamburg übergesiedelt, so daß es der Micum an allen Anhaltspunkten für den Absatz fehlte.

Im übrigen organisierte sich von selbst, aus dem Willen der Bevölkerung heraus, in stiller, gewaltloser Auflehnung der „passive Widerstand". Keine Grube, die von den Machthabern besetzt wurde, förderte Kohle, kein Geschäft verkaufte Waren an die fremden Soldaten, die Straßenbahn, in der Angehörige der Einbruchsarmee Platz nahmen, blieb verlassen mitten auf der Strecke stehen, die Gebäude, die die Truppen belegten, wurden von der Gas-, Wasser- und Stromversorgung abgeschnitten, Zeitungen, denen die Aufnahme bestimmter Nachrichten vorgeschrieben wurde, erschienen nicht, die Post nahm keine Sendungen an. Stumm, aber einig und verbissen stand die trotzige westfälische Bevölkerung den Eindringlingen gegenüber. Ein großer Teil der Gruben hielt die Belegschaften in Arbeit; aber die Förderkohle fand bald keinen Platz zum Lagern mehr und bot außerdem erleichterte Gelegenheit zur Beschlagnahme. Um die Halden-

[1]) Mission Interalliée de Contrôle des Usines et des Mines, abgekürzt „Micum".

vorräte wenigstens für den Gebrauch in der französischen Eisenindustrie untauglich zu machen, übergoß man sie mit Schlamm, Geröll, Salzwasser u. dgl. Allmählich hörte die Tätigkeit in den Schächten, Kokereien und Hütten immer mehr auf.

Die Durchführung dieser Abwehrhaltung war allerdings an die Voraussetzung der Finanzierung vom übrigen Reich her geknüpft. Um die Bevölkerung vor dem Verhungern zu schützen, mußten immer größere Summen zur Verfügung gestellt werden. Recht erhebliche Mittel flossen auch auf Grund großzügiger freiwilliger Sammlungen in Form namentlich von Naturalien, aber auch von Geld; vor allem im Anfange erinnerte die vaterländische Erregung im deutschen Volke an die Augusttage 1914. Aber nach 9 Jahren Krieg, Umsturz und Währungsverfall war die Kraft nicht mehr die gleiche. Die fast völlig ohne produktive Arbeit lebende Bevölkerung von 4 Millionen Köpfen mußte von den übrigen 56 Millionen miternährt werden, obwohl auch deren Arbeit, abgesehen von der ohnedies bestehenden Not, auch noch durch den Stillstand gerade des weitaus wichtigsten Wirtschaftsgebiets auf das schwerste beeinträchtigt wurde. Die Reichsfinanzen waren seit Anfang des Krieges nicht mehr in Ordnung; die neue Riesenlast konnte daher naturgemäß erst recht nur noch mit der Notenpresse, d. h. für eine kurzbemessene Frist, finanziert werden.

Zunächst freilich schien der Widerstand erfolgreich. Belagerungszustand, Übernahme der Eisenbahnen, Errichtung einer Zollgrenze und Verkehrssperren, die die von der Stärke des Widerstands überraschten Einbruchsmächte verordneten, vermochten nicht, die Kohlen zu bewegen, und in dem außerordentlich verwickelten Verkehrsapparat fanden sich die fremden Techniker monatelang, teilweise sogar bis zum Ende, nicht zurecht. Als die Franzosen und Belgier dazu übergingen, die Kohlen- und namentlich die Kokslager zu beschlagnahmen und sie mit Hilfe mitgebrachter, namentlich polnischer Arbeiter abzutransportieren, konnten sie sich zunächst nur recht bescheidene Mengen beschaffen. Im ersten Halbjahr der Ruhrbesetzung wurden nur 479000 t Kohle und 515000 t Koks abgefahren, wenig mehr, als allein in den besatzungsfreien zehn ersten Januartagen geleistet worden war. Statt Mehrleistungen an Reparationskohle erhielt also Frankreich sehr viel weniger, in den Monaten Februar bis September durchschnittlich nur 300000 t, gegen einen Monatsdurchschnitt von 900000 t im Jahre 1922. So geriet vor allem die vom Ruhrkoks abhängige lothringische Eisenindustrie in schwere Bedrängnis. Eine größere Zahl von Hochöfen mußte gedämpft oder sogar gelöscht werden; die monatliche Roheisenerzeugung sank um 40%, und auch in der sonstigen Wirtschaft kehrte der Kohlenmangel der ersten Nachkriegszeit zurück. Weit über die ganze Erde erstreckten sich die Erschütterungen, die von dem Kampf in einer der wichtigsten Werkstätten der Welt ausgingen.

So bitter man in Frankreich die Mißerfolge empfand, so wenig zwangen sie doch zur Aufgabe des einmal eingeschlagenen Weges. Dagegen lag es in den Stärkeverhältnissen begründet, daß die deutsche Abwehrkraft von Woche zu Woche zurückging. Im Einbruchsgebiet selbst wurde die Lage immer schwieriger, ja unerträglicher. Zu den Drangsalen der Verkehrssperre, der Handelsstockungen, der knappen und teuren Lebensmittelversorgung, der Zwangseinquartierungen und Requisitionen kamen rücksichtslose Ausweisungen und härteste gerichtliche Verfolgungen. Fast 140000 Menschen wurden, oft mit einer Frist von wenigen Stunden, aus Heim und Obdach vertrieben; zehn Todesurteile, davon eines vollstreckt, fünf Verurteilungen zu lebenslänglichem Zuchthaus, 1326 Jahre sonstiger Freiheitsstrafen und massenhafte Geldbußen in schwindelnder Höhe zeugten von der unaufhörlichen Tätigkeit der Kriegsgerichte. Die ständigen Zusammenstöße der unbewaffneten Bevölkerung mit der Truppe, die durch den wenig erfreulichen Dienst überreizt und von den Vorgesetzten zu scharfem Vorgehen angehalten wurde, forderten zahllose Opfer, darunter 132 Tote. Die Ernährung wurde unzureichend, Plünderungen und Unruhen griffen um sich, und der hoffnungsfreudige Trotz machte Niedergeschlagenheit, ja Panikstimmung Platz.

Die Entscheidung kam vom Gebiet der Wirtschaft und der Finanzen. Die Besatzungsmacht war allmählich auf 87000 Soldaten und 11000 Eisenbahner gesteigert worden. Ende August ging die Micum dazu über, ganze Schachtanlagen zu beschlagnahmen und sie mit Hilfe eigenen technischen Personals, polnischer Arbeiter und der zögernd einsetzenden Mitwirkung der deutschen Belegschaften auf eigene Rechnung zu betreiben. Das gleiche Schicksal erlitten die für die Abfuhr günstig gelegenen Kokereien. Was an mobilen Werten erreichbar war, namentlich Kassenbestände und Bankguthaben, verfiel der Beschlagnahme. Gelang es dadurch, das Pfandgebiet in der Tat allmählich produktiv zu machen, so ließ in gleichem Maße die deutsche Kampfkraft nach. Der Dollarkurs, der bei Beginn des Ruhrkampfes 10950 Papiermark notiert hatte, erreichte schon Ende Januar 49000 und überschritt im Juni die 100000-, Ende Juli die 1-Million-Mark-Grenze. Anfang August konnte sich niemand mehr verhehlen, daß die Fortsetzung des Widerstandes aussichtslos geworden war. Immer noch in der Hoffnung, England oder Amerika zum Eingreifen zu veranlassen, hatte die Regierung Cuno mehrfach versucht, die Reparationsverhandlungen erneut in Gang zu bringen. Aber die deutsche Leistungsfähigkeit und damit die Möglichkeit, ausreichende Angebote zu machen, hatte sich inzwischen verschlechtert statt verbessert. Je hoffnungsloser die deutsche Stellung wurde, um so kälter und ablehnender sah Poincaré dem Todeskampfe zu. Dem neuen Reichskanzler Stresemann, der am 13. August Cuno ersetzte, fiel die bittere Aufgabe zu, den Kampf zu liquidieren. Vor allem auf den Rat der Vertreter des Einbruchsgebiets selbst und neutraler bzw. wohlwollender Persönlichkeiten des Auslandes wurden die Anordnungen, mit denen der passive Widerstand amtlich gebilligt, organisiert und vorgeschrieben worden war, am 26. September 1923 förmlich zurückgenommen.

Jetzt endlich hoffte Poincaré die Früchte seiner Politik reifen zu sehen. Die französische Regierung weigerte sich, mit der Reichsregierung über zukünftige Entwicklungen des Einbruchsgebiets auch nur zu verhandeln. Sie zwang die Wirtschaft, die von Berlin freie Hand erhalten hatte und die auf finanzielle Unterstützung nicht mehr rechnen konnte, sich unmittelbar mit den Besatzungsbehörden zu einigen, um die Betriebe wieder in Gang zu bringen und die Arbeitermassen nicht verhungern zu lassen. Die Micum herrschte jetzt für einige Zeit wirklich im Ruhrgebiet; sie überging das Kohlensyndikat und schloß mit einzelnen Werken unmittelbar Kohlenlieferungsverträge, die sogenannten Micum-Verträge, ab. Am 10. Oktober kapitulierten „Phoenix“ und „Rheinische Stahlwerke“. Nach einigen Verhandlungen über die Bezahlung der Kohlensteuer, die eigentlich eine Abgabe an das Reich darstellte, aber von den Einbruchsmächten zur Deckung der recht beträchtlichen Besatzungskosten beansprucht wurde, folgten die anderen Werke; es bildete sich ein Sechserausschuß, dem auch die führenden Männer des Ruhrbergbaus, u. a. Stinnes und Thyssen, angehörten, und der die anfänglichen Einzelabkommen am 23. November 1923 durch einen Gesamtvertrag ergänzte. Die Micum-Verträge verpflichteten die Werke, die rückständigen Kohlensteuern nachzuzahlen und von der laufenden Förderung einen beträchtlichen Teil, durchschnittlich 27%, außer den Steuern kostenlos an die Micum abzutreten. Der Reichsregierung blieb nichts anderes übrig, als diesen Vereinbarungen, deren Härte die ganze Welt erregte, stillschweigend zuzustimmen und nachträglich, als die Rentenmark und die Dawes-Abkommen auch eine Gesundung der Reichsfinanzen ermöglicht hatten, Bergbau und Industrie zu entschädigen. Die in der deutschen Öffentlichkeit viel erörterte Zahlung für diesen Zweck erreichte die Summe von 556 Millionen Goldmark.

Trotz des für Deutschland so unglücklichen Ausganges des Ruhrkampfes hatte Poincaré nichts Entscheidendes gewonnen. Immer schärfer wandte sich die öffentliche Meinung der ganzen Welt gegen eine Politik, die für die Reparationen, zumal wegen der durch sie bewirkten völligen Zerrüttung der deutschen Wirtschaftskraft, keinen Ertrag brachte und die den Frieden und das Gedeihen ganz Europas in Mitleidenschaft zu ziehen drohte. Der neue englische Ministerpräsident, Baldwin, führte im Konservativen Klub in Glasgow am 2. 6. Juli 1923 sehr richtig aus: „Die Wirkung der gegenwärtigen Ruhrbesetzung auf die Weltwirtschaft ist genau die gleiche, als wenn man die Klinge eines Federmessers in das Werk einer Taschenuhr steckt." Der Druck Englands, wo im August endlich auch die rechtliche Zulässigkeit des Ruhreinmarsches amtlich bestritten wurde, und der Vereinigten Staaten, wo Präsident Coolidge dringlich die Einberufung einer internationalen Konferenz empfahl, endlich ein Umschwung in der öffentlichen Meinung Frankreichs selbst, wo Neuwahlen im Mai 1924 den Sturz Poincarés herbeiführten, veranlaßten die Repko, die Reparationsfrage in sachlicher Form einer neuen Prüfung zu unterwerfen. Die Arbeit der von ihr eingesetzten Sachverständigenausschüsse unter Dawes und MacKenna und die darauf aufgebauten Londoner Abkommen brachten die grundsätzliche Neuaufrollung des ganzen Problems und bedeuteten den Wendepunkt in der internationalen Politik der Nachkriegszeit. Die Micum-Verträge wurden im August 1924 nicht mehr erneuert und die Räumung des Ruhrgebiets abschnittsweise bis Juli 1925 durchgeführt.

Durch die noch verhältnismäßig lange Dauer der Micum-Lieferungen nach Abbruch des Ruhrkampfes vermochten Frankreich und Belgien die in den ersten neun Monaten erlittenen Kosten und Ausfälle zum großen Teil wieder aufzuholen. Trotzdem war der Ruhreinfall reparationspolitisch im ganzen ein Mißerfolg. Gegenüber seiner Rechtfertigung damit, daß er die spätere sachliche Regelung vorbereitet und ermöglicht habe, ist festzustellen, daß eine solche Regelung auch ohne den Ruhrkampf bevorstand; der ungeheuren Schädigung der inneren deutschen Wirtschaftskraft, die auf $3^1/_2$ bis 4 Milliarden Goldmark geschätzt wird, und der Verbitterung der Stimmung zwischen den beiden hauptsächlich beteiligten Nationen stand also kein nennenswerter Gewinn gegenüber. Der französische Plan, sich einen 60proz. Anteil an allen Kohlen- und Eisengesellschaften des Ruhrreviers gewaltsam anzueignen, war gleich zu Anfang am Widerspruch Italiens und Englands gescheitert.

Zahlentafel 32.

Förderung des Ruhrgebiets und Reparationskohlenlieferung 1922—1924 in Mill. t.

	Förderung des Ruhrgebiets	Lieferung an Reparationskohle[1])
Monatsdurchschnitt 1922	8,1	1,5
Januar 1923	7,7	0,8
Februar 1923	6,4	0,2
März 1923	5,9	0,4
April 1923	3,8	0,6
Mai 1923	2,6	0,7
Juni 1923	2,1	0,7
Juli 1923	1,8	0,6
August 1923	1,6	0,6
September 1923	1,7	0,7
Oktober 1923	2,3	0,7
November 1923	2,0	0,9
Dezember 1923	4,3	1,2
Januar 1924	6,5	1,5
Februar 1924	7,6	1,6
März 1924	8,0	2,5
Monatsdurchschnitt 1924	7,8	1,7

Kohlenwirtschaftlich konnten sich also Frankreich und Italien keinen Gewinn herausrechnen; während Deutschland im Jahre 1922 18,1 Millionen t Reparationskohle freiwillig geliefert hatte, erbrachte das Zwangssystem des Jahres 1923 nur 8,2 Millionen t, und der gewaltige Fehlbetrag wurde auch durch zeitweilige Erhöhung unter der Wirkung der Micum-Verträge mit 20,8 Millionen t im Jahre 1924 nicht entfernt ausgeglichen.

[1]) Koks auf Steinkohlenwert umgerechnet.

Abschluß der Kohlenreparationen.

Nach dem Inkrafttreten des Londoner Abkommens am 1. September 1924 erfolgten auch die Kohlenleistungen unter der neuen, mehr kaufmännischen Regelung der Reparationen. Der freie geschäftliche Vertrag sollte für die Sachlieferungen die Regel bilden; die Verrechnung der Bezahlung geschah über das Reparationskonto der deutschen Regierung. Diese blieb allerdings für alle Lieferungen von Kohle, daneben von Farbstoffen und schwefelsaurem Ammoniak, verantwortlich, falls die Lieferung nicht im freien Verkehr zustande kam oder absichtlich hintertrieben wurde. Umfang und Art der Lieferungen konnten aber nicht mehr einseitig von der Repko vorgeschrieben werden, sondern unterlagen einem unparteiischen Schiedsspruch.

Die Überwindung der Kriegsfolgen hatte inzwischen in der Weltwirtschaft solche Fortschritte gemacht, daß auf dem Markte Kohlenüberfluß herrschte und die kohlenwirtschaftlichen Interessen Deutschland—Frankreich sich zeitweilig völlig umkehrten. Im Winter 1925/26 machte Deutschland geltend, daß seinen Kohlenlieferpflichten nach dem Vertrage von Versailles auch eine Abnahmepflicht Frankreichs zu den vertraglich festgesetzten, nunmehr nach der neuen deutschen Währung recht günstigen Preisen entspreche, während Frankreich sich sträubte, die vollen Mengen abzunehmen. Der siebenmonatige englische Kohlenarbeiterstreik im Jahre 1926 verwies Frankreich aber erneut auf die deutschen Bezüge; doch bildete die Ausführung der Kohlenlieferungen keinen Gegenstand politischer Auseinandersetzungen mehr. Sie glichen sich immer mehr den Formen der deutschen Kohlenausfuhr nach Frankreich vor dem Kriege an, nur daß den deutschen Verkäufern der Preis nicht vom französischen Importeur, sondern von der deutschen Regierung vergütet wurde.

Die veränderte Lage der Weltwirtschaft, wo die Folgen der viereinhalbjährigen Zerstörung von Werten und von Vertrauen seit Ende 1929 in der allgemeinen Krisis zum Ausdruck kamen, drückte sich in der wachsenden Abneigung der Gläubigermächte aus, noch Sachlieferungen entgegenzunehmen. Der Young-Plan des Jahres 1929 sah daher ihre allmähliche Beseitigung vor. Mit dem Januar 1930 wurden auch die Kohlenlieferungen eingeschränkt und noch mehr auf eine rein kaufmännische Grundlage gestellt. Das Hoover-Moratorium vom 31. Juli 1931 und das Lausanner Abkommen vom 9. Juli 1932 bereiteten den Reparationen überhaupt ein Ende. Doch wurden noch bis in das Jahr 1932 hinein Kohlen auf Grund der laufenden Sachlieferungsverträge von Deutschland ausgeführt.

Zahlentafel 33.

Deutsche Zwangslieferungen an Kohle 1919—1932 in Mill. t.

1919	2,5	1922	18,4	1925	14,3	1928	15,9	1931	4,7
1920	15,2	1923	8,1	1926	15,1	1929	14,0	1932	3,0
1921	18,2	1924	20,8[1])	1927	13,4	1930	5,3		

Die Gesamtmenge erreichte also die endgültige Summe von 169 Millionen t im Werte von etwa $4\frac{1}{2}$ Milliarden Goldmark. Zwei Drittel hiervon, rd. 109 Millionen t, erhielt Frankreich und konnte sich hieraus bis zum Inkrafttreten des Young-Planes eine Einnahme für die Staatskasse in Höhe von 8,1 Milliarden Franken buchen. Der Förderausfall des nordfranzösischen Kohlenbeckens hatte im ganzen 69 Millionen t erreicht, wurde also, selbst ohne die Förderung der hierfür ebenfalls beanspruchten Saarbergwerke, von den tatsächlichen Kohlenbezügen Frankreichs um fast 60% übertroffen. Auch in finanzieller Hinsicht wurde der in Nordfrankreich entstandene Schaden bei weitem gedeckt, da die Gesamtausgaben für den Wiederaufbau des dortigen Bergbaus auf 4 bis 5 Milliarden Papierfranken geschätzt werden. Nach dem Buchstaben des Versailler Diktats wäre allerdings etwa das Doppelte der tatsächlichen Lieferungen zu leisten gewesen; dagegen wurden bis zum Inkrafttreten des Young-Planes nach französischer Berechnung 79,5% der Anforderungen der Reparationskommission erfüllt.

Im übrigen ist der Vorteil der Reparationskohlenwirtschaft für die Gläubigerländer gering gewesen. Während verhältnismäßig kurzer Zeit, namentlich im Jahre 1920, mögen Frankreich und Italien auf diesem Wege reichlicher und billiger mit Kohlen versorgt worden sein, als sie sich auf dem freien Weltmarkt hätten versorgen können. Auch in den weiteren Jahren haben beide Länder, ohne aber nennenswerte Preisvorteile hierbei zu erzielen, mehr Kohlen aus Deutschland bezogen, als es sonst wahrscheinlich der Fall gewesen wäre. Die Verschiebung ging fast ausschließlich zu Lasten Englands, dessen grundsätzliche Abneigung gegen die Kohlenreparationen sich durchaus als begründet erwies. Seit

[1]) Die deutschen Quellen, denen sonst i. A. gefolgt wird, geben 4 Mill. t weniger an.

den Dawes-Verträgen sind die finanziellen Nachteile des deutschen Bergbaus bei diesen Lieferungen nicht erheblich gewesen; in gewissem Umfange war in einigen Jahren die sichere Absatzmöglichkeit sogar erwünscht. Mancher Abnehmer mag sogar bei den deutschen Kohlen verblieben sein, auch nachdem die Zwangslieferungen aufgehört hatten. Die geringen Gesamtvorteile wären aber bei einer freiwillig vereinbarten und auf der Grundlage sachlicher Gleichberechtigung durchgeführten Regelung mindestens ebensogut zu erzielen gewesen, ohne daß dabei die noch auf Jahrzehnte fortwirkende Belastung der europäischen Politik durch die Zwangsregelung eingetreten wäre.

Betrachtet man die Entwicklung der Kohlenreparationen statistisch, so sind dem Förderausfall der nordfranzösischen Bergwerke in Höhe von 68,6 Millionen t 169 Millionen t Kohlen auf Reparationskonto zuzüglich etwa 175 Millionen t Saarkohle, die von 1920 bis Ende 1934 gefördert sein werden, insgesamt also 344 Millionen t gegenüberzustellen. Die Rechnung läßt die 2,3 Millionen t Saarkohle außer acht, die Frankreich sich aus dem Saarrevier vor Unterzeichnung des Friedensvertrages durch militärischen Zwang verschafft hat. Vor allem ist der angegebene Fehlbetrag viel zu reichlich gerechnet, da er den Unterschied zwischen der tatsächlichen Leistung und den Ergebnissen von 1913 wiedergibt, während sämtliche Kohlenreviere Europas in den gleichen Jahren um durchschnittlich 21% weniger als 1913 förderten. Der Fehlbetrag ist also richtiger mit 54 Millionen t anzusetzen, denen eine deutsche Wiedergutmachungsleistung in sechsundeinhalbfacher Höhe gegenübersteht.

3. DAS SAARGEBIET.

Das Land und die Kohle.

Das „Saargebiet" ist eine künstliche Schöpfung der Politik. Der Bezirk, den die in Versailles gezogenen Grenzen umschließen, bildet weder geschichtlich noch geographisch, noch wirtschaftlich eine natürliche Einheit. Das einzige Merkmal, das ihn gegenüber der Umwelt hervorhebt, besteht in dem Vorkommen von Steinkohle. Ihretwegen wurde das kleine Land auf fünfzehn Jahre aus dem preußischen und aus dem bayerischen Gebiet herausgeschnitten. Als Zubehör der Kohlenschätze unter ihren Füßen, ohne befragt zu werden, verlor die Bevölkerung den Zusammenhang mit ihrer großen Heimat.

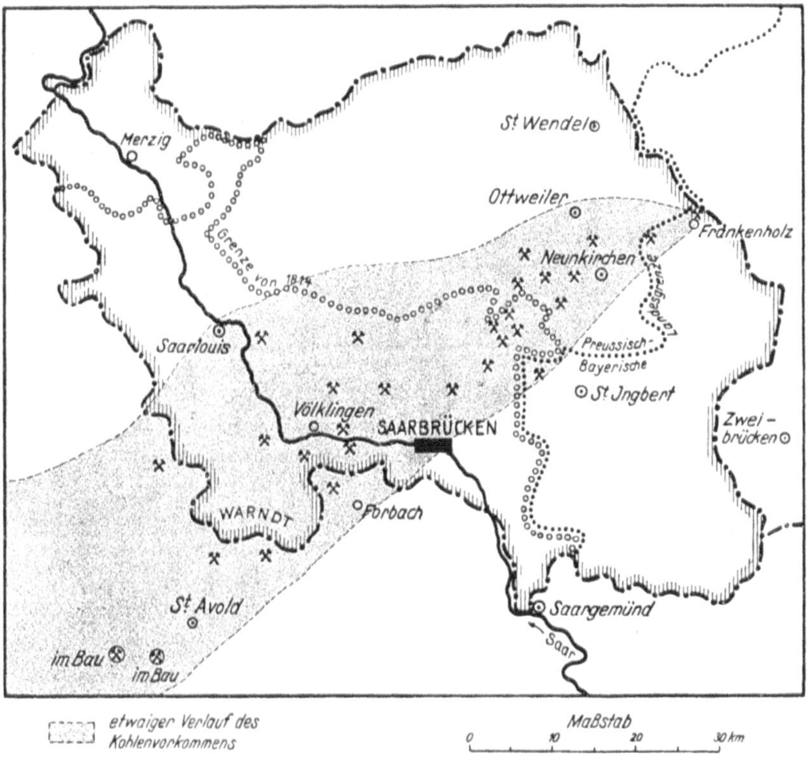

Kartenskizze 7. Das Saargebiet.

Die Fläche des Saargebietes beträgt 1912 qkm, etwas weniger als das Gebiet vom Luxemburg; die Bevölkerung zählte 1927 770000 Köpfe, so daß die Wohndichte mit 403 Einwohnern auf 1 qkm überaus hoch ist[1]). Nach der beruflichen Gliederung ist der größte Teil der Bevölkerung, 59%, in Industrie und Handwerk und nur ein kleiner Bruchteil, 8,5%, in Land- und Forstwirtschaft tätig. Trotz der dichten Besiedlung und des starken Vorwiegens der Industrie bietet das Land im allgemeinen nicht das unschöne Bild der eigentlichen Bergbau- und Industriereviere Europas und Nordamerikas. Fast durchweg hat die Landschaft die ursprüngliche Eigenart eines sanft gewellten, fast überall dicht bewaldeten, lieblichen und freundlichen Hügellandes bewahrt. Nur im breiten

[1]) Zum Vergleich: Deutschland 141, Frankreich 76 Einw. auf 1 qkm.

Saartal und auch nur in der näheren Umgebung der Großstadt Saarbrücken drängen sich die Siedlungen und Arbeitsstätten stärker zusammen.

Das Saargebiet trägt das seltene Gepräge eines sehr alten, in langsamer organischer Entwicklung immer weiter ausgebauten Kohlenreviers, dessen Einwohner den Zusammenhang mit Natur und Scholle nicht eingebüßt haben. Selbst in der Zeit des allgemeinen Wachstums der deutschen Schwerindustrie um die Jahrhundertwende hat es besser als anderswo vermieden werden können, große landfremde, womöglich ausländische Arbeitermassen heranzuziehen. Der Hauptunternehmer, der preußische Bergfiskus, verzichtete bewußt und oft in gewissem Gegensatz zur kohlenverbrauchenden Industrie auf eine allzu stürmische Vergrößerung der Förderung. Den zusätzlichen Arbeiterbedarf vermochte er im wesentlichen mit Leuten zu decken, die aus den armen Gebirgsdörfern der Eifel, der Westpfalz, des Moseltales im Wochenendverkehr ihren Arbeitsplatz aufsuchten, ohne die feste Wurzel im heimischen Boden aufzugeben. Zugleich trieb der Bergfiskus, und mit ihm eine Reihe anderer Arbeitgeber, eine planmäßige Siedlungspolitik, so daß ein großer Teil der Arbeiterschaft Haus, Hof, Garten und Kleinvieh sein eigen nennt. Damit blieb sie vor dem Schicksal der Proletarisierung auch in seelischer Hinsicht bewahrt; ein gewisser konservativer Sinn, Familienüberlieferung und zähe Behauptung des Volkstums sind ihr erhalten geblieben.

Geschichtlich gehört das Saargebiet in der Hauptsache zur ehemaligen Grafschaft Saarbrücken, die seit der Aufteilung des Karolinger Reiches ständig zu Deutschland gehörte. Die kurzen, vorübergehenden Zeiten der französischen Herrschaft (1681—1697 und 1797 bzw. 1801—1814/15) haben naturgemäß gegenüber der tausendjährigen Verbundenheit mit Deutschland und gegenüber dem volkstummäßig, insbesondere sprachlich rein deutschen Charakter der Bevölkerung keinerlei Einfluß ausüben können. Vor dem Kriege haben nur 339 Einwohner, also etwa einer unter 2000, Französisch als Muttersprache angegeben.

Der geologische Untergrund des Gebiets ist verhältnismäßig einfach gestaltet. Zwischen den beiden großen Massiven älteren Gebirges, dem Hunsrück und den Vogesen, die beide etwa von Nordost nach Südwest verlaufen, liegt ein Becken jüngerer Schichten. Sie bestehen fast ausschließlich aus dem Oberen, Steinkohlen führenden Karbon und darüber dem Rotliegenden und dem Buntsandstein. Das Steinkohlengebirge selbst tritt in einem ebenfalls von Nordosten nach Südwesten streichenden Sattel auf eine Erstreckung von etwa 30 km Länge und 10—20 km Breite zutage aus. Nach Nordwesten fällt der Sattel steil ein und gelangt rasch in unzugängliche Tiefen; ebenso ist er nach Südosten scharf abgeschnitten infolge einer Verwerfung, deren Natur als Überschiebung neuerdings durch systematische Arbeiten der französischen Geologen und Bergleute aufgeklärt worden ist.

Diesseits der Saar und der deutsch-saarländischen Grenze gegen Frankreich ist demnach, von kleinen wirtschaftlich wertlosen Aufwölbungen des Kohlengebirges in der Pfalz abgesehen, das Kohlenvorkommen deutlich und in fester Umgrenzung bekannt. Nach Südwesten, also nach Lothringen, fehlt es dagegen an einer festen Grenze. Die Sattellinie, freilich unterbrochen durch zahlreiche Störungen, senkt sich mit 2—3^0 ein, so daß das Steinkohlengebirge etwa bei dem Saartale in jüngere Schichten, den Buntsandstein, später Muschelkalk und Keuper. eintaucht und in der weiteren Erstreckung immer mächtiger von ihnen überlagert wird. Bis auf welche Entfernung der Kohlensattel nach Südwesten reicht, ist nicht bekannt. Man hat ihn in Tiefbohrungen bis in die Gegend von Pont-à-Mousson, Lunéville und Gironcourt, also bis auf 105, 115 und 155 km Entfernung von dem nordöstlichen Ende des Kohlensattels bei Frankenholz verfolgt, allerdings in Tiefen von teilweise über 1000 m und unter sehr stark wasserführenden Deckschichten, so daß diese Funde einstweilen keine wirtschaftliche Bedeutung haben[1]). Immerhin gehört das Saarkohlenvorkommen mit seiner lothringischen Verlängerung der Fläche nach zu den größeren Kohlenbecken des Kontinents.

Auch nach der Tiefe ist der Kohlenreichtum recht ansehnlich. Das kohlenführende Gebirge hat eine Gesamtmächtigkeit von 4—6000 m, innerhalb deren sich 50—100 abbauwürdige Flöze mit durchschnittlich etwa 70 m reiner Kohle finden. Bis zu der für die heutige Technik erreichbaren Tiefe, die man mit 1500 m anzunehmen pflegt, ist naturgemäß stets nur ein Teil dieses Kohlenreichtums ausgebildet; Störungen aller Art haben im übrigen an manchen Orten größere Kohlenmengen zusammengeführt, an anderen Stellen Verarmungen geschaffen. Man unterscheidet die Kohlenlager nach ihrem Gehalt an flüchtigen Bestandteilen, der ihre Verwendbarkeit, insbesondere zur

[1]) Vgl. S. 30 f.

Verkokung, bestimmt. Wie fast überall, gilt auch für die Saarkohle, daß ihr Gehalt an flüchtigen Bestandteilen (Gas) um so höher ist, je jünger die Flöze sind. Man unterscheidet an der Saar die gasreichen „Flammkohlen" der oberen Schichten von den gasärmeren, einigermaßen verkokbaren „Fettkohlen" der darunter liegenden Gruppen. Dieser Zusammenhang zwischen Altersstufe und Verkokbarkeit besitzt große wirtschaftliche, ja sogar politische Bedeutung; denn die älteren Schichten mit der Kokskohle, die namentlich für die Eisenverhüttung benötigt und daher weitaus am meisten begehrt wird, sinken mit dem weiteren Verlauf des Kohlensattels nach Südwesten und damit nach Frankreich zu in immer größere Tiefe. Dieser Umstand verleiht dem Vorkommen im eigentlichen Saargebiet, wo die Fettkohlenflöze zutage ausgehen, seine große Überlegenheit über Lothringen. Schon wenige Kilometer jenseits der Grenze haben die Tiefbohrungen nirgends mehr die Fettkohlengruppe angetroffen; bei St. Avold vermutet man das oberste Fettkohlenflöz selbst im Sattelhöchsten mindestens in einer Tiefe von 1000 m. Infolge faltender Gebirgsbewegungen hat die Natur aber gerade noch im saarländischen Grenzgebiet, im sogenannten Warndt, die hochbewerteten Fettkohlen nicht nur zutage gehoben, sondern auch auf engem Raum zu besonderem Reichtum zusammengeschoben, und diese günstigen Verhältnisse setzen sich nur in kleinen, jetzt zumeist abgebauten Ausläufern über die Grenze fort.

Im allgemeinen ist die Saarkohle verhältnismäßig gasreich; der Gehalt an flüchtigen Bestandteilen liegt zwischen 32 und 42%, so daß Anthrazit, Magerkohle und auch die eigentliche Fettkohle, die im Ruhrgebiet 20 bis 25% aufweist, vollständig fehlen. Als „Fettkohle" bezeichnet man an der Saar die Kohle mit 32 bis 38% flüchtigen Bestandteilen; sie hat hohen Heizwert und backt bei der Verkokung wenigstens einigermaßen zusammen. Die Flammkohle mit 38 bis 42% flüchtigen Bestandteilen gibt überhaupt keinen zusammenhängenden Koks, eignet sich aber ebenso wie die sogenannte Fettkohle vorzüglich zu Heizzwecken und für die Gasfabrikation. Leider liefern fast alle Flöze verhältnismäßig unreine Kohle mit einem Aschengehalt von 10 bis 20%, so daß für die meisten Zwecke eine sorgfältige Waschung erfolgen muß. Aber selbst durch Waschung der Fettkohle gelingt es selten, den Aschengehalt im Koks unter 11 bis 13% herunterzudrücken, während der Ruhrkoks nur 8 bis 9% zu enthalten pflegt. Der kleinstückige, weiche und aschenreiche Saarkoks läßt sich für die Verhüttung von Eisenerz nur in kleineren Hochöfen verwenden und bedingt auch dort einen verhältnismäßig hohen Koksverbrauch. Durch Zusatz von Magerungsmitteln und durch besondere Behandlung im Koksofen ist es aber in den letzten Jahren gelungen, in der Verbesserung der Koksbeschaffenheit erhebliche Fortschritte zu erzielen.

Die unterirdischen Vorratsmengen sind im eigentlichen Saarrevier nach den natürlichen Lagerungsverhältnissen ziemlich genau festzustellen. Nimmt man als Höchsttiefe für den Bergbau 1500 m an, so läßt sich der gewinnbare Kohlenreichtum auf 8 bis 10 Milliarden t schätzen. Bei Zugrundelegung der bisherigen Höchstförderung von 13½ Millionen t, die 1913 und 1927 bis 1930 erreicht wurde, können die Vorräte für etwa 600 Jahre ausreichen, also für einen weit größeren Zeitraum, als irgendeiner Gegenwartsplanung zugrunde zu legen ist. Hiernach würde an sich eine erhebliche Steigerung der Bergbauleistung verantwortet werden können. Allerdings entfällt der größere Teil des Vorrats auf die weniger gesuchten Flammkohlen. Die Vorräte in der lothringischen Fortsetzung des Kohlengebirges sind infolge der fast vollständigen Verhüllung durch jüngere Gebirgsschichten nur mit sehr viel geringerer Gewißheit anzugeben. Man wird sie aber infolge ihrer sehr weiten Erstreckung auf mindestens ebenso groß veranschlagen dürfen wie diejenigen des Saargebiets. Mit Ausnahme eines kleinen Streifens an der Grenze liegen freilich in erreichbarer Tiefe ausschließlich Flammkohlen, und auch diese sind fast durchweg nur unter schwierigeren geologischen und technischen Bedingungen, also zu höheren Selbstkosten, gewinnbar als die eigentlichen Saarkohlen.

Der Bergbau, der seit dem 15. Jahrhundert ununterbrochen im Betriebe steht, befindet sich seit fast 200 Jahren zum großen Teil im Besitz und unter der Leitung des Staates, zunächst der Grafschaft Nassau-Saarbrücken, dann für kurze Zeit der französischen Republik und des Kaiserreichs, endlich seit 1815 des preußischen und in einem kleinen Abschnitt des bayrischen Staates. Der einheitlichen Betriebsführung, unter Voranstellung gemeinwirtschaftlicher Gesichtspunkte und unter Fortfall inneren Wettbewerbs, verdankt das Revier seine stetige ruhige Entwicklung und seine Eigenart. Von der 13,2 Millionen t betragenden Gesamtförderung entfielen 1913 93% auf den preußischen, 3½% auf den bayrischen Bergfiskus und der Rest auf zwei kleinere Privatgruben. Der Bergwerksbetrieb bewegte sich noch in verhältnismäßig geringer Tiefe, bei 300 bis 600 m. Auch stehen die Schächte fast durchweg in günstigem, wenig Wasser führendem Gestein. Die Tagesoberfläche besteht zum größten Teil aus Wald, ist also für Bergschäden wenig empfindlich, und endlich wird der Bergbau durch das Vorhandensein einer zahlenmäßig ausreichenden, seit Generationen bergbaugewöhnten und verhältnismäßig ruhigen Arbeiterschaft begünstigt. Dagegen findet die bergbauliche Technik schwierige Aufgaben an der vielfach unregelmäßigen Lagerung der wenig mächtigen und unreinen Flöze, an der namentlich in der Fettkohlengruppe recht starken Schlagwetterentwicklung und an dem druckhaften Nebengestein. Die Selbstkosten des Saarbergbaus sind daher stets verhältnismäßig hoch gewesen und stehen zur Zeit mit an der Spitze aller größeren Bergbaureviere der Erde. Die durchschnittliche Schichtleistung der Belegschaft war schon vor 1914 erheblich niedriger als im Ruhrgebiet oder gar als in Oberschlesien und hat nach dem Kriege mit der Rationalisierung und Leistungssteigerung in den anderen Revieren erst recht nicht Schritt halten können.

Die eigentliche Bedeutung des Saargebiets besteht in seiner wirtschaftsgeographischen Lage, deren Gunst auch den Nachteil der verhältnismäßig hohen Selbstkosten und der verhältnismäßig geringen Qualität der Kohlen ausgleicht. Es liegt von allen größeren Kohlenrevieren am nächsten zu dem weiten Gebiet kohlenarmer Länder — Frankreich, Schweiz, Italien, Süddeutschland — und genießt in dem Absatz dorthin einen erheblichen Frachtvorsprung, der es ihm gestattet, entsprechend höhere Preise zu fordern. Die Fettförderkohle des Saargebiets kostet ab Grube im Durchschnitt der Nachkriegszeit erheblich mehr als die entsprechenden Kohlensorten der übrigen deutschen und auch der belgischen, englischen, polnischen und nordamerikanischen, ja, meist sogar der französischen Reviere. Vor dem Kriege war dieser Vorteil nicht so allgemein, aber gegenüber dem Hauptwettbewerber, dem Ruhrbezirk, doch ausreichend gesichert. Allerdings fehlt die Verbindung mit den großen Weltmärkten; der Absatz ist zu etwa 95% auf die Eisenbahnen angewiesen. Das wirtschaftliche Gesamtergebnis des preußischen Staatsbergbaus war nach allem nicht gerade glänzend; immerhin warf er stetige und befriedigende Erträge ab, im Durchschnitt der letzten Friedensjahre jährlich rd. 15 Millionen Mark.

Für die Kohlenwirtschaft der Welt besaß und besitzt das Saargebiet, auf das etwa 1% der Weltförderung an Steinkohle entfällt, keine allzu große Bedeutung, zumal es abseits vom Meere

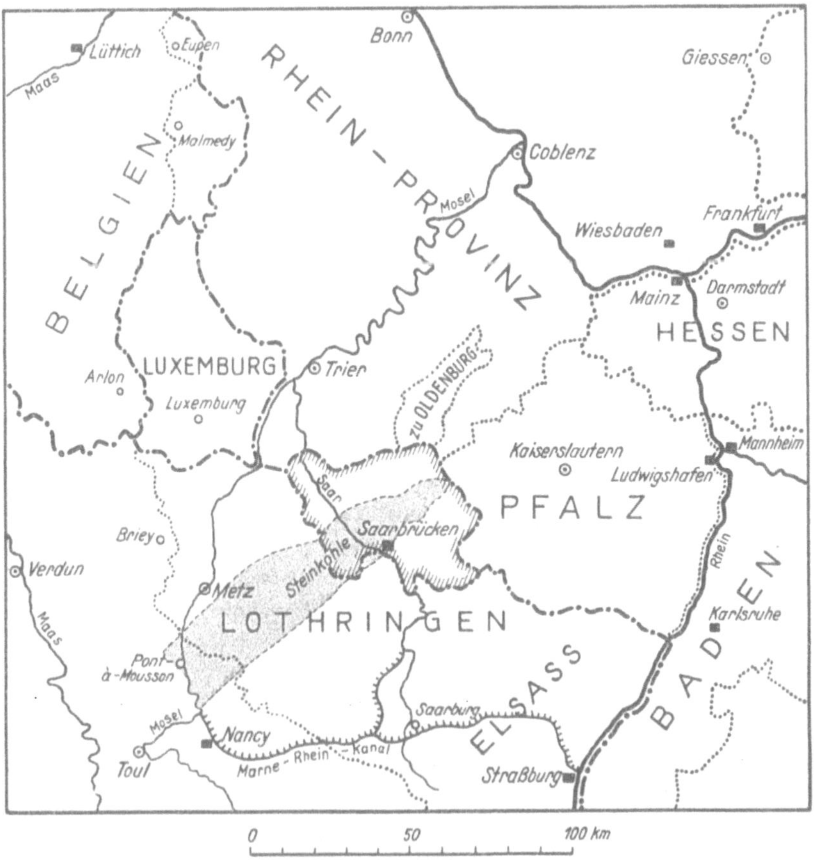

Kartenskizze 8. Das Saargebiet und die umliegenden Länder.

und von den großen Verkehrsstraßen liegt. Auch an der deutschen Gesamtkohlenförderung hatte es nur mit reichlich 5% Anteil. Für die Belieferung der benachbarten Gebiete war es aber doch wichtig genug. Von dem Absatz verblieben 1913 nur 4,2 Millionen t (33%) im Saargebiet selbst; Elsaß-Lothringen erhielt 1,6 (13%), das übrige Deutschland 4,7 (37%), die Länder Frankreich 1,05 (8%), Schweiz 0,8 (6%) und Italien 0,2 Millionen t (1½% des Gesamtabsatzes). Unentbehrlich ist die Saarkohle für die recht beträchtliche Industrie des engeren Gebiets, die sich auf ihr aufgebaut hat, und für den mannigfaltigen Industrie- und Hausbedarf der deutschen und lothringischen Nachbarbezirke.

Neben dem Steinkohlenbergbau bildet die Eisenindustrie die wichtigste Grundlage des Wirtschaftslebens an der Saar. Bis in das 19. Jahrhundert stützte sie sich auf kleine örtliche Vorkommen von Erz, das mit Holzkohle aus den mächtigen Gebirgswaldungen geschmolzen und verarbeitet wurde. Als seit etwa 100 Jahren die Verwendung von Steinkohle und Koks zum Großbetriebe führte, erschöpften sich die heimischen Erzlagerstätten rasch, so daß man genötigt war, sich aus entfernten Gebieten, insbesondere aus dem Lahnbezirk, also recht teuer und umständlich, zu versorgen. Eine Wendung trat erst ein, als die Erfindung des Thomasverfahrens die Verwendung der nur 60 bis 70 km entfernten lothringischen Minette-Erze in größerem Maßstabe gestattete. Sie bilden jetzt die fast ausschließliche Erzgrundlage der fünf sehr leistungsfähigen Hochofenwerke an der Saar, die mit den sonstigen Hüttenbetrieben 1913 7% der Roheisen- und 11% der Stahlerzeugung des deutschen Zollgebiets geliefert und ihre Leistung auch nach dem Kriege gut behauptet, teilweise sogar noch erheblich gesteigert haben. In der Eisenindustrie der Saar finden sich berühmte Namen, wie Stumm und Röchling, und auch die weiterverarbeitenden Werke (Röhren, Panzerplatten, Maschinen, Transporteinrichtungen usw.) hatten großenteils Weltruf. Der Absatz der Eisenindustrie erfolgte vor dem Kriege in der Hauptsache nach dem übrigen Deutschland; nur etwa 6% der Menge blieben im Saargebiet selbst, und 25% gingen ins Ausland. Frankreich selbst bezog nur 4%. Auch Elsaß-Lothringen erhielt nur geringfügige Mengen.

Neben dem Steinkohlenbergbau und der Eisenindustrie treten die übrigen Industrien an der Saar zurück; einer Erwähnung bedarf nur die Glas- und keramische Industrie, die fast 10000 Personen beschäftigt.

Vorgeschichte des Saarstatuts[1]).

Als rein deutsches Gebiet verdankt es das Saarland seinen Kohlenschätzen in Verbindung mit der Grenzlage, daß es zum Gegenstand fremder Begehrlichkeit und zum Mittelpunkt der internationalen Politik geworden ist. Die seit der großen Revolution über Napoleon I. und Napoleon III. bis 1918 geradlinig fortgeführte französische Politik fand in den Kriegszielen Aus-

[1]) Zur Rolle der Saarkohle in der europäischen Politik vor 1914 siehe S. 26ff. und zur Bedeutung der Zerstörungen im nordfranzösischen Kohlenrevier für die Saarfrage siehe S. 101ff.

druck, mit denen die Regierung, gedrängt vor allem von der Schwerindustrie und den Generälen, aber damals sicherlich auch in Übereinstimmung mit fast allen ernst zu nehmenden Faktoren der öffentlichen Meinung, nach dem Waffenstillstand an die Friedensverhandlungen herantrat. Zur Deckung des Fehlbetrages in der französischen Kohlenversorgung und zugleich als einen Schritt auf die Rheingrenze zu, begehrte man, das Saarland fest in den französischen Staatsverband einzugliedern. Die in allen Völkern lebendige und von der Entente gern propagandistisch ausgenützte Ideologie vom Selbstbestimmungsrecht der Völker war allerdings in Wilsons Vierzehn Punkten als leitender Grundsatz für die Friedensregelung verkündet und durch den Vorfriedensvertrag zwischen Deutschland und den Alliierten als bindende Richtschnur vereinbart worden. Die französische Regierung hatte sich aber schon rechtzeitig in ihrem Geheimabkommen mit Rußland vom Februar 1917 über diese Schwierigkeit hinwegzusetzen versucht, indem sie den Hauptteil des Saarlandes wegen seiner höchstens achtzehn Jahre langen Zugehörigkeit zu Frankreich (1797 bzw. 1801 bis 1815) zum Bestandteil Elsaß-Lothringens erklärte, dessen vorbehaltlose Rückabtretung erwartet wurde und auch Wilson zugesagt hatte. Auf die weitere Abgrenzung nach Osten schien es weniger anzukommen, da Frankreich ja mit der festen Absicht in die Friedensverhandlungen ging, das ganze linke Rheinufer in die militärische und wirtschaftliche Abhängigkeit von Frankreich zu bringen.

Bei den Verbündeten bestand in der Saarfrage teils Unkenntnis, teils Gleichgültigkeit. Eine Sonderstellung nahm nur Wilson ein. Ihm konnte zwar die Veröffentlichung der russisch-französischen Geheimabkommen durch die Bolschewisten im Dezember 1917 nicht entgangen sein, doch hielt er es für richtig, sich zu stellen, als ob er sie nicht kenne. So vermied er ständig eine klare, unzweideutige Auseinandersetzung hierüber, ließ aber, sobald die französischen Wünsche unmittelbar an ihn gelangten, keinen Zweifel, daß er die Saarforderung als im Widerspruch mit den Vierzehn Punkten stehend und als völlig unannehmbar ansah. Er war hierin auch zweifellos guten Willens, und es ist ihm allein zu danken, daß die Lösung nicht weit schlimmer geworden ist. Sein Verdienst ist um so größer, als er fast ständig so gut wie allein stand und teilweise sogar von seinen eigenen Sachverständigen, die sich im wesentlichen dem französischen Standpunkt hinsichtlich der Kohlenwünsche anschlossen, im Stich gelassen, ja teilweise sogar unloyal hintergangen wurde. Wie schwierig seine Stellung auch in der Saarfrage war, läßt sich aus der Denkschrift der amerikanischen Nachrichtenabteilung ermessen, die am 21. Januar 1919 herauskam, und die den größten Teil des jetzigen Saargebiets, noch über die Grenze von 1814 hinaus, Frankreich zuteilen wollte. Die Denkschrift gibt offen zu, daß mit dieser Regelung 355000 Deutsche unter fremde Herrschaft kommen würden, stellt sich aber auf den gleichen, das Wilson'sche Selbstbestimmungsrecht der Völker völlig verleugnenden Standpunkt wie Haskins[1]), daß es bei der Zuteilung wichtiger Bodenschätze auf die nationale Zugehörigkeit der darüber wohnenden Menschen nicht ankommen dürfe.

Weniger fest und klar war von vornherein die Haltung der englischen Regierung und Delegation, insbesondere Lloyd Georges selbst. Zwar hatte Balfour am 16. Mai 1918 im Unterhaus bei einer Besprechung der bolschewistischen Enthüllungen die französischen Saarpläne in vorsichtiger Form abgelehnt, aber Lloyd George zeigte sich bei den Pariser Verhandlungen zweifellos gerade in der Saarfrage Frankreich viel gefügiger, als vorher angenommen wurde und als er und seine Freunde es nachträglich darstellen. Nicht nur aus den Berichten der Amerikaner, die Lloyd George die Schuld an der Isolierung Wilsons auf das heftigste vorwerfen, sondern auch aus den französischen Quellen, insbesondere der klassischen Darstellung von Tardieu, geht unwiderleglich hervor, daß Lloyd George zu weitgehenden Zugeständnissen in der Saarfrage bereit war. Die Regelung wäre für die Bevölkerung und für Deutschland wahrscheinlich noch wesentlich ungünstiger ausgefallen, hätte es allein von Lloyd George abgehangen. Sein oft wiederholter Einwand, man dürfe kein zweites Elsaß-Lothringen schaffen, hielt ihn selbst nicht ab, in „bewegter Rührung" Clémenceau zu versichern, „und ich wünsche, daß Sie die Saar erhalten"[2]). Er selbst hat am Ende seines sonst so kritischen Schriftwechsels mit Clémenceau in der Note vom 2. April 1919 sich darauf bezogen, daß er für Frankreich „ein zeitweiliges Eigentumsrecht an dem ganzen Saarkohlengebiet mit Bürgschaften für einen ständigen Zugang zur Kohle vorgeschlagen habe"; dieser Vorschlag sei an die Stelle eines von ihm zuerst gemachten getreten, nämlich, die Wiederherstellung der Grenze von 1814. Nach diesem

[1]) S. 196.

[2]) Frank H. Simonds, How Europe made Peace without America, New York 1927, S. 151.

Eingeständnis hat er also die regelrechte und dauernde Annexion des Hauptteils des Saarlandes selbst angeregt, und auch sein abmildernder Vorschlag bezweckte offenbar die dauernde, also nicht nur fünfzehnjährige, Ausnutzung des Saargebiets durch Frankreich.

Welche Gründe den englischen Staatsmann zu dieser Haltung bewogen haben, die mit den englischen Interessen und seiner eigenen späteren Einsicht in so schroffem Widerspruch stand, läßt sich noch nicht sicher angeben. Er selbst und die ihm nahestehende Publizistik mühen sich begreiflicherweise, seine spätere kritische Haltung gegenüber dem Friedensvertrag und namentlich gegenüber Frankreich als die alleinige hervortreten zu lassen. Das gilt sogar von Nicolson, der der Nachwelt eine so vornehm ehrliche und zugleich so anschauliche Darstellung der Pariser Verhandlungen geschenkt hat, vielleicht die beste, die bisher über die Stimmung jener verhängnisvollen Monate erschienen ist[1]). Zur Erklärung von Lloyd Georges Verhalten genügt es nicht, auf die Unbekümmertheit zu verweisen, mit der Lloyd George in den England nicht unmittelbar berührenden Fragen aufzutreten pflegte und die ihn zu manchen raschen und unüberlegten Improvisationen verführte. Sicherlich unterlag er mit seinem beweglichen Temperament am meisten von den alliierten Staatsmännern dem mächtigen Einfluß der öffentlichen Meinung, die in einem Gemisch von Haß, Rachsucht und Furcht jede erdenkliche Schädigung Deutschlands verlangte und guthieß. Man kann das Ergebnis der Pariser Konferenz doch wohl nur dann richtig verstehen, wenn man sich vergegenwärtigt, welchem unerhörten psychologischen Druck die Staatsmänner von ihren aufgewühlten, erbitterten und gierigen Völkern her in den ersten Monaten nach dem Kriege ausgesetzt waren. Selbst Clémenceau ging ja großen, wichtigen Teilen der französischen Öffentlichkeit längst nicht weit genug. Lloyd George, der in seiner Regierungskoalition auf den wachsenden Einfluß der scharf imperialistischen Konservativen Rücksicht nehmen mußte, hatte sich persönlich bei seinen Reden zu den Kakhiwahlen im Dezember 1918 zu immer gewagteren Versprechen hinsichtlich der Zahlungsforderungen an Deutschland hinreißen lassen. Seitdem waren die deutschen Reparationsleistungen seine Hauptsorge, zumal in der englischen Regierungspolitik das Budget eine viel größere Rolle als bei dem Durchschnitt der kontinentalen Staatsmänner zu spielen pflegt. Ebenso wie man Wilson am leichtesten

[1]) Harold Nicolson, Peace making 1919. London 1933.

unter dem Gesichtspunkt der Völkerbundspolitik zu Entscheidungen verführen konnte, die ihm sonst zuwider waren, gelang es bei Lloyd George im Rahmen der Reparationspolitik.

Vor allem scheint aber auch hier die Rohstofffrage, die die europäische Politik seit der Jahrhundertwende so stark beeinflußte, mitgewirkt zu haben. Frankreich stand unter der Sorge um die Kohlenbeschaffung, dagegen England, besonders in den ersten Nachkriegsjahren, geradezu unter einer Psychose wegen seiner Ölversorgung. Was in Frankreich Generalstab und Comité des Forges für die Regierungspolitik auf dem linken Rheinufer bedeuteten, waren in England die nicht geringeren Mächte der Admiralität und der in der konservativen Partei höchst einflußreichen Reederei-Interessen. Der Zerfall der Türkei schien England endlich die Gelegenheit zu bieten, größere Ölvorkommen unter die britische Herrschaft zu bringen; der Sykes-Picot-Vertrag vom 17. Mai 1916 hatte die französische und englische Einflußsphäre in Vorderasien so abgegrenzt, daß die reichen mesopotamischen Erdölquellen in die englische Zone fallen sollten, die als besonders wichtig angesehenen Konzessionen im Mossulgebiet jedoch in die französische Zone. England war seitdem eifrig bemüht, diese Einzelheit zu seinen Gunsten abzuändern. Als Clémenceau im Dezember 1918, also vor dem Beginn der eigentlichen Friedensverhandlungen, nach London kam, um noch vor dem mit Unbehagen erwarteten Eintreffen Wilsons eine französisch-englische Übereinstimmung in den grundsätzlichen Friedensforderungen festzulegen, gelang es Lloyd George, bei ihm das langersehnte Zugeständnis in der Mossulfrage durchzusetzen. Die britisch-arabische Einflußzone sollte nunmehr auch das Mossul-Ölgebiet einschließen. Als Gegenleistung gab England Zusicherungen wegen der französischen Beteiligung an der Ölversorgung, aber vor allem auch das Versprechen, Frankreichs Ansprüche gegen alle Einwendungen Wilsons noch zu vertreten. Die Verpflichtung mag sich zunächst im engeren Sinne nur auf die Aufteilung der Türkei bezogen haben. Daß sich aber die Verabredung der beiden Staatsmänner zum mindesten im stillen und zum mindesten nach der Ansicht Clémenceaus auf die Gesamtheit der Friedensprobleme, also vor allem auf die französische Politik an der Ostgrenze, bezog, wird von Tardieu mit großer Schärfe vertreten. In einem zur Verteidigung dieses Londoner Abkommens geschriebenen Aufsatz[1])

---

[1]) A. Tardieu, Mossoul et le Pétrole. L'Illustration 1920, S. 380.

erklärte er, Clémenceau habe die Preisgabe von Mossul für vernünftig gehalten, weil es ihm mit Recht darauf angekommen sei, im Hinblick auf die bei der Konferenz zu erwartenden Schwierigkeiten in allen wesentlichen Punkten („sur tous les problèmes essentiels“) die französisch-englische Einigkeit zu sichern. Clémenceau habe außer der örtlichen Unterstützung in der syrischen Frage ein allgemeines Übereinkommen mit England für notwendig angesehen.

Für die geschichtliche Frage, wie es zum Saarstatut hat kommen können, darf man an diesen Feststellungen nicht vorübergehen. Es besteht kein Zweifel, daß die Saarkohle mit Mossulöl bezahlt worden ist, auch wenn sie nicht ausdrücklich genannt wurde, und auch wenn man sich diesen Handel nicht in den Formen eines kaufmännischen Geschäfts vorzustellen braucht. Der sachlich durchaus auf Überschätzung beruhende, geradezu dämonische Einfluß, den Kohle und Öl in der Weltpolitik der Nachkriegszeit ausgeübt haben, ist auch hier unverkennbar. Lloyd George stand zu Beginn der Pariser Konferenz offenbar noch völlig unter dem Eindruck dieses gentleman-agreement mit Clémenceau und konnte sich zunächst nicht entschließen, seiner besseren Einsicht zu folgen und den Verbündeten vor Wilson preiszugeben. Die großen Entscheidungen, insbesondere in der Saarfrage, fielen aber bald und waren nachher nicht wieder rückgängig zu machen.

Von den anderen Konferenzteilnehmern konnte man eine hemmende Einwirkung auf den politischen und wirtschaftlichen Imperialismus Frankreichs noch weniger erwarten. Von vornherein hatten sie nur recht geringen Einfluß. Soweit sie von Übersee kamen, waren sie außerdem ohne Kenntnis der europäischen Verhältnisse, und die Entscheidungen waren getroffen, ehe sie sich eingearbeitet hatten. Das galt zum Schaden Deutschlands vor allem von dem Südafrikaner Smuts. Die europäischen Regierungen aber waren entweder völlig von Frankreich abhängig oder doch, wie Italien, so stark auf französische Unterstützung für die eigenen übertriebenen Forderungen angewiesen, daß sie niemals auch nur entfernt daran dachten, einem der Großen in den Arm zu fallen.

Unter diesen Umständen ist die Entstehung des Saarstatuts in Paris im wesentlichen eine Geschichte der Auseinandersetzungen zwischen dem französischen Standpunkt und dem Standpunkt Wilsons. In diese Auseinandersetzungen gingen die Franzosen mit glänzender Vorbereitung. In der Kammer rühmte Charles Benoist, daß noch niemals seit dem Westfälischen Frieden derartigen Verhandlungen so sorgfältige Vorarbeiten vorangegangen seien wie diesmal. Freilich bestand nur für Frankreich feste Klarheit über das zu Fordernde, während die überaus fleißigen Vorbereitungen der Engländer und ähnlich diejenigen der Amerikaner mit ihren zahllosen kleinen Schriften zwar nützliches Material boten, aber letzten Endes keinem politischen Ziel dienten. In Frankreich hatten das amtliche Comité d'Etudes pour la Conférence de la Paix mit einigen Unterausschüssen und das nicht eigentlich amtliche Comité d'Etudes économiques et administratives d'Alsace-Lorraine reiches Material gesammelt und es in inhaltlich und formell vorzüglichen Denkschriften zusammengestellt. In der Forderung nach regelrechter Einverleibung des Saarlandes bestand in diesen aus Wissenschaftlern, Beamten und Politikern zusammengesetzten Ausschüssen volle Einmütigkeit; als einziger sprach sich Professor Aulard gegen eine regelrechte Annexion aus. Schon am 29. November 1919 legten die französischen Botschafter in Washington und London ein fertiges Arbeitsprogramm für die Konferenz vor, das zugleich, wenn auch mit Rücksicht auf die noch ungewisse Haltung Wilsons in verschwommener Form, die allgemeinen französischen Forderungen auf Grund dieser Vorarbeiten enthielt.

Die für den Erfolg so wichtige Initiative blieb auch weiterhin fast ständig bei den Franzosen. Eine klare Formulierung ihrer Forderungen erfolgte in drei Denkschriften, die, in der Hauptsache von Tardieu, Clémenceaus wichtigstem Mitarbeiter, im Januar und Februar 1919 verfaßt worden sind. Mit dem Saargebiet beschäftigte sich vor allem die letzte Denkschrift, die Anfang März an die Friedensabordnungen der Verbündeten verteilt wurde. Die Aufgabe war nicht leicht für Tardieu, da er eine Forderung vertreten sollte, die bisher, abgesehen von dem Geheimabkommen mit den Russen, in keiner amtlichen französischen Auslassung zur Kriegszielfrage aufgeführt worden war, von den Vierzehn Punkten ganz zu schweigen. Auch mußte die Schwierigkeit umgangen werden, daß die Grenze von 1814, die angesichts der klaren Zugehörigkeit der gesamten Bevölkerung zum Deutschtum die einzige schwache Handhabe bot, nur einen Teil des hauptsächlich begehrten Kohlenbeckens einschloß. Das gesamte Gebiet ohne weiteres zu verlangen, wagte man in diesem Zeitpunkt nicht mehr, nachdem man den Starrsinn Wilsons in anderen Dingen bereits genügend kennengelernt hatte. Die Denkschrift forderte demgemäß die volle Wiederherstellung der Grenze von 1814, das volle Bergwerkseigentum in dem Gesamtbecken für Frankreich und eine politische Sonderregelung jenseits der Grenze von 1814, um dort die Ausübung der französischen Bergbaurechte zu sichern.

Als Begründung führte Tardieu historische und rechtliche Gesichtspunkte an, worin er namentlich die Anhänglichkeit vieler Einwohner an Frankreich auf Grund von 120 Jahre alten Zeugnissen aus der Zeit der ersten Republik nachzuweisen suchte. Über das dentsche Volkstum setzte er sich mit der Behauptung künstlicher Germanisierung hinweg. Ein wichtiger Abschnitt der Denkschrift war kohlenwirtschaftlichen Erwägungen gewidmet. Frankreich müsse für die mutwillig und aus Handelsneid zerstörten Kohlengruben in Nordfrankreich vollen Ersatz erhalten; darüber hinaus stellten die Gruben ein besonders geeignetes Mittel zur Reparationsleistung im allgemeinen dar, zumal sie in der Hauptsache dem preußischen und dem bayrischen Staat gehörten. Die Übereignung werde dem Bergbau selbst zugute kommen, dessen Entwicklung künstlich von der preußischen Regierung zugunsten des Ruhrreviers gehemmt worden sei. In einer Einzelheit erscheint die Denkschrift auch dem deutschen Leser überzeugend, als sie die Unmöglichkeit einer Teilung des Kohlenreviers nachweist; fast sämtliche Argumente wären genau so zwingend gegen eine Teilung Oberschlesiens anzuführen gewesen.

Die Saarfrage kam am 28. März zur regelrechten Beratung in der Konferenz, die inzwischen allmählich aus einer allgemeinen Versammlung über den Rat der Zehn hinweg zu einem Rat der Vier zusammengeschrumpft war. Tardieu, der selbst zusammen mit Loucheur hinzugezogen wurde, berichtet[1]) sehr anschaulich über die denkwürdige Sitzung; zum ersten und einzigen Male während der Pariser Wochen kam es zu leidenschaftlichen und schroffen Auseinandersetzungen zwischen Wilson und Clémenceau, die fast in einem Auffliegen der ganzen Konferenz gegipfelt hätten. Auf den Vortrag Tardieus erklärte sich zunächst Lloyd George mit der Übertragung des Bergwerkseigentums einverstanden und wollte auch einer politischen Sonderregelung für das ganze Gebiet, also einer dauernden Abtrennung von Deutschland zustimmen, warnte jetzt aber vor der Wiederherstellung der Grenze von 1814 als einer Wiederholung des deutschen Fehlers mit Elsaß-Lothringen. Wilson dagegen

[1]) André Tardieu, La Paix, Paris 1921, S. 277ff. Eine deutsche Übersetzung dieses grundlegenden Quellenwerks zum Friedensvertrag ist leider nicht veröffentlicht; einen Auszug der Saarverhandlungen bringt aber die amtliche deutsche Denkschrift „Das Saargebiet unter der Herrschaft des Waffenstillstandsabkommens und des Vertrags von Versailles“, gedruckt 1921 bei Georg Stilke, Berlin, auf S. 1ff.

lehnte in der klarsten Form und mit einem Appell an das Gerechtigkeitsgefühl der französischen Nation sämtliche Forderungen ab. Allenfalls komme eine Kohlenlieferung in der Höhe des nordfranzösischen Förderausfalls in Betracht und zu diesem Zweck eine zeitweilige Übertragung der Ausbeutung der Saargruben. Die Verbündeten hätten sich verpflichtet, das Unrecht von 1871, nicht dasjenige von 1815 wiedergutzumachen, und diese Verpflichtung sei bindend. Die Grenze von 1814 entspreche auch keiner wirtschaftlichen Notwendigkeit und eine Teilung, noch dazu ohne vorhergehende Abstimmung, sei geradezu unzulässig.

Um ihn umzustimmen, zog Clémenceau alle Register des Gefühls:

> „Ich bin alt; in wenigen Monaten werde ich für immer das politische Leben verlassen haben. Ich bin also persönlich völlig unbeteiligt. Ich werde vor dem Parlament die Ergebnisse vertreten, zu denen wir gemeinsam gelangen werden. Aber wenn Sie heute nicht auf mich hören, so werden Sie eine Gelegenheit versäumen, um ein neues Glied an der Kette der Zuneigung zu befestigen, die Frankreich und die Vereinigten Staaten aneinander binden. — Es gibt dort in der Gegend 150000 Menschen, die Franzosen sind[1]). Diese Menschen, die 1918 Adressen an den Präsidenten Poincaré gesandt haben, besitzen auch einen Anspruch auf Gerechtigkeit. Sie wollen die Rechte der Deutschen achten; ich auch. Aber lassen Sie das Recht dieser Franzosen gelten, wie Sie es für das geschichtliche Recht der Tschechen und Polen getan haben."

Clémenceau schloß die Sitzung plötzlich mit diesem offenen Gegensatz und unter schroffer gegenseitiger Verstimmung. Aber noch am Nachmittag trat er mit Tardieu und Loucheur erneut zusammen, um zu retten, was vielleicht noch zu retten war. Die Wiederherstellung der Grenze von 1814 erschien aussichtslos; man kannte Wilson nun zu gut, als daß man hoffen konnte, ihn mit einer zweifelhaften Geschichtsüberlieferung umstimmen zu können. Der Punkt des geringsten Widerstandes lag bei der Ausbeutung der Saargruben als Ersatz für Nordfrankreich, und auf diesen Punkt beschloß man, alle Anstrengungen zu vereinen. In allen reparationspolitischen Forderungen war man nicht nur Lloyd Georges von vornherein sicher, sondern durfte auch eine

---

[1]) Es ist nicht aufgeklärt, ob es sich bei dieser völlig unsinnigen Angabe um eine freie Erfindung des Augenblicks oder um eine falsche Unterrichtung handelt.

größere Zugänglichkeit Wilsons erhoffen. Ließ sich Frankreich aber den Betrieb der Gruben unter reparationspolitischen Gesichtspunkten übertragen, so konnte es auch politische Sicherungen hierfür verlangen und zugleich Sicherungen für die Rechte der Bevölkerung, die sich in den Dienst Frankreichs stellte.

In der neu festgelegten Richtung unter kräftiger Hervorhebung des in Nordfrankreich erlittenen Schadens verfaßte der unermüdliche Tardieu drei Denkschriften, in denen er vor allem die politischen Einwendungen Wilsons zu widerlegen und im übrigen das französische Bergbaurecht in möglichst weitem Umfange politisch zu untermauern suchte. Die Verbündeten hielten sich inzwischen zurück, insbesondere unterließ Wilson jede Festlegung seines Standpunkts, so daß Frankreich immer weiter die Initiative behielt. Schon am 31. März 1919 wurde erneut zur Saarfrage verhandelt. Wilson schien zwar hartnäckig an seinem Standpunkt vom 28. festzuhalten, ließ sich aber schon jetzt die förmliche Erklärung abnötigen, daß Frankreich das Eigentum an den Kohlengruben erhalten solle; jedoch dürfe weder von einer Grenzverschiebung noch von der Bildung eines unabhängigen Staates die Rede sein. Da er aber gleichzeitig zusagte, die zur Sicherung des Bergbaurechts erforderlichen politischen und Verwaltungsmaßnahmen prüfen zu lassen, hatten die Franzosen die notwendige Einbruchsstelle in der starren Ablehnungsfront erreicht und hielten sich in geschickter Taktik nunmehr zurück. Zur genaueren Ausarbeitung der von Wilson grundsätzlich zugestandenen Regelung trat ein kleiner Ausschuß zusammen, dem außer Tardieu der amerikanische Professor Charles H. Haskins und der Engländer Headlam Morley angehörten. Der Ausschuß nahm die Vorschläge fast unverändert an, die der Chef des französischen Bergwesens, Defline, ausgearbeitet hatte; mit Recht erklärt Tardieu, daß Frankreich beiden Angelsachsen Dank schulde, weil sie mit mitfühlendem Verständnis den Erfolg ermöglicht hätten. Zum Schluß gelang es Tardieu sogar, beide zu einer schriftlichen Erklärung zu bewegen, die — in schroffem Widerspruch zu dem klaren Willen des Präsidenten — die Einrichtung eines politischen und verwaltungsmäßigen Sonderregimes für das Saargebiet als unerläßlich erklärte.

Inzwischen war die Konferenz auch wegen der Meinungsverschiedenheiten in der Reparations- in der Rheinland- und in der Adriafrage in eine offene Krisis geraten. Wilson begann die Nerven zu verlieren und verfiel überdies in heftiges Fieber. Er drohte, nach Amerika zurückzukehren. Clémenceau, selbst auf das schärfste bedrängt von den Scharfmachern im eigenen Lager, insbesondere von Poincaré und Foch, denen er namentlich in der Rheinlandfrage viel zu nachgiebig war, wollte zurücktreten. Seine Äußerung in diesen Tagen war charakteristisch: „La paix est plus terrible à faire que la guerre". Lloyd George verwarf in einem Schreiben an Clémenceau mit großzügiger Kritik die ganze bisherige Arbeit der Konferenz. Überall war die öffentliche Meinung ungeduldig, daß das Friedenswerk überhaupt keine Fortschritte machte.

In dieser Stimmung fand die nächste Verhandlung der Saarfrage am 8. April statt; Wilson wurde von dem jedem Streit abgeneigten Obersten House vertreten; aber auch die anderen drängten dazu, endlich praktische Ergebnisse zu erzielen. Auf Grund der Ausschußarbeit schlug Lloyd George nunmehr offen vor, das Saargebiet unter der Hoheit des Völkerbundes selbständig zu machen und es in Zollunion mit Frankreich zu verbinden. In schwer begreiflicher Unkenntnis fügte er hinzu, daß das Saarland keine natürlichen wirtschaftlichen Beziehungen mit Deutschland, sondern nur mit Elsaß-Lothringen habe. Tatsächlich setzten die Hauptwirtschaftszweige etwa drei Viertel ihrer nicht im Lande selbst verbrauchten Erzeugnisse im außerelsäßischen Deutschland ab[1]). Lloyd George meinte aber, um das Gebiet lebensfähig bleiben zu lassen, müsse man die Einheit mit Elsaß-Lothringen aufrecht erhalten. Er sei überzeugt, daß bei einer Abstimmung in einigen Jahren die Bevölkerung nicht verlangen werde, nach Deutschland zurückzukehren. Die französischen Delegierten stimmten im wesentlichen Lloyd George zu; sie schlugen aber die Errichtung eines selbständigen Staates in Zollunion mit Frankreich oder unter Hoheit des Völkerbundes mit einem Mandat für Frankreich und mit einer Volksabstimmung nach 15 Jahren vor.

Als Wilson am Nachmittag den Vorsitz wieder selbst übernahm, lehnte er zunächst noch einmal alle politischen Lösungsvorschläge in einer neuen sehr lebhaften Auseinandersetzung ab. Er beschwor die Franzosen, den Weltfrieden nicht wegen der Saarfrage aufzuhalten; da er aber der wirtschaftlichen Übereignung der Bergwerke erneut zustimmte, blieb die Tür offen, in die die Franzosen mit besseren Nerven und geschickterer Taktik einzudringen verstanden. Noch in der Nacht arbeitete Tardieu eine neue

[1]) Vgl. die Ziffern S. 229f.

Denkschrift aus; er legte das Hauptgewicht auf die Gefahr endloser Konflikte zwischen der deutschen politischen Verwaltung und der französischen Grubenverwaltung und empfahl auf Grund der Vorschläge Lloyd Georges und des Dreierausschusses die Einsetzung einer übergeordneten Schiedsstelle. Wilson war nach seiner Krankheit nicht mehr der alte. Am nächsten Tage leistete er nur noch schwachen Widerstand, zumal Lloyd George immer lebhafter den französischen Standpunkt vertrat und den Präsidenten insbesondere damit tröstete, daß die Volksabstimmung ihm nach 15 Jahren Genugtuung verschaffen werde. Wilson ließ sich von Tardieu die Zustimmung dazu entreißen, die deutsche Staatshoheit solle suspendiert werden, die Schiedsstelle das Recht erhalten, auch Beamte abzuberufen und die Wahl zu den Berliner Parlamenten unterbunden werden. Der erneut herangezogene Sachverständigenausschuß hatte nunmehr wenig Mühe, auf dieser Grundlage binnen 24 Stunden das Statut zu entwerfen, das dann endgültig angenommen wurde. Wilsons letzte Bedenken überwand die geschickt auf seine Hauptsorgen abgestellte Regelung, wonach der Völkerbund als eigentlicher Treuhänder über das Gebiet wachen sollte. Frankreich, wo man sich des französischen Einflusses auf den Völkerbund sicher fühlte, sah keinen Anlaß, diese Oberaufsicht zu fürchten. Die Frankreich nunmehr gewährten Rechte im Saargebiet schienen den Franzosen, die sich über die Stimmung in der Bevölkerung völlig täuschten, auch durchaus ausreichend, um das kleine Land in der eingeräumten fünfzehnjährigen Frist endgültig französisch zu machen. Am 10. April 1919 stimmte der Rat der Vier dem Entwurf der Sachverständigen zu, und die Bestimmungen fanden in dem Friedensvorschlag Aufnahme, der am 7. Mai den deutschen Bevollmächtigten in Versailles überreicht wurde.

Schon am 13. Mai wandte sich Brockdorff-Rantzau in leidenschaftlicher Form gegen die Gesamtheit der Bedingungen, die die Abtretung zweifelsfrei deutscher Gebiete zum Gegenstande hatten, und besonders eingehend und scharf gegen das Saarstatut. Er erkannte an, daß Frankreich für die zerstörten Bergwerke Schadensersatz beanspruchen könne. Ein solches Anerkenntnis bedeutete aber keineswegs das Eingeständnis einer „Schuld", da Deutschland sich ja in dem Vorfriedensvertrag auf Grund der Vierzehn Punkte als besiegte Macht ohne weiteres zur Wiedergutmachung des der Zivilbevölkerung Frankreichs und Belgiens zugefügten Schadens verpflichtet hatte. Statt der Übereignung der

Saargruben bot Brockdorff-Rantzau die Lieferung von Kohlen an, nicht zuletzt mit der einleuchtenden wirtschaftsgeographischen Begründung, daß die fehlende nordfranzösische Kohle richtiger durch Ruhrkohle ersetzt werden könne. Unter Hervorhebung des rein deutschen Charakters der Saarbevölkerung wurde vor allem gegen eine Einzelheit des Entwurfs Verwahrung eingelegt, wonach das Saarland auch im Falle einer für Deutschland günstigen Abstimmung ohne weiteres an Frankreich fallen sollte, wenn Deutschland etwa nicht in der Lage wäre, die Gruben mit Gold zurückzukaufen. Zu dieser Bestimmung, die einer der wichtigsten Mitarbeiter Wilsons, R. St. Baker in seinem Werk über den Friedensvertrag geradezu einen französischen Betrugsversuch nennt[1]), sagt die deutsche Note wörtlich: „Es dürfte in der Geschichte der neueren Zeit kein Beispiel dafür geben, daß eine zivilisierte Macht die andere veranlaßt hat, ihre Angehörigen als Gegenwert für eine Summe Goldes unter fremde Herrschaft zu bringen."

Am 16. Mai wurde die erste deutsche Note durch nähere Vorschläge ergänzt, die die deutschen Sachverständigen für die Ersatzlieferungen an Kohlen ausgearbeitet hatten, um die Übereignung des Saarbergbaus entbehrlich zu machen. Für die Regelung wurden dringend mündliche Verhandlungen zwischen beiden Parteien empfohlen; zur Sicherung der französischen Ansprüche boten die deutschen Sachverständigen eine Beteiligung der geschädigten französischen Bergwerksbesitzer an deutschen Unternehmen und die Gewährung eines Vorzugsrechts auf den deutschen Auslandsabsatz an Kohlen an; sollte dieser nicht ausreichen, so wäre Deutschland land bereit, sich einer gleichmäßigen Rationierung des Kohlenverbrauchs mit den Gläubigerländern Frankreichs und Belgien zu unterwerfen.

Mit großer Schärfe wies Clémenceau am 25. Mai 1919 die Ausführungen beider deutscher Noten zurück. Die Zerstörung der nordfranzösischen Bergwerke sei eine Handlung von solcher Art gewesen, daß eine besondere und exemplarische Wiedergutmachung gefordert werden müsse[2]); die Lieferung einer bestimmten oder unbestimmten Menge Kohle könne diese nicht ersetzen. Keine Regelung könne Frankreich dieselbe Sicherheit geben wie

---

[1]) R. St. Baker, Woodrow Wilson and World-Settlement, London 1923, Bd. 2, S. 90.

[2]) Vgl. hierzu S. 101 ff.

das volle Eigentum an den Saarbergwerken. Nur in der Rückkauffrage gab Clémenceau nach; die moralische Unhaltbarkeit der ursprünglichen Vorschrift war allzu deutlich. Er bestritt, daß die von Deutschland angenommenen Folgerungen jemals bei den Alliierten und assozierten Regierungen vorausgesetzt worden seien, sagte aber eine Änderung des Wortlauts zu.

Nach diesem Notenaustausch war für eine Erörterung der Saarfrage in der endgültigen Beantwortung des Vertragsentwurfs durch die deutsche Abordnung und in der abschließenden Erwiderung ihrer Gegner nur noch wenig Raum. Die deutsche Delegation beschränkte sich in der Hauptsache auf die Darstellung des Unrechts, das der treu deutschen Saarbevölkerung geschehen sollte; zu dem Reparationszweck, mit dem die Abtrennung begründet wurde, wies sie nach, daß in den zu übereignenden Saargruben eine Kohlenmenge vorhanden sei, die hundertmal den in Nordfrankreich äußersten Falls zu befürchtenden Förderausfall übertreffe. Vor allem sprach die deutsche Note unter Bezugnahme auf den Wortlaut der Ausführungen Clémenceaus eine scharfe Verwahrung gegen jede Wiedergutmachung aus, die den Charakter einer Strafe trage. Die Deutschen mußten sich aber von der Gegenseite erwidern lassen, daß dieser Begriff für eine gerechte Regelung wesentlich sei und eine notwendige Grundlage für jede spätere Versöhnung bilde. Die alliierten und assozierten Regierungen hätten ausdrücklich eine Form der Wiedergutmachung bestimmt, die in ihrer außergewöhnlichen Art ein sichtbares und klares Symbol darstellen solle. Bei einer solchen Auffassung war im Grunde jede Erörterung zwecklos; Frankreich und seine Verbündeten bedurften der Fiktion der deutschen „Schuld", um ihre imperialistischen Ziele vor sich selbst und vor der Welt begründen zu können, und glaubten in der seelischen Verfassung, die die viereinhalb Jahre hinterlassen hatten, vielfach selbst an die Richtigkeit dieser Fiktion. In allen Ländern waren die Völker noch viel leidenschaftlicher als die Regierungsführer in Paris, so daß für weise Staatskunst im Grunde gar keine Möglichkeit bestand. Gegenüber dieser Lage hätte nur äußere Macht etwas ausgerichtet, und über äußere Macht verfügten die Besiegten nicht mehr.

Die abschließende Antwortnote der Siegermächte lehnte ausdrücklich jede Änderung des Saarstatuts ab, ging auf die deutschen Gegenvorschläge überhaupt nicht mehr ein und hob rühmend die Sorgfalt hervor, mit der die Interessen der Saarbevölkerung berücksichtigt worden seien.

Das Saarstatut.

In dem Versailler Diktat waren sämtliche Bestimmungen des Entwurfs zum Saarstatut im ursprünglichen Wortlaut wieder aufgeführt mit Ausnahme einer belanglosen Vorschrift über den Sitz der Regierungskommission und mit der allerdings wichtigen Ausnahme, daß die Saargruben außer durch Gold auch durch andere Leistungen zurückgekauft werden könnten und daß im Falle der Nichtzahlung der Völkerbund Abhilfe z. B. durch Liquidation der Gruben schaffen könne.

Deutschland muß nach diesem endgültigen Wortlaut Frankreich das vollständige und unbegrenzte Eigentum an den Kohlengruben im Saarbecken als Ersatz für die Zerstörung der Kohlengruben in Nordfrankreich und in Anrechnung auf den Betrag der Frankreich geschuldeten Wiedergutmachung abtreten. In dem zugehörigen Gebiet verzichtet Deutschland zugunsten des als Treuhänder bezeichneten Völkerbundes auf die Regierung; nach Ablauf von 15 Jahren soll die Bevölkerung aufgefordert werden, sich für diejenige Staatshoheit zu entscheiden, unter die sie zu treten wünscht, und zwar hat sie die Wahl zwischen der Vereinigung mit Deutschland oder mit Frankreich oder der Aufrechterhaltung der in Versailles errichteten Verwaltungsordnung.

Die Regierung des Saarbeckens erfolgt durch einen vom Völkerbund ernannten fünfgliedrigen Ausschuß, dem ein Franzose und ein Saarländer angehören müssen, aber kein sonstiger Deutscher angehören darf. Seine Vollmachten gehen überaus weit; so hat er auch das Recht, den Wortlaut des Saarstatuts souverän auszulegen. Die Bevölkerung behält nur ihre Vertretung in den kommunalen Körperschaften; zu den Berliner Parlamenten darf sie nicht wählen. Dagegen wird, bezeichenderweise in einem Nebensatz, eine ausschließlich mit beratenden Befugnissen ausgestattete Vertretung der Bevölkerung eingeführt.

Den Kern der Versailler Saarbestimmungen bilden die Vorschriften über die Abtretung und Ausbeutung der Gruben. Der französische Staat erwirbt das uneingeschränkte und lastenfreie Eigentum an allen Kohlen, die innerhalb des Saargebiets vorkommen mit allen vorhandenen technischen Einrichtungen, Vorräten und Forderungen und darf die Ausbeutung entweder selbst vornehmen oder Dritten übertragen. Der von Frankreich übernommene Gesamtwert wird vom Wiedergutmachungsausschuß festgesetzt und Deutschland auf Reparationskonto gutgebracht.

Frankreich darf nach Belieben fremde Arbeiter einführen und für das Personal und dessen Kinder technische Schulen und Volksschulen mit französischer Sprache und französischem Lehrplan betreiben. Zu irgendeiner Rücksicht auf die bisherigen Verbraucher der Saarkohle ist der französische Staat nicht verpflichtet; nur soll der örtliche gewerbliche und Hausbedarf stets im gleichen Verhältnis zur Gesamtförderung wie 1913 befriedigt werden. Das Saarland wird dem französischen Zollgebiet eingegliedert, jedoch genießt der deutsch-saarländische Handelsverkehr für eine Übergangszeit von fünf Jahren Zollfreiheit.

Für das Saargebiet entstand also die einzigartige staatsrechtliche Lage, daß die deutsche Souveränität der Form nach fortbestand, aber zeitweilig suspendiert und von einem internationalen Ausschuß als Beauftragten des Völkerbundes übernommen wurde. Deutschland übte keinerlei irgendwie geartete Rechte mehr aus. Auch Frankreich besaß theoretisch keinen unmittelbaren Einfluß auf Regierung und Verwaltung; um so stärkere tatsächliche Einwirkungen übte es aus als bevorrechtigter Bergwerkseigentümer, von dem ein Drittel der Bevölkerung wirtschaftlich abhing, ferner als Träger der Zollhoheit, vor allem aber auch durch seine anfänglich ganz überragende Machtstellung sowohl im Völkerbundsrat als in der Regierungskommission. Die Regierungskommission gab sich in der Tat, wie namentlich von englischer Seite immer wieder festgestellt worden ist[1]), in den ersten Jahren gar nicht die Mühe, eine wirklich unparteiische Haltung einzunehmen, sondern faßte sich offen als Sachwalter der französischen politischen und bergwirtschaftlichen Interessen im Saargebiet auf und richtete ihre Maßnahmen entsprechend ein. Sie übertrug die diplomatische Vertretung der Bevölkerung auf Frankreich, behielt in zweifellos vertragswidriger Weise französische Besatzungstruppen im Saarlande, bis die inzwischen dem Völkerbund beigetretene deutsche Regierung dort 1927 mit ihren immer wiederholten Beschwerden hierzu Erfolg hatte, führte die französische Geldwährung ein und bevorzugte in zahllosen kleineren Maßnahmen Frankreich unter entsprechender Parteinahme gegen Deutschland. In den ersten Jahren glaubte man der deutschen Regierung gegenüber nicht einmal die Formen der Höflichkeit wahren zu müssen. Die Verhältnisse haben sich erst seit Stresemann's Westpolitik entspannt und gebessert.

[1]) Vgl. u. a. die gewissenhafte Kritik von Sir Robert Donald: G. B. C., L. L. D. A Danger Spot in Europe, London 1925. Teilweise war die Veröffentlichung bereits in The Times erschienen.

Auswirkung.

Das Saarland bildete bis zum Inkrafttreten des Friedensvertrages am 10. Januar 1920 einen äußerlich nicht unterscheidbaren Bestandteil der deutschen Westgebiete und wurde, wie die Nachbarbezirke, von französischem Militär besetzt gehalten. Sein Schicksal bestimmten in allen wesentlichen Dingen die Besatzungsbehörden. Zur Aufsicht über den Bergbau errichteten sie im Dezember 1918 einen Überwachungsdienst unter Leitung des Majors Riche; ohne daß eine rechtliche Handhabe dafür bestand, lenkte er einen möglichst großen Teil der Förderung nach Frankreich und verbot zu diesem Zweck kurzerhand den Verkauf nach der Schweiz und großenteils auch nach dem nicht besetzten Reichsgebiet, mußte aber erhebliche Mengen für Italien freigeben. Die französischen Verbraucher erhielten infolge dieser Zwangsmaßnahmen vom Januar 1919 ab recht erhebliche Mengen; während Frankreich 1913 aus dem Saargebiet 1,05 Million t Kohle und damit 8,2% des Gesamtabsatzes erhalten hatte, verschaffte es sich 1919 unter dem militärischen Belagerungszustand 2,3 Millionen t und damit nicht weniger als 30% des erheblich verkleinerten Gesamtabsatzes. Alle anderen Abnehmer mußten zurückstehen, sogar der Bundesgenosse Italien erhielt ebenso wie das neu eroberte Elsaß-Lothringen nur etwa die Hälfte seiner Saarkohlenbezüge von 1913. Vor allem bemühte sich Frankreich um Koks, hob aber die Zwangszuweisungen an die lothringische Hüttenindustrie größtenteils bald wieder auf, als dort die schlechte Beschaffenheit des Saarkoks Betriebsschwierigkeiten verursachte.

Bei den privatwirtschaftlichen Unternehmen der sonstigen Industrie, namentlich bei den Eisenhütten, deren Organe viel weniger greifbar waren als die staatlichen Bergverwaltungen, fanden die Besatzungsbehörden größere Schwierigkeiten. Frankreich wollte auch die andere große Schlüsselindustrie des Saargebiets, die Eisenwerke, unter seinen Einfluß bringen und suchte mit allen Mitteln die Zwischenzeit bis zum Inkrafttreten der Völkerbundsherrschaft auszunutzen. Wie der Oberstkommandierende im Saargebiet, General Andlauer, offenherzig einem Matin-Vertreter erklärte, hoffte man, die Bevölkerung zur freiwilligen Option für Frankreich zu bestimmen, sobald man die Industrie dauernd in der Hand haben würde.

Zunächst sollte der Absatz der Werke nach französischem Interesse geregelt werden. Den Anordnungen der Besatzungsbehörden bezüglich der Versendung ihrer Erzeugnisse kamen die Eisenhütten aber nicht nach und arbeiteten längere Zeit auf Lager, als die Verfrachtung an die bisherigen Empfänger verhindert wurde. Auf die Dauer reichten die finanziellen Mittel hierfür aber nicht aus. Die Franzosen gestatteten zwar, zugleich aus Sorge um die Beschäftigung der lothringischen Arbeiterschaft, die Lieferung von Erz, Roheisen usw. aus den dortigen Tochterwerken an die Saarhütten und ließen bei der Saarindustrie die Hoffnung aufkommen, den lothringischen Besitz vor der Liquidation durch Nachgiebigkeit gegenüber der französischen Verwaltung im Saarlande selbst retten zu können. Gleichzeitig wurde aber schärfster Druck durch willkürliche Beschränkung der Kohlenzufuhr ausgeübt. Namentlich nachdem Andlauer durch Wirbel ersetzt worden war, wurden die Werke vor allem durch die Kohlennot so bedrängt, daß sie Unterhandlungen über die Aufnahme französischen Kapitals nicht mehr aus dem Wege gehen konnten.

Die Einheitsfront der Saarhütten war von vornherein durch die französische Beteiligung an der Arbed (Burbacher Hütte) durchbrochen; der Anteil war 1917 von der deutschen Regierung zur Vergeltung für das Ententevorgehen gegen das deutsche Eigentum im Auslande liquidiert, aber von der Besatzungsbehörde sofort wieder eingesetzt und durch Kapital von Schneider-Creuzot auf 66% erhöht worden. Infolgedessen wurde Arbed verschwenderisch mit Kohlen versorgt und konnte mit Überschichten arbeiten als die anderen Werke in größter Not waren. Die anderen vier Unternehmen: Stumm, Röchling, Halberg und Dillingen kamen nunmehr überein, sich nicht gegeneinander ausspielen zu lassen, sich aber mit einer 40proz. französischen Kapitalbeteiligung für die Gesamtunternehmen, also einschließlich der lothringischen Tochterwerke, abzufinden. Die französischen Behörden ließen sich auf diese Einschränkung ihrer Ziele nicht ein, liquidierten den lothringischen Besitz der Saarindustrie ebenso wie alle übrigen dortigen deutschen Unternehmen, und wandten schärfere Maßnahmen an. Die leitenden Beamten der deutschen Firmen wurden teils ausgewiesen, teils mit Ausweisung bedroht, und gegen die Gebrüder Röchling ein Strafverfahren durchgeführt, weil sie während des Krieges auf Anordnung der deutschen Militärbehörden bei dem Abbruch französischer Industrieanlagen mitgewirkt hatten. Beide Brüder wurden zu je 10 Jahren Zuchthaus verurteilt und Robert Röchling tatsächlich ins Zuchthaus zu Nancy verbracht, während Hermann Röchling rechtzeitig ins unbesetzte

Gebiet hatte flüchten können. Jetzt gab das Unternehmen nach und schloß gegen Zusicherung eines Wiederaufnahmeverfahrens einen Optionsvertrag mit einem französischen Konsortium ab. Der Pariser Kassationsgerichtshof hob in der Tat das Urteil gegen Robert Röchling auf; er wurde freigelassen. Die französische Beteiligung kam aber trotzdem nicht zustande, da die französische Regierung ihre Zustimmung zu einigen Punkten der Abmachung nicht rechtzeitig erteilte.

Auf Grund des anfänglichen Nachgebens bei Röchling hatten aber inzwischen die anderen Werke ebenfalls ihren Widerstand aufgegeben. Die Halberger Hütte nahm eine 60proz. Kapitalbeteiligung der Eisenhüttengesellschaft von Pont-à-Mousson auf. An der Dillinger Hütte wurde die schon vor dem Kriege bestehende Beteiligung französischen Kapitals durch Rückgängigmachung der im Kriege durchgeführten Liquidation auf Anordnung der Besatzungsbehörden wiederhergestellt. Stumm bildete aus allen innerhalb des preußischen Saargebiets gelegenen Werken eine neue Gesellschaft und trat hiervon eine 60proz. Kapitalbeteiligung an die Société des Forges et Aciéries du Nord et de Lorraine ab, die ihrerseits den Stummschen Besitz in Lothringen aus der Liquidation erwarb. Ein letzter scharfer Kampf war vorangegangen, das Unternehmen war aber durch die Kohlensperre in eine verzweifelte Lage geraten; für den Fall der Stillegung drohte die französische Militärverwaltung mit der Übernahme des Betriebes, und die deutsche Regierung hatte selbst zum Nachgeben raten müssen, um einen vollständigen Verlust zu verhüten. Die französische Gesellschaft verkaufte aber im Jahre 1926, als die französischen Pläne im Saargebiet endgültig gescheitert und andererseits die geschäftlichen Aussichten nicht besonders günstig erschienen, den größten Teil ihrer Beteiligung an eine holländische Gruppe, an der wiederum die deutsche Handelsfirma Otto Wolff beteiligt war. Die Überfremdung des nach seiner Stahlleistung wichtigsten Eisenwerks im Saargebiet ging nunmehr auf eine kleine Minderheitsbeteiligung zurück.

Im übrigen drang französisches Kapital auch bei einigen Werken der weiterverarbeitenden Eisenindustrie ein.

Mit der Übernahme der Verwaltung des neugeschaffenen Saargebiets durch die Regierungskommission des Völkerbundes am 10. Januar 1920 fand das willkürliche Militärregiment, das sich auf die Fiktion des „Kriegszustandes“ stützte, zum mindesten der Form nach ein Ende. Da der Völkerbundsrat aber an die Spitze der Regierungskommission den französischen Präfekten Rault berief, der die gesamte Exekutive an sich zog und der sich freimütig als Sachwalter der französischen Interessen bezeichnete, und da auch die Mehrheit der Kommission aus bedingungslosen Anhängern Frankreichs bestand, änderte sich in der Sache nicht allzu viel. Überdies blieb die französische Besatzung im Lande und übte noch jahrelang sogar die kriegsgerichtliche Rechtsprechung aus. Vor allem wurde der Bergbau mit seinen 75000 beschäftigten Personen nunmehr regelrecht französisch. Nach längeren Erwägungen und Verhandlungen hatte man sich in Paris entschlossen, den Betrieb durch den Staat selbst führen zu lassen, also von der vielfach befürworteten Verpachtung an ein Privatunternehmen abzusehen, um Frankreich den mit der staatlichen Verwaltung verbundenen stärkeren politischen Einfluß zu sichern. Durch Gesetz vom 22. Dezember 1919 wurde die Verwaltung der Mines Domaniales de la Sarre geschaffen, die am 18. Januar 1920 den preußischen und den bayrischen Bergfiskus ablöste und auch die kleine Stummsche Zeche Hostenbach einbezog. Nur die Grube Frankenholz, die unter Beteiligung von französischem Privatkapital in eine Gesellschaft französischen Rechts umgewandelt worden war, durfte ihren privatwirtschaftlichen Betrieb als Pächterin des französischen Staates fortsetzen. Zusammen mit einer ganz unbedeutenden nur zeitweilig betriebenen Stollengrube erzielte der Pachtbetrieb durchschnittlich nur 3 bis 4% der Steinkohlenförderung an der Saar.

Die Mines Domaniales sollten in technischer und wirtschaftlicher Hinsicht nach kaufmännischen Grundsätzen geleitet werden; sie stellten eine selbständige Korporation des öffentlichen Rechts dar, die nur mit ihren Überschüssen bzw. Fehlbeträgen im Staatshaushalt erschien. Im allgemeinen wurde die innere Organisation des bisherigen Bergbaus beibehalten. Jedoch mußten die deutschen Beamten, die dem höheren Dienst angehörten, französischem Personal Platz machen, das in überreichlicher Zahl eingestellt wurde; die mittleren Beamten und die Arbeiterschaft blieben in ihren Stellen, soweit nicht einzelne aus politischen oder anderen Gründen verdrängt wurden. Seit 1927 trat allerdings infolge der Verschlechterung der Konjunktur und infolge der teilweise recht scharf durchgeführten Rationalisierungsmaßnahmen ein starkes Absinken der Belegschaft auf kaum zwei Drittel der Ziffer von 1920 ein.

Auch im technischen Betriebe vermied die Domanialverwaltung größere Veränderungen und vor allem, im Hinblick auf die nur fünfzehnjährige Dauer des Saarstatuts, und entsprechend der allgemeinen Eigenart französischen Betriebsaufbaus, auch größere Kapitalanlagen. Durch ihre systematischen Untersuchungen der geologischen Lagerungsverhältnisse, die sie zur genaueren Feststellung des Wertes des Vorkommens und zur Vorbereitung bergbaulicher Fortschritte im angrenzenden Lothringen unternahm, hat sie sich ein gewisses, von der Fachwelt anerkanntes Verdienst erworben. Ebenso sind die Bemühungen der französischen Verwaltung um die Veıbesserung der Qualität des Saarkoks erwähnenswert. Das Salerni-Verfahren, das auf der einzigen mit dem Bergbau verbundenen Kokerei des Saargebiets eingeführt wurde und das in der Zumischung von einem aus der Flammkohle durch Schwelung hergestellten Halbkoks zur Fettkohle besteht, ist aber, obwohl technisch gelungen, wirtschaftlich noch nicht erfolgreich. Die Koksherstellung ist daher im wesentlichen bei dem Stande von 1913 verblieben, so daß die kohlenwirtschaftlich wichtigste Absicht Frankreichs im Saargebiet, die Verbesserung seiner Koksversorgung, völlig fehlgeschlagen ist. Die nunmehr vierzehnjährigen Bemühungen haben auch schlagend die Zweckbehauptung des französischen Fachschrifttums widerlegt, als habe die preußische Bergbauverwaltung die Koksherstellung an der Saar absichtlich zugunsten des Ruhrgebiets vernachlässigt. Im übrigen verkaufte die Domanialverwaltung nach Frankreich im allgemeinen lieber die rohe Fettkohle, um dort den Aufbau von Kokereien mit der einträglichen und kriegswirtschaftlich wichtigen Nebenproduktengewinnung zu fördern.

Im eigentlichen Bergbau hat sich die französische Verwaltung auf die Ausnutzung der vorhandenen Anlagen beschränkt und nur die unumgänglich notwendigen Ersatz- und Erweiterungsbauten vorgenommen. Durch die im Wege der Rationalisierung erfolgenden Zusammen- und Stillegungen sind naturgemäß manche Härten eingetreten. Die durchschnittliche Schichtleistung der Arbeiter hat sich bis Ende 1933 gegen 1913 um 39%, gegen 1919 um mehr als 100% gehoben, bleibt aber sowohl in den absoluten Ziffern wie in dem Ausmaß der Nachkriegssteigerung weit hinter dem Ruhrbezirk und Oberschlesien zurück. Der Grund besteht teils in den ungünstigeren Flötzverhältnissen der Saar, teils in der um eine halbe Stunde kürzeren Schichtzeit der Saarbergleute, an die die französische Verwaltung aus politischen Gründen ungern rühren wollte, teilweise aber sicherlich auch in der Unterlassung aller großzügigeren technischen Anlagen, namentlich in den letzten

Jahren. Die alten Besitzer werden die Werke infolge Vernachlässigung der Aus- und Vorrichtungsarbeiten, infolge weitgehender Anwendung von Unterwerksbau und infolge Vorwegnahme der besten Flötzteile in einem Zustand zurückerhalten, der die durch die Wirtschaftskrisis in fast allen Kohlenrevieren verursachten ungünstigen Verhältnisse sicher noch bei weitem übertrifft.

Infolgedessen ist auch die Förderung des Saargebiets unter der französischen Verwaltung selbst in den besten Jahren kaum über die Vorkriegsziffer hinaus gestiegen. Den höchsten Stand hat die Förderung im Jahre 1924 mit 106% der Friedensmenge erreicht,

Zahlentafel 34.

Förderung des Saargebiets 1919—1933 in Mill. t.

1913	13,2	1922	11,2	1926	13,7	1930	13,2
1919	9,0	1923	9,2	1927	13,6	1931	11,4
1920	9,4	1924	14,0	1928	13,1	1932	10,4
1921	9,6	1925	13,0	1929	13,6	1933	10,6

während vergleichsweise im Ruhrgebiet die Nachkriegsförderung zeitweilig bis auf 108% der Ziffer von 1913 gesteigert wurde. Damit wurde ebenfalls der französische Propagandavorwurf widerlegt, daß die Förderung in früheren Jahrzehnten von der preußischen Verwaltung künstlich niedrig gehalten worden ist.

Eine wesentliche Änderung gegenüber der früheren Entwicklung hat die französische Verwaltung nur hinsichtlich des Absatzes eintreten lassen; der deutsche Markt ist zum größten Teil aufgegeben und an seine Stelle der französische in etwa entsprechend vermehrtem Anteil beliefert worden. Abgesehen von dem Jahre 1920 mit seinen ungewöhnlichen Verhältnissen hat sich das Anteilsverhältnis fast genau umgekehrt. Deutschland (ohne Elsaß-Lothringen und Saargebiet) bezog 1913 37% des Saarkohlenabsatzes, unter der französischen Verwaltung aber durchschnittlich 9%, Frankreich (ohne Elsaß-Lothringen) 1913 8%, danach durchschnittlich 31% des Gesamtabsatzes der Saarkohlen. Der Anteil Elsaß-Lothringens und dritter Länder ist unter einigen Schwankungen fast unverändert geblieben.

Der Rückgang des Kohlenabsatzes nach Deutschland lag zweifellos in den Absichten der französischen Bergverwaltung; damit sollte vor allem Kohle für Frankreich verfügbar gemacht werden. Die im Friedensvertrag ausgesprochenen Bindungen be-

Zahlentafel 35.

Absatz der Saarkohle[1]) nach den Hauptmärkten 1919—1933 in % des Gesamtabsatzes.

Jahr	Saargebiet	Übriges Deutschland	Elsaß-Lothringen	Frankreich von 1914	Übriges Ausland
1913	33,1	37,1	12,7	8,2	8,9
1919	29,7	27,0	10,3	29,6	3,4
1920	36,9	0,9	7,0	51,2	4,0
1921	36,6	4,1	9,0	33,0	17,3
1922	34,9	12,6	7,7	30,6	14,2
1923	36,1	4,7	11,0	33,9	14,3
1924	32,7	9,7	9,3	34,5	13,8
1925	35,2	9,3	8,4	33,5	13,5
1926	36,2	7,3	10,1	36,0	10,4
1927	39,7	10,1	9,2	30,0	11,0
1928	39,4	10,9	9,9	28,0	11,8
1929	38,8	9,5	12,1	29,8	9,7
1930	41,5	8,7	14,0	26,4	9,4
1931	40,5	9,3	13,1	27,6	9,6
1932	35,0	10,1	12,9	32,0	10,0
1933	36,8	10,4	12,2	31,6	9,1

züglich des inneren Absatzes im Saargebiet selbst sind im allgemeinen innegehalten worden. Rechtliche Verpflichtungen gegenüber der deutschen Kundschaft bestanden aber nicht; daß dieses Absatzgebiet einmal auch für den französischen Saarfiskus wirtschaftlich schwer zu entbehren sein würde, übersah man unter dem Eindruck der in den ersten Nachkriegsjahren allgemein verbreiteten Überschätzung der Macht der Produktion. Ebensowenig rechnete die französische Verwaltung mit einer späteren Wiederaufgabe des französischen Marktes, da sie anfänglich bestimmt glaubte, dauernd im Saargebiet bleiben zu können. Vor allem wollte sie aber durch die Marktumstellung die Kohlenwirtschaft und damit den Grundpfeiler der ganzen Saarwirtschaft in dauernde Abhängigkeit von Frankreich bringen. Selbstverständlich fiel die Versorgung des in Deutschland preisgegebenen Geländes sofort den anderen deutschen Produktionsgebieten zu, und es war vorauszusehen, daß es nicht leicht würde zurückgewonnen werden können. Der Rückgang des deutschen Absatzes betraf in erster Linie die weiter entfernt gelegenen und deshalb im Wettbewerb viel

---

[1]) Ohne Koks, dessen abgesetzte Menge im Vergleich zum Gesamtabsatz nur 1—2½% ausmacht.

schwerer zurückeroberbaren Gebiete, während die benachbarten Märkte der Pfalz und des linksrheinischen Preußen einigermaßen weiter beliefert wurden.

Zahlentafel 36.

Saarkohlenabsatz in den deutschen Verkehrsgebieten.

	1913	1929	Rückgang in %
Bayerische Pfalz	869	351	59,6
Rheinprovinz links des Rheines	444	171	61,5
Thüringen	46	1	97
Hessen-Nassau	395	22	94,4
Hessen	319	39	87,8
Baden	665	228	65,7
Mannheim, Rheinau und Ludwigshafen	126	65	48,4
Württemberg und Hohenzollern	671	134	80,0
Südbayern	245	72	70,6
Nordbayern	228	72	68,4
Insgesamt	4011	1155	71,2

Im Jahre 1929, dem für Deutschland günstigsten Kohlenwirtschaftsjahre nach dem Kriege, war also der sehr beträchtliche Saarkohlenabsatz nach Thüringen, Hessen-Nassau, Hessen und Württemberg fast völlig verloren; die Wiedergewinnung dieser Märkte wird sehr ernster Anstrengungen bedürfen. Insofern hat der französische Bergfiskus aus politischen Erwägungen die Interessen des ihm vorübergehend anvertrauten Vermögens zweifellos auf das schwerste gefährdet.

Vom Standpunkt des finanziellen Ertrages hat der französische Bergfiskus in den Jahren der günstigsten Kohlenkonjunktur naturgemäß recht erfolgreich gearbeitet, in den letzten Jahren aber Fehlbeträge erzielt. Nach 1928, dem letzten in der Saarwirtschaftsstatistik[1]) berücksichtigten Jahre, haben die Fehlbeträge angehalten. Im Durchschnitt der Jahre 1920 bis 1928 hat aber die französische Verwaltung, nach dem Gesamtüberschuß berechnet, etwa den gleichen Betrag herausgewirtschaftet wie der preußische Fiskus, der mit 93% des Gesamtbergbaus durchschnittlich 15 Millionen Mark jährlichen Überschuß erzielte. Bezogen auf das Anlage-

[1]) Saarwirtschaftsstatistik, herausgegeben vom Saarwirtschaftsarchiv im Auftrage der wirtschaftlichen Organisationen des Saargebiets, Heft 1ff. Saarbrücken 1928ff. Die französische Verwaltung hat Bilanzen für die weiteren Jahre nicht veröffentlicht.

Zahlentafel 37.

Finanzielles Ergebnis des französischen Saarbergbaus 1920—1928.

Jahr	Überschuß (+) u. Fehlbetrag (—) in Mill. fr.	in Mill. GM.	Ausgeschütteter Gewinn in Mill. fr.
1920	+ 72,0	+ 18,6	—
1921	+ 70,9	+ 23,8	20,0
1922	+ 99,9	+ 29,0	60,0
1923	+ 35,1	+ 7,9	50,0
1924	+ 130,5	+ 29,5	34,5
1925	+ 58,2	+ 9,2	10,1
1926	+ 152,0	+ 25,2	112,6
1927	+ 26,5	+ 4,4	23,7
1928	— 13,3	— 2,2	—
1920—1928	+ 631,9	+145,5	310,9

kapital, das auf 300 Millionen Goldmark geschätzt wird, hat die französische Verwaltung im Jahresdurchschnitt etwa 5% verdient, wobei die Aufteilung in ausgeschütteten Reingewinn und Reserveansammlung unberücksichtigt bleibt.

Einen besonders wertvollen Teil des Saarkohlenvorkommens hat der französische Staat zur Ausnutzung zwei Unternehmern übertragen, die in dem benachbarten Lothringen ihren eigentlichen Betriebssitz haben und den Abbau unter der Grenze hindurch betreiben. Es handelt sich um den Warndt, den dicht bewaldeten und bergigen Südwestzipfel des Saargebiets, wo infolge faltender Gebirgsbewegung ein besonders reiches Flözvorkommen auf engem Raum zusammengeschoben ist und wo vor allem auch die in Lothringen so knappen Fettkohlen in günstiger Ausbildung anstehen. Die Pächterinnen sind die Société Houillère de Sarre et Moselle, die vor dem Kriege als „Bergwerksgesellschaft Saar und Mosel“ von Thyssen und Stinnes aufgebaut worden ist, und die Petit-Fils de F. de Wendel et Cie, ein lothringisches Familienunternehmen, das fast hundert Jahre in Deutschland und Frankreich Bergwerke und Hütten betreibt, und deren bedeutendste Grube bei Klein-Rosseln unmittelbar an der saarländischen Grenze liegt. Die Warndt-Kohle stand bisher unverritzt als wichtige Zukunftsreserve an. Da der französische Saarfiskus die Anlegung neuer Bergwerke scheute und die beiden lothringischen Unternehmer die in ihren Feldern anstehenden Fettkohlenvorräte im wesentlichen abgebaut hatten, übertrug ihnen der französische

Staat im Jahre 1924 den Abbau in der Grenzzone gegen eine Pachtsumme von 2,50 fr. je t auf die Dauer von 99 Jahren. Die vorzeitige Auflösung des Vertrages wurde allerdings vorbehalten für den Fall, daß das Gebiet nach einer für Deutschland günstigen Abstimmung Deutschland vom Völkerbund wieder zugeteilt werden sollte. Dem privatrechtlichen Pachtvertrag folgte außerdem einige Monate später ein völkerrechtliches Abkommen zwischen der Saarregierung und dem französischen Staat, durch das die Pacht und die daraus notwendig gewordene und tatsächlich bereits erfolgte unterirdische Durchörterung der Grenze nachträglich genehmigt wurde. Die Saarregierung übertrug auch den für das lothringische Kohlengebiet zuständigen französischen Bergbehörden die bergpolizeiliche Aufsicht in den innerhalb des Saargebiets angelegten Grubenbauten.

Kartenskizze 9. Die Pachtfelder im Warndt.

Die Saar-Mosel-Gesellschaft besitzt das Pachtfeld Karlsbrunn, in einer Größe von 620 ha; es ist durch den 1923 bis 1925 unmittelbar neben der Grenze 475 m tief niedergebrachten Schacht Elie Reumaux aufgeschlossen und liefert zur Zeit den größten Teil der Förderung dieser Gesellschaft (1932: 1,9 Millionen t von insgesamt 3,2). Der Betrieb von de Wendel in dem 327 ha großen Pachtfeld Groß-Rosseln wird in wesentlich engerem Rahmen geführt; der Abbau erfolgt von den vorhandenen älteren Schachtanlagen aus. Die Gesamtmenge an Kohle, die aus beiden Pachtländern herausgeholt worden ist, beträgt nach Angaben der Beteiligten bis Ende 1932 etwa 10½ Millionen t; hiervon entfallen allein auf die Saar-Mosel-Gesellschaft reichlich 10 Millionen. Da es sich ausschließlich um die begehrten Fettkohlen handelt, deren Vorräte auch innerhalb des Saargebiets erheblich knapper als diejenigen an Flammkohlen sind, bedeutet dieser Abbau, der der ausländischen Wirtschaftskraft zugute kommt, einen ansehnlichen materiellen Verlust für Deutschland und das Saargebiet. Obwohl der Betrieb in der Hauptsache mit Bergleuten aus dem Saargebiet selbst geführt wird, die täglich zu Tausenden in den Schächten jenseits der Grenze einfahren, so entgeht doch der größte Teil der Steuern, die bei einer Förderung durch Schächte im Saargebiet selbst fällig würden. Nach den bergmännischen Regeln gilt es ferner als völlig falsch, die reichen Teile einer Lagerstätte von einer vorhandenen Anlage aus im Nebenbetrieb abbauen zu lassen, wenn man für die betreffende Lagerstätte später doch noch einen Hauptbetrieb einrichten muß. Naturgemäß wird dessen wirtschaftliche Ausnutzung durch die Vorwegnahme wesentlich verschlechtert.

Sehr viel ernster ist noch die politische Seite der Frage. Mit Recht fühlte man sich im Saarlande und in Deutschland beunruhigt über einen Bergbau, der einen der wertvollsten Teile des ganzen Saarkohlenvorkommens betriebstechnisch und wirtschaftlich mit dem Auslande vereinigte. Die gefühlsmäßigen Bedenken wurden verstärkt durch die Tatsache, daß die Förderziffern in den Pachtfeldern des Warndt von den französischen und den Völkerbundbehörden nicht in der Saarstatistik aufgeführt werden, sondern statistisch als Ergebnisse des französischen Bergbaus erscheinen. Daß es sich bei der Verpachtung nicht nur um eine Frage der technischen Zweckmäßigkeit gehandelt hat, wurde vollends enthüllt durch die offenherzigen Ausführungen, die der Chef des französischen Bergwesens, Defline, auf dem französischsaarländischen Wirtschaftskongreß am 11./12. Oktober 1927 in einem Vortrage über den Saarbergbau aussprach[1]): „Vom Standpunkt des Bergbaubetriebes liegt eine Art Grenzberichtigung vor."

Nach deutscher Auffassung, die insbesondere von einem so anerkannten Völkerrechtslehrer wie Schücking öffentlich vertreten worden ist[2]), muß die völkerrechtliche Zulässigkeit der Verpachtung und vor allem der Zustimmung der Saarregierung bestritten werden. Wenn auch derartige unterirdische Grenzdurchörterungen nicht allzu selten erfolgen und beispielsweise an der neuen oberschlesischen Teilungslinie mehrfach vom preußischen Staat auf Grund von Abkommen mit Polen vorgenommen werden, so findet dort doch nur die Ausbeutung verhältnismäßig kleiner Restfelder statt, die die hohen Kapitalsanlagen für neue Bergwerke nicht rechtfertigen würden. Gerade in dem deutschpolnischen Bergwerksabkommen vom 22. Juni 1922 ist auch im Falle einer Zerschneidung der Gerechtsame die Anlage selbständiger Schächte auf beiden Seiten der Grenze vorgesehen, soweit solche Anlagen lohnen. Im Warndt sind keinerlei Grubenfelder durch die Grenze zerschnitten, und die Niederbringung neuer Schächte wäre hier nicht nur lohnend, sondern wird im Laufe der natürlichen Entwicklung durchaus notwendig, infolge der französischen Maßnahmen aber erheblich erschwert sein. Vor allem handelt es sich aber bei diesen Parallelfällen um Abkommen zwischen zwei souveränen Ländern. Träger der Souveränität des Saargebiets ist nach dem Wortlaut des Friedensvertrages und allgemeiner internationaler Auffassung nach wie vor Deutschland, auch, wenn es die Regierung vorübergehend nicht ausübt. Nur der eigentlich souveräne Staat kann aber Maßnahmen genehmigen, die, wie die Grenzdurchörterung, die Souveränität im Kerne berühren. Tatsächlich ist Deutschland überhaupt nicht gefragt worden. Anfänglich ist die Grenzdurchörterung sogar ohne die Zustimmung der Regierungskommission erfolgt, und die nachträgliche Einholung dieser Zustimmung hat die Rechtswidrigkeit des vorher angeschlossenen Pachtvertrages nicht mehr heilen können. Im übrigen ist die Regierungskommission ihrem Wesen nach in erster Linie verpflichtet, die Interessen des Saargebiets

[1]) Abgedruckt in L'Union économique de l'Est (Nancy 1927), Nr. 20ff., S. 227: „C'est du point de vue de l'exploitation des mines une sorte de rectification de frontière".

[2]) Frankfurter Zeitung vom 15. Mai 1930.

wahrzunehmen, seine Werte zu erhalten und zu schützen, während sie in der Warndtfrage diese Pflicht des „Treuhänders" verletzt hat.

Der Rechtsstreit ist bisher nicht ausgetragen worden; die Saar-Mosel-Gesellschaft hat sich von dem Pariser Rechtsgelehrten J. Barthélemy die Rechtsgültigkeit ihres Pachtbetriebes durch ein ausführliches Gutachten bestätigen lassen und wird jedenfalls bis zur Entscheidung des Völkerbundes über das Saargebiet sich in dem recht einträglichen Betriebe nicht beirren lassen. Über alle juristischen Erwägungen hinweg kann man nur feststellen, daß die politisch und nach dem natürlichen Rechtsempfinden der betroffenen Bevölkerung so unmögliche und unerträgliche Schaffung des Saarstaates zu so unnatürlichen und unhaltbaren Folgerungen wie dem Warndt-Streit hat führen müssen. Daß die Völkerbundsbehörde und die französische Regierung selbst, ganz abgesehen von der Rechtsfrage, besser getan hätten, derartige Auswirkungen zu vermeiden, wird niemand bestreiten, der ein dauerndes friedliches Zusammenarbeiten der beiden großen Völker für die Zukunft wünscht. —

Die Eisenindustrie des Saargebiets wurde, ebenso wie die übrige Wirtschaft von der Neuordnung des Friedensvertrages, vor allem durch die Eingliederung in das französische Zollgebiet, getroffen. In den ersten fünf Jahren, während deren der deutsche Markt nach dem Friedensvertrag zollfrei offenstehen mußte, genoß man den Vorteil der doppelten Absatzmöglichkeit und der billigen Versorgung mit französischen Waren. Infolge der politischen Konflikte, der Umstellung der Währung, der willkürlichen Behandlung in der Kohlenversorgung, des Verlustes der lothringischen Tochterwerke und der Ungewißheit der Zukunft bedeuteten diese Jahre aber keineswegs eine Zeit wirtschaftlicher Blüte, sondern mühsames Ringen um Aufrechterhaltung des bisherigen Standes. Die Eisenhütten mußten ihre technischen Anlagen erheblich verbessern und ausbauen, um den bisherigen Roheisenbezug aus Lothringen möglichst aus eigenem Betriebe zu ersetzen, da der Kauf fremden Roheisens naturgemäß wesentlich unwirtschaftlicher ist als die eigene Erzeugung. Hinsichtlich des Erzverbrauchs blieb aber der Anteil der lothringischen Minette mit fast 90% auf der Höhe des Vorkriegsverhältnisses, obwohl das gekaufte Erz naturgemäß wesentlich teurer ist — um durchschnittlich 2,50 fr. je t — als das im eigenen Unternehmen geförderte und die Wettbewerbsfähigkeit der Saarwerke empfindlich verschlechtert. Im übrigen gelang es auch den Hüttenkokereien, die Beschaffenheit des aus

Saar-Fettkohle hergestellten Koks wesentlich zu verbessern und damit den früher in erheblichen Mengen mitverbrauchten Ruhrkoks fast ganz entbehrlich zu machen.

Bei der Schließung des deutschen Marktes, die nach Ablauf der fünfjährigen Schonzeit am 10. Januar 1925 eintrat, wäre aber die Saarindustrie einem Zusammenbruch entgegengegangen, da nach wie vor der deutsche Absatz völlig unentbehrlich war. Dadurch, daß das Reich im Interesse der Saarwirtschaft, teilweise aber auch auf Wunsch der süddeutschen Kunden der Saarfirmen, die fälligen Zölle zunächst stundete und später im Wege der Kontingentierung regelrechte Zollfreiheit für zahlreiche saarländische Erzeugnisse gewährte, wurde die drohende Gefahr abgewendet. Deutschland ist heute nach wie vor der Hauptabnehmer der Saareisenindustrie. Schwieriger war die Frage der umgekehrten Lieferungen Deutschlands zu regeln. Die Verbraucherschaft im Saargebiet hielt teils aus Überlieferung und Gewöhnung, teils aus bewußtem nationalem Wollen in unerwartetem Umfange an dem deutschen Waren fest, auch wenn das zollbegünstigte französische Angebot billiger war. Der Völkerbund konnte sich diesen Wünschen der Bevölkerung auf Beibehaltung eines erleichterten Handelsverkehrs mit dem Mutterlande nicht ganz entziehen; auf seine Vermittlung hin gewährte die französische Regierung dem Saargebiet in verschiedenen Abkommen mit Deutschland eine gewisse handelspolitische Sonderstellung. Immerhin setzte sich das politische Übergewicht Frankreichs auch in wirtschaftlicher Hinsicht allmählich in erheblichem Maße durch. Die große Macht der Bergverwaltung, die ihren riesigen Bedarf fast ausschließlich in Frankreich deckte, die seit jeher bestehende Verbundenheit mit Elsaß-Lothringen, das vor allem seinen Überschuß an landwirtschaftlichen Erzeugnissen im Saargebiet absetzte, und das durch die Zollfreiheit und die billigen Lebensbedingungen des Siegerlandes ermöglichte teilweise überaus günstige Angebot sonstiger Waren verschafften Frankreich im Laufe der Jahre einen sehr beträchtlichen Anteil des Warenverkehrs des Saargebiets.

Der gegenwärtige Stand der saarländischen Handelsbeziehungen mit Deutschland und Frankreich, dessen genaue Feststellung von höchstem Interesse wäre, läßt sich ziffernmäßig leider nicht einwandfrei wiedergeben, da mangels einer Zollgrenze zwischen Frankreich und dem Saargebiet eine statistische Erfassung des über diese Grenze gehenden Verkehrs nicht stattfindet. Schätzungsweise und nach den Ergebnissen der Eisenbahnstatistik darf man annehmen, daß der Absatz der Eisenwerke bis in die letzten Jahre weitaus stärker nach Deutschland als nach Frankreich erfolgte, wenn auch zuletzt ein gewisser Ausgleich eingetreten ist. Die Erzversorgung geschah fast ausschließlich aus Frankreich. In der Glas- und keramischen Industrie überwiegt der Absatz nach Deutschland bei weitem. In der Versorgung mit Nahrungs- und Genußmitteln und Textilwaren steht wiederum Frankreich, hauptsächlich infolge der alten Beziehungen Elsaß-Lothringens zum Saargebiet, durchaus voran. Der französische Wirtschaftsverkehr mit dem Saargebiet ist stark aktiv; es steht unter den Absatzländern Frankreichs an sechster Stelle, und insofern hat Frankreich zweifellos ein erhebliches wirtschaftliches Interesse an dem jetzigen Zustande, zumal seit die Wirtschaftskrisis gelehrt hat, die Bedeutung des Absatzes wieder gebührend einzuschätzen.

Im übrigen hat das französische Saarunternehmen seine Urheber und Vertreter zweifellos in allen Punkten gründlich enttäuscht. Das gilt auch auf wirtschaftlichem Gebiet. Die Übernahme des Kohlenbergbaus verlor unter kohlenwirtschaftlichen Gesichtspunkten schon mit dem Ende der Kohlenkrisis im Jahre 1921, spätestens aber mit dem Abschluß des nordfranzösischen Wiederaufbaus im Jahre 1925 ihre Berechtigung und ihren Sinn, und die finanziellen Erträge sind, wie vorauszusehen war, keineswegs erheblich. Dagegen arbeitet die französische Bergverwaltung als Fremdkörper innerhalb einer durchaus und nahezu geschlossen ablehnenden fremdsprachigen Bevölkerung. Der Zustand ist auch für die französischen Beamten, die stärker isoliert als in einer überseeischen Kolonie leben, keineswegs beneidenswert. Wenn er solange ohne ernste Zuspitzungen blieb, so nur deshalb, weil beide Teile ihn als vorübergehend auffassen und hinnehmen. Die vom Saarbergbau erwartete Erleichterung des französischen Kohlenproblems ist, wie ebenso vorauszusehen gewesen war, völlig mißlungen, da die Saarkohle wegen ihrer geographischen Lage, wegen ihres verhältnismäßig hohen Preises, wegen der nur beschränkten Ausbaumöglichkeit und wegen der auch von den französischen Technikern nicht behobenen schlechten Verkokungseigenschaft den Fehlbetrag nicht zu decken vermag. Der französische Kohleneinfuhrbedarf ist infolge der Angliederung Elsaß-Lothringens in den letzten Jahren trotz des Saarbergbaus größer als je vor dem Kriege gewesen. Ebenso ist die angestrebte Französisierung der Eisenindustrie nur teilweise und jedenfalls nicht so gelungen, daß man davon eine Verstärkung der französischen eisenwirtschaftlichen Macht erreichte.

Die Hauptenttäuschung liegt aber auf dem politischen Gebiet, und von hier gingen großenteils auch die wirtschaftspolitischen Mißerfolge aus. Das Saarstatut war von vornherein eine Halbheit, die Deutschland verstümmelte und beleidigte und einer Bevölkerung von drei Viertel Millionen Vaterland und Freiheit raubte, ohne Frankreich, vor allem für die Dauer, zu befriedigen. Es hätte deshalb von keinem Staatsmann zugelassen werden dürfen. Die Frankreich für fünfzehn Jahre gewährten Einflußmöglichkeiten waren zwar groß genug, daß die Franzosen, in völliger Täuschung über Art und Gesinnung der Bevölkerung, zunächst mit großer Zuversicht an die Übernahme ihrer Aufgabe herantraten. Als aber gleich die ersten Versuche mißglückten, die Bevölkerung vielmehr den unwillkommenen Eroberer geschlossen ablehnte und sogar Saarlouis, das man für begeistert französisch gesinnt gehalten hatte, sich als eigensinnig deutsche Kleinstadt herausgestellt und jede Begrüßung der französischen Truppen verweigert hatte, verlor man die klare Linie. Die Franzosen, die den Deutschen so gern psychologische Fehler in der Behandlung anderer Völker vorwerfen, sind darin sicherlich noch viel verständnisloser und ungeschickter. Ihre Politik im Saargebiet wandte ohne Festigkeit und Folgerichtigkeit bald Zwang und Schikane, bald Schmeichelei und Reklame an und hatte weder mit dem einen noch mit dem anderen Erfolg. Wahrscheinlich ist nicht ein einziger Saareinwohner endgültig für die französische Sache gewonnen worden.

Das Völkerbundsregiment, auf das seine Urheber so besonders stolz gewesen sein sollen und dem namentlich Lloyd George einen glänzenden Erfolg vorausgesagt hat, schnitt sich von vornherein alle Wirkungsmöglichkeiten dadurch ab, daß es sich als landfremde, auf französisches Militär gestützte Gewaltherrschaft einführte und in den ersten Jahren sich ganz offenkundig als Sachwalter der französischen Interessen ausgab und betätigte. Der Widerspruch zwischen den demokratischen Grundsätzen der Siegermächte und dem Friedensideal des Völkerbundes auf der einen Seite und der fremdsprachigen Militärdiktatur auf der anderen Seite verhinderte jede ruhige Annäherung und Gewöhnung zwischen der Bevölkerung und ihrer Regierung. Auch die spätere entgegenkommendere Haltung der Regierungskommission und des Völkerbundrates haben die von vornherein gründlich verfahrene Lage nicht mehr zu ändern vermocht, zumal man den Landesrat in seiner völligen Bedeutungslosigkeit und damit die von ihm vertretene Bevölkerung in ihrer Rechtlosigkeit erhielt. Infolgedessen verweigerte die Bevölkerung selbst weniger anstößigen Maßnahmen ihre Anerkennung und ertrug auch die Völkerbundsbehörde nur in der Erwartung ihrer kurzen Dauer. Abgesehen von den Auswirkungen der innerdeutschen Spannungen und Kämpfe der letzten 1½ Jahre, denen gegenüber die Regierungskommission wiederum nicht immer die gebotene Linie unparteiischer Neutralität fand, würden sich im Saargebiet für die Aufrechterhaltung des jetzigen Zustands ebensowenig Stimmen erheben wie für die Angliederung an Frankreich. Bei den Landesratswahlen vermochte die künstliche Gründung einer autonomistischen Gruppe niemals ein Mandat zu erringen.

Angesichts der Erfolglosigkeit der französischen Saarpolitik konnte es nicht ausbleiben, daß auch in Frankreich mehrfach der Gedanke erörtert wurde, vorzeitig einen Zustand zu beenden, der sich lediglich noch als Gefahr für den europäischen Frieden und namentlich für die deutsch-französischen Beziehungen erwies. In Verfolg der allgemeinen Verständigungspolitik der Jahre von 1924 bis 1930 hoffte man auf beiden Seiten zu einer freundschaftlichen Regelung auch dieser Frage zu kommen, und namentlich Stresemann hat sich hierum bei verschiedenen Gelegenheiten eifrig und sorgfältig bemüht. Auch Briand hat damals einsichtsvoll zugegeben, daß Frankreich nichts daran gelegen sein könne, mit dem Rückverkauf der Bergwerke bis 1935 zu warten. Da die Volksabstimmung gegen Frankreich ausfallen werde, müsse dieses die Gruben dann doch verkaufen, aber nicht zu einem freiwillig vereinbarten, sondern zu einem Preis, den eine schiedsrichterliche Kommission festsetzen werde. Stresemann forderte zuerst in Locarno (Oktober 1925) die Vorverlegung der Abstimmung, freilich nur in Verbindung mit der endgültigen Räumung der Rheinlande, da der Saarbevölkerung nicht zugemutet werden konnte, nach Beendigung der Oberhoheit des Völkerbundes zunächst noch regelrechte französische Besatzung zu erhalten. Bei der Zusammenkunft mit Briand in Thoiry (17. September 1926) brachte Stresemann erneut die Frage zur Sprache, erzielte aber wiederum nur eine grundsätzliche, praktisch zunächst nicht zu verwirklichende Zustimmung.

Infolge der für das deutsche Volk unbegreiflich langen Verzögerung der Rheinlandräumung, deren tragische Auswirkung für die politische Entwicklung in Europa stets unterschätzt wird, kam auch die Saarfrage der Lösung nicht näher. Erst als der endgültige Abzug der Besatzungstruppen im Jahre 1929 vereinbart wurde, diente die Haager Konferenz (August 1929) der erneuten Verhandlung, und noch in seiner letzten Völkerbundsrede in Genf (9. September 1929) gab Stresemann der ungeduldigen Erwartung des deutschen Volkes auf einen Erfolg dieser Bemühungen Ausdruck. Er wies darauf hin, daß auch der Völkerbund das größte Interesse daran habe, die von der Bevölkerung einmütig gewünschte Wiedervereinigung mit der Heimat zu beschleunigen. Die sehr lange und sorgfältig geführten Beratungen der wirtschaftlichen und technischen Sachverständigen beider Länder scheiterten aber endgültig im Juli 1930. Frankreich verlangte eine dauernde Beteiligung an dem Saarbergbau, zuletzt in Höhe von mindestens einem Drittel des Anlagekapitals, während die deutschen Vertreter grundsätzlich keinerlei Zugeständnisse machen konnten, die eine dauernde Beeinträchtigung der deutschen Rechte im deutschen Hoheits- und Wirtschaftsgebiet mit sich brachten. Im Saargebiet selbst wurden die Verhandlungen nicht ganz einheitlich beurteilt. Die große Mehrheit der Bevölkerung zog es jedenfalls, wie mehrfach zum Ausdruck kam, entschieden vor, noch die wenigen Jahre bis zum vertraglich vorgesehenen Abstimmungstermin im Jahre 1935 zu warten, anstatt eine Verkürzung dieser Frist mit dauernden Lasten und Nachteilen zu erkaufen.

Seit 1930 ruht die internationale Erörterung der Saarfrage, zumal der regelrechte Abstimmungstermin immer näher gerückt und inzwischen auch endgültig auf den Januar 1935 festgesetzt worden ist. Aus gelegentlichen Auslassungen der beiderseitigen Staatsmänner ist aber zu erkennen, welche Bedeutung die Frage für die deutsch-französischen Beziehungen und für den Weltfrieden besitzt. Reichskanzler Hitler hat sie mit großer Eindringlichkeit als das einzige und letzte Problem bezeichnet, dessen Lösung die Voraussetzung für eine endgültige Beruhigung der deutsch-französischen Beziehungen bilde. Die kohlenwirtschaftliche Seite der Frage tritt naturgemäß immer mehr in den Hintergrund; namentlich das deutsche Volk faßt die Rückgliederung der Saar ausschließlich als eine Sache der nationalen Ehre und des nationalen Empfindens auf. Der politisch einzig möglichen Lösung würden die wirtschaftlichen Auswirkungen, deren Bedeutung erst an zweiter Stelle komme, von selbst folgen.

Die Zukunft.

Daß die bevorstehende Abstimmung im Saargebiet fast einmütig das Verlangen nach Rückgliederung an Deutschland zum Ausdruck bringen würde, nahm bisher jeder Beteiligte an und entsprach auch den Eindrücken einer Studienreise, die der Verfasser im Herbst 1933 durch das Saargebiet ausgeführt hat[1]). Einige Gruppen der Bevölkerung haben neuerdings die Parole für einstweilige Beibehaltung des jetzigen Zustandes ausgegeben, wobei ausschließlich innerdeutsche Gegensätze, jedoch keinerlei Hinneigung zu Frankreich oder zum Völkerbundsregiment mitsprechen. Trotzdem wird für die bevorstehende Abstimmung eine große Mehrheit für die Rückkehr des gesamten Saargebiets an Deutschland vorausgesehen. Das muß aber die geschlossene Rückgliederung bedeuten, da sich der Völkerbund der Willensäußerung der Bevölkerung nicht entziehen kann und auch Frankreich, wenn nicht ganz unvorhersehbare neue politische Verwicklungen in Europa entstehen, ebenfalls den Willen der Bevölkerung und das Gesetz des Friedensvertrages achten muß und sicherlich achten wird. Infolgedessen muß schon jetzt erwogen werden, welche Folgen alsdann für die in der Zwischenzeit teils willkürlich herbeigeführte, teils von selbst eingetretene Verlagerung in der Kohlen- und Eisenwirtschaft des Saargebiets zu erwarten sind.

Für den Kohlenbergbau steht fest, daß Deutschland die Eigentumsrechte Frankreichs an den Gruben zu einem in Gold zahlbaren Preise oder mit anderen Leistungen zurückkaufen muß, wenn der Völkerbund die Vereinigung des ganzen Saarbeckens mit Deutschland beschlossen hat. Für die Preissetzung wird ein Ausschuß gebildet, dem ein deutscher, ein französischer und ein vom Völkerbund ernannter unparteiischer Sachverständiger angehören. Hinsichtlich des Rückkaufwertes liegt eine gewisse Vorwegnahme in der Entscheidung der Reparationskommission vom 11. März 1922, die, allerdings unter dem Vorbehalt späterer genauerer Berechnung, Frankreich den Wert der Saargruben mit 300 Millionen Goldmark auf die ihm nach dem Spa-Schlüssel zustehenden Reparationsausschüttungen anrechnete. Der französische Staat und die französischen Staatsangehörigen bleiben auch weiter berechtigt, die für ihren gewerblichen und häuslichen Bedarf erforderlichen Kohlenmengen aus dem Saargebiet zu kaufen. Der Völkerbund

[1]) In der Erörterung tagespolitischer Fragen sieht der Verfasser nicht seine Aufgabe. An einzelnen Feststellungen kann er aber nicht vorübergehen, soweit sie die Voraussetzung für unentbehrliche bergwirtschaftliche und bergbaupolitische Erörterungen bilden. Die politische Entwicklung befindet sich im Augenblick der Fertigstellung der vorliegenden Arbeit allerdings in besonders raschen Fluß. Für den weiteren Verlauf wird angesichts des starken Überwiegens der katholischen Konfession im Saargebiet viel von der Gestaltung der Beziehungen zwischen der Reichsregierung und der Katholischen Kirche abhängen.

soll hierfür in gerechter Regelung die Kohlenmengen, die Dauer des Vertrages und die Preise bestimmen und auch sonst die erforderlichen Übergangsbestimmungen treffen.

Eine genauere Ausrechnung des Wertes des Saarbergbaus haben die amerikanischen Fachleute A. H. Brooks und Morris F. La Croix im Jahre 1920 versucht und in einer amtlichen Schrift der amerikanischen Geologischen Landesanstalt niedergelegt[1]). Sie gelangen für den bisherigen Besitz des preußischen Staates auf einen Gesamtwert von 300 Millionen Franken (offenbar Goldfranken) und setzen hierbei die Kohlenfelder mit 120, die Bergwerke mit 160 und die Kokereien mit 20 Millionen Franken ein. Wenn man auf den restlichen Bergbau die gleichen Berechnungsgrundlagen anwendet — die Verfasser beziehen noch andere, vom französischen Staat nicht übernommene Anlagen ein, so daß ihr Endergebnis nicht verwendbar ist — so gelangt man zu einem Gesamtwert von 320 Millionen Goldfranken, also von weniger als 260 Millionen Goldmark. Der französische Saarfiskus hat in seinen Bilanzen 300 Millionen Goldmark eingesetzt, später aber, z. B. auch für die Steuereinschätzung etwas höhere Werte angegeben. In der französischen Literatur findet man z. T. noch erheblich höhere Bewertungen, bis zu einer Milliarde Goldfranken und darüber, doch haben diese Schätzungen keinerlei praktischen Wert und sind auch schwerlich ernst gemeint. Legt man den durchschnittlichen Ertragswert der Vor- und Nachkriegszeit zugrunde, so gelangt man bei einem Kapitalzins von 6%, dem niedrigsten, den man für derartige Erwerbsbetriebe annehmen darf, zu einem Gesamtwert von 280 Millionen Goldmark. Seit 1930 wird ein Ertrag aber überhaupt nicht herausgewirtschaftet. Der technische Zustand der Gruben hat sich seitdem auch sicherlich erheblich verschlechtert. Durch Zusammenlegung des Abbaubetriebs auf die besten Flözpartien, durch den Abbau der reichen Fettkohlen im Warndt ohne entsprechende technische Anlagen im Saargebiet selbst, durch Vernachlässigung der Aus- und Vorrichtungsarbeiten und vor allem auch durch die willkürliche Preisgabe großer Absatzgebiete ist der Wert des Saarbergbaus für die nächste Zeit zweifellos vermindert worden; eine genaue Einschätzung dieses Schadens

[1]) Alfr. H. Brooks und Morris F. La Croix, The Iron and associated Industries of Lorraine, the Sarre district, Luxembourg and Belgium. Washington 1920 S. 30. Bull. 703 des US Geological Survey in Washington. Die Grundlagen der Schrift sind offenbar für die Zwecke der Friedenskonferenz zusammengestellt worden.

wird freilich erst auf Grund sachverständiger Einzelfeststellungen erfolgen können, denen sich die im Friedensvertrag vorgesehenen Schiedsrichter nicht werden entziehen dürfen.

Im ganzen kann man aber erwarten, daß der Grubenrückkauf, den Wunsch zu sachlicher Verständigung bei allen Teilen vorausgesetzt, keine erheblichen Schwierigkeiten bieten wird. Unter der gleichen Voraussetzung sollte auch eine Einigung über die zukünftigen französischen Kohlenbezüge gelingen. Frankreich ist nach dem Wortlaut des Vertrages zwar nur zum Bezuge berechtigt, aber nicht verpflichtet, und hin und wieder wurden Stimmen laut, daß Frankreich nach der Rückgliederung des Gebiets an einem weiteren Bezug von Saarkohle nichts liegen könne. Immerhin wird man sich auch in Frankreich an die früheren Behauptungen erinnern, daß der dauernde Besitz des Saarkohlenvorkommens für Frankreichs Wirtschaft und Wohlfahrt ganz unentbehrlich sei. Auch wenn die noch immer anhaltende Weltwirtschaftskrisis zur Zeit den Verbraucher verwöhnt hat, lassen sich für die fernere Zukunft in der Tat Entwicklungsmöglichkeiten denken, unter denen ein gesicherter Kohlenbezug große Bedeutung besitzen wird. Gerade die Kohlenwirtschaft der Kriegs- und Nachkriegszeit hat gelehrt, wie falsch es ist, Entscheidungen von erheblicher politischer Tragweite auf die augenblickliche wirtschaftliche Lage abzustellen. Gefahren für die Kohlenversorgung werden aber gerade Frankreich stets in erhöhtem Maße berühren. Eine gewisse moralische Verpflichtung gegenüber dem Saarbergmann wird auch das französische Volk auf Grund seiner Saarpolitik nicht ablehnen können; es darf nicht den Kohlenabsatz auf Grund einer vorübergehenden Treuhänderschaft völlig umkehren und dann bei Beendigung dieser Treuhänderschaft alle Verantwortung für die eintretenden Folgen ablehnen, ja, womöglich sogar aus politischer Verärgerung die Folgen noch verschärfen. Namentlich die Saarbevölkerung, die lange genug leidendes Objekt der großen Weltpolitik gewesen ist, kann erwarten, daß die Urheber dieses bisherigen Zustandes sich um eine Lösung im Geiste sachlicher Verständigung und unter gewissenhafter Rücksichtnahme auf die Saarinteressen bemühen.

Freilich wird man auf der deutschen Seite richtig handeln, wenn man rechtzeitig mit einer gewissen Abnahme des französischen Verbrauchs an Saarkohle nach der Rückgliederung rechnet. Daß Deutschland mit dem Saarlande ein großes Interesse daran hat, die Lieferungen an Frankreich aufrecht zu erhalten, versteht sich von selbst. So stark aber weite Gebiete des französischen Verbrauchs auf die Saarkohle angewiesen sind und bleiben werden, so beruht doch sicherlich ein Teil des jetzigen Absatzes im wesentlichen auf der Tatsache, daß der Bergbau vom französischen Fiskus betrieben wird. Der Saarbergbau lieferte vor dem Kriege an Deutschland ohne Elsaß-Lothringen und ohne das Saargebiet selbst fast 5 Millionen, an Frankreich rd. 1 Million t und in den Jahren 1924 bis 1933 durchschnittlich an Deutschland 1 Million, an Frankreich ohne Elsaß-Lothringen 2½ bis 4½ Millionen t. Eine Annäherung an das frühere Verhältnis wird im Laufe der Zeit unvermeidlich eintreten, zumal, wenn die beiden Doppelschachtanlagen, die zur Zeit bei St. Avold von deutschen Firmen auf Reparationskonto abgeteuft werden, in einigen Jahren — kaum vor 1938 — in voller Förderung stehen und einen Teil des lothringischen Bedarfs decken werden. Immerhin handelt es sich nur um Flammkohle, die aus großer Tiefe, also mit hohen Selbstkosten, gefördert werden wird. Es erscheint auch sehr zweifelhaft, ob die Bergwerksanlagen der Saar-Mosel-Gesellschaft und von De Wendel imstande sein werden, die 2 Millionen t Kohle, die sie zur Zeit jährlich aus dem Warndt holen, künftig anderweitig allein auf lothringischer Seite abzubauen, womöglich wird also mit der Rückgliederung zunächst ein recht empfindlicher Fehlbetrag in der lothringischen Kohlenversorgung eintreten.

Jedenfalls muß sich die deutsche Kohlenwirtschaft darauf einstellen, schlimmstenfalls bis zu 3 Millionen t mehr als bisher jährlich aus dem Saargebiet auf denjenigen Märkten unterzubringen, die von dort bis 1918, jedoch seitdem von anderen Revieren aus, insbesondere mit Ruhrkohle und mit linksrheinischen Braunkohlenbriketts, versorgt wurden. In der Hauptsache wird es sich um Baden, Württemberg, Hessen und Hessen-Nassau, aber auch um entferntere Absatzgebiete handeln. Diese Umstellung bedeutet für die anderen deutschen Reviere, die aus der französischen Kohlenwirtschaftspolitik solange einen gewissen Nutzen ziehen konnten, ein Opfer, das besonders in der Zeit der Krisis gelegentlich schmerzlich empfunden werden mag. Gegenüber einem deutschen Gesamtverbrauch an Kohle in Höhe von 110 bis 170 Millionen t[1]) sollte aber die Unterbringung von 3 Millionen kein unlösbares, nicht einmal ein schwieriges Problem darstellen; jede Konjunkturveränderung bedeutet ganz andere Absatzschwankungen.

[1]) In den Jahren 1924 bis 1932, unter Umrechnung aller Kohlenarten in Steinkohlenwert.

In welcher Weise die Übernahme der bisher für Frankreich gelieferten Kohlenmengen auf dem deutschen Markt geregelt werden wird, bleibt dahingestellt, zumal noch nicht vorausgesehen werden kann, welche Aufnahmefähigkeit zu dem gegebenen Zeitpunkt nach der allgemeinen Wirtschaftslage bestehen und welche Mengen Frankreich auch künftig kaufen wird. Gewisse Maßnahmen müssen aber alsbald ins Auge gefaßt werden, insbesondere, wie die ungünstige Verkehrslage des Saargebiets behoben, und damit der Saarkohlenabsatz nach Deutschland verbilligt werden kann. Auf diesem Wege wäre am leichtesten die Wettbewerbsfähigkeit der Saar auf dem west- und süddeutschen Kohlenmarkt wiederherzustellen, die inzwischen durch Umgewöhnung der Verbraucherschaft und durch die Entwicklung der Reichsbahntarife, namentlich durch die Einführung der Staffeltarife, erheblich verschlechtert worden ist. Die Saar bedarf einer billigen, leistungsfähigen Verbindung zum Rhein, damit sie vor allem dort, wo sie auf die Ruhrkohle, teilweise sogar auf englische Kohle stößt, wettbewerbsfähig wird.

Seit Jahren werden in der Öffentlichkeit des Saargebiets, aber auch in Deutschland selbst zahlreiche Projekte hierzu lebhaft erörtert. Die Kanalisierung von Saar und Mosel kommt jetzt ebensowenig in Betracht wie vor dem Kriege, da die Absatzrichtung der Saarkohle nach Osten und Südosten geht, aber nicht nach Norden, wo sie auf das überlegene Angebot der Ruhrkohle und der niederrheinischen Braunkohle stößt. Die Saar-Mosel-Kanalisierung würde dieses Angebot vielmehr in die jetzigen unmittelbaren Absatzgebiete der Saarkohle ziehen. Die Wirtschaft des Saargebiets selbst hat dagegen schon seit längerer Zeit nahezu geschlossen den Plan eines Saar—Pfalz—Kanals vertreten, der die Saar bei Saarbrücken über Kaiserslautern mit dem Rhein bei Ludwigshafen verbinden sollte. Der Kanal würde etwa 150 km lang werden und beträchtliche Höhenunterschiede zu überwinden haben, so daß 12 bis 13 Schleusen notwendig würden. Die Baukosten wurden vor einigen Jahren auf 250 bis 300 Millionen Reichsmark geschätzt, dürften sich jetzt allerdings erheblich niedriger stellen. Aber auch die laufenden Betriebskosten würden sicherlich sehr hoch werden. Naturgemäß bedeutet jeder Kanal eine Verringerung des Reichsbahnverkehrs; das in der Reichsbahn investierte öffentliche Vermögen wird also schlechter ausgenützt, zugunsten eines ebenfalls aus öffentlichen Mitteln hergestellten neuen Verkehrsmittels, das seinerseits wiederum niemals rentabel sein kann. Kanäle erfreuen sich aber einer volkstümlichen Vorliebe, die zum großen Teil noch aus der Zeit vor der Einführung der Eisenbahnen stammt, und die überdies in den letzten Jahren noch eine Neubelebung erfahren hat. Da bei den Kanalbaukosten der Lohnanteil sehr hoch ist und ungelernte Kräfte beschäftigt werden können, eignen sich solche Projekte besonders gut zur Arbeitsbeschaffung. In der letzten Zeit ist es aber um den Saar—Pfalz—Kanal stiller geworden. Die Kosten sind reichlich hoch. Der stärkste Einwand gegen ihn liegt aber darin, daß der Bau eine Reihe von Jahren in Anspruch nähme, der Kanal also gerade für die besonders schwierige Übergangszeit, außer als Arbeitsbeschaffungsmaßnahme, keine Hilfe brächte.

Man hat an Stelle des Kanals neuerdings eine riesenhafte Seilbahn vorgeschlagen; sie würde nur 18 bis 20 Millionen Reichsmark kosten und könnte verhältnismäßig rasch errichtet werden, würde sich aber nur für Massentransporte unverderblicher Waren eignen. Tatsächlich wird es wohl der Mühe wert sein, zu prüfen, ob nicht die Reichsbahn selbst, namentlich für Transporte ganzer Züge von Großraumwagen, wie sie für die Kohlenversendung in der Hauptsache in Frage kommen, die Frachttarife, nötigenfalls unter besonderen Beihilfen, so weit senken könnte, daß die Saarkohle dem Wettbewerb der den Rhein heraufkommenden anderen Kohlen gewachsen wäre. Vor allem müßte die für die Saar recht ungünstige Wirkung der Staffeltarife der Reichsbahn insoweit gemildert werden.

Außer in der Form des rohen Brennstoffs kann die Saarkohle aber auch in veredelter Form als Gas in Rohrleitungen oder als Strom durch den Draht versandt werden. Auf diesen Gebieten sind wirksame Vorbereitungen teils aus der Initiative der Saarwirtschaft selbst, teils mit staatlichen oder privaten Maßnahmen des übrigen Deutschland bereits getroffen worden, um einen vermehrten Absatz der Saarkohle zu sichern. Die Umstellung der Beheizung der Koksöfen in den großen Hüttenkokereien auf Gichtgas oder auf Generatorgas, das mit geringwertiger Abfallkohle erzeugt wird, kann sehr erhebliche Mengen von hochwertigem Koksgas freimachen; durch Vereinbarungen mit der Ruhrgasgesellschaft und der Hessischen Kommunalen Gas A.-G. (Hekoga) ist dem Saar-Gas schon jetzt der Absatz in den aufnahme- und noch mehr entwicklungsfähigen Absatzgebieten zwischen Mosel und Rhein gewährleistet und kann wohl auch noch ausgedehnt werden. In der Pfalz steht die allgemeine Umstellung des Gasverbrauchs auf Saar-Ferngas bevor, wobei eine Reihe kleiner gemeindlicher Gaswerke stillgelegt werden wird. Noch wichtiger für die Verwertung der schwer absetzbaren Staubkohle wird die Einbeziehung des Saarlandes in die planmäßige Elektrizitätsversorgung West- und Südwestdeutschlands sein, wofür die gemeinwirtschaftliche Regelung dieses wichtigen Wirtschaftszweiges die erforderliche Voraussetzung schafft.

Noch wesentlich leichter wird sich voraussichtlich die Umstellung der Eisenindustrie nach der Rückgliederung gestalten. Daß der Völkerbund, der den Übergang zu regeln hat, kurzerhand die Zollgrenze gegen Frankreich sofort wiederherstellen wird, darf als ausgeschlossen gelten. Selbstverständlich wird für das Schicksal der Saarindustrie viel von der Entwicklung der allgemeinen Wirtschaftskonjunktur abhängen, deren Besserung für die nächsten Jahre mit gewissem Recht für die ganze Welt erhofft wird. In der Industrie selbst wird aber nicht erwartet, daß die jetzige ungewöhnlich günstige Lage mit dem nach beiden Seiten offenen Absatz für immer andauern wird. Die Werke sind aber im wesentlichen technisch hervorragend ausgebaut und durch das Internationale Rohstahl-Kartell in ihrem Absatz zum großen Teil ohnedies gesichert. Bei Gewährung vernünftiger Übergangsfristen und bei einigem Entgegenkommen der deutschen Wettbewerbsgebiete, auf die aus nationalpolitischen Erwägungen gerechnet werden kann, wird ihnen also auch die früher oder später erfolgende Wiederaufrichtung der Zollgrenze gegen Frankreich nicht allzu viel schaden. Die Saarhütten werden immer Abnehmer des lothringischen Erzes bleiben, und solange wirtschaftliche Vernunft überhaupt mitspricht, wird auch Frankreich gern das Erz verkaufen, da es sonst daran ersticken müßte. Umgekehrt kann sich Frankreich auch nicht gegen die Abnahme der Erzeugnisse der Saarindustrie, namentlich der verarbeitenden Werke, völlig verschließen.

Besonders dringend ist das französische Interesse an dem Absatz seiner sonstigen Waren im Saargebiet, vor allem an den landwirtschaftlichen Erzeugnissen Elsaß-Lothringens, die zwar aus dem deutschen Reichsgebiet unschwer ersetzt werden können, für die es aber den jetzigen Lieferanten schwer fallen würde, eine andere Verwendung zu finden. Das Saargebiet ist nun einmal Grenzland und wird es bei jeder Regelung bleiben. Es ist wirtschaftlich nach beiden Seiten verknüpft und Deutschland und Frankreich würden beide Schaden erleiden, wenn diese Verknüpfung sinnlos zerrissen würde.

Zoll, Währung, Steuern, Sozial- und Wirtschaftsrecht, Eisenbahnwesen und allgemeine Organisation der Wirtschaft bedürfen der Rückangleichung, zumal auch in Deutschland, namentlich in der letzten Zeit, vieles auf diesen Gebieten verändert worden ist. Der Völkerbund kann sich hier, nach vielen Enttäuschungen, die er bereitet hat, ein erhebliches Verdienst um die rasche Vernarbung der durch den Friedensvertrag geschlagenen Wunden und damit um eine dauernde Besserung der deutsch-französischen Beziehungen erwerben. Vor allem kann die Saarbevölkerung selbst eine besondere Sorgfalt von ihrem Treuhänder beanspruchen. Sie geht zwar keineswegs, wie die französische Propaganda gelegentlich glauben machen möchte, im Falle der Rückgliederung einer wirtschaftlichen Katastrophe entgegen; aber nach der gewaltsamen fünfzehnjährigen Abtrennung von dem natürlichen Zusammenhang kann und muß doch viel Rücksicht angewandt werden, um der schwer geprüften Bevölkerung neue Nachteile und Opfer zu ersparen.

4. LOTHRINGEN UND LUXEMBURG.

Mit dem alten Reichsland Elsaß-Lothringen trat Deutschland auch das lothringische Erz- und Hüttenrevier vorbehaltlos an Frankreich ab. Das Verlangen des französischen Volkes nach Rückgängigmachung des 1871 erlittenen Verlustes war so allgemein und leidenschaftlich, daß die eisenwirtschaftliche Seite der Frage völlig zurücktrat. Um die blühenden wirtschaftlichen Beziehungen zwischen Lothringen und dem Reich endgültig zu vernichten, behielt sich Frankreich in Versailles das Recht vor, für alle Zeit jede deutsche Beteiligung an den Gruben und Hütten zu verbieten und die bestehenden reichsdeutschen Beteiligungen ebenso wie den gesamten reichsdeutschen Besitz zu liquidieren. Unter dem Gesichtspunkt wirtschaftlicher Zweckmäßigkeit hatten sich allerdings während des Krieges, wenn auch in vorsichtiger Form, warnende Stimmen in der französischen Öffentlichkeit gegen die rasche Wiederaufnahme Deutsch-Lothringens in das französische Zollgebiet erhoben[1]). Die ganz modernen und überaus leistungsfähigen deutschen Werke bedrohten die vorhandenen Hütten im engen französischen Absatzmarkt mit einem überlegenen Wettbewerb. Mehrfach tauchte der Gedanke auf, für das deutsch-lothringische Eisengebiet entweder eine Zollautonomie oder sogar eine Zollgemeinschaft mit Deutschland, zum mindesten für eine längere Übergangsfrist, einzuführen. Angesichts des rauschartigen Volks-

[1]) Z. B. Bailly in der Information vom 22. Dezember 1915, ebenso Information vom 24. Juli 1916.

willens, der die ganz unveränderte Wiederherstellung des Zustands von 1870 verlangte und alle diese Andeutungen geradezu als landesverräterisch ablehnte, war aber an eine Verwirklichung nicht zu denken.

Ebensowenig kam das Abkommen zustande, das die deutsche Friedensdelegation zu Beginn der Auseinandersetzungen über die Kohlenreparationen vorschlug und das einen Austausch lothringischer Minette gegen deutsche Kohle auf längere Zeit sichern sollte. Auch weiterhin ist das alte Tauschverhältnis Kohle—Erz nicht aufrecht erhalten worden, da Frankreich zwar um die Hälfte mehr deutsche Kohle bezieht als vor dem Kriege, aber erheblich weniger Erz nach Deutschland liefert. Deutschland ohne Lothringen und Saarbezirk hatte 1913 4,4 Millionen t Minette aus beiden Lothringen bezogen. Nach dem Kriege stellten sich die deutschen Hochofenwerke immer mehr auf die reichen Schwedenerze um; infolgedessen betrug selbst im Hochkonjunkturjahre 1929 die gesamte deutsche Eisenerzeinfuhr aus Frankreich, also einschließlich der Normandie-Erze, nur noch 3,25 Millionen t, und bis 1932 sank die Menge auf 0,7 Millionen t. Der Schaden liegt im wesentlichen bei Frankreich, das durch die Nachkriegspolitik die Wiederherstellung der natürlichen Wirtschaftsbeziehungen zum Schaden seines Erzbergbaus immer wieder gehindert hat. Gelegentlich hat man sich mit der kurzsichtigen Auffassung getröstet, daß die Aufbewahrung der Erze für die Zukunft einen Gewinn darstelle. Aber schon der französische Sachverständige De Launay hat gemahnt, daß Frankreich den Erzreichtum noch rechtzeitig, auch durch Ausfuhr an Deutschland, ausnutzen solle, da niemand die Entwicklung des technischen Fortschritts und damit den zukünftigen Wert dieser Erze voraussehen könne[1]).

Die von der französischen Eisenindustrie befürchteten Gefahren wurden zum Teil durch die sehr rasche Liquidation der deutschen Unternehmen gegenstandslos. Die Werke wurden von den französischen Hüttengesellschaften selbst, und zwar zu überaus niedrigen Preisen, erworben. Die Produktion, sowohl an Erz wie an Roheisen und Stahl, ist seitdem freilich erheblich zurückgegangen, da die ideal günstige Kombination Ruhr-Lothringen naturgemäß nicht ersetzt werden konnte. Trotzdem bereitete die Unterbringung der Erzeugung der wichtigen Betriebe erhebliche Sorgen.

---

[1]) L. de Launay, France-Allemagne, Problèmes miniers. Paris 1917, S. 221f. Das gleiche haben auch J. M. Keynes, Die wirtschaftlichen Folgen des Friedens-Vertrages, München 1920, S. 78, und zahlreiche andere ausgesprochen.

Infolgedessen sah sich Frankreich, das selbst für die Überproduktion keinen ausreichenden Markt bot, veranlaßt, sich 1926 mit Deutschland, Belgien und Luxemburg zur Internationalen Rohstahlgemeinschaft zusammenzuschließen, die Frankreich einen befriedigenden Absatz auf dem Weltmarkt sicherte. Die Steigerung der französischen Eisen- und Stahlerzeugung nach dem Kriege ist aber im wesentlichen dem ehemaligen Französisch-Lothringen zugute gekommen. Die Roheisenerzeugung des Depts. Meurthe-et-Moselle betrug 1929 124 % derjenigen von 1913, während die Erzeugung des ehemaligen Deutsch-Lothringen kaum den damaligen Stand behauptete.

Das dritte Teilgebiet des großen Minettevorkommens, Luxemburg, mußte nach dem Friedensvertrag aus dem deutschen Zollgebiet ausscheiden, erhielt aber für eine fünfjährige Übergangsfrist das Recht, zahlreiche Waren, insbesondere Erz, Eisen und Stahl wie bisher zollfrei nach Deutschland einzuführen. Die weitere wirtschaftspolitische Eingliederung des kleinen Landes mit der mächtigen Eisenindustrie bereitete aber erhebliche Schwierigkeiten. In Frankreich drängten manche Gruppen — gegen den Willen der Schwerindustrie — auf völlige Einverleibung Luxemburgs; als dieser Plan sich nicht verwirklichen ließ, verzichtete Frankreich, um nicht die Überlastung des französischen Eisenmarktes noch zu vergrößern, auch auf die Zollunion, für die sich die Mehrheit der luxemburgischen Bevölkerung bei der Abstimmung am 28. September 1919 ausgesprochen hatte. Luxemburg schloß sich dann 1921 Belgien an. Durch die Internationale Rohstahlgemeinschaft wurden fünf Jahre später die alten Beziehungen der Eisenindustrie zu Deutschland teilweise wieder angeknüpft. Die Entwicklung der Eisen- und Stahlerzeugung hielt nunmehr mit derjenigen der Nachbarländer einigermaßen Schritt, wenn auch der Erzbergbau in dem verhältnismäßig kleinen Grenzrevier seinen Höhepunkt überschritten hat.

5. OBERSCHLESIEN.

Kohle und Erz.

Zwischen dem Oberlauf von Weichsel und Oder, wo die drei alten Kaiserreiche Deutschland, Österreich-Ungarn und Rußland zusammenstießen, in der Nordwest-Abdachung der zur Karpathenkette gehörenden Beskiden liegt eines der großartigsten Bergbaureviere der Erde. Den wichtigsten Bestandteil bildet das Kohlen-

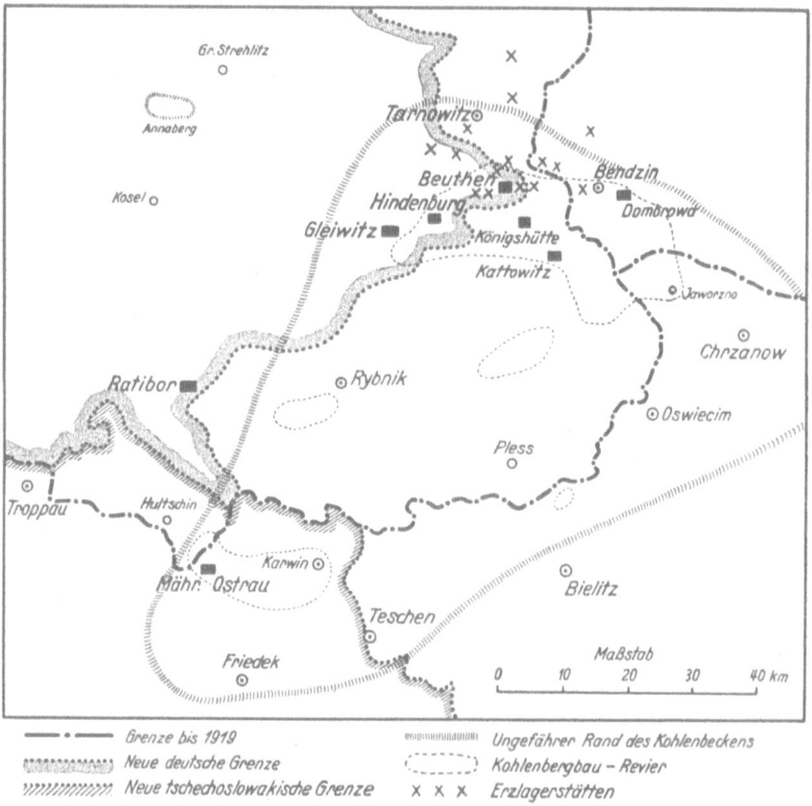

Kartenskizze 10. Die neuen Grenzen im oberschlesischen Kohlenbecken.

becken. Es nimmt einen Flächenraum von mindestens 5600 Quadratkilometern ein, also etwa die Fläche des Landes Oldenburg. Noch bedeutender als die räumliche Ausdehnung ist der Reichtum in der Tiefe, der bisher auf der Erde ohne Beispiel dasteht. Die etwa 7000 m mächtige Ablagerung des Steinkohlengebirges enthält zahllose Flöze mit einer Gesamtstärke von etwa 300 m reiner Kohle; hiervon sind etwa 100 Flöze mit einer Gesamtmächtigkeit von rd. 150 m reiner Kohle abbauwürdig, wobei allerdings jeweils nur ein Teil innerhalb technisch belangvoller Tiefe — wofür man vorläufig 1500 m annimmt — tatsächlich ausgebildet ist. Aber auch in dieser Begrenzung ist der nachgewiesene bzw. mit Sicherheit anzunehmende Kohlenvorrat ganz außerordentlich groß.

Die Schätzungen schwanken, da sich die technische Entwicklung und die Wirtschaftslage, von denen die Abbauwürdigkeit der Flöze abhängt, schwer voraussehen lassen. Auch stehen die Grenzen des Vorkommens, namentlich nach Süden, keineswegs genau fest. Immerhin kann man für das gesamte Kohlenbecken bis zur Tiefe von 1500 m einen Vorrat von mindestens 150 Milliarden t annehmen, eine Ziffer, die bei der durchschnittlichen Förderung der Nachkriegszeit in den drei Teilgebieten von zusammen 60—70 Millionen t eine praktisch unbegrenzte Lebensdauer gewährleistet.

Etwa in der Mitte der mächtigen Ablagerungen des Kohlengebirges findet sich eine eng zusammenliegende Gruppe besonders starker und reiner Flöze, die sogenannte Sattelflöz-Gruppe, die den weitaus wertvollsten Teil des gesamten Beckens darstellt. Während im Ruhrgebiet, in Belgien, Frankreich und England, ja auch in den Vereinigten Staaten schon 2 m als recht ansehnliche Flözmächtigkeit gelten, führen die oberschlesischen Sattelflöze Kohle von 4, ja 6, 8 bis zu 14 m Mächtigkeit. Sie entwickeln keine Schlagwetter; ihre Kohle ist auffallend rein und fest und liegt vielfach quadratkilometerweit eben und ungestört, kann also mit verhältnismäßig geringen Kosten abgebaut werden. Nachteilig ist die geringe Eignung zur Verkokung; nur einige Teile der Sattelflöze liefern einen einigermaßen brauchbaren Koks. Dagegen ist die Kohle der tieferen Gruppe, die namentlich bei Ostrau-Karwin (jetzt in der Tschechoslowakei) in erreichbarer Tiefe liegen, recht gut verkokbar. Für die gewöhnlichen Verwendungszwecke, Hausbrand und Kesselfeuerung, ist die oberschlesische Kohle jedenfalls eine der besten Europas. Das Vorkommen der wertvollen Sattelflözgruppe ist, wie bereits der Name erkennen läßt, an besondere Aufwölbungen der Gebirgsschichten, die sogenannten Sättel, gebunden. Derartige Sättel finden sich hauptsächlich in der Nordostecke des Kohlenbeckens, auf dem ehemals preußischen Gebiet in der Nähe der alten deutsch-russischen Grenze, so daß hier das eigentliche Kernrevier des Kohlenbergbaus liegt.

Über den Anteil der drei Länder an dem Vorkommen und dem darauf geführten Bergbau unterrichtet die nachstehende Zahlentafel.

Infolge der ungünstigen geographischen Lage des Kohlenbeckens hat die Förderung längst nicht die Höhe erreicht, die der Massenhaftigkeit, Billigkeit und Güte der Kohlen entspräche. Die Gesamtförderung der drei Gebiete betrug vor dem Kriege etwa 5% der Weltförderung an Kohle, 1929 etwa 4½%. Immerhin lieferte das

Zahlentafel 38.

Das oberschlesische Steinkohlenbecken.

	Insgesamt		Deutschland		Rußland bzw. Polen		Österreich bzw. Tschecho-Slowakei	
	qkm	%	qkm	%	qkm	%	qkm	%
Fläche 1913	5600	100	2800	50	400	7	2400	43
Fläche 1929			600	11	3900	70	1100	19
	Milliard. t		Milliard. t		Milliard. t		Milliard. t	
Vorrat bis 1500 m Tiefe 1913	70—200		50—160		2		20	
Vorrat bis 1500 m Tiefe 1929			6—15		60—80		10	
	Mill. t	%	Mill. t	%	Mill. t	%	Mill. t	%
Förderung 1913	63	100	44	70	7	11	12	19
Förderung 1929	69	100	22	32	34	49	13	19

Gesamtgebiet vor dem Kriege fast ein Viertel der deutschen und russischen und zwei Drittel der österreich-ungarischen Gesamtförderung an Steinkohle. Von der Förderung Preußisch-Oberschlesiens ging fast ein Drittel des Gesamtabsatzes ins Ausland, und zwar zum größten Teil nach Österreich-Ungarn.

Für den Aufbau einer entsprechend leistungsfähigen Eisenindustrie fehlte es nicht nur an gutem Hochofenkoks im größten Teil des Gebiets — und die gute Kokskohle der Umgebung von Mährisch-Ostrau ist wiederum nicht billig — sondern auch an guten Eisenerzlagerstätten. Die zahlreichen Eisenerzvorkommen am Rande des Kohlenreviers, namentlich in der Umgebung von Tarnowitz, haben zwar für die Entwicklung der Eisenhütten in Preußisch-Schlesien seit der Zeit Friedrichs des Großen erhebliche Bedeutung gehabt, sind aber schon kurz vor dem Weltkriege im wesentlichen abgebaut gewesen und lieferten 1913 kaum noch 3% des im preußischen Teilgebiet verhütteten Eisens. Der Hauptteil des Erzbedarfs wurde ebenso wie in Kongreßpolen und Mährisch-Ostrau aus den fernen Revieren Nordschwedens und Südrußlands geliefert. In Kongreßpolen, in der Gegend von Kielce, Dombrowa und Czenstochau, finden sich allerdings noch erhebliche, bisher keineswegs erschöpfte und z. T. noch nicht einmal aufgeschlossene Vorkommen; doch sind es arme, geringwertige Erze, die nur zusammen mit reicheren mit Vorteil verhüttet werden können. Da außerdem die geographische Lage des ganzen Gebiets, insbesondere die Verbindung zu den großen Verkehrswegen des Welthandels recht ungünstig ist und auch große Verbrauchermassen in der Nähe fehlen, ist die Eisenindustrie in allen drei Teilgebieten nicht sehr bedeutend geworden. Die Roheisenerzeugung erreichte vor dem Kriege in Preußisch-Schlesien und in Mährisch-Ostrau je rund eine Million Tonnen, in Kongreßpolen weniger als die Hälfte und hat sich mit Ausnahme des Mährisch-Ostrauer Reviers nach dem Kriege noch wesentlich vermindert. Recht bedeutend war und ist dagegen in allen drei Teilgebieten die weiterverarbeitende Eisenindustrie; namentlich auf dem deutschen Gebiet lagen eine Reihe technisch und wirtschaftlich sehr leistungsfähiger Werke, die auf Grund des billigen Brennstoffs trotz der ungünstigen Verkehrslage eine starke Stellung auf dem ost- und mitteldeutschen Markt einnahmen und auch für die Ausfuhr nach Osteuropa große Mengen lieferten.

Eine überaus wertvolle Ergänzung der Kohlenflöze bilden ferner die sehr reichen Lagerstätten an Zinkerzen und silberhaltigen Bleierzen, die in der Gegend von Beuthen und Tarnowitz den Gegenstand eines seit Jahrhunderten blühenden Bergbaus bilden und bis in das 20. Jahrhundert hinein die höchste Zinkproduktion von allen Revieren der Erde lieferten. Sie lagen bis zur Teilung in der Hauptsache auf preußischem Gebiet. Die Verhüttung der Erze gewährleistete einen wichtigen Absatzzweig des Steinkohlenbergbaus.

Vorgeschichte der Vertragsbestimmungen.

Der gewaltige natürliche und erarbeitete Reichtum, der vor allem in preußisch-oberschlesischen Revieren angehäuft lag, trat in den Mittelpunkt politischer Erwägungen, als sich die Alliierten nach dem Zusammenbruch der Mittelmächte der Neugliederung Osteuropas zuwandten. In dem ehemaligen Kongreßpolen bildete sich sofort der Kern eines neuen polnischen Reiches, dessen Grenzen gegenüber Deutschland und Österreich-Ungarn noch der Feststellung bedurften. Österreich-Ungarn zerfiel in Einzelstaaten seiner Haupt-Nationalitäten; am Kohlengebiet nahmen die Kronländer Galizien, Österreichisch-Schlesien und Mähren teil, die von Deutschen, Tschechen und Polen besiedelt waren und nun einer Aufteilung zwischen den beiden letztgenannten — auf die deutsche Volksgruppe nahm niemand Rücksicht, auch Wilson nicht, — und einer Abgrenzung gegen Deutschland bedurften.

Der neue polnische und der neue tschechoslowakische Staat galten beide als Freunde und Verbündete der Entente und beide beanspruchten von ihr die Erfüllung aller nationalen Bestrebungen.

Frankreich namentlich war dringend bemüht, Polen sowohl gegenüber Deutschland wie gegenüber Rußland möglichst stark zu machen; das gleiche Interesse bestand an der Tschechoslowakei gegenüber Deutschland. Entsprechend dem allgemeinen Streben nach Autarkie, das einen so verhängnisvollen Einfluß auf die Weltwirtschaft ausüben sollte, und unter dem Einfluß der Kohlenkrisis der Nachkriegsjahre verlangten die neuen Staaten möglichst große Anteile an dem oberschlesischen Kohlenvorkommen und an der dortigen Industrie. Die Regelung erfolgte für Preußisch-Oberschlesien im Frieden von Versailles, durch den Polen den größten Teil und die Tschechoslowakei einen kleinen Bezirk des ehemals preußischen Gebiets erhielten, für die ehemals österreichischen Kronländer im Frieden von St. Germain, der die Grundlage für die Grenzziehung zwischen Polen und der Tschechoslowakei schuf. Gebietsmäßig und wirtschaftlich war hiervon die Auseinandersetzung zwischen Deutschland und Polen am wichtigsten; sie betraf den bei weitem entwickelsten und am dichtesten besiedelten Teil des ganzen Gebietes.

Die Grenzregelung zwischen Deutschland und Polen hat mit ihren vorangehenden politischen Unruhen und mit ihren nachteiligen wirtschaftlichen Auswirkungen Oberschlesien wohl das härteste Schicksal unter allen deutschen Grenzländern bereitet. Die Regelung ist nicht das Ergebnis eines vorausschauenden Planes, wie ja die Entstehung des neuen polnischen Staates großenteils eine Improvisation darstellte. Während des Weltkrieges kämpften die Angehörigen der polnischen Nationalität zu Hunderttausenden auf beiden Seiten für eine Sache, die die bewußten Nationalisten unter ihnen nicht als die ihrige empfanden. Auch ihre politischen Führer konnten sich vielfach bis zuletzt nicht für eine klare Parteinahme und für eine selbständige Zielsetzung entscheiden, da niemand voraussehen konnte, daß alle drei Kaiserreiche zusammenbrechen und damit die Voraussetzung für eine unabhängige polnische Staatspolitik freigeben würden. Selbst die Entente vermochte erst nach dem Sturz des Zarentums an den doppelt erwünschten Gedanken einer Wiederherstellung des polnischen Reiches heranzutreten, der ihnen eine dauernde Schwächung und Bedrohung Deutschlands versprach und die Entente zugleich als Vorkämpferin der unterdrückten Völker erscheinen ließ. Wilson hatte in seinen Vierzehn Punkten die Wiederherstellung Polens angekündigt und nach der allgemeinen Verpflichtung auf dieses Programm durch den Vorfriedens-Vertrag mußte spätestens im Herbst 1918 mit der Verwirklichung gerechnet werden. Aber bis zuletzt blieb der Rahmen für den neuen Staat im einzelnen ungewiß; die polnischen Politiker selbst mochten sich weder für das reine Nationalitätenprinzip entscheiden, das zwar den Wilsonschen Grundsätzen allein entsprach, ihnen aber Danzig, Ostgalizien, die Umgebung von Wilna und die weiten Flächen Weißrußlands vorenthalten hätte, noch für die historischen Grenzen des alten polnischen Reiches, für die die amerikanischen Gönner wenig Interesse und Verständnis besaßen und die auch das wirtschaftlich weitaus wertvollste Ziel des jungen polnischen Imperialismus, das seit sieben Jahrhunderten zu Deutschland gehörige Oberschlesien, nicht einbezogen. Ebensowenig entschloß sich die Entente zur Anwendung einheitlicher Grundsätze bei dieser Regelung; bei der Ziehung der polnischen Westgrenze wurden dem leitenden Gedanken der Schaffung eines möglichst großen, mächtigen und leistungsfähigen polnischen Staates alle anderen Gesichtspunkte untergeordnet und je nach örtlichem Erfordernis das Nationalitätenprinzip oder die geschichtliche Überlieferung oder Wirtschafts- und Verkehrsrücksichten oder strategische Notwendigkeiten zugrunde gelegt.

Zweifellos hat Wilson selbst zunächst aufrichtig seine grundsätzlichen Ideen verwirklichen wollen und, freilich ohne Kenntnis von Land und Leuten, ja ohne rechtes Verständnis für die verwickelte und dabei doch so enge Struktur der europäischen Staaten und Nationalitäten, eine neue ideale Grenzziehung nach den Merkmalen der Landkarte und der Statistik ziehen zu können geglaubt. Das naive Selbstbewußtsein, das den Amerikanern gegenüber europäischen Dingen besonders in jenen Jahren eigen war, verführte auch die Mehrzahl seiner Berater, die Schwierigkeiten theoretisch gerechter Lösungen zu unterschätzen; fast in jeder Einzelheit unterlagen sie daher früher oder später dem Einfluß ihrer Ententekollegen, denen sie weder an Sachkunde noch an leidenschaftlichem politischen Willen noch an diplomatischer Taktik und Dialektik auch nur entfernt gewachsen waren. Gegenüber Polen kam hinzu, daß sie das in Westeuropa weitverbreitete romantische Mitgefühl für das Volk mit seinem ritterlich-unglücklichem Schicksal teilten; Wilson selbst soll von seinem katholischen Berater Lord, einem der Mitglieder der Friedensdelegation, nach anfänglicher Abneigung zugunsten Polens beeinflußt worden sein, und auch Paderewskis, des ersten polnischen Ministerpräsidenten, Vertrautheit mit amerikanischer Psychologie und Propaganda wirkte sich im gleichen Sinne aus.

Clémenceau, der jede Romantik im Herzen verhöhnte, wußte diese gefühlsmäßigen Schwächen seiner Verhandlungsgegner doch wohl zu nutzen, um die überlieferte französische Politik zugunsten eines starken polnischen Bollwerkes gegen Deutschland zu fördern. Wenn aber die Amerikaner ärgerlich feststellten, daß den Franzosen ein polnischer Vorteil fast soviel wie ein eigener galt, so entging ihnen, daß es sich um Auswirkungen einer die Zukunft vorausbedenkenden Sicherheitspolitik handelte, nicht zuletzt aber auch um unmittelbare französische Eigeninteressen. An die riesenhaften Schätze von Kohle und Erz knüpften recht handgreifliche wirtschaftspolitische Erwägungen an. Das französische Kapital war schon seit Jahrzehnten stark in der Montanindustrie Kongreßpolens tätig und konnte jetzt hoffen, daß der kapitalarme neue Staat ihm bei der zukünftigen Entwicklung der noch vielfach wertvolleren Möglichkeiten Preußisch-Oberschlesiens ein lohnendes Betätigungsfeld bieten würde. Offenbar hat die polnische Regierung in dieser Hinsicht frühzeitig Zusicherungen gegeben. Schon unmittelbar nach der Abtretung wurde französisches Kapital zu vorteilhaften Bedingungen an dem bisherigen Bergwerksbesitz des preußischen Staatsfiskus beteiligt. Aus den drei großen Steinkohlengruben wurde die Gesellschaft Skarboferm gebildet, deren Kapital der polnische Staat und französische Finanzleute je zur Hälfte übernahmen und deren Verwaltung im gleichen Verhältnis zusammengesetzt wurde. Ebenso verfuhr man mit der preußisch-fiskalischen Friedrichshütte, die Blei und Silber aus oberschlesischen Erzen gewinnt. Als der politische Druck vielfach die Umwandlung deutschen Privatbesitzes im abgetretenen Gebiet in Gesellschaften polnischen Rechts notwendig machte, drang französisches Kapital, namentlich der Loucheur-Gruppe, daneben bemerkenswerterweise auch italienisches (Banca Commerciale) in die bisher rein deutschen Unternehmen ein. Auch die Errichtung neuer Verkehrslinien, die für die wirtschaftliche Selbständigmachung Ostoberschlesiens gegenüber Deutschland unentbehrlich schien, insbesondere der Bau der Kohlenmagistrale zur Ostsee und des Hafens Gdingen am Endpunkt, geschah im wesentlichen mit französischem Kapital unter Führung von Schneider-Creuzot. Diese Entwicklung hätte sich zweifellos noch sehr viel stärker fortgesetzt, wenn nicht allmählich die unheilvollen Folgen der Grenzziehung auch für die geschäftlichen Aussichten der polnisch-oberschlesischen Montanindustrie offenbar geworden wären. Jedenfalls spricht man gerade auch in Polen mit Bitterkeit von den wirtschaftlichen Zugeständnissen, durch die man sich die französische Unterstützung in der oberschlesischen Teilungsfrage habe sichern müssen; dem Zauber von Kohle- und Erzgeschäften soll selbst der eine oder andere französische Politiker und sogar der eine oder andere General zu seinem persönlichem Vorteil erlegen sein. Ebenso ist die Zustimmung Frankreichs zur vorbehaltslosen Angliederung Ostgaliziens an Polen und damit zur harten Unterdrückung der ruthenischen Nationalität mit einer Beteiligung an der galizischen Erdölindustrie belohnt worden. In der oberschlesischen Regelung fühlte sich die französische Regierung überdies auch noch durch die Entscheidung in der Teschener Frage, wo Frankreich der Benachteiligung Polens zugunsten der Tschechoslowakei zugestimmt hatte, zu einer besonders nachdrücklichen Wahrung der polnischen Interessen verpflichtet und hatte auch entsprechende Zusicherungen gegeben.

Wenig folgerichtig und einheitlich war auch hier die Haltung Lloyd Georges; seine schillernde Unbeständigkeit hatte ihn geradezu zum Schrecken der Konferenz gemacht, so daß sogar so entgegengesetzte Naturen wie Wilson und Clémenceau sich in ihrer Abneigung gegen ihn zusammenfanden. Immerhin läßt sich hinter seinem Wankelmut doch recht wohl die Linie des gesunden Menschenverstandes und des nicht minder gesunden englischen Interesses verfolgen. Seine ihm von polnischer Seite gern nachgesagte Abneigung gegen Polen hinderte ihn nicht, die Abtrennung Danzigs von Deutschland und die abstimmungslose Schaffung des Korridors mitzubeschließen. Hinsichtlich Oberschlesiens scheinen ihn aber sehr ernste Sorgen um die greifbaren Belange Großbritanniens zu einer anderen Haltung bewogen zu haben. Lloyd George war derjenige unter den Entente-Staatsmännern, der besonders auf Grund seiner leichtsinnigen Wahlreden im Dezember 1918 am eifrigsten die Herausholung möglichst großer Reparationssummen aus Deutschland betrieb. In dem Schriftwechsel vom März 1919 hat ihm Clémenceau boshaft vorgehalten, daß sich seine Großmut für den Besiegten immer dann rege, wenn sie auf Kosten der Verbündeten betätigt werden könne. Jedenfalls regte sie sich dann, wenn das englische Interesse gefährdet erschien. Die Fortnahme Oberschlesiens mußte aber, wie englische Sachverständige schon damals feststellten, Deutschlands Fähigkeit zu Reparationsleistungen höchst ungünstig beeinflussen. Ferner war vorauszusehen, daß die Kohlenförderung Oberschlesiens mit ihren ungeheuren Entwicklungsmöglichkeiten auf dem engen polnischen Markt nicht entfernt würde untergebracht werden können und daher früher oder später auf dem bisher vom englischen Bergbau beherrschten Weltmarkt erscheinen würde. Die tatsächliche Entwicklung hat diesen frühzeitigen englischen Besorgnissen nur zu sehr recht gegeben. Im übrigen lag es auch nicht im englischen Interesse, den französischen Kontinentalblock, als dessen wichtigster Bestandteil Polen damals angesehen werden konnte, auch gerade kohlenwirtschaftlich allzu mächtig und unabhängig werden zu lassen.

Anfang 1919 war bei den Verhandlungen mit Wilson von allen diesen wirtschaftlichen und geschäftlichen Zusammenhängen naturgemäß nicht die Rede. Am 25. Februar 1919 legte die polnische Delegation in Paris eine umfangreiche Denkschrift vor, die von ihrem Führer Dmowski verfaßt war. Über die geschichtliche Zugehörigkeit Schlesiens zum Deutschen Reich ging diese Denkschrift mit raschen Wendungen hinweg, um um so mehr die Zugehörigkeit der Bevölkerung zur polnischen Nation zu betonen. Der Besitz des ganzen Kohlenbeckens sei im übrigen für die wirtschaftliche Unabhängigkeit Polens unentbehrlich. Präsident Wilson hatte seinerseits schon in Amerika die Grenzen für das neue Polen entwerfen lassen, und seine Sachverständigen hatten sich hierbei an die Sprachenkarten gehalten, deren Ergebnisse nur zu gut mit den französisch-polnischen Machtansprüchen politischer und wirtschaftlicher Natur zusammenfielen.

In der Tat wies die amtliche preußische Statistik in dem hiernach abzutretendem Gebiet eine fast 60proz. Mehrheit „polnisch" sprechender Einwohner nach. Aus der Statistik war freilich nicht zu ersehen, daß die „polnische" Sprache der Oberschlesier ein mit zahllosen deutschen Elementen durchsetzter altertümlicher Dialekt, das „Wasser-Polnisch", war, den die eigentlichen Polen kaum verstehen, und daß das in den östlichen Landesteilen Preußens, namentlich in Posen durchaus lebendige polnische Nationalgefühl den Oberschlesiern großenteils völlig abging. Die Sprachenstatistik stellt überhaupt ein durchaus ungeeignetes Kennzeichen für die innere nationale Zugehörigkeit vieler Bevölkerungsgruppen im Osten dar. Bei allen Volksabstimmungen und parlamentarischen Wahlen nach dem Kriege hat sich z. B. ein weit größerer Bevölkerungsanteil zur Zugehörigkeit zu Deutschland bekannt als nach der Sprachenstatistik rechnerisch zu erwarten war. Konfessionelle und soziale Unterschiede wiegen vielfach weit schwerer als die sprachlichen, und besonders auf preußischem Boden war auch bei den nicht deutschsprachigen Gruppen ein starkes preußisch-deutsches Staatsbewußtsein lebendig. Mangels einer geschichtlichen Beziehung zum alten polnischen Reich und zu dessen preußischem Teilgebiet war es in Oberschlesien erst sehr spät, im 20. Jahrhundert, und nur einer von Posen her hereingetragenen Agitation gelungen, bei den Wahlen in Oberschlesien eine größere Beteiligung für die polnische Sache herbeizuführen. Hierbei spielten die sozialen Spannungen in dem von Großgrundbesitz und Großindustrie beherrschtem Lande und in der kirchenfrommen Bevölkerung auch die konfessionellen Gegensätze eine gewisse Rolle. Der Kulturkampf hatte unausgeheilte Wunden hinterlassen; übrigens bestärkte die Adolf-Hoffmann-Episode im preußischen Kultusministerium gerade in den kritischen Umsturzwochen 1918/19 die Geistlichkeit erneut in ihrem Mißtrauen gegen Berlin.

Trotzdem war in Oberschlesien von einer Gegnerschaft gegen das deutsche Volk und namentlich gegen den preußischen Staat, dem das Gebiet seine blühende Entwicklung verdankte, nichts zu spüren. Bei den letzten Reichstagswahlen vor dem Weltkriege waren knapp 23% der oberschlesischen Stimmen für die Kandidaten der polnischen Parteien abgegeben worden, und selbst dieser Minderheit lag jeder Irredentismus völlig fern. Im Kriege hatten die oberschlesischen Soldaten ihre überlieferte deutsche Gesinnung und ihren oft sehr ausgeprägten Stolz auf ihr Preußentum glänzend bewährt. An dem polnischen Aufstand in Posen im Dezember 1918 hatte Oberschlesien keinen Anteil, und der nationalpolnischen Parole, bei den Wahlen zur Nationalversammlung im Januar 1919 Stimmenthaltung zu üben, kam der größte Teil der Wähler nicht nach. Als etwas von den nationalpolnischen Absichten auf Oberschlesien verlautete, bestätigten mächtige Massenkundgebungen durchaus die Gewißheit, daß die oberschlesische Bevölkerung an ihrer uralten Verbundenheit mit Deuschland festhielt.

Die mißverstandene und mißdeutete Sprachenstatistik und der Reiz der kostbaren Bodenschätze wirkten aber zusammen bei dem Zustandekommen des Entwurfs, den die Alliierten in Paris den Deutschen am 7. Mai übergaben und worin fast der ganze Regierungsbezirk Oppeln mit allen Kohlen- und Erzbergwerken und allen Zukunftsvorräten ohne Abstimmung und ohne Einschränkung dem polnischen Staat zugeteilt wurde. Im Gegensatz zu vielen anderen Einzelheiten hatte es hierzu zwischen den Staatsmännern der Alliierten keinerlei Meinungsverschiedenheiten, nicht einmal größere Verhandlungen gegeben. Dmowski hatte die polnische Sache auch mündlich sehr geschickt vertreten, und die von der Konferenz an Ort und Stelle gesandte Kommission, der ein französischer und englischer Offizier und ein amerikanischer Zivilist angehörten, stand ganz unter dem Einfluß des leidenschaftlich polenfreundlichen Franzosen, des durch seine spätere Tätigkeit in Oberschlesien bekannten Generals Le Rond. Die deutsche Delegation hielt sich zwar zunächst zurück; in den zahlreichen Einzelnoten, die die deutsche Delegation zwischen der Entwurfübergabe und der allgemeinen deutschen Beantwortung an Clémenceau richtete, tritt die oberschlesische Frage nicht hervor. Mit um so größerem Nachdruck wird sie in den deutschen Gegenvorschlägen und den begleitenden Ausführungen vom 27. Mai behandelt und vor allem der polnische Charakter des Gebiets und seiner Bevölkerung bestritten.

Den sorgfältigen und überzeugenden Darlegungen konnten sich die Alliierten nicht verschließen. Bei der Beratung über die deutschen Einwendungen kam es am 2. und 3. Juni zum ersten Mal zu ernsthaften Auseinandersetzungen zur oberschlesischen Frage, wobei sich Lloyd George in großem Umfange die deutschen Argumente zu eigen machte. Er war ohnedies seit einigen Wochen in wachsende Unruhe über die dem deutschen Volke gestellten Zumutungen geraten, zumal seine liberale und die Arbeiterpartei in England und vor allem die Delegierten der Südafrikanischen Union, Botha und Smuts, schroffe Kritik an dem jetzt endlich bekannt gegebenen Entwurfe übten. Man fürchtete auch, daß Deutschland das Diktat womöglich ablehnen würde, und empfand wenig Freude an dem Gedanken, sich dem von Clémenceau und Foch für diesen Fall vorbereiteten und herbeigesehnten weiteren Vormarsch über den Rhein anschließen zu müssen. Während aber Lloyd George's unsystematische Einwendungen gegen das bisherige Pariser Ergebnis im übrigen erfolglos blieben — mit Recht wandte Clémenceau ein, daß er seine Bedenken früher hätte vorbringen sollen, — ließ er sich in der oberschlesischen Frage nicht abweisen. Wilson selbst konnte sich als Vorkämpfer des freien Selbstbestimmungsrechts der Völker auf die Dauer der Forderung nach einer Volksabstimmung in Oberschlesien nicht entziehen. Grundsätzlich war Wilson freilich wenig geneigt, jetzt noch Abänderungen des Vertragsentwurfs zuzustimmen. Er sah die Einigkeit unter den Alliierten immer stärker gefährdet und fürchtete Rückwirkungen auf das mühsam zustande gekommene Kompromiß des Völkerbundsstatuts, das ihm das Kernstück des Vertrages bedeutete und von dem er auch im Laufe der Zeit eine Ausmerzung der auch ihm nicht verborgenen Ungerechtigkeiten und Fehler des Vertrages erhoffte. Clémenceau schürte seine Bedenken gegen die oberschlesische Abstimmung mit immer neuen Einzelheiten von der Knechtschaft, in der die oberschlesische Bevölkerung von der preußisch-deutschen Verwaltung, von den Feudalherren, Industriefürsten und selbst von der Kirche gehalten werde. Ähnlich wie er im entscheidenden Zeitpunkt der Saarverhandlungen die 150000 Saarfranzosen erfunden hatte, stellte er jetzt die Legende auf, in Oberschlesien gebe es keine kommunale Selbstverwaltung; die Bürgermeister würden von Berlin aus ernannt.

Als die Verhandlung auf den toten Punkt gelangt zu sein schien, zog man den polnischen Ministerpräsidenten Paderewski hinzu, der den polnischen Anspruch auf abstimmungslose Überlassung mit widerspruchsvollen und teilweise völlig unrichtigen Statistiken zu beweisen suchte. Von dem wirtschaftlichen Interesse, das für Frankreich auf dem Spiele stand, war mit Rücksicht auf Wilson nicht die Rede. Im Gegenteil, man versuchte die deutschen Forderungen auf Verbleiben Oberschlesiens beim Reiche als eine Angelegenheit der deutschen Kapitalisten zu diskretieren. Lloyd George, in der Debatte allen überlegen, wenn er sich einmal ernsthaft ein Ziel gesetzt hatte, brauchte aber hierzu nur auf die Tatsache zu verweisen, daß die Mehrheit der protestierenden deutschen Regierung sozialistisch sei. Noch schärfer fertigte er die konfuse Sprachenstatistik Paderewskis mit dem klassischen Einwand ab: „Wenn es nach der Sprachenstatistik geht, dann müssen wir auch das Elsaß bei Deutschland belassen!" Als Paderewski seinen letzten Trumpf ausspielte und für den Fall der Änderung des Vertragsentwurfs seinen Rücktritt als unvermeidlich erklärte, nahm man die Drohung ebensowenig ernst, wie sie gemeint war; die „Großen Vier" hatten sich in den vergangenen Wochen gegen verblüffende Einschüchterungsversuche reichlich abgehärtet. Leider verschloß man sich aber auch dem polnischen Wunsche, die Abstimmung, wenn sie schon einmal sein müsse, sofort vorzunehmen. Im Gegensatz zu Paderewski, dem jeder Aufschub der Angliederung unerträglich schien, hielten es die „Großen Vier" für erforderlich, die Bevölkerung zunächst mittels einer längeren Besetzung des Gebiets durch alliierte Truppen von dem vermeintlichen Druck der deutschen Behörden frei zu machen. Wäre man dem Polen gefolgt, so hätte man der unglücklichen Bevölkerung die Leiden erspart, die ihm die nächsten zwei Jahre bringen sollten. Zweifellos wäre im übrigen die Abstimmung in dem noch nicht eingeschüchterten und terrorisierten Gebiet noch wesentlich eindeutiger zugunsten Deutschlands ausgefallen.

Immerhin bedeutete die Anordnung der Abstimmung, die Lloyd George schließlich durchsetzte, eine erhebliche Verbesserung des Vertragsentwurfs; es war die einzige wesentliche Veränderung, die das endgültige Diktat zugunsten Deutschlands enthielt.

Die Vertragsbestimmungen.

Für den südöstlichsten Teil Schlesiens in einer Größe von 10736 qkm mit 1,9 Millionen Einwohnern, im wesentlichen den preußischen Regierungsbezirk Oppeln, wurde die Bevölkerung durch Art. 88 des Friedensvertrages berufen, im Wege der Abstimmung bekannt zu geben, ob sie mit Deutschland oder Polen vereinigt zu werden wünsche. Das Abstimmungsgebiet sollte von Truppen der alliierten Mächte besetzt und von einem interalliierten Ausschuß verwaltet werden, der die Abstimmung frühestens sechs und spätestens achtzehn Monate nach seinem Amtsantritt durchzuführen hatte. Auf Grund der gemeindeweise vorzunehmenden Abstimmung würden die alliierten und assozierten Mächte die zukünftige Grenzlinie unter Berücksichtigung der geographischen und wirtschaftlichen Lage der Ortschaften festsetzen. Polen verpflichtete sich, 15 Jahre lang nach der Entscheidung aus den an Polen fallenden Teilen Oberschlesiens die freie Ausfuhr aller Bergwerkserzeugnisse zu gestatten.

Die Teilung.

Die Anordnung der Volksabstimmung erregte in Polen große Bestürzung und Erbitterung. In aller Eile wurde versucht, noch vor dem Einmarsch der fremden Truppen durch einen Handstreich, ähnlich wie es im Dezember 1918 in Posen und später in Ostgalizien und Wilna mit so gutem Erfolge gelang, vollendete Tatsachen zu schaffen. Kurz nach der Unterzeichnung des Friedensvertrags, am 17. August 1919, brach unter der Leitung des alten Polenführers Korfanty ein Aufstand im Süden des Abstimmungsgebietes aus, der von Kongreßpolen aus eingeleitet war und lebhaft gefördert wurde. Der Aufstand fand einigen Nährboden in der radikalkommunistischen Stimmung, die damals allenthalben, auch in Oberschlesien, in der Arbeiterschaft gärte, wurde aber in wenigen Tagen von den noch im Lande stehenden Freiwilligenformationen der deutschen Reichswehr niedergeworfen. Im Februar 1920, nach dem späten Inkrafttreten des Vertrags, übernahm eine Ententekommission unter der Leitung des französischen Generals Le Rond die vollziehende Gewalt; die Kommission wurde begleitet von französischen und daneben in geringerer Stärke von italienischen und englischen Truppen. Der für Deutschland so überaus günstige Ausfall der Volksabstimmungen in den ost- und westpreußischen Grenzkreisen im Sommer 1920 ließ aber die Polen eine ähnliche Niederlage auch für Oberschlesien fürchten. Nicht zuletzt infolge der die Polen offen ermutigenden Haltung Le Rond's und infolge der Abwesenheit deutschen Militärs konnte Korfanty im August 1920 einen zweiten, schon besser vorbereiteten und viel gefährlicheren Aufstand entfesseln. Die französischen Truppen verhielten sich völlig passiv oder unterstützten sogar die Aufständischen durch Hergabe von Waffen und durch Behinderung der örtlichen Polizei. Da in den Ententekreisen ernsthaft erwogen wurde, das ganze Gebiet unter Leitung des Völkerbundes dauernd zu neutralisieren, verzichtete man in Berlin darauf, Gewalt gegen Gewalt zu setzen, um keinerlei Vorwand gegen die Abstimmung zu liefern. So geriet zunächst ein großer Teil des Abstimmungsgebietes in die Hände der Aufständischen, die die deutschgesinnte Bevölkerung mit Raub, Plünderung, Brandstiftung und Bluttaten heimsuchten und auch die deutschen Abstimmungsvorbereitungen, zum Teil mit dauernder Wirkung, störten. Infolge der allgemeinen Ablehnung der Aufstandsbewegung außer durch Frankreich kam es aber zu einem Abkommen zwischen den deutschen Parteien und Korfanty. Die aufständischen Banden wurden aufgelöst und eine paritätische Abstimmungspolizei gebildet.

So fand die Abstimmung am 20. März 1921 in äußerlicher Ruhe, jedoch unter dem Druck schärfster politischer Spannung statt. In den von französischen Truppen besetzten Kreisen, namentlich auf dem flachen Lande, wurden viele Deutschgesinnte an dem Gang zur Wahlurne verhindert; ebenso hatte der Terror der polnischen Organisationen vielfach eine deutsche Werbetätigkeit unmöglich gemacht. Trotzdem erreichte die deutsche Mehrheit 59,6%; 708000 Abstimmungsberechtigte hatten sich für Deutschland, 479000 für Polen entschieden. Sämtliche Städte, wo die unparteiische Durchführung der Abstimmung wesentlich besser gesichert war als gegenüber der eingeschüchterten Landbevölkerung, wiesen, mit Ausnahme des kleinen Fleckens Berun, deutsche Mehrheiten auf. Eigentliche polnische Mehrheiten erhielten nur die ländlichen Randkreise Pleß und Rybnik, in schwächerem Anteil die Kreise Tarnowitz und Groß-Strehlitz. Von der polnischsprechenden

Bevölkerung der Pariser Statistik hatte fast die Hälfte für Deutschland gestimmt.

Regierungskommission und Oberster Rat konnten sich über die Folgerungen aus dem Abstimmungsergebnis nicht einigen. Wenn man eine Teilung des Gebietes nach dem Abstimmungsergebnis der einzelnen Ortschaften vornehmen wollte, so hätte jedenfalls das eigentliche Kernrevier von Bergbau und Industrie, das in hundertfünfzigjähriger Entwicklung zu einer festen Wirtschafts-, Siedlungs- und Verkehrseinheit zusammengewachsen war und das auch eine klare Mehrheit für Deutschland aufgebracht hatte, als Einheit erhalten werden müssen. In zahlreichen, bis in das einzelne belegten Denkschriften wiesen außer der deutschen Regierung auch alle irgendwie in Betracht kommenden Wirtschaftsverbände und Organisationen die Unteilbarkeit des Industriegebiets nach. Zweifellos hätte sich auch die Bevölkerung selbst, wenn man sie auch hiernach befragt hätte, ohne Rücksicht auf ihre sonstige Haltung mit überwältigender Mehrheit gegen eine Teilung ausgesprochen. Sogar von polnischer Seite war vor der Abstimmung eine Teilung des Industriegebiets als unmöglich bezeichnet worden, und der Friedensvertrag selbst schrieb eine Berücksichtigung der geographischen und wirtschaftlichen Lage der Ortschaften neben der Berücksichtigung des Abstimmungsergebnisses vor. Nach englischem Vorschlag sollten den Polen in der Tat im wesentlichen nur die Randkreise zufallen, in deren Boden allerdings die großen Zukunftsvorräte an Steinkohlen schlummern. Umgekehrt wollte ihnen Briand unter völliger Übernahme der Vorschläge Korfantys das ganze Industriegebiet zuweisen und Deutschland nur die rein ländlichen und außerhalb des Kohlenbeckens liegenden Westkreise überlassen. Eine Zusammenkunft der englischen und französischen Staatsmänner führte zu keiner Einigung; sie entschlossen sich daher, den Völkerbund um die Entscheidung zu bitten.

Als es hiernach offenbar war, daß die polnisch-französischen Vorschläge nicht durchdrangen, versuchte Korfanty zum dritten Male den bewaffneten Aufstand. Infolge der abermaligen Unterstützung durch das französische Militär machte er sich diesmal für mehrere Wochen zum regelrechten Herrn eines großen Teils des Abstimmungsgebiets. Engländer und Italiener erfüllten ihre Pflicht als Treuhänder unparteiischer Verwaltung besser, waren aber zu schwach, um das Umsichgreifen des Aufstandes zu verhindern. So mußte auch von deutscher Seite bewaffnete Gewalt eingesetzt werden, und aus allen Teilen Deutschlands strömte begeisterte Jugend und kriegsgewohntes Landsknechtstum unter mehr oder weniger offener Leitung durch die politischen und militärischen Stellen und mit mancher Begünstigung durch die englischen Offiziere zusammen, um die Bevölkerung, die deutsch bleiben wollte, vor der endgültigen Vergewaltigung zu retten. Das unglückliche Land erlebte nicht nur einen regelrechten Feldzug, der mit dem Sieg der deutschen Freiwilligenformationen am Annaberg dem Vordringen der Aufständischen ein Ende bereitete, sondern auch Kleinkrieg und Gewalttat aller Art. Insgesamt haben in den drei Aufständen etwa 1500 Deutsche ihr Leben verloren. Durch den deutschen Widerstand wurde aber endlich das erneuerte Eingreifen der Entente erzwungen; die in aller Eile entsandten Verstärkungstruppen übernahmen die abschnittsweise geräumten deutschen und polnischen Stellungen und stellten die äußerliche Ruhe und Ordnung wieder her.

Inzwischen war der vom Völkerbund eingesetzte Viererausschuß, ein Belgier, ein Brasilianer, ein Spanier und ein Chinese eifrig und gründlich, aber mit wenig Verständnis für das eigentliche Wesen und die eigentlichen Interessen Oberschlesiens ans Werk gegangen. Ausschuß und Völkerbundsrat suchten die unmögliche Lösung, ein einheitliches Gebiet nach dem Gesamtziffernverhältnis der Abstimmung und zugleich nach den Mehrheiten in den einzelnen Gemeinden zu teilen, also die durch Zufälle aller Art, nicht zuletzt auch unter Einschüchterung zustande gekommenen Teilergebnisse zur Grundlage einer Neuabgrenzung von geschichtlicher Tragweite zu machen und hierbei eine bestehende feste Einheit zu zerreißen. Dieser formalistische Mißgriff, verbunden mit den zähen und geschickten Bemühungen der Franzosen, den Polen möglichst alle bedeutenden Wirtschaftswerte zuzuwenden, brachte die Teilung Oberschlesiens zustande. Die Linie wurde von dem Berichterstatter im Völkerbundsrat, dem Grafen Sforza, entworfen. Man bedarf zu ihrer Erklärung nicht der romantischen Legende vom Einfluß schöner Polinnen auf den italienischen Minister. Der Vorschlag trägt in der Anpassung macht- und wirtschaftspolitischer Ziele Frankreichs und seiner Verbündeten an die äußeren Scheinmerkmale demokratischer Gerechtigkeit durchaus die charakteristischen Zeichen der Ententepolitik jener Jahre.

Völkerbundsrat und Botschafterkonferenz machten sich die Vorschläge zu eigen und teilten sie beiden Parteien als Entscheidung mit. 7500 qkm mit 1046000 Einwohnern (54% der Gesamtbevölkerung) fielen an Deutschland, 3200 qkm mit 893000 Einwohnern an Polen. Das Industriegebiet wurde so geteilt, daß fast vier Fünftel der bergbaulichen und industriellen Werte zu Polen kamen. Die Entscheidung war nicht nur für Deutschland verhängnisvoll, sondern auch für die Wirtschaft des Gebietes selbst. Auch Polen erlebte vielfach an dem Errungenen wenig Freude. Für Deutschland bedeutete sie den Verlust des weitaus größten Teils der Bodenschätze und der vom deutschen Fleiß errichteten Werke.

Zahlentafel 39.

Aufteilung von Bergbau und Hüttenindustrie in Oberschlesien.

Nach dem Stand von 1920.

	An Deutschland			An Polen	
	Zahl der Werke	Produktion in t	Anteil an der Gesamtproduktion i. %	Zahl der Werke	Produktion in t
Steinkohlen-Gruben	14	7900000	25	53	23900000
Kokereien	9	1300000	52	9	1200000
Brikettfabriken	1	125000	43	3	165000
Eisenerzgruben	—	—	—	7	62000
Blei-Zinkerzgruben	5	45000	16	10	244000
Hochöfen	15	192000	33	22	384000
Stahlwerke	3	405000	33	7	808000
Walzenstraßen	15	134000	16	60	684000
Zinkhütten	—	—	—	12	81000
Bleihütten	—	—	—	—	18000
Eisen- und Stahlgießereien	12	30000	33	13	61000
Eisenverfeinerungsbetriebe	26	120000	50	27	118000
Zinkwalzwerke	3	2000	5	5	34000

Wie die Zahlentafel erkennen läßt, verlor Deutschland mehr als drei Viertel der Steinkohlengruben und der Steinkohlenförderung; der Verlust an unterirdischer Kohle war noch erheblich größer und ist auf 90—95% des Gesamtvorrats einzuschätzen. Auch die anderen entscheidenden Grundlagen der Schwerindustrie, Hochöfen, Stahl- und Walzwerke, Zink-, Blei- und Eisenerzgruben und die Metallhütten fielen zum größten Teil, wenn nicht völlig an Polen. Nur für die Eisenverarbeitungsbetriebe und für die Kokereien und Brikettfabriken erfolgte ungefähr die Halbierung der Gewinnungsanlagen.

Der ziffernmäßige Verlust wurde auf das empfindlichste verschärft durch die geringe Rücksicht, die die Grenzziehung im einzelnen auf bestehende Zusammenhänge und Verbindungen nahm. Hierdurch wurden in vielen Fällen kostspielige Umstellungen und Neubauten, also wirtschaftlich unnötige Investitionen unvermeidlich. Besonders galt dies vom Bergbau selbst; die Grenze zerschnitt die Grubengerechtsame, trennte Schächte von ihren Hauptabbaufeldern und unterbrach Anschlußgleise, Stromleitungen und die in Oberschlesien zum Abbau der mächtigen Flöze so wichtigen Sandversorgungen.

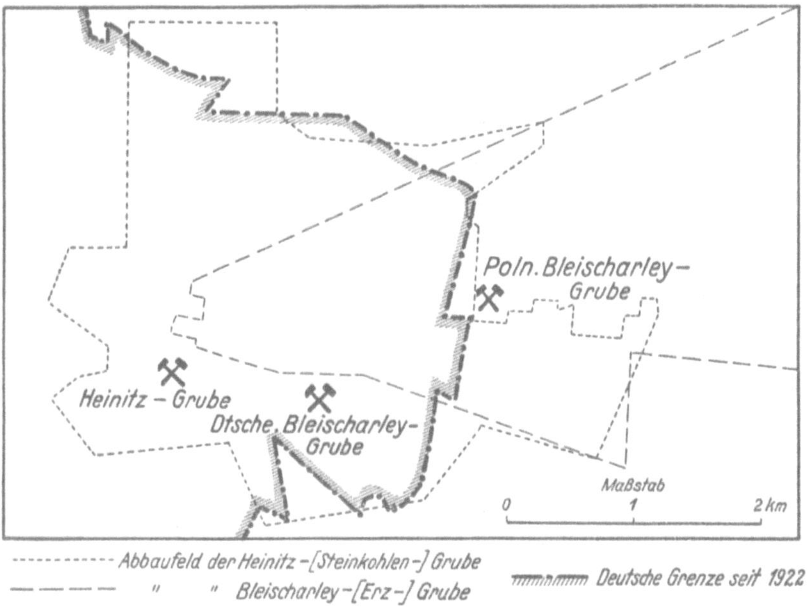

Kartenskizze 11. Grubenfelder der Bergwerksgesellschaft Georg von Giesches Erben.

Als sinnfälliges Beispiel dient Kartenskizze 11, die für die Umgebung der Stadt Beuthen erkennen läßt, wie die Grenzziehung die dort gelegenen Grubenfelder der Gesellschaft Georg von Giesches Erben verwirrt hat. Von der Zink- und Bleierz fördernden Bleischarley-Grube wurde das Hauptwerk mit den Förder- und Aufbereitungsanlagen sowie 8,7 Millionen qm Grubenfeld Polen, ein Feldesrest von 2,7 Millionen qm Fläche ohne Schächte Deutschland zugeteilt. Die Gesellschaft hat infolgedessen auf deutscher Seite eine neue, allerdings technisch hervorragend ausgestattete und überaus leistungsfähige Anlage errichtet. Von der derselben Gesellschaft gehörigen Heinitzgrube, deren Kohlenflöze sich unter den reichen Blei-Zinkerzlagern finden, blieb die Hauptförderanlage mit drei Vierteln des Grubenfeldes auf deutscher Seite, Polen erhielt den Rest jedoch mit so unzweckmäßigen Teilungslinien, daß ein selbständiger Abbau schwerlich eingerichtet werden kann.

Im allgemeinen verblieb Deutschland gerade derjenige Teil des Hauptreviers, wo die wichtigen Sattelflöze nur noch in verhältnismäßig geringen Mengen und großenteils in sehr viel ungünstigerer Lagerung anstehen als in den polnisch gewordenen Teilen. Die zukünftigen Entwicklungsmöglichkeiten sind daher nur beschränkt und werden sich in der Hauptsache auf die wesentlich teurer zu gewinnenden Flöze der Randgruppe zu erstrecken haben. Der Deutschland verbliebene Teil des Kohlenbeckens wird überdies zum großen Teile von Städten und Dörfern überdeckt, sodaß man entweder sehr große Abbauverluste in Kauf nehmen oder früher oder später recht kostspielige Umsiedlungen durchführen muß. An vielen Stellen, auch dort, wo es die Abstimmungsergebnisse nicht rechtfertigten, erfolgte die Zuteilung nach dem offenbaren Grundsatz, Polen möglichst viele wirtschaftliche Werte zu verschaffen bzw. sie Deutschland zu entziehen. Für die Abtrennung der Bleischarley-Grube, die auf freiem Felde neben der zu drei Vierteln deutschen Stadt Beuthen liegt, ist kein anderer Grund erkennbar als der, daß sie eines der reichsten Erzvorkommen der Erde abbaut. In ähnlicher Weise gingen die staatlichen Von-Velsen-Schächte, die unmittelbar neben der neuen Grenze liegen, ihren Erbauern und Besitzern verloren, weil eine der wichtigsten Kokereien Oberschlesiens dazu gehört.

Vom allgemeinwirtschaftlichen Standpunkt am unzweckmäßigsten war die Aufteilung der Eisenindustrie, deren bisher bestehende Betriebseinheiten fast durchweg auseinander gerissen wurden. Zwischen Hochöfen, Stahlwerken und Weiterverarbeitungsbetrieben derselben Gesellschaft zog die neue Grenze hindurch und beeinträchtigte die ohnedies recht schwache Rentabilitätsgrundlage der auf schlechten Koks und teure ausländische Erze angewiesenen Werke so stark, daß eine Erholung auf absehbare Zeit nicht möglich war.

Sehr erheblich wurde die Montanindustrie als die Grundlage der oberschlesischen Wirtschaft auch durch die zahllosen sonstigen Nachteile belastet und gefährdet, die die Grenzziehung für Wirtschaft und Verkehr im allgemeinen mit sich brachte. Wasserleitungen wurden von ihren Pumpwerken, Elektrizitätsversorgungsnetze von ihren Stromzentralen, Eisenbahnlinien von ihren Rangierbahnhöfen, Tausende von Arbeitern von ihren Arbeitsstellen getrennt. Der Bahnabsatz wurde für beide Teile durch Zerschneidung zahlreicher Bahnstrecken beeinträchtigt, insbesondere der wichtigen Hauptlinie Beuthen—Tarnowitz—Vossowska—Kreuzburg—Posen, wodurch der Bau von Umgehungsstrecken notwendig wurde. Alle gemeinschaftlichen Verwaltungsstellen und Verbände, wie Bergbehörden, Handelskammern, Knappschaft, Berg- und Hüttenmännischer Verein, Kohlenkontor usw. mußten sich früher oder später auflösen und nunmehr doppelt organisiert — und bezahlt — werden. An Stelle von 21 Zollämtern mit 100 Beamten, die den alten deutsch-russischen Grenzverkehr überwachten, machte die neue Grenze 61 Dienststellen mit 470 Beamten notwendig. Von den 22 großen Unternehmen der Montanindustrie blieb nur die Hälfte geschlossen in dem einen oder anderen Teilgebiet; die anderen 11 zerfielen nunmehr je in zwei Gruppen mit verschiedenem Recht, verschiedener Währung, verschiedenen Preisen und Lasten, verschiedener Wirtschaftspolitik.

Der Gesamtschaden, den Oberschlesien erlitt, läßt sich ziffernmäßig nicht errechnen; er erreicht sicherlich Hunderte von Millionen Goldmark. Durch die Zerreißung der blühenden Wirtschaftseinheit verlor der abgetrennte Teil die Verbindung zum Mutterlande, mit dem es in natürlichem geographischem Zusammenhange stand, mit dem es ferner in unzähligen Beziehungen die Jahrhunderte hindurch verknüpft war und das als Absatzmarkt auf die Dauer nicht entbehrt und ersetzt werden konnte. Dazu hatten die jahrelangen Unruhen, die der Teilung vorausgingen, schwere unmittelbare Schädigungen des örtlichen Wirtschaftslebens gerade in den wichtigen Wiederaufbaujahren unmittelbar nach dem Kriege verursacht und im übrigen weitgehende Erregung und Bitterkeit hinterlassen. Die ganz allgemein verurteilte Grenzziehung verschärfte diese Gefühle und vereitelte zum großen Teil einen Erfolg der gutgemeinten Bemühungen, durch Übergangsregelungen die wirtschaftlichen Nachteile möglichst zu mildern. Wenn die politische Agitation bei vielen Völkern in der Nachkriegszeit der Wirtschaft vorwarf, daß sie gegenüber den Aufgaben des Wiederaufbaus versagt habe, so mag es nützlich sein, sich in einem Einzelfall daran zu erinnern, was die Politik während der letzten Jahrzehnte im Gefüge der Wirtschaft angerichtet hat.

Übergangsregelung.

Die Vorschrift des Friedensvertrages, wonach Polen noch auf 15 Jahre die Ausfuhr der Bergwerkserzeugnisse aus dem ihm zugeteilten Gebiet nach Deutschland frei gestatten müsse, konnte nicht ausreichen, um für Oberschlesien eine Wirtschaftskatastrophe als Folge der Teilung abzuwehren. Das war auch den für die Teilung verantwortlichen Stellen, der Botschafterkonferenz und dem Völkerbundsrat, nicht verborgen geblieben. Schon vor der Übergabe des Gebiets an Deutschland und Polen, die am 15. Juni 1922 erfolgte, wurde daher beiden durch eine Note der Botschafterkonferenz vom 20. Oktober 1921 aufgegeben, einen Vertrag für die Übergangsregelung zu schließen. Nach mehrmonatigen Verhandlungen kam in Genf am 15. Mai 1922 unter Vermittlung des schweizerischen Ministers Calonder ein Abkommen zustande, das die ärgsten Schäden verhindern sollte. Schon der große Umfang des Vertrages mit 606 Artikeln bewies, wieviel Beziehungen durch die neue Grenze zerrissen und nun neu geregelt werden mußten. Im allgemeinen sollte die Wirtschaftseinheit des Gebietes noch auf 15 Jahre aufrechterhalten werden; die verklausulierten Bestimmungen über die Wahrung der Rechts- und Währungseinheit haben aber zum großen Teil dem nationalpolnischen Streben nach voller innerer Einschmelzung des Gebiets nicht standhalten können. Besonders wichtig für Bergbau und Industrie war der V. Teil des Abkommens, der den gegenseitigen Verkehr von Rohstoffen und Waren erleichtern und sichern sollte. Die hier festgesetzten Fristen sind z. T. bereits abgelaufen, z. T. hat sich das Streben nach wirtschaftlicher Selbständigkeit in beiden Teilgebieten so unaufhaltsam geltend gemacht, daß die praktische Inanspruchnahme und die praktische Auswirkung des Abkommens immer geringer wurden. Eine Reihe von Erleichterungen im Grenzverkehr, namentlich hinsichtlich der Elektrizitäts- und Wasserversorgung und hinsichtlich der Bahnanschlüsse sind jedoch von Bedeutung geblieben. Nach Ablauf des Vertrages im Jahre 1937 werden vielfach neue Einrichtungen erforderlich sein, soweit nicht eine Verlängerung des Abkommens wenigstens für bestimmte Einzelgebiete rechtzeitig erfolgt.

Neben dem Genfer Hauptabkommen wurden zwei Begleitverträge geschlossen, das Abkommen über das berg- und hüttenmännische Eigentum vom 15. Juni 1922 und das Bergwerksabkommen vom 22. Juni 1922. In dem ersten wurde dem preußischen Bergfiskus der weitere Abbau in dem an Polen gefallenen

Grubenfeld der Delbrück-Schächte gegen Pachtzins gesichert und das Regal, das der preußische Fiskus auf Silber und Bleierz im größten Teil Oberschlesiens besaß, entsprechend den veränderten Verhältnissen paritätisch neu geregelt. Wichtiger für die Allgemeinheit war das zweite Abkommen; hiernach hat die neue Grenze bei der Zerschneidung der alten Grubengerechtsame grundsätzlich rechtlich selbständige Einzelfelder geschaffen. Ihr Abbau soll, wenn das Gesamtfeld nicht schon vorher bergbaulich in Angriff genommen war, nur von Anlagen aus erfolgen, die im gleichen Staatsgebiet liegen. Dagegen soll für die bereits im Abbau befindlichen Felder und für solche, wo in dem abgetrennten Teil die Anlage neuer Förderschächte usw. nicht lohnen würde, die Betriebseinheit unter gewissen Vorbehalten gewahrt bleiben.

Auswirkung.

Die Folgezeit der Teilung und der Übergangsabkommen ist für beide Gebiete von dem tatkräftigen Streben gekennzeichnet, sich im eigenen Staatsgebiet ohne Rücksicht auf wirtschaftliche Zweckmäßigkeitsfragen möglichst unabhängig von dem Nachbargebiet zu machen. Hierbei war zweifellos die Entwicklung Deutsch-Oberschlesiens die bei weitem günstigere. Die Überschätzung der Produktion, die die Pariser Friedensverhandlungen so stark beeinflußt hatte, wich allmählich der Erkenntnis, daß die arm gewordene Menschheit den großen Produktionsapparat der Vorkriegszeit, der im Kriege auch noch vielfach erweitert worden war, auf lange Zeit hinaus nicht mehr voll beschäftigen konnte. Der Absatz wurde wieder ein dringlicheres und schwierigeres Problem als die Produktion. Infolgedessen war derjenige Teil Oberschlesiens, der bei seinem natürlichen und überlieferten und dazu immer noch bei weitem aufnahmefähigeren Absatzmarkt Deutschland verblieb, weit glücklicher daran als Ostoberschlesien, das in den Wirtschaftskörper eines jungen, unausgeglichenen und im wesentlichen von armer Landbevölkerung bewohnten Staates aufgenommen worden war. Polen in seinen heutigen Grenzen ohne Oberschlesien selbst hatte vor dem Kriege jährlich rd. 5 Millionen t oberschlesischer Kohle verbraucht; Ostoberschlesiens Kohlenbergbau allein besaß aber eine jährliche Leistungsfähigkeit von etwa 35 Millionen t und hatte 1913 32, 1920 noch 24 Millionen t gefördert, wovon nur etwa die Hälfte örtlich aufgenommen wurde. Im Nordosten des großen polnischen Reiches war Kohlenfeuerung noch fast unbekannt; auf den Kopf der Bevölkerung verbrauchte das geschwächte und verarmte Deutschland 1925 2,2 kg Kohle[1]), Polen dagegen 0,7 kg. Ähnliche Schwierigkeiten fand der Absatz aller übrigen Produkte Ostoberschlesiens vor. Die durch hohe Schutzzölle begünstigte Industrie im Dombrowagebiet war zwar viel kleiner im Umfang als die oberschlesische und auch technisch vielfach nicht auf der gleichen Höhe, aber sie beruhte auf denselben natürlichen Voraussetzungen, stellte fast durchweg die gleichen Erzeugnisse her und hatte sich auf die Versorgung des kongreßpolnischen und russischen Marktes eingearbeitet. Hierin besaß sie einen gewissen Vorsprung; auch gestattete ihr der hauptsächlich mit ausländischem Kapital vollzogene Wiederaufbau nach den vielfachen Beschädigungen während des Krieges eine gewisse Modernisierung, zu der die während des Krieges unversehrt gebliebene, nach 1918 aber durch die Aufstände und die Ungewißheit der politischen Zukunft schwer beeinträchtigte oberschlesische Industrie nicht gelangen konnte.

So blieb der ostoberschlesischen Produktion zunächst nur der vertraute deutsche Markt, und das Genfer Abkommen gewährte hierfür eine allerdings recht kurze Atempause. Auf die Dauer von drei Jahren war Deutschland zur zollfreien Aufnahme der ostoberschlesischen Bergbau- und Hüttenerzeugnisse verpflichtet und hatte, namentlich in der Zeit des Ruhrkampfes, auch durchaus Veranlassung, sich dieser Möglichkeit vor allem für die Kohlenversorgung zu bedienen. Für Steinkohle war die Menge, die von der einen Seite geliefert, von der anderen abgenommen werden mußte, auf 500000 t monatlich festgesetzt. Auf die Dauer war man aber auf der deutschen Seite nicht geneigt, den Überschuß des abgetretenen Gebietes aufzunehmen; Polen war zwar nach dem Genfer Abkommen für 15 Jahre zur Gestattung freier Ausfuhr verpflichtet, aber nicht zur Lieferung bestimmter Mengen, und hätte nach 1937 völlig freie Hand gehabt. Dazu kam der vom deutschen Standpunkt begreifliche Wunsch, zur Sicherung der neugeschaffenen Währung und zur Milderung des schon damals sich andeutenden Arbeitslosenproblems sich soweit als möglich im eigenen Lande zu versorgen. Infolgedessen schritt man zum Ausbau des in Westoberschlesien bei Deutschland verbliebenen Produktionsapparates, der zunächst zur Versorgung des bisher von ganz Oberschlesien belieferten Absatzmarktes viel zu klein war. Als am 15. Juni 1925 die dreijährige Abnahmefrist für ostoberschlesische Kohle ablief,

---

[1]) Steinkohle zuzüglich der in Steinkohlenwert umgerechneten Braunkohle.

waren die vorhandenen Förderanlagen auf der deutschen Seite so weit ausgebaut, daß man ganz auf die Zufuhr verzichten konnte, zumal für das ständig notleidende niederschlesische (Waldenburger) Steinkohlenrevier die Erleichterung der Wettbewerbslage in hohem Maße erwünscht war.

Der westoberschlesische Kohlenbergbau hat sich infolgedessen kräftig entwickelt; die vorhandenen Kohlenreserven sind zwar im Verhältnis zu früher recht knapp, ließen aber doch die Errichtung von zwei neuen Schachtanlagen und die Verstärkung der Förderung der vorhandenen zu. Dadurch konnte die Steinkohlenförderung in Deutsch-Oberschlesien bis zu dem Hochkonjunkturjahre 1929 auf 22 Millionen t, das Doppelte des Jahres 1913 und das Dreifache der unmittelbaren Nachkriegsjahre gesteigert und nunmehr der Inlandbedarf an oberschlesischer Kohle vollständig befriedigt werden. Allerdings trat die Ausfuhr ganz zurück. Während vor dem Kriege fast ein Drittel der oberschlesischen Förderung ausgeführt zu werden pflegte, gelangten von der westoberschlesischen Förderung nur 5—7% in das Ausland, fast ausschließlich nach der Tschechoslowakei und nach Deutsch-Österreich.

In der Eisenindustrie ging allerdings die Leistung der Hochöfen zurück und lag in der Krisis nach 1930 zeitweilig sogar völlig still. Ernsthaft wurde erwogen, die ganze Industrie an die Oder unterhalb Breslaus zu verlegen, wo sie mit dem sehr viel besseren niederschlesischen Koks versorgt werden könnte und auch sonst standortsmäßig günstiger gelegen wäre. Aber durch Zusammenlegung fast aller deutsch gebliebenen Werke zu einem großen Gesamtunternehmen, der Vereinigten Oberschlesischen Hüttenwerke A.-G., herzhafte Rationalisierung und Übernahme des Absatzes der an Polen gefallenen Anlagen gelang es nicht nur die Leistung der Stahlwerke und weiterverarbeitenden Betriebe mengenmäßig zu steigern, sondern auch — freilich nur bis zur großen Wirtschaftskrisis — die Rentabilitätsgrundlagen wesentlich zu bessern. Besonders erfolgreich war die Entwicklung des Blei-Zinkerzbergbaus; die deutsch verbliebenen Lagerstätten wurden neu aufgeschlossen und auch die Verarbeitung der Zinkerze in einer modernen Elektrolyseanstalt eingeleitet, die Georg von Giesches Erben bei Magdeburg errichten. Auch an Zinkerzen wurde die Förderung in den deutsch verbliebenen Gruben bis 1929 auf das Doppelte der Vorkriegsziffer gebracht.

In der neuesten Zeit wird das seit Jahrzehnten brennende Problem der oberschlesischen Bergwirtschaft, die Frachtfrage, durch

Ausbau des aus dem 18. Jahrhundert stammenden Klodnitz-Kanals zwischen Gleiwitz und Kosel und durch Verbesserung der Oderwasserstraße tatkräftig einer Lösung entgegengeführt. Die Wettbewerbsfähigkeit des Reviers war bisher infolge seiner Abgelegenheit und infolge der Unzuverlässigkeit und geringen Leistungsfähigkeit der in Frage kommenden Wasserstraßen so schlecht, daß nach Berlin englische Kohle mit geringeren Frachtunkosten als oberschlesische geliefert werden konnte. Von der bevorstehenden Fertigstellung des Mittellandkanals war eine weitere Verschiebung der Wettbewerbsverhältnisse zugunsten der westlichen Bergbau- und Industriegebiete zu befürchten. Die in Angriff genommenen Arbeiten werden nicht nur dieser neuen Gefahr für Oberschlesien begegnen, sondern auch dazu beitragen, die Lage Westoberschlesiens, freilich unter der Voraussetzung einer allgemeineren Gesundung der Weltwirtschaft, dauernd zu bessern.

Während also das in seinem natürlichen Wirtschaftszusammenhang verbliebene Westoberschlesien im ganzen noch eine erträgliche Entwicklung durchgemacht hat und ohne die Weltwirtschaftskrise sogar sicherlich die Teilungsschäden im wesentlichen überwunden hätte, mußten Bergbau und Hüttenindustrie in Ostoberschlesien sehr viel ernster kämpfen. Drei Jahre nach der Teilung wurde der deutsche Markt für die Ausfuhr Ostoberschlesiens verschlossen. Der seitdem bis jetzt fortwirkende Handelskrieg, der zum großen Teil auf den politischen Gegensätzen beruhte, ermöglichte es zwar der polnischen bzw. polnisch gewordenen Industrie, sich in großem Umfange selbständig zu machen und den deutschen Firmen das Absatzgebiet für eine Reihe wichtiger Waren auf dem entwicklungsfähigen polnischen Markte, voraussichtlich dauernd, zu entreißen. Aber die auf den Absatz nach Deutschland eingestellte ostoberschlesische Bergwirtschaft machte doch überaus schwere Zeiten durch. Die Entwicklung der ostoberschlesischen Steinkohlenförderung läßt den Unterschied mit den Verhältnissen jenseits der neuen Grenze deutlich erkennen.

Nur unter äußersten Anstrengungen, unter starker Hilfe des Staates konnten die schlimmsten Sorgen überwunden werden. Auch kamen gerade in den schwierigsten Jahren äußere Ereignisse zu Hilfe, gleich nach der Teilung der Ruhrkampf und im Jahre 1926 der siebenmonatige englische Bergarbeiterstreik, der eine empfindliche Kohlenknappheit in der ganzen Welt hervorrief. Dadurch wurde im kritischsten Zeitpunkt die Eroberung neuer Märkte in Europa und Übersee, teilweise mit dauerndem Erfolge, und infolgedessen die Ersetzung der Ausfuhr nach Deutschland ermöglicht. Durch die Gründung einer allgemeinen polnischen Kohlenkonvention im Jahre 1926 gelang die Beseitigung des ungesunden Wettbewerbs unter den einzelnen Revieren, wobei freilich Oberschlesien in der Quotenzuteilung wenig günstig abschnitt. Vor allem trieb der Staat durch den Bau neuer abgekürzter Linien

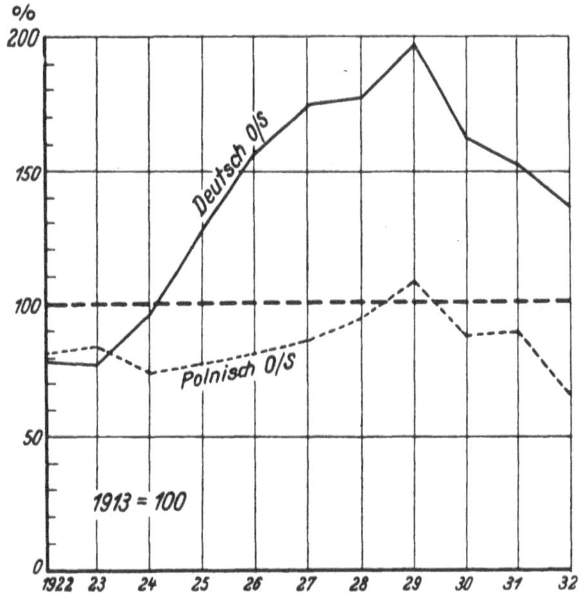

Schaubild.
Die oberschlesische Kohlenförderung nach der Teilung.

an die Ostsee, durch den Ausbau des Hafens Gdingen, durch Gewährung beispiellos billiger Bahn- und Hafentarife und durch scharfen Druck auf die Auslandspreise die Kohlenausfuhr gewaltsam hoch. Der polnische Steinkohlenbergbau hat hierin mengenmäßig unbestreitbare Erfolge erzielt, wobei auf Ostoberschlesien 84% der Gesamtausfuhr entfielen.

Im Laufe weniger Jahre hat sich Polen also eine beachtenswerte Stellung auf dem Weltkohlenmarkt geschaffen. Namentlich die Ostseeländer werden zum größten Teil von ihm versorgt; einzelne Schiffsladungen gelangten auch an den deutschen Zechen vorbei den Rhein hinauf nach Straßburg, andere in die Themsemündung,

Zahlentafel 40.

Die Entwicklung der polnischen Kohlenausfuhr in Mill. t.

Bestimmungsland	1923	1932
Deutschland	8,0	0,01
Österreich, Ungarn u. Tschechoslowakei	3,9	1,9
Holland	—	0,1
Belgien	—	0,2
Frankreich	—	0,8
Schweiz	0,2	0,1
Italien	—	0,8
Rumänien, Bulgarien	0,1	—
Skandinavien	—	5,1
Finnland, Estland, Lettland, Litauen	—	0,5
Danzig und Memel	0,3	0,3
Sonstige Länder	0,1	0,3
Bunkerkohle	—	0,3
Insgesamt	12,6	10,4

nach Gibraltar, Südafrika, Argentinien. Geldlich war diese Ausfuhrpolitik aber weder vom Standpunkt der Gruben, noch vom Standpunkt der Verkehrseinrichtungen allzu vorteilhaft und namentlich in den Jahren der Weltwirtschaftskrisis nur durch die Sorge um die schwere Arbeitslosigkeit in Ostoberschlesien zu rechtfertigen. Zweifelhaft ist es auch, ob es auf die Dauer gelingen wird, die zeitweilig eroberten Märkte zu behaupten, sobald dem englischen Kohlenhandel, auf dessen Kosten die Eroberungen in der Hauptsache erfolgten, keine künstlichen Wettbewerbsbedingungen mehr entgegen gestellt werden können.

Die Eisenindustrie des abgetretenen Teilgebiets machte eine ähnliche Entwicklung durch. Die Erzeugung blieb auch in den besten Jahren erheblich hinter den Ziffern von 1913 zurück, während sie in Westoberschlesien zeitweilig bis um 50% gesteigert wurde. In den letzten Jahren fanden die Werke aber beträchtlichen Absatz nach Sowjetrußland, so daß sie sich in der Wirtschaftskrise im allgemeinen erheblich besser halten konnten als die deutsch gebliebenen. Dagegen hielt die Entwicklung von Förderung und Verhüttung der Zink- und Bleierze nicht entfernt mit derjenigen in Westoberschlesien Schritt.

Organisatorisch haben die ostoberschlesischen Unternehmen noch stärkere Umstellungen erfahren als die west-oberschlesischen, da neben den durch die Teilung technisch erforderlich gewordenen

Neuregelungen unter dem Druck des jungen polnischen Nationalismus auch eine sehr erhebliche Verdrängung des deutschen Einflusses erfolgte. Die deutschen Aktienkapitalien wurden namentlich durch französisches, aber auch englisches, amerikanisches, tschechisches und italienisches Kapital ersetzt, die deutschen Verwaltungen polonisiert und auch zahlreiche Beamte und Angestellte verdrängt. Die Unruhe, die von dieser noch nicht abgeschlossenen Entwicklung ausgeht, belastet naturgemäß auch die wirtschaftlichen Aussichten. Vor allem vollendet sie das völlige gegenseitige Fremdwerden der beiden Teilgebiete. Zum Schaden namentlich von Ostoberschlesien ist von einem Zusammenhang, den die Entente 1922 in gewollter Selbsttäuschung zu wahren hoffte, zwischen den zwei Gliedern eines einheitlichen Körpers schon jetzt, zwölf Jahre nach der Teilung, fast nichts mehr vorhanden.

6. HULTSCHIN — TESCHEN — ZIPS UND ORAWA.

Hultschin.

Von dem riesigen oberschlesisch-polnisch-mährischen Kohlenbecken ist bisher nur ein verhältnismäßig kleiner Bruchteil, kaum ein Zehntel, bergbaulich erschlossen. Der Bergbau hat sich naturgemäß dort zuerst entwickelt, wo die Kohlenflöze, insbesondere die vor allem begehrte Sattelflözgruppe, bis zur Tagesoberfläche reichen, also vor allem im Nordosten. Wo dagegen das Kohlengebiet von jüngeren Schichten verhüllt ist, im Beckeninnern und im Süden, sind nur einzelne Gruben angelegt worden. Nur im äußersten Südwesten des Beckens, in der Gegend von Hultschin-Mährisch-Ostrau, steht die Randgruppe des Kohlengebirges mit ausgezeichneter Kokskohle auf beiden Seiten der alten Grenze zwischen Deutschland und Österreich bis zu Tage an. Hier lag auch ein kleines Bergbaurevier auf der reichsdeutschen Seite unmittelbar an der Grenze; die an der Tagesoberfläche deutlich erkennbaren Flöze hatten schon seit der Mitte des 18. Jahrhunderts einen Abbaubetrieb veranlaßt. Die zahlreichen kleinen Einzelgrubenfelder wurden 1873 unter Führung des Wiener Bankhauses Rothschild vereinigt und 1895 an die Witkowitzer Bergbau- und Eisenhüttengewerkschaft in Witkowitz (jetzt Mährisch-Ostrau) verkauft. Sie betrieb zwei Schachtanlagen bei Petershofen, in unmittelbarer Anlehnung an ihre großen Bergbau- und Hüttenwerke jenseits der Grenze. Die Förderung von 6—700000 t jährlich wurde zum großen Teil in den eigenen Werken der Gesellschaft bei Mährisch-Ostrau verbraucht.

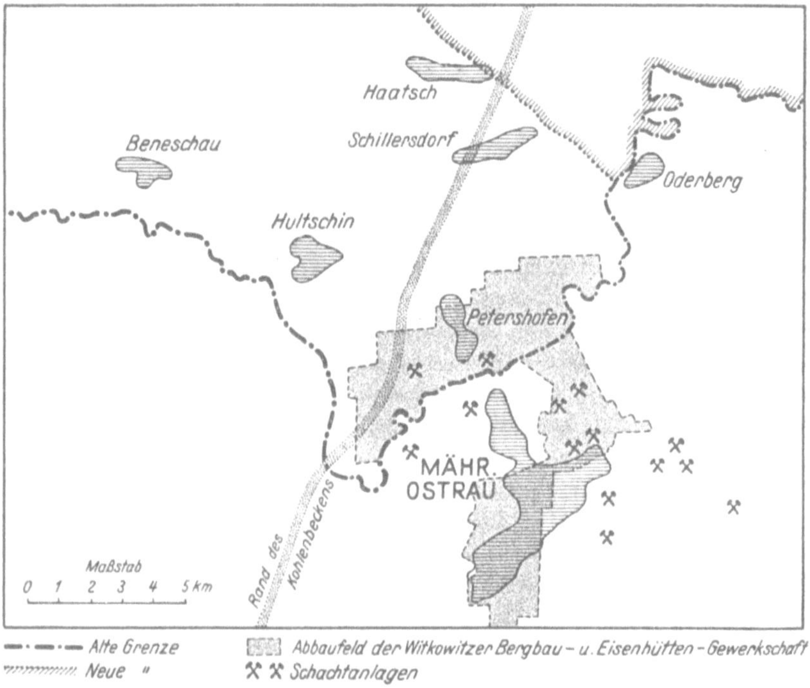

Kartenskizze 12. Osthälfte des Hultschiner Landes.

Inwieweit dieser bergwirtschaftliche Zusammenhang die Teilnehmer der Pariser Friedenskonferenz beeinflußt hat, als sie das Hultschiner Ländchen — einen erst damals künstlich geschaffenen Begriff von 316 qkm Fläche und 48000 Einwohnern — von Deutschland an die Tschechoslowakei überwiesen, ist nicht bekannt. Daß er eine Rolle gespielt hat, wird namentlich in der betroffenen Bevölkerung allgemein angenommen. Die äußere Begründung hat zweifellos die Tatsache abgegeben, daß drei Viertel der Bevölkerung einen dem Tschechischen verwandten Dialekt „Mährisch" sprechen. Irgendeine Beziehung zu den nationalen und kulturellen Bestrebungen des tschechischen Volkes hat aber niemals bestanden; eine Möglichkeit, ihr Selbstbestimmungsrecht auszuüben, wurde der Bevölkerung versagt, und in dem Notenwechsel zwischen der deutschen Delegation und der Friedenskonferenz tritt die ganze Regelung auffällig zurück. Das von der tschechoslowakischen Regierung unter Ausnahmerecht verwaltete kleine Gebiet hat aber trotz des ausgeübten Druckes bei den parlamentarischen und kommunalen Wahlen regelmäßig mit etwa Zweidrittelmehrheit durch Stimmabgabe für die deutschen Parteien ihren Widerstand gegen die Regelung zu erkennen gegeben.

Teschen.

Die gewichtige Bedeutung der wirtschaftlichen Interessen der Tschechoslowakei bei der Festsetzung der neuen Grenzen durch die Pariser Friedenskonferenz ist noch in einem anderen Fall zutage getreten, bei der Aufteilung des ehemals österreichisch-ungarischen Anteils an dem großen Kohlengebiet zwischen der Tschechoslowakei und Polen. Das mehrfach erwähnte Ostrauer Kohlenrevier, in das sich die ehemaligen Kronländer Österreichisch-Schlesien und Mähren teilten, wird von einer aus Deutschen, Polen und Tschechen zusammengesetzten Bevölkerung bewohnt. Während die Deutschen die Mehrheit im Westen, in der Gegend zwischen Troppau und Mährisch-Ostrau bilden, überwiegen im Osten bis über Karwin hinaus die Polen, und namentlich die Bergleute bis nach Mährisch-Ostrau sind meistens Polen. Im eigentlichen Teschener Schlesien bildet die polnisch sprechende Bevölkerung bei weitem die Mehrheit; jedoch leistet der evangelische Teil von ihnen, die sogenannten „Schlesier“ (Slazaken), der nationalpolnischen Parole keine Folge. Angesichts der Mischsiedlung und der sich daraus ergebenden Unmöglichkeit, eine gerechte Lösung zu finden, wäre auch nach englischer Ansicht der Vorschlag des deutschen Bevölkerungsanteils am zweckmäßigsten gewesen, Österreichisch-Schlesien mit dem kleinen, eingeschlossenen nordmährischen Gebiet als selbständigen Staat zu errichten, dessen Wirtschaftskraft allen drei Nachbarländern paritätisch zugute gekommen wäre. Im Gegensatz zu Oberschlesien leuchtete hier die Unteilbarkeit des Bergbau- und Industriegebiets den Alliierten ein. In Paris wurde der deutsche Vorschlag aber überhaupt nicht in Erwägung gezogen, zumal die Ententeregierungen den tschechischen Emigrantenführern schon im Jahre 1917 entgegenstehende Zusicherungen in bezug auf die zukünftigen Grenzen gegeben hatten.

Anfänglich schien sich auch zwischen Tschechen und Polen eine Einigung vorzubereiten. Bei dem Zerfall des alten Kaiserstaates hatten beide Gruppen am 5. November 1918 in Mährisch-Ostrau eine vorläufige Demarkationslinie verabredet, die das Gebiet der polnischsprechenden Bevölkerung mit dem größten Teil des Bergbaus Polen zuwies. Sobald die Tschechoslowakei aber nach der militärischen Überrumpelung der deutschsprachigen Randgebiete freiere Hand hatte, gab sie sich mit dieser Linie nicht zufrieden und forderte am 23. Januar 1919 in einem auf wenige Stunden befristeten regelrechten militärischen Ultimatum die Räumung ganz Österreichisch-Schlesiens durch die Polen, die dort inzwischen eine regelrechte Verwaltung eingerichtet hatten. Bei fruchtlosem Ablauf der gestellten Frist rückten die Tschechen von mehreren Punkten aus in das Gebiet ein und zwangen die polnischen Truppen in wiederholten Gefechten zum Rückzug. Erst östlich Teschen kam der Vormarsch zum Stehen; nach dreitägiger unentschiedener Schlacht an der Weichsellinie bei Skotschau zwischen Teschen und Bielitz wurde ein Waffenstillstand vereinbart, dem ein regelrechtes Abkommen auf Betreiben der Pariser Konferenz folgte. Hiernach sollte die Entscheidung der Konferenz abgewartet werden; einstweilen erhielt die Tschechoslowakei aber zur vorläufigen Besetzung den größten Teil des durch den militärischen Handstreich eroberten Gebietes.

Im Frieden von St. Germain kam es zur endgültigen Regelung noch nicht; der Oberste Rat entschied aber am 20. Juli 1919, daß eine Volksabstimmung die Grundlage für die Grenzziehung bilden solle. Die in das Gebiet geschickte Abstimmungskommission unter französischer Leitung konnte immer neue Unruhen und Gewalttaten nicht verhindern, so daß sich die Botschafterkonferenz am 28. Juli 1920 zu einem Schiedsspruch ohne vorausgegangene Volksabstimmung entschloß. Der Zeitpunkt war für die Polen denkbar ungünstig; die Russen standen vor Warschau, und so mußte man sich fügen, als in Paris das gesamte reiche Grubenrevier der Tschechoslowakei zugeteilt wurde. Frankreich, das sich zwischen den beiden Bundesgenossen und Schützlingen in schwieriger Lage befunden haben mag, soll Polen mit Unterstützung seiner Wünsche in Deutsch-Oberschlesien vertröstet haben[1]). Letzten Endes hat also Deutschland den Schaden getragen. Allerdings entsprach es den bergwirtschaftlichen Bedürfnissen, daß nicht Polen, das seinen ungeheuren Kohlenreichtum auf absehbare Zeit ohnedies nicht ausnutzen kann, sondern die Tschechoslowakei das Revier und damit einen vollen Ausgleich ihres Kohlenbedarfs erhielt. Außerdem fiel ihr in dem strittigen Gebiet das uneingeschränkte Eigentum an der Eisenbahnlinie Mährisch-Ostrau—Teschen—Jablunka-Paß zu, die die einzige Verbindung zwischen

[1]) Als feststehende Tatsache mitgeteilt u. a. von dem amerikanischen Historiker H. A. Gibbons, Europa since 1918, London 1923, S. 239.

den einzelnen Teilen des tschechoslowakischen Staates darstellte. Das polnische Angebot, weiter westlich eine Parallelbahn auf Polens Kosten zu bauen, hatte die Tschechoslowakei abgelehnt, zumal es ihr in erster Linie auf die guten Kokskohlen des Ostrauer Revierteils ankam.

Zips und Orawa.

Einen ähnlichen Konflikt wie um das Teschener Gebiet hatten Polen und die Tschechoslowakei auch um einen Teil des ungarischen Erzgebirges, Zips und Orawa, auszukämpfen. Die Bevölkerungsverhältnisse sind hier besonders verworren; außer den vorherrschenden Slowaken, deren nationale Zusammengehörigkeit mit den Tschechen von den alliierten Regierungen grundsätzlich vorausgesetzt wurde, wohnen hier Magyaren, Deutsche und teilweise ansehnliche polnische Gruppen. Das Gebiet war aber dem neuen tschechoslowakischen Staate auch wichtig als Verbindungsstück zu den östlichen Karpathen, wo man damals noch einen unmittelbaren Korridor nach Rußland zu erhalten hoffte. Die Zuteilung des ruthenischen Ostgalizien an Polen erschien anfänglich wegen der leidenschaftlichen Ablehnung durch die Bevölkerung ganz undenkbar, bis Polen mit Waffengewalt im Jahre 1919 vollendete Tatsachen schuf. Besonders begehrenswert war das strittige Gebiet aber wegen der recht ansehnlichen Eisenerzvorkommen in den ehemals ungarischen Komitaten Zips und Gömbör, die einen erheblichen Teil der österreichisch-ungarischen Eisenerzförderung lieferten. Namentlich die Hütten im Mährisch-Ostrauer Revier und in Preußisch-Oberschlesien bezogen das Erz und besaßen teilweise auch die Gruben.

Im November 1918 kam es auch hier zu bewaffneten Auseinandersetzungen zwischen tschechischen und polnischen Truppen; sie dauerten bis in das Jahr 1920 an und wurden gleichzeitig mit dem Streit um Teschen durch die Botschafterkonferenz in der Hauptsache zugunsten der Tschechoslowakei entschieden. Diese deckte in den Gruben, deren Förderung erheblich gesteigert wurde, nach dem Kriege etwa ein Viertel ihres Erzbedarfs.

7. SCHANTUNG.

Die Japaner waren in den Weltkrieg hauptsächlich mit der Absicht eingetreten, sich den deutschen Kohlen- und Eisenerzbesitz in Schantung anzueignen. Der Verwirklichung stand zwar die Tatsache im Wege, daß sich der gesamte Bergbau auf chinesischem Gebiet befand. Von vornherein war Japan aber entschlossen, sich um diese formelle Schwierigkeit nicht zu kümmern. Bei der militärischen Eroberung Tsingtaus im November 1914 nahmen sie — anders als die in einem kleinen Kontingent mitwirkenden Engländer — auf die Neutralität Chinas nicht die geringste Rücksicht. Sie benutzten chinesisches Gebiet zur Landung und zum Anmarsch, zwangen die chinesische Bevölkerung zur aktiven Unterstützung insbesondere bei der Anlegung von Befestigungen und bei der Versorgung und besetzten alsbald nach dem Fall Tsingtaus die ganze Bahnstrecke bis Tsinanfu und damit den Hauptteil Schantungs. Die Kohlen- und Eisenerzgruben bei Weihsien, Poschan und Tschangtien, die von der deutschen Schantungsgesellschaft auf Grund eines von der chinesischen Regierung erteilten Bergbaurechts auf rein chinesischem Gebiet betrieben wurden, nahmen sie ohne weiteres in Anspruch. Sie setzten die Poschan-Gruben alsbald, die Fangtse-Gruben bei Weihsien mit ihren geringwertigen Kohlen erst 1918 in Betrieb, und bemühten sich vor allem, den Eisenerzbergbau, der von der deutschen Gesellschaft erst vorbereitet war, möglichst rasch in Gang zu bringen. Der Erzbergbau erreichte aber erst 1919 größeren Umfang; In diesem Jahre wurden 115000 t gefördert, und mit dem vorzüglichen Erz ein erheblicher Teil des japanischen Gesamtbedarfs gedeckt. Die Suche nach weiteren Eisenerzvorkommen betrieb man jedoch mit einem übereifrigen Optimismus und ohne große Sachkunde, so daß Rückschläge nicht ausblieben.

China konnte diesem Vorgehen keinen Widerstand entgegensetzen, zumal die europäischen Mächte und immer mehr auch die Vereinigten Staaten durch den Weltkrieg in Anspruch genommen waren. Zwar hatte China die kriegerischen Operationen von Tsingtau durch Schaffung einer Zone zu begrenzen versucht, und am 7. Januar 1915 das förmliche Verlangen an Japan gestellt, seine Truppen aus Schantung zurückzuziehen. Japan antwortete mit 21 Forderungen, die seine Vorherrschaft nicht nur in Schantung, sondern in ganz China auf vielen Gebieten sichern sollten, und erzwang im Mai 1915 durch ein Ultimatum die Annahme. Nur die Vereinigten Staaten rührten sich und behielten sich in einer Note an beide Mächte die politische und gebietsmäßige Unversehrtheit Chinas und den Grundsatz der „Offenen Tür“ vor. Japan verstärkte indessen dauernd seine Stellung in Schantung und richtete in dem von ihm besetzten Gebiet sogar förmliche Zivilverwaltung ein.

Bei Beginn des unbegrenzten U-Bootskrieges benötigten die Alliierten dringend der japanischen Flottenhilfe im Mittelmeer;

sie wurde, übrigens ohne allzu erheblichen Aufwand an Eifer und Material, gewährt; jedoch mußten England, Frankreich, Rußland und Italien die Erklärung abgeben, daß sie die japanischen Ansprüche in Schantung unterstützen würden. Nur Frankreich, ganz befangen in seiner unmittelbaren Kriegsaufgabe, verlangte, daß Japan China zum Abbruch der Beziehungen mit Deutschland veranlassen sollte, und unterstützte damit moralisch auf das stärkste das geheime japanische Verlangen nach einem Protektorat über China. Bezeichnenderweise hatte Japan allerdings Wert darauf gelegt, daß China nicht in den Kriegszustand mit Deutschland geriet und damit zum Verbündeten Japans wurde. Durch eine Sondergesandtschaft gelang es Japan sogar, in dem Lansing-Ishii-Abkommen vom 2. November 1917 von den Vereinigten Staaten eine, allerdings umwundene und unbestimmte, Anerkennung seiner Sonderinteressen in China zu erreichen.

Die endgültige Erfüllung seiner Wünsche erwartete Japan von der Pariser Friedenskonferenz; es verlangte am 27. Januar 1919 die vorbehaltlose Auslieferung des deutschen Schutzgebiets und aller deutschen Rechte in Schantung; China forderte die ebenso vorbehaltlose Rückgabe an sich, da es sich um ein deutsch-chinesisches Pachtverhältnis und um chinesische Bergbaurechte handele, die ohne Chinas Zustimmung nicht einfach einer dritten Macht kraft Rechtes der Eroberung übertragen werden könnten. Während sich die europäischen Alliierten durch die Zusicherungen von 1917 für gebunden erklärten, versuchte Wilson, für den hier, im Gegensatz zu fast allen übrigen Fragen der Friedenskonferenz, auch amerikanische Interessen auf dem Spiele standen, die Rechte Chinas zu verteidigen. Er wurde hierin auch lebhaft von der öffentlichen Meinung unterstützt. Aber Japan brachte ihn durch die Gegenforderung, daß im Völkerbundsstatut die Gleichheit aller Rassen gewährleistet werden müsse, in schwerste Verlegenheit, da sich die britischen Dominien und vor allem die Vereinigten Staaten selbst mit einer derartigen Bestimmung niemals abgefunden hätten. Als Wilson Ende April 1919 durch den Fiume-Konflikt und die Abreise der italienischen Delegierten ohnedies die Fortführung der Konferenz gefährdet sah, wählte die japanische Delegation diesen Zeitpunkt, um für den Fall der Nichterfüllung ihrer Schantung-Wünsche die Zurückziehung von der Konferenz und die Nichtbeteiligung am Völkerbund anzudrohen. Wegen der Kohle und des Eisenerzes wagten sie dieses hohe Spiel; sie verpflichteten sich sogar, Schantung und das deutsche Schutzgebiet nach einiger Zeit an China zurückzugeben, wenn ihnen die Bergbau- und Bahnrechte verblieben. Nunmehr hatte Wilson keine andere Wahl als nachzugeben, so schwer er damit gerade seine eigenen Mitarbeiter, insbesondere Lansing, und seine Anhänger enttäuschte und sein ganzes Werk kompromittierte. Die Chinesen verweigerten aber ihre Unterschrift, verließen die Konferenz und begannen in Ostasien einen hartnäckigen Boykott japanischer Waren. Die Spannung zwischen beiden Ländern dauert noch jetzt an.

Im Friedensvertrag mit Deutschland mußte dieses zugunsten Japans auf alles Eigentum und alle Rechte in Schantung verzichten. Wie ausdrücklich bestimmt wurde, gingen die Gruben, ihre Betriebsanlagen und ihr Betriebsmaterial mit allen zugehörigen Rechten und Vorrechten ebenso wie die Bahnen in das Eigentum Japans über. Von China wird in dem Vertrag nicht gesprochen.

Die Schantung-Bestimmungen waren einer der Hauptgründe, derentwegen die öffentliche Meinung und die gesetzgebenden Körperschaften in den Vereinigten Staaten den Versailler Vertrag verwarfen. Das durch den Krieg mächtig gestärkte Selbstbewußtsein des amerikanischen Volkes gab sich immer stärker imperialistischen Gedanken hin; ihm schien weder die Erschwerung des amerikanischen Handels in China, noch das Aufwachsen einer ebenbürtigen Macht am Stillen Ozean erträglich. Die Gegensätze spitzten sich bis zur offenen Kriegsgefahr zu. Infolgedessen wagte Japan damals die Weiterverfolgung seiner Schantung-Politik nicht, zumal es in der unsicheren Lage seiner Versorgung mit Kohle, Eisen, Öl, Baumwolle und Nahrungsmitteln einen ernsthaften Konflikt mit einer der beiden großen Seemächte — sofern diese wirklich zum Kriege entschlossen ist — nicht verantworten kann. Gleichzeitig scheiterte Japans mandschurisch-mongolische Politik vor dem Widerstand des erstarkenden Sowjetrußland. In der von Präsident Harding einberufenen Konferenz von Washington (November 1921 bis Februar 1922) verstand sich Japan unter diesen Umständen nicht nur zur Beschränkung der Flottenrüstungen, sondern auch zum Nachgeben in Schantung. Es räumte im Laufe des Jahres 1922 Schantung einschließlich Tsingtaus. Das ehemals deutsche Bahn- und Grubeneigentum sollte von China und Japan zu gleichen Teilen bewirtschaftet werden. Nach Zurückziehung der politischen und militärischen Macht hatte Japan aber nicht mehr das gleiche Interesse an dem Besitz. Bahnbetrieb und Kohlenbergbau sind seitdem auf privatwirtschaftlicher Grundlage fortgesetzt worden. Der Eisenerzabbau ist stark zurückgegangen.

KAPITEL IV.

DIE VERÄNDERTE LAGE NACH DEM KRIEGE.

Kohlen- und eisenwirtschaftliche Erwägungen haben eine sehr ernste Bedeutung für das Zustandekommen des Weltkrieges gehabt, und sein Verlauf ist von der Kohlen- und Eisenwirtschaft her auf das stärkste beeinflußt worden. Kohle und Eisen entfalteten aber ihre größte Macht bei dem Entstehen der Friedensbedingungen. Das Kohlenproblem wirkte sogar noch viele Jahre nach dem förmlichen Friedensschluß auf die Weltpolitik ein. Der wichtigste kohlenwirtschaftliche Streit, Frankreichs Kampf um die Saar, geht sogar erst im Jahre 1935 seiner förmlichen Entscheidung entgegen.

Diese ungeheure Bedeutung von Kohle und Eisen in dem Hauptabschnitt der modernen Weltpolitik beruht zum wesentlichen Teile auf unveränderlichen und unabwendbaren Tatsachen und Gesetzen, deren Nichtbeachtung sich gerade im Kriege oft genug gerächt hat. Die Macht dieser Tatsachen und Gesetze hat aber auch, da ihre Grundlagen und ihre Wirkungen so schwer vom Nichtfachmann beurteilt werden können, vielfach Übertreibungen hervorgerufen, denen die Staatsmänner und noch mehr die Völker unterlagen. Das Streben nach dem Besitz von Eisen- und vor allem von Kohlenlagern wurde für die nicht von der Natur begünstigten Länder der Gegenstand leidenschaftlichen politischen Wollens, dem man alle gerade in jener Zeit so viel verkündeten und oft auch ehrlich ersehnten Ziele von einer neuen friedlichen Gemeinschaft der Menschen unterordnete.

Diese neuen und doch zugleich uralten Ideale waren immerhin mächtig genug, um im Verein mit dem Interessenwiderstreit innerhalb der Alliierten selbst eine vollständige Ausnutzung der Machtlosigkeit der niedergeworfenen Mächte zu verhindern. Infolgedessen kam die von einigen der Siegermächte angestrebte kohlen- und eisenwirtschaftliche Befriedigung im Enderfolg nur sehr unvollkommen zustande, und das Gesamtergebnis des Krieges war auch auf diesem Gebiet eine Enttäuschung für die führenden Staaten der Siegergruppe. Namentlich hat Frankreich keines seiner Hauptkriegsziele, die Auflösung der deutschen Einheit, die militärische Herrschaft auf dem linken Rheinufer und die Vernichtung der deutschen Wirtschaftskraft erreicht und insbesondere nicht das seit eineinhalb Jahrhunderten der französischen Politik vorschwebende Ziel der Erwerbung ausreichender Kohlenvorkommen verwirklicht. Im Besitz des größten, besten und mannigfaltigsten Kohlenbeckens des Kontinents ist Deutschland nach wie vor die überlegene Industriemacht geblieben. Der Verlust Lothringens hat zwar die Erzgrundlage der deutschen Hütten sehr empfindlich geschmälert, aber infolge der Abhängigkeit der Eisenerzreviere von der Kohle die Versorgung der deutschen mit dem Kohlenbergbau vergesellschafteten Eisenhütten nicht dauernd lähmen und nicht einmal neuen Aufschwung hindern können. Auf dem Gebiet, das Deutschland nach Versailles verblieb, waren 1913 10,9 Millionen t Roheisen erzeugt worden; 1929 waren es 13,2, also um 21% mehr. Die Steigerung hat den Ausfall der lothringischen Hütten fast völlig wettgemacht.

Durch den Zuwachs an Erzgruben und Hütten hat sich auf der anderen Seite Frankreichs Abhängigkeit von der Kohleneinfuhr noch wesentlich verschärft. Im Jahre 1929, das sich als Abschluß des ersten Nachkriegsjahrzehnts und als Höhepunkt des wirtschaftlichen Wiederaufschwungs nach dem Kriege für Vergleiche mit 1913 besonders eignet, führte Frankreich 37 Millionen t Kohle ein, davon 5 Millionen aus dem Saargebiet und 11 aus dem übrigen Deutschland; 1913 hatte es 24 Millionen t eingeführt, davon 7 aus Deutschland. Allein an Koks lieferte Deutschland an Frankreich 1913 2,4 Millionen t, 1929 aber 3,6, also das Anderthalbfache. Frankreich besitzt jetzt zwar das riesige Eisenerzgebiet der Minette fast vollständig. Aber auf absehbare Zeit muß es froh sein, wenn es für große Teile der Förderung des Bergbaus, den man nicht verfallen lassen darf, einen Absatzmarkt im Auslande, und nicht zuletzt gerade auch in Deutschland findet.

Ebenso enttäuscht mußten in England diejenigen sein, die von dem Krieg die dauernde Verkrüppelung des deutschen Wettbewerbs in Kohle und Eisen erwarteten. In erstaunlicher Lebenskraft erhob sich die deutsche Wirtschaft aus Zusammenbruch, Revolution, Währungsverfall und Ruhrkrieg und überwand sogar die Verluste an Gebiet, Macht, Auslandsbeziehungen und Vertrauen, die in Versailles auferlegt worden waren. Bis Ende 1929, also innerhalb eines Jahrzehnts nach dem Kriegsende, wurde die Gesamtproduktion der deutschen Wirtschaft um 10 bis 20% über den Vorkriegsstand gesteigert, der technische Apparat leistungsfähiger und fortschrittlicher ausgebaut als irgendwo in der Welt und mit fast 21 Millionen Beschäftigten nach der Krankenkassenstatistik die weitaus höchste Arbeiterziffer erreicht, die in Deutschland jemals festgestellt worden ist. Der Wert des Außenhandels des verkleinerten Deutschland übertraf um rd. 30% die Vorkriegsziffer; die für Deutschland besonders wichtige Ausfuhr hob sich für sich allein sogar um 34%. Im Vergleich mit Großbritannien geschah das Wunder, daß das reiche Siegerland, das sich vor dem Kriege bis zuletzt einen Vorsprung in der Ausfuhr eigener Waren sichern konnte, von dem verkleinerten und überlasteten Deutschland hierin zeitweilig um 400 Millionen Mark übertroffen wurde. Auch jetzt war die Kohlen- und Eisenwirtschaft von entscheidender Bedeutung, und der Fortschritt Deutschlands hierin gegenüber dem alten Wettbewerber noch erfolgreicher. Trotz des Verlustes von Ostoberschlesien und Lothringen förderte Deutschland einschließlich des Saarreviers 1929 mehr Kohle als 1913, während die englische Förderung um 10% niedriger war. Der deutsche Kohlenaußenhandel erbrachte 1929 einen Ausfuhrüberschuß von 647 Millionen Reichsmark gegen 423 im Jahre 1913; auf Steinkohle umgerechnet führte Deutschland 33 Millionen t mehr aus als ein gegen 30 vor dem Kriege. Die englische Kohlenausfuhr ging dagegen von 78 auf 66 Millionen t zurück. In der Roheisenerzeugung übertraf Deutschland einschließlich des Saargebiets die Vorkriegsziffern; in England ging die Roheisenerzeugung im gleichen Zeitraum um ein Viertel zurück, und nur die Rohstahlerzeugung stieg um 10%, jedoch vergrößerte sich auch hierin der deutsche Vorsprung. Noch erheblich stärker geschah dies in der Ausfuhr von Eisen und Stahl und namentlich in Maschinen.

Wenn auch die Krisis der Weltwirtschaft in den letzten Jahren Deutschland, das innerlich noch keineswegs gesundet war, am heftigsten getroffen und daher manchen der schon erreichten Erfolge wieder vernichtet hat, so offenbarte die Entwicklung von 1924 bis 1929 doch mit zwingender Deutlichkeit, daß die eigentlichen Wettbewerbsgrundlagen im wesentlichen unerschüttert waren, ja, daß der für die Nachkriegszeit charakteristische Wiederaufbauwille die deutsche Wirtschaft sogar zu besonders großartigen Leistungen anspornte.

Auch bezüglich der anderen Länder hat der Weltkrieg keineswegs überall die Ergebnisse gebracht, die die Sieger erhofften, ganz abgesehen davon, daß der Rohstoffüberfluß, der die spätere Nachkriegszeit kennzeichnet, den herrschenden Rohstoffimperialismus seiner Hauptbedeutung entkleidet hat. Italiens Abhängigkeit von fremder Kohle und fremdem Eisen hat sich durch den Gebietszuwachs aus dem Friedensvertrag von St. Germain nicht verändert. Bis zur Rhone, Saar und Oder umgeben kohlenarme Gebiete die italienischen Grenzen, so daß es sich allenfalls durch Ausbau seiner Wasserkräfte einen — stets nur unvollständigen — Ersatz schaffen muß. Italien führte 1929 15 Millionen t Kohle ein gegen 11 vor dem Kriege; die künstlichen eigenen Bergbauversuche der Kriegszeit sind längst wieder aufgegeben. Günstiger ist die Entwicklung der Eisenindustrie; namentlich die eigene Stahlerzeugung hat sich unter der faschistischen Wirtschaftsordnung gegenüber der Vorkriegszeit vorübergehend reichlich verdoppelt, bleibt aber in den verarbeiteten Rohstoffen vom Auslande abhängig. In Polen ist durch die Teilung Oberschlesiens ein neuer Kohlenlieferant für die kohlenarmen Länder entstanden; abgesehen davon, daß die dauernde Aufrechterhaltung der jetzigen fast gewaltsamen Ausfuhr bezweifelt werden mag, hat sie wesentliche Verschiebungen in den bisherigen Machtverhältnissen auf dem Weltkohlenmarkt nicht verursacht. Rußland hat den Verlust des südwestpolnischen Kohlengebiets durch Ausbau seiner sonstigen Bergbaugebiete mehr als ausgleichen können. Japan hat seinen Kriegsgewinn an Kohle und Eisen wieder preisgeben müssen, setzt aber seine wirtschaftsimperialistische Politik gegenüber China unbeirrt fort. Der Versuch fast aller übrigen Länder, sich unter dem Druck der Kriegsnot in der Versorgung mit Kohle und Eisen unabhängiger zu machen, sind in der Hauptsache mit der Wiederherstellung normaler Versorgungsverhältnisse wieder aufgegeben worden; wie lange sich der Rest gegenüber dem Gesetz wirtschaftlicher Zweckmäßigkeit halten lassen wird, kann man aber angesichts des starken Hineinspielens politischer Erwägungen nicht absehen.

Trotz der gewaltigen materiellen und gefühlsmäßigen Einwirkungen von Kohle und Eisen auf das Entstehen, den Verlauf und die Beendigung des Weltkrieges sind also die Veränderungen in der Verteilung der kohlen- und eisenwirtschaftlichen Kräfte verhältnismäßig gering geblieben. Ein neuer Krieg würde in dieser Hinsicht fast die gleiche Lage vorfinden wie das große Ringen von 1914 bis 1918. Für die beiden angelsäschsischen Weltmächte ist überhaupt keine Verschiebung eingetreten. Frankreich würde den gleichen Gefahren wie 1914 hinsichtlich der Kohlenversorgung entgegengehen und bleibt mit seinen Kohlen- und Eisenrevieren nach wie vor nahe der Grenze und daher leicht verwundbar; an einen mehrjährigen Krieg ohne Anlehnung an eine der großen Kohlenmächte wird es kaum denken dürfen. Die im Weltkrieg bewährte unabhängige Kraft Deutschlands ist, soweit es auf Kohle ankommt, trotz aller Gebietsverluste ungebrochen, und mit Eisenerz kann es sich, falls der innerdeutsche Eisenerzbergbau in Friedenszeiten nicht vernachlässigt wird und falls im Kriege die Zufuhr schwedischen Erzes wie vor 20 Jahren gesichert bleibt, wenn auch mit größeren Schwierigkeiten als damals, so doch einigermaßen versorgen. Dagegen werden Italien und Japan sich ebensowenig wie früher auf einen längeren Kampf mit einem Gegner einlassen dürfen, von dem eine wirksame Erschwerung ihrer überseeischen Zufuhr zu befürchten wäre. Von allen Großmächten würde nur Rußland in der Kohlen- und Eisenversorgung einer neuen Kriegsgefahr wesentlich stärker gegenüberstehen als 1914; es hat unter dem Zwange der wirtschaftlichen Notlage gelernt, im wesentlichen ohne ausländische Lieferungen auszukommen, und hat seinen Produktionsapparat mächtig ausgebaut. Hierbei hat es besonders die für viele Länder wichtigen Erfahrungen des Weltkrieges berücksichtigt, wonach ein Staat nur auf die im Landesinnern gelegenen Bergbau- und Industriegebiete für den Kriegsfall mit Sicherheit rechnen darf.

Freilich steht der technische Fortschritt nicht still. Zwar liegen bisher keinerlei Anzeichen dafür vor, daß Kohle und Eisen ihre beherrschende Stellung, die sie in der heutigen Zivilisation, und damit auch in Wirtschaft und Politik einnehmen, tatsächlich einbüßen könnten. Manche Aushilfe und Ersatzmöglichkeit, manchen neuen Weg hat aber die unermüdliche Forschung unter dem Zwange der Not oder in schöpferischer Freiheit doch schon gewiesen. Ein Volk, das Wissenschaft, Ingenieurkunst und Volkskraft leistungsfähig erhält und die Leistungen womöglich sogar zu steigern weiß, wird auch mit mageren natürlichen Bodenschätzen seinen Platz zu behaupten wissen.

SCHRIFTTUM

zu „Kohle und Eisen im Weltkrieg und in den Friedensschlüssen“.

Die üblichen Nachschlagewerke sind nicht aufgeführt.

Eine Reihe weiterer Sonderveröffentlichungen wird im Texte des Buches genannt.

I. ALLGEMEINES.

1. Beaumont M., La grosse Industrie allemande et le Charbon. Paris 1928.
2. Delaisi F., Political Myths and economic Realities. New York 1927.
3. Eckel E. C., Coal, Iron and War. London 1925.
4. Einecke G. u. W. Köhler, Die Eisenerzvorräte des Deutschen Reiches. Berlin 1910.
5. Frech F., Die Kohlenvorräte der Welt. Stuttgart 1917.
6. Friedensburg F., Die zukünftige Erzversorgung der deutschen Eisenindustrie. Preuß. Jahrb. 1913, S. 255.
7. Goldreich A. H., Die Kohlenversorgung Europas. Berlin 1918.
8. Krenkel, Die Bodenschätze Deutschlands. Berlin 1932.
9. Krusch P., Die Versorgung Deutschlands mit metallischen Rohstoffen. Leipzig 1913.
10. Lafitte-Laplace R., L'Economie charbonnière de la France. Paris 1933.
11. de Launay L., France-Allemagne, Problèmes miniers. Paris 1917.
12. Leith, C. K., The political Control of Mineral Resources. Foreign Affairs 1925, S. 541.
13. — World Minerals and World Politics. New York 1931.
14. Lübke A., Die sterbende Kohle. Regensburg 1925.
15. Meis H., Der Ruhrbergbau im Wandel der Zeiten. Hrsg. v. Verein f. d. bergbaul. Interessen in Essen. Essen 1933.
16. Meißner M., Die Versorgung der Weltwirtschaft mit Bergwerkserzeugnissen (Weltmontanstatistik). Stuttgart 1925/32. 2 Bde.
17. Neurath O., Die Kriegswirtschaftslehre als Sonderdisziplin. Weltw. Arch. 1913, S. 342.
18. Osthold P., Die Geschichte des Zechenverbandes 1908—1933. Berlin 1934.
19. Schönfeld R., Die Kohle- und Eisenerzfragen der Gegenwart und Zukunft. Diss. Leipzig. Dresden 1914.
20. Smith G. O., The Strategy of Minerals. New York 1919.
21. Soldau G., Der Mensch und die Schlacht der Zukunft. Oldenburg 1925.
22. Spengler O., Politische Schriften. Das heutige Verhältnis zwischen Weltwirtschaft und Weltpolitik. München 1933.
23. Spethmann H., Zwölf Jahre Ruhrbergbau 1914—1925. Berlin 1928 ff. 5 Bde.

24. Spurr J. E., Political and commercial Geology and the World's Mineral Resources. New York 1920.
25. Storm E., Geschichte der deutschen Kohlenwirtschaft von 1913 bis 1926. Berlin 1926.
26. Weber A., Wirtschaft und Politik. München 1925.
27. Würfel G., Die Bedeutung der Kohle für die Kriegswirtschaft und für das wirtschaftliche und politische Leben der Kulturvölker. Dresden-Leipzig 1919.
28. — Der Bergbau im Osten des Königreiches Preußen. Berlin 1913. 5 Bde.
29. — Die deutsche Bergwirtschaft der Gegenwart. Hrsg. v. W. Hölling und F. A. Pinkerneil. Berlin 1928.
30. — The Coal Resources of the World. Toronto 1913. 2 Bde.
31. — Gemeinfaßliche Darstellung des Eisenhüttenwesens. Düsseldorf 1929.
32. — Enquete-Ausschuß: Die Rohstoffversorgung der deutschen eisenerzeugenden Industrie. Berlin 1928.
33. — Enquete-Ausschuß: Die deutsche Kohlenwirtschaft. Berlin 1929.
34. — The Iron Ore Resources of the World. Stockholm 1910. 2 Bde.
35. — Mineral Resources of the United States 1913 ff. Washington 1914 ff. in je 2 Bden.
36. — Osteuropäische Lagerstätten. Hrsg. vom Osteuropa-Institut in Breslau. Leipzig 1920.
37. — Der Kohlenbergbau des Ostrau-Karwiner Steinkohlenreviers. Mähr-Ostrau 1929.

II. VORGESCHICHTE DES WELTKRIEGES UND KRIEGSZIELE.

38. Alfassa M., L'Après-Guerre, Le Fer et le Charbon lorrain. Paris 1916.
39. Beer M., L'Entente annexioniste. Bern 1917.
40. Brandenburg E., Deutschlands Kriegsziele. Leipzig 1917.
41. Brooks A. and M. de la Croix, The Iron and associated Industries of Lorraine, the Sarre District, Luxemburg and Belgium. Washington 1920.
42. Fürst v. Bülow B., Denkwürdigkeiten. Berlin 1930. 4 Bde.
43. Carrière L., Die Kriegsziele der kämpfenden Völker. Berlin 1917.
44. Cavalier G., La France exportatrice et l'Allemagne exportatrice. Paris 1915.
45. Clockener H., Warum und wie muß Deutschland annektieren? Berlin 1917.
46. Delaisi F., La Guerre qui vient. Paris 1911. Dtsch. Berlin 1915.
47. Driault E., Le Fer de Lorraine et la Paix. Paris 1917.
48. Engerand F., Ce que l'Allemagne voulait, ce que la France aura. Le Minerai de Briey — la Houille de la Sarre. Paris 1916.
49. — L'Allemagne et le Fer, les Frontières lorraines et la Force allemande. Paris 1916.
50. — Le Secret de la Frontière 1815 — 1871 — 1914. Paris 1918.
51. — Le Fer sur une Frontière, la Politique métallurgique de l'Etat allemand. Paris 1919.
52. v. Gierke O., Unsere Friedensziele. Berlin 1917.
53. Gauvain O. A., L'Europe au Jour le Jour. Paris 1917. 3 Bde.

54. Greer G., The Ruhr-Lorraine industrial Problem. London 1925.
55. Gropp W., Elsaß-Lothringen und das Saarbecken im französischen Wirtschaftsplan. Berg- u. Hüttenm. Ztschr. Glückauf 1918, S. 212.
56. Grumbach S., Das annexionistische Deutschland. Lausanne 1917.
57. Hauser H., Les Méthodes allemandes d'Expansion économique. Paris 1915.
58. — La Paix allemande et la Question de Briey-Longwy. Paris 1918.
59. Heinemann B., Die feindlichen Grenzgebiete in ihrer Bedeutung für das deutsche Wirtschaftsleben. Berlin 1916.
60. Helfferich K., Zur Vorgeschichte des Weltkrieges. Berlin 1920.
61. — Der wirtschaftliche Hintergrund des Weltkrieges. Leipzig 1920.
62. Hellwig F., Der Kampf um die Saar 1860—1870. Leipzig 1934.
63. Hennebicq J., Victorieuse, qu'aurait fait l'Allemagne. Gembloux 1931.
64. Herre P., Weltgeschichte der neuesten Zeit. Berlin 1925. 2 Bde.
65. v. Hoensbroech Graf P., Kriegsziele. Bonn 1918.
66. Hoffmann R. Y. G., Great Britain and the German Trade Rivalry 1875—1914. Philadelphia 1933.
67. Houllevigne L., Les Présents de l'Alsace-Lorraine. Nancy 1919.
68. Jöhlinger O., Weltwirtschaftliche Ursachen des Krieges. Berlin 1917.
69. Kreuzkam Th., Die Bedeutung des Minettebezirks für die Eisenindustrie. Bergw. Mitt. 1914, S. 269.
70. Laussedat A., La Délimitation de la Frontière franco-allemande. Paris 1901.
71. Levy H., Weltwirtschaft und territoriale Machtpolitik. Weltw. Arch. 1913, S. 349.
72. Lichtenberger H. u. a., Les Ambitions de l'Allemagne en Europe. Paris 1918.
73. Lichtenberger H., L'Impérialisme économique allemand. Paris 1919.
74. Linnebach K., Die Sicherheitsfrage, Dokumentarisches Material. (Rheinische Schicksalsfragen Schrift 7/9.) Berlin 1925.
75. Maaß W., Das ostfranzösische Grenzland und seine industrielle Bedeutung. Weltw. Arch. 1917, S. 454.
76. Moos F., Die französischen Absichten auf dem Gebiet der Industrie: Erz, Kohle, Eisen, Stahl. Berlin 1917.
77. Morpurgo J., Die Kohlenversorgung Italiens und der Krieg. Weltw. Arch. 1918, S. 61.
78. Neumann J. u. Schlenker M., Die Bedeutung des französisch-lothringischen Eisenerzbezirks. Leipzig 1916.
79. Paulin H., Le Fer et le Charbon, Conditions de la Paix future. Paris 1919.
80. Pawlowski A., Le Dévelopment minier et métallurgique dans l'Est français, le Luxembourg, l'Alsace-Lorraine et la Belgique. Paris 1913.
81. Pinot R., La Métallurgie et l'Après-Guerre. St. Etienne 1917.
82. Pompecky J., Die Bodenschätze der Kampfgebiete in ihrer Bedeutung für uns und unsere Feinde. Tübingen 1915.
83. Reichert J., Erz und Eisen in Deutschlands Zukunft. Berlin 1918.
84. — Was sind uns die Erzbecken von Briey und Longwy. Berlin 1918.
85. Sartorius A., Frhr. v. Waltershausen. Weltwirtschaft und Weltkrieg. Weltw. Arch. 1915, S. 292.
86. Schilder S., Weltwirtschaftliche Hintergründe des Weltkrieges. Weltw. Arch. 1915, S. 1.

87. Ungeheuer M., Die wirtschaftliche Bedeutung der französischen Erz- und Eisenindustrie. Techn. u. Wirtsch. 1912, S. 649.
88. — Die wirtschaftliche Bedeutung der französischen Kohlenindustrie und die Kohlenfrage in Frankreich. Techn. u. Wirtsch. 1915, S. 305.
89. — Die industriellen Interessen Deutschlands in Frankreich vor Ausbruch des Krieges. Techn. u. Wirtsch. 1916, S. 98.
90. Vialatte A., L'Imperialisme économique et les Relations internationales pendant le dernier Demisiècle 1870—1920. Paris 1923.
91. Vidal de la Blache P., La France de l'Est (Alsace-Lorraine). Paris 1917.
92. Volkmann E. O., Gutachten vom 9. Juni 1926 zu den Annexionsfragen des Weltkrieges (Untersuchungsausschuß des Reichstages über die Ursachen des deutschen Zusammenbruchs). Berlin 1929.
93. Wegener G., Die geographischen Ursachen des Weltkrieges. Berlin 1920.
94. — Eingabe des Alldeutschen Verbandes an den Reichskanzler. Bamberg 1915.
95. — Unterlagen zur Beurteilung der Friedenswünsche. Hrsg. von der Auskunftsstelle Ver. Verbände. Berlin 1915.
96. — Eingabe des Bundes der Landwirte und anderer Verbände betr. die Kriegsziele. Berlin 1915.
97. — Travaux du Comité d'Etudes pour la Conférence de la Paix. Paris 1918. 3 Bde.
98. — Comité des Forges de France: La Métallurgie et le Traité de Paix. Paris 1919.
99. — Erklärung der größten wirtschaftlichen und nationalen Vereine gegen einen Frieden ohne Gebietserweiterung vom 3. Mai 1917. Berlin 1917.
100. — Die große Politik der europäischen Kabinette 1871—1914. Berlin 1925. 40 Bde.
101. — Denkschrift der Handelskammer Oppeln: Das Interesse Oberschlesiens an der Zukunft Polens. Oppeln 1917.
102. — Oberschlesischer Berg- und Hüttenmännischer Verein: Eingabe an Staatssekretär v. Kühlmann vom 15. Dez. 1917. Kattowitz 1917.
103. — Verein deutscher Eisen- und Stahlindustrieller und des Vereins deutscher Eisenhüttenleute: Denkschrift zur Einverleibung der französisch-lothringischen Eisenerzbecken in das deutsche Reichsgebiet mit Gutachten Beyschlag-Krusch. Berlin-Düsseldorf 1917.

III. VERLAUF DES WELTKRIEGES.

104. Arrigon L. J., Les Industries françaises et la Guerre. Genf 1918.
105. Barg B. H., Die Explosivstoff-Industrie. Hamburg 1929.
106. Berliner S. u. K. Meißner, Die Entwicklung der japanischen Eisenindustrie während des Krieges. Hannover 1930.
107. v. Bethmann-Hollweg Th., Betrachtungen zum Weltkrieg. Berlin 1919. 2 Bde.
108. Bonin H., La Reconstruction des Houillères du Nord de la France. Paris 1926.
109. Bourget J. M., Les Origines de la Victoire. Paris 1924.
110. Bruneau P., Le Rôle du Haut Commandement au Point de Vue économique de 1914 à 1921. Paris 1924.
111. Graf Burian, Drei Jahre aus der Zeit meiner Amtsführung im Kriege. Berlin 1923.

112. Clémentel E., La France et la Politique économique interalliée. New Haven 1931.
113. Czernin O., Im Weltkriege. Berlin 1919.
114. Daniloff J., Rußland im Weltkriege. Deutsch Jena 1925.
115. v. Delbrück Cl., Die wirtschaftliche Mobilmachung in Deutschland 1914. München 1924.
116. Dix A., Wirtschaftskrieg und Kriegswirtschaft. Berlin 1920.
117. Engerand F., La Bataille de la Frontière. Paris 1920.
118. v. Falkenhayn E., Die Oberste Heeresleitung 1914—1916. Berlin 1920.
119. Goebel O., Deutsche Rohstoffwirtschaft im Weltkrieg. Stuttgart 1930.
120. Gothein G., Warum verloren wir den Krieg. Stuttgart 1920.
121. Helfferich K., Der Weltkrieg. Berlin 1919. 2 Bde.
122. Henrici W., Die Kohlenwirtschaft Rußlands in und nach dem Kriege. Berlin 1924.
123. v. Hindenburg P., Aus meinem Leben. Leipzig 1920.
124. Hoetzsch O., Der Krieg und die große Politik. Leipzig 1917. 3 Bde.
125. Immanuel F., Der Weltkrieg 1914—1919. Berlin 1920.
126. Jüngst E., Italiens Kohlenversorgung und seine Stellung im jetzigen Kriege. Berg- u. Hüttenm. Zeitschr. Glückauf 1914, S. 1325.
127. — Die Kohlenversorgung des Dreiverbandes im jetzigen Kriege. Weltw. Arch. 1915, S. 327.
128. Kabisch E., Streitfragen des Weltkrieges 1914—1918. Stuttgart 1924.
129. de Kerchove de Denterghenn Ch., L'Industrie belge pendant l'Occupation allemande 1914—1918. Paris-New Haven 1927.
130. Koch W., Handelskrieg und Wirtschaftsexpansion. Jena 1917.
131. Krahmann M., Krieg und Montanindustrie. Berlin 1915.
132. v. Kries W., Die wirtschaftliche Ausnutzung des Generalgouvernements Warschau. Preuß. Jahrb. 1934, S. 221.
133. Kronprinz Wilhelm, Erinnerungen. Stuttgart-Berlin 1922.
134. Krusch P., Die bergwirtschaftlichen Kampfmittel der beiden Mächtegruppen im Weltkriege. Berg- u. Hüttenm. Ztschr. Glückauf 1920, S. 393.
135. v. Kuhl H., Der Weltkrieg 1914—1918. Berlin 1923. 2 Bde.
136. Lenz F. u. Schmidt E., Die deutschen Vergeltungsmaßnahmen im Wirtschaftskrieg. Bonn-Leipzig 1924.
137. van Lowick H., Der Wiederaufbau der Kohlenbergwerke im französischen Reparationsgebiet. Halle 1925.
138. Ludendorff E., Meine Kriegserinnerungen 1914—1918. Berlin 1919. 2 Bde.
139. — Kriegführung und Politik. Berlin 1922.
140. Matthias, Die Brennstoffwirtschaft der Vereinigten Staaten im Kriege. Berg- u. Hüttenm. Ztschr. Glückauf 1922, S. 311.
141. Nolde Baron B. E., Russia in the economic War. New Haven 1928.
142. Olivier M., La Politique du Charbon 1914—1921. Paris 1922.
143. Pawlowski A., La Métallurgie lorraine sous le Joug allemand. Paris 1919.
144. Pinot R., Le Comité des Forges de France au Service de la Nation. Paris 1919.
145. Rathenau W., Deutschlands Rohstoffversorgung. Berlin 1916.
146. Redmayne R. A. S., The British Coal-Mining-Industry during the War. Oxford 1923.

147. Rice G. S., Destruction of French Coal Mines and Plants and their Rehabilitation. Frankl. Inst. Journ. 1920, S. 737.
148. Schmidt P. H., Der Wirtschaftskrieg und die Neutralen. Zürich 1918.
149. Schwarte M., Die Technik im Weltkriege. Berlin 1920.
150. — Der Große Krieg 1914—1918. Leipzig 1921. 10 Bde.
151. — Kriegstechnik der Gegenwart. Berlin 1927.
152. Seesselberg F., Der Stellungskrieg 1914—1918. Berlin 1926.
153. Sevenig I. P., Luxemburgs Volkswirtschaft im Kriege. Weltw. Arch. 1918, S. 1.
154. Stegemann H., Geschichte des Krieges. Stuttgart 1918. 4 Bde.
155. v. Stülpnagel O., Die Zerstörung der Bergwerke in Nordfrankreich und Belgien. Südd. Monatsh. 1923, S. 203.
156. de Tarlé A., La Préparation de la Lutte économique par l'Allemagne. Paris 1919.
157. Ushisaburo-Kobayaschi, Military Industries of Japan. New York 1922.
158. v. Wrisberg E., Der Weg zur Revolution 1914—1918. Leipzig 1921.
159. Würfel K., Englands Kohle als Kampfmittel. Berlin 1916.
160. Ziese M. u. H. Ziese-Beringer, Generäle, Händler und Soldaten. Berlin 1930.
161. Ziese-Beringer H., Der einsame Feldherr. Berlin 1933.
162. — History of the Great War. London 1922ff.
163. — Die Industrie im besetzten Frankreich. Bearbeitet im Auftrage des Generalquartiermeisters. München 1916.
164. — Die deutsche Kriegsführung und das Völkerrecht. Hrsg. i. A. des Kriegsministeriums und der Heeresleitung. Berlin 1919.
165. — Le Rôle et la Situation de la Métallurgie en France. Question de Briey. Rapport de M. Fernand Engerand. Annales de la Chambre des Députés, Documents parlamentaires 1919. Ann. No. 6026, S. 226.
166. — Die wirtschaftliche Vorbereitung der Auslandsstaaten für den Zukunftskrieg. Berlin 1926.
167. — Der Weltkrieg. Hrsg. vom Reichsarchiv Berlin 1925ff.
168. — Schlachten des Weltkrieges, in Einzeldarstellungen bearb. u. hrsg. i. A. des Reichsarchivs. Oldenburg-Berlin 1924ff.
169. — Das Werk des Untersuchungsausschusses des Reichstages. 1919—1928. Dritte Reihe. Völkerrecht im Weltkrieg 1914—1918. 1. Bd. Berlin 1927.
170. — Ebendort. Die Ursachen des deutschen Zusammenbruchs im Jahre 1918. Berlin 1928.

IV. DIE FRIEDENSSCHLÜSSE UND IHRE AUSWIRKUNG.

171. Albach K., Oberschlesiens heutige Gestalt. Siegen 1929.
172. Allot A., Le Bassin de la Sarre, Organisation politique et administrative. Paris 1924.
173. Angell N., The Fruits of Victory. Dtsch. Berlin 1922.
174. D'Armonnel, L'Office des Houillères sinistrées du Nord et du Pas de Calais et les Charbons de Réparation. Paris 1933.
175. Bailly L., Le Problème français du Charbon. Nancy 1924.
176. Baker R. St., Woodrow Wilson and World Settlement. London 1923. Dtsch. Leipzig 1923. 3 Bde.
177. Barthou L., Le Traité de Paix. Paris 1919.

178. Baruch B. M., The Making of the Reparation and economic Sections of the Treaty. New York-London 1920.
179. Bellet F., Le Régime douanier et les Echanges commerciaux du Territoire de la Sarre. Paris 1929.
180. Berger M. et P. Allard, Les Dessous du Traité de Versailles. Paris 1933.
181. Bergmann C., Der Weg der Reparation. Frankfurt a. M. 1926.
182. Biesel E., Die völkerrechtliche Stellung des Saargebiets. Leipzig 1929.
183. Bollacher E., Das Hultschiner Ländchen im Versailler Friedensvertrag. Stuttgart 1930.
184. Chiny H., Le Retour eventuel de la Sarre à l'Allemagne, vu par les Allemands. Paris 1932.
185. Décoret J., La Question de Haute-Silésie. Lyon 1924.
186. Deutsch P., Die oberschlesische Montanindustrie vor und nach der Teilung des Industriebezirks. Bonn 1926.
187. Diehl H., Geopolitik der Saarfrage. Berlin-Grunewald 1931.
188. Djermanowitsch R., Le Traité de Versailles et les Matières premières (Préf. de Paul Boncour). Paris 1927.
189. Dillon E. J., The inside Story of the Peace Conference. New York-London 1920.
190. Donald Sir R., A Danger Spot in Europe. London 1925.
191. Drouard N. Ch., L'Union douanière Franco-Sarroise. Union douanière Européenne, Dez. 1930, S. 1.
192. Ebray A., La Paix malpropre. Mailand 1924. Dtsch. Berlin 1925.
193. Fischer E. W., Die Verhandlungen über die Saarfrage auf der Pariser Friedenskonferenz. Berlin 1924 (Schriftenreihe der Preuß. Jahrb., Nr. 17).
194. Görgen J. M., Die Geschichte des Saarstatuts von Versailles. Saarbrücken 1925.
195. Haarmann E., Die wirtschaftsgeologische Lage des Saargebiets. Ztschr. d. Deutsch. Geol. Ges. 1933. S. 383.
196. Hafner G., Die Saarwirtschaft und ihre Stellung in der deutschen Volkswirtschaft. Wirtschaftsdienst 1934, S. 9.
197. van Ham H., Die Wirtschaftsnöte des Westens durch Kriegsausgang und Grenzziehung mit besonderer Berücksichtigung der Rheinprovinz. Berlin 1929.
198. Haskins Ch. H. and H. R. Lord, Some Problems of the Peace Conference. Cambridge 1920.
199. Hatzfeld-Schreiber, Die geschichtliche Entwicklung und wirtschaftliche Stellung des Saargebiets. Ztschr. f. d. Berg-, Hütten- und Salinenwesen 1919, S. 33.
200. Herron G. D., The Defeat in the Victory. London 1921.
201. Hesse A., Die Wirkung des Friedens von Versailles auf die Wirtschaft des deutschen Ostens. Jena 1930.
202. House E. M. and Ch. Seymour, What really happened at Paris. New York-London 1921.
203. Kapras J., Prussian Upper Silesia and the Czech State. Prag 1919.
204. — Tešin Silesia, an Integrant Part of the Czech State. Prag 1919.
205. Ker A., Le Comité des Forges et l'Occupation de la Ruhr. Paris 1923.
206. Keßler P., Was geht der deutschen Industrie durch die Abtrennung Elsaß-Lothringens und des Saargebiets an Mineralschätzen verloren. Stuttgart 1919.

207. Keynes J. M., The economic Consequences of the Peace. Dtsch. München 1921.
208. Kloevekorn, Das Saargebiet, seine Struktur, seine Probleme. Saarbrücken 1929 (mit gründlicher Übersicht über das gesamte Schrifttum zur Saarfrage).
209. Knochenhauer B., Die oberschlesische Montanindustrie. Gotha 1927.
210. Kramsztyk G., La Pologne, l'Allemagne et l'Industrie de la Haute Silésie. Nikolai 1920.
211. Kühlmann R. v., The Future of The Saar. Foreign Affairs, April 1934.
212. Lansing R., The Peace Negotiations. London 1921. Dtsch. Berlin 1921.
213. — The big Four and others of the Peace Conference. London 1922.
214. Laufenberger H., L'Industrie sidérurgique de la Lorraine désannexée et la France. Caen 1924.
215. Launay L. de, Problèmes économiques d'Après-Guerre. Paris 1919.
216. Levy R. G., La juste Paix ou la Vérité sur le Traité de Versailles. Paris 1920.
217. Loesch K. v., Wie die Ostgebiete des Reiches verlorengingen. Volk und Reich 1931., S. 376.
218. van Lowick H., Die französische Schwerindustrie und Frankreichs Sicherheit. Berlin 1924.
219. Lukaschek, Oberschlesien, ein soziales Problem. Südd. Monatsh.. München 1921.
220. Maaß W., Der Saarkohlenbergbau und seine Beziehungen zu Frankreich. Weltw. Arch. 1920, S. 56.
221. Marcesche H., Le Charbon, Element de Réparations et de Négotiations dans le Traité de Versailles et les Accords qui l'ont suivi. Lorient 1933.
222. Marvaud A., Le Territoire de la Sarre, son Evolution économique et sociale. Paris 1924.
223. Mauras Ch., Le mauvais Traité, de la Victoire à Locarno, Chronique d'une Décadence. Paris 1928.
224. Mermeix G. T., Le Combat des Trois. Paris 1922.
225. Moglisch P., Vom Kampf der Tschechen um ihren Staat. Wien 1929.
226. Müller A., Der Kampf um die Saar. Leipzig 1934.
227. Nicolson H., Peace-Making 1919. London 1933. Dtsch. Berlin 1933.
228. Nowak K. F., Versailles. Berlin 1927.
229. Olszewski A., La Haute Silésie. Paris 1921.
230. Opočensky J., Der Untergang Österreichs und die Entstehung des tschechoslowakischen Staates. Prag 1928.
231. Osborne S., The Upper Silesian Question and Germany's Coal Problem. London 1920.
232. — The Saar Question, a Desease Spot in Europe. London 1923.
233. Priou J., Le Territoire de la Sarre. Paris 1923.
234. Przybylski A., La Pologne en Lutte pour ses Frontières 1918—1920. Paris 1929.
235. Rakowski K., Haute Silésie. Menace de Guerre ou Garantie de Paix. Paris 1921.
236. Rasch K., Die Teilung Oberschlesiens und ihre Bedeutung für die Kohle-, Eisen- und Zinkindustrie. Düsseldorf 1926.
237. Raubaul St., Formation de la Frontière entre la Pologne et la Tchécoslovaquie. Paris 1928.

238. Rausch B., Die Saarpolitik Frankreichs. Berlin 1923.
239. Röchling H., Deutsche und französische Industrie. Weltw. Arch. 1926, S. 297.
240. Rothbarth M., Die großen Vier am Werk. Berlin 1921.
241. Roy Ch., L'Organisation financière des Mines de la Sarre. Paris 1926.
242. — J., Pole and Czech in Silesia. London-New York 1921.
243. Rycken H., Die Micum-Abkommen des Ruhrkohlenbergbaus 1923—1924. Diss. Gießen 1931.
244. Schiff V., So war es in Versailles. Berlin 1929.
245. Schilling K., Die wirtschaftliche Eingliederung der elsaß-lothringischen Montanindustrie in den französischen Wirtschaftsorganismus. Diss. Köln. Saarbrücken 1931.
246. Schleifenbaum F., Die wirtschaftliche Überfremdung der eisenschaffenden Industrie des Saargebiets. Berlin 1928.
247. Schnee H. u. H. Draeger, Zehn Jahre Versailles. Berlin 1929. 2 Bde.
248. Schneider H., Unsere Saar. Berlin-Tempelhof 1934.
249. Schön W., Die Absatzverhältnisse der deutsch-oberschlesischen Montanindustrie. Diss. Gießen 1931.
250. Schultze E., Ruhrbesetzung und Weltwirtschaft. Leipzig 1927.
251. Schweitzer A., Die Steinkohlenindustrie Südwestpolens. Leipzig 1928.
252. Seymour Ch., The intimate Papers of Colonel House. London 1926.
253. Simonds F. H., How Europe made Peace without America. New York 1927.
254. Sömme A., La Lorraine métallurgique. Paris 1930.
255. Spethmann H., Der Ruhrkampf 1923—1925. Berlin 1931.
256. Stegemann H., Das Trugbild von Versailles. Stuttgart 1926.
257. Stresemann G., Vermächtnis. Berlin 1932. 3 Bde.
258. Tardieu A., La Paix (Préf. de George Clémenceau). Paris 1921.
259. Temperley H. W. F., History of the Peace Conference of Paris. London 1921/24. 6 Vol.
260. Tgahrt E., Saareisenindustrie und internationale Eisenwirtschaft. Stahl u. Eisen 1933, S. 447.
261. Théry E., Les Conséquences économiques de la Guerre pour la France. Paris 1922.
262. Vidal P. de la Blache et L. Gallois, Le Bassin de la Sarre, Clauses du Traité de Versailles. Paris 1919.
263. Viëtor A., Die zukünftige Bedeutung des französisch-lothringischen Eisenerzbezirks für Deutschlands Eisenindustrie. Diss. Würzburg 1920.
264. Volz W., Die wirtschaftsgeographischen Grundlagen der oberschlesischen Frage. Berlin 1921.
265. Weber H. G., Der Kampf um die Saar. Berlin 1928.
266. Wende G., Die Auswirkungen der Grenzziehung auf die oberschlesische Montanindustrie. Stuttgart 1932. (Schriften des deutschen Auslandsinstituts).
267. Wentzke P., Der Ruhrkampf. Berlin 1930.
268. Ziegler W., Versailles, die Geschichte eines mißglückten Friedens. Hamburg 1933.
269. Zimmermann G., Die tschechoslowakische Eisenindustrie in ihren Beziehungen zur Volks- und Weltwirtschaft. Diss. Erlangen. Eger 1931.
270. — Les Cahiers sarrois. Nancy 1926ff.

271. — Mémoirs concernant la Délimitation des Frontières entre les Etats polonais et tchécoslovaque en Silésie. Paris 1919 (Denkschrift der polnischen Friedensdelegation).
272. — Die Einwirkungen der Gebietsabtretungen auf die deutsche Wirtschaft (Verhandlungen und Berichte des Ausschusses zur Untersuchung der Erzeugungs- und Absatzbedingungen der deutschen Wirtschaft — Enquete-Ausschuß), Bd. I. Der deutsche Osten und Norden. Berlin 1930.
273. — Die Erfüllung des Vertrags von Versailles durch Deutschland bis zum 1. 4. 1921. Denkschrift des deutschen Auswärtigen Amts. Berlin 1921.
274. — Der Friedensvertrag und Deutschlands Stellung in der Weltwirtschaft. Hrsg. von d. Dtsch. Weltwirtsch. Ges. Berlin 1921.
275. — La Haute Silésie. Son Union économique avec les autres Territoires de la Pologne. Paris 1919 (Poln. Friedensdelegation).
276. — Lebensfragen der Saarwirtschaft. Hrsg. v. d. Handelskammer in Saarbrücken. Saarbrücken 1929.
277. — Oberschlesien-Denkschrift der Handelskammer Breslau. Breslau 1923.
278. — Oberschlesien und der Genfer Schiedsspruch. Hrsg. vom Osteuropa-Institut in Breslau 1925.
279. — Denkschrift des Oberschlesischen Berg- und Hüttenmännischen Vereins und der Handelskammer Oppeln zur oberschlesischen Frage. Oppeln 1922.
280. — 50 Jahre Röchling, Völklingen. Saarbrücken 1931.
281. — Saar-Atlas. Gotha 1934.
282. — Das Saargebiet unter der Herrschaft des Waffenstillstandsabkommens und des Vertrags von Versailles, Weißbuch der deutschen Regierung. Berlin 1921.
283. — Société des Nations, Rapports de la Commission du Gouvernement de la Sarre. Genf 1920ff.
284. — Société des Nations, Rapport sur la Question des Matières premières. Genf 1921.
285. — Société des Nations, Mémoire sur l'Industrie du Fer et de l'Acier. Genf 1926.
286. — Studien über die Beziehungen zwischen Arbeitgeber und Arbeitnehmer im Staatsbergbau des Saargebiets. Hrsg. vom Intern. Arbeitsamt in Genf. Genf 1930.

REGISTER.

Bei den Hauptländern werden nur die wichtigeren Angaben aus dem Text berücksichtigt.

www.ingramcontent.com/pod-product-compliance
Lightning Source LLC
LaVergne TN
LVHW091725021026
849161LV00003BB/319